顏敏 ㊕

近三十年知識分子敘事研究

責任編輯　王　珺
書籍設計　道　轍
書籍排版　楊　錄

書　名　近三十年知識分子敘事研究
著　者　顏　敏
出　版　三聯書店（香港）有限公司
香港北角英皇道 499 號北角工業大廈 20 樓
Joint Publishing (H.K.) Co., Ltd.
20/F., North Point Industrial Building,
499 King's Road, North Point, Hong Kong
香港發行　香港聯合書刊物流有限公司
香港新界荃灣德士古道 220-248 號 16 樓
印　刷　美雅印刷製本有限公司
香港九龍觀塘榮業街 6 號 4 樓 A 室
版　次　2025 年 5 月香港第 1 版第 1 次印刷
規　格　16 開（170mm × 240mm）408 面
國際書號　ISBN 978-962-04-5582-7

Published & Printed in Hong Kong, China

目錄

第三章

惶惑人生中的知識分子

第四章

象牙之塔的知識分子

第五章

烏托邦敘事中的知識分子

第六章

新世紀海外華文文學的知識分子敘事

第七章

知識分子敘事模式研究

後記

引言

本書的研究對象，是近三十年的知識分子敘事。上世紀九十年代初期市場經濟的改革，有力推動了中國社會的改革開放，也對當代文學創作乃至整個文學生態產生了重大影響，開啟了中國當代文學歷史的新階段。本書就是研究九十年代以來講述現實和歷史世界知識分子人生故事的小說，確切地說，是研究 1993 年至今的表現知識分子人生的小說。

九十年代以來的文學創作敏銳發現了當代社會的巨大變化，特別是知識分子這個社會群體的變化，如賈平凹的《廢都》和格非的《慾望的旗幟》，生動刻畫出知識分子的生存困境和精神焦慮。隨着九十年代末期中國高等教育的迅速擴張和急速改革，關於知識分子的敘事作品大量湧現，建立在社會集體記憶基座上的知識分子人格雕像，不再像他們的前輩那樣單純且執着，而是開始變得模糊不清；大學也不再像象牙塔那樣理想和純潔。雖然學界對近三十年來的知識分子小說進行了較為深入的研究，但還未對知識分子敘事進行全面系統的整體研究，也較少涉及文本的敘事形態。本書的目的，就是通過文學分類的方式，對近三十年的知識分子敘事進行全面系統的梳理和研究，深入地辨析知識分子的形象譜系，關注當代知識分子的生存與精神現狀，他們的問題及癥結；同時，探討知識分子敘事的文本模式。

上世紀九十年代初期以來的現代社會轉型，一度將知識分子拋入一個面目模糊的時代，以致知識分子本身喪失了現代同一性，因此如何建構知識分子的現代性認同，並為社會提供既有人生價值共識而又有容變化的社會文化價值，是新世紀人文知識分子不可推卸的責任和使命。研究近三十年知識分子敘事，為我們認識現實、反思歷史和瞻望未來，提供了切實可靠的本土性思想資源。

本書的學術價值和社會意義主要體現在兩個方面。

學術價值方面。雖然學界對近三十年來的知識分子小說進行了較為深入的研究，但多是小說批評，主要是論述具體作家作品與創作現象，未能對知識分子敘事進行全面系統的研究，也較少涉及文本的敘事形態。本書通過文學分類的方式，對近三十年知識分子敘事做了全面系統的梳理和研究，深入地探尋了知識分子的形象譜系與知識分子的敘事模式，因而具有較大的學術價值。

社會文化意義方面。當代知識分子畢竟是現代社會具有代表性的精英群體，關於他們的文學敘事，最能表現他們身處的時代和社會，也關涉民族國家的未來。因而通過近三十年知識分子形象譜系分析，可以切實理解當代知識分子的生存情境和精神狀態，檢視知識分子書寫的問題及癥結，有助於深入思考當代文學與現實社會的關係。同時，近三十年知識分子小說在敘事模式上顯得較為成熟，每種話語形態都有相應的敘事模式；對這些敘事模式的研究，有助於中國現代小說敘事學的建構。

第一章

知識分子敘事

當代中國學界關於知識分子的概念多參照西方話語體系，認知逐步走向清晰，但是社會上關於知識分子這個稱謂的實際用法仍然比較混亂，與學界使用的概念反差較大。也就是說，知識分子的理論概念與社會實踐具有較大的差距。而且，當代中國文學創作中的知識分子形象並不是參照理論形態，而是以社會現實為依據進行書寫的，因此我們在知識分子的釋義中不僅要釐清理論概念，還要考察它在歷史文化語境下的實際語義。下面，本章一方面從理論上梳理現代知識分子的概念；另一方面則是從社會歷史的角度考察現代中國知識分子的形變，通過當代中國社會的歷史變遷解讀這個稱謂的變化。

第一節

知識分子釋義

一、現代話語中的知識分子概念

只要將一般的文學批判文章與專業性的知識分子研究文章進行對比，就能發現當代中國關於知識分子這個稱謂的用法相當混亂。造成這種現象的原因主要有兩個：一方面，中國知識分子作為一個社會群體，而非一個純粹的理論問題，它本身處在不斷變化的歷史進程中，不能搬用某個固定的概念去界定，但我們的文學批評和研究只能在具體的社會背景與文化語境中進行辨析和確認。例如，《芙蓉鎮》中的“右派分子”秦書田，是一位縣歌舞團的編導，從狹義的知識分子概念上看，他既沒有專業性的知識背景，也沒有在公共領域發表過個人見解，根本不屬於“知識分子”，但他的文化人身份在當時的社會情境中卻被認為是知識分子。

另一方面，國內外關於知識分子的研究成果汗牛充棟，研究者對知識分子的理解也是從各自的研究角度出發，各執一詞，因而眾說紛紜。即便都是西方國家，由於各國的歷史情境和文化傳統不同，研究者的側重點也並非一致。例如葛蘭西關於“有機知識分子”的論述，是出於政治上的反霸權的需要，與曼海姆“自由漂移”的知識分子理論不同。特別值得注意的是，國外的社會、文化體制及文化傳統與當代中國差異頗大，我們不能完全套用國外的概念。因此，我們應對“知識分子”一詞做詞源的梳理。

“知識分子”一詞有兩個來源。一是最初出現在十九世紀的俄國，由

intelligentsia 一詞翻譯而來。在俄文中，intelligentsia 原指十九世紀下半葉俄國社會的一個知識階層。他們並不完全是一個職業性的階層，而主要是一個精神性的社會群體。他們大多屬於上層社會，接受的是西方現代教育，不滿當時落後的俄國專制制度。"這樣一批與主流社會有着疏離感、具有強烈的批判精神，特別是道德批判意識的群體，當時就被稱為知識分子。"[1] 這個名詞後來傳播到世界各地並被廣泛使用，成為一個專門的術語。

"知識分子"的第二個來源是法國。1894 年，法國發生了一起著名的"德雷福斯事件"。德雷福斯上尉因為猶太人的血統而遭受誣陷，包括左拉、雨果在內的一批具有正義感和社會良知的文化人挺身而出，為德雷福斯辯護。1898 年 1 月 13 日，左拉在法國《震旦報》（*L'aurore*）上發表了一篇題為〈我控訴！〉的文章。後來，這批為社會正義辯護並批判社會不公的人士，被他們的敵對者蔑視地稱為"知識分子"。十九世紀法國知識分子主要是包括作家和文化人在內的一批自由職業者，因此，"現代意義的知識分子也就是指那些以獨立的身份，藉助知識和精神的力量，對社會表現出強烈的公共關懷，體現出一種公共良知、有社會參與意識的一群文化人"。[2]

綜上所述，西方近代關於知識分子的界定有兩個關鍵點：一是他們具有專業知識背景並且從事腦力勞動，二是他們具有獨立身份，就社會問題現身於公共領域提出自己見解；只有同時滿足這兩個條件的人，才能稱之為知識分子。所謂的具有專業知識背景和從事腦力勞動的人，是"用來描述那些從事某種智力工作的人，尤其是從事一般種類的智力工作的人"。[3] 這就是說，知識分子接受過良好教育，具有專業知識的學術背景，並且是從事專業知識生產和傳播的人。"知識"是這個術語的核心要素。所謂在公共領域發聲，是指他們是關懷社會公共利益的知識人，而且這種公共關懷必須是超越個人

---

1 許紀霖：《中國知識分子十論》，上海：復旦大學出版社 2003 年版，第 3 頁。

2 同上，第 4 頁。

3〔英〕雷蒙・威廉斯：《關鍵詞：文化與社會的詞彙》，北京：生活・讀書・新知三聯書店 2005 年版，第 246 頁。

私利之上的。他們必須站在普遍性、超越性的立場上參與社會現實，這與局限於自己狹隘專業領域的技術專家顯然不同。英國學者威廉斯認為："在大學裏，下述兩者之間的用法有時候會有一種區別：（一）是具有專門興趣的 specialists（專家）或 professionals（專業人士）；（二）是具有比較廣泛興趣的 intellectuals（知識分子）。更普遍的說法是，intellectuals 通常強調的是'意識形態與文化領域裏的直接生產者'，這是有別於'需要勞心'工作的 specialists 或 professionals；這些勞心的工作主要是指管理、分配、組織或重複性的工作（例如某一些形式的教學工作）。"[1] 因此，西方現代社會常常把知識分子作為社會的良心，認為他們是人類社會理性、自由和公平等基本價值的維護者。知識分子一方面根據這些基本價值來批判社會的一切不合理現象，另一方面則是努力推動這些人類基本價值的充分實現。

值得注意的問題是，現代西方關於知識分子的研究，隨着歷史的發展變化而不斷豐富。特別是二十世紀以來，西方對於知識分子本身的特性和局限有了更深的理解。法國學者朱利安·班達的《知識分子的背叛》，論述十九世紀下半葉至第一次世界大戰前後，因為民族國家和階級鬥爭等意識形態的作祟而導致了一系列傷亡慘重的戰爭，班達從三個方面探討西方知識分子的責任：其一，知識分子作為人，具有普通人的心理本質，也有屬人的心理基礎和歷史性，因此他們不能替代神，不可能窮盡真理，更不能壟斷真理，從而把所謂的真理強加於社會。知識分子與普通人的不同在於，他們擁有知識，因而具有理性批判精神。正因為如此，知識分子本身必須自我批判；同時，任何一種政治話語，尤其是強勢的意識形態話語，都應該允許其作為一種觀點或學說，置於學術領域中加以審視。其二，知識分子作為道德理性的批判者，不能僭越。知識分子不是單純的專家學者，他們必須從事社會歷史批判，而且常常以善的標準進行批判。但問題恰如康德所說，道德一方面是一種理性，另一方面又是一種實踐理性。因此，知識分子不能以道德的名義

---

1 同上，第 246 頁。

進行僭越：既不能將實踐領域的道德理想等同於科學領域的自然規律，也不能將抽象領域的道德理想觀念照搬到現實社會裏。其三，班達認為："知識分子的價值，舉其犖犖大者，有公正、真理、理性，它們具有如下三個特徵：其一，它們是靜態的；其二，它們是大公無私的；其三，它們是理性的。"[1] 因此知識分子的作用不是去改變現實，而是忠實於自己的理想。

第二次世界大戰後，美國學者漢娜·阿倫特對極權體制下的知識分子也有所反思，她在《極權主義的起源》中認為，異想天開的藝術家與天真的學者都有可能成為極權主義的支持者或同路人。"儘管精英和暴民之間有區別，但是無疑地，每當底層社會使體面社會因恐懼而接受其平等地位時，精英會因之感到高興。精英成員們根本不反對以文明的毀滅為代價，滿懷興趣地看到那些過去被不公正地排除在社會之外的人擠進了這個社會。"[2] 因此，精英和暴民之間的暫時聯盟，往往產生在體面社會的摧毀之時。這就是說，在社會災難面前，有些知識分子同樣會被烏托邦思想迷惑。

英國學者齊格蒙特·鮑曼的著作《立法者與闡釋者：論現代性、後現代性與知識分子》將立法者與闡釋者這兩種知識分子範型，分別對應現代社會與後現代社會的兩種社會文化範型。鮑曼認為，知識分子是現代社會的產物，他們的出現是和資產階級現代國家密切相關的。"'立法者'角色這一隱喻，是對典型的現代型知識分子策略的最佳描述。立法者角色由對權威性話語的建構活動構成，這種權威性話語對爭執不下的意見糾紛做出仲裁與抉擇，並最終決定哪些意見是正確的和應該被遵守的。於是，社會中的知識分子團體比非知識分子擁有更多的機會和權利來獲得更高層次的（客觀）知識，他們被賦予了從事仲裁的合法權威。"[3] 因為現代社會崇尚理性，無論政府還是個人，都必須依據理性概念、運用立法和教育來塑造社會現實。由於

---

1 〔法〕朱利安·班達：《知識分子的背叛》，上海：上海人民出版社 2005 年版，第 53 頁。

2 〔美〕漢娜·阿倫特：《極權主義的起源》，北京：生活·讀書·新知三聯書店 2008 年版，第 431 頁。

3 〔英〕齊格蒙特·鮑曼：《立法者與闡釋者：論現代性、後現代性與知識分子》，上海：上海人民出版社 2000 年版，第 5 頁。

運用這種理性的規則，“知識分子（科學家、道德哲學家和美學家）便成了知識的集體所有者，他們的知識，與社會秩序的維護和完善有着直接的和決定性的關係”。[1]

然而，隨着現代性的普遍主義和本質主義被後現代的多元論和相對論質疑，知識分子的角色也從“立法者”變成了“闡釋者”。“‘闡釋者’角色這一隱喻，是對典型的後現代型知識分子策略的最佳描述。闡釋者角色由形成解釋性話語的活動構成，這些解釋性話語以某種共同體傳統為基礎，它的目的就是讓形成於此一共同體傳統的知識系統所理解。這一策略並非是為了選擇最佳社會秩序，而是為了促進自主性的（獨立自主的）共同參與者之間的交往。它所關注的問題是防止交往活動中發生意義的曲解。”[2] 闡釋者的本體性基礎在於，“只有語言被認為是現實的本質，世界是一個交往的主體間性的世界”。[3] 在這個世界中，知識絕對沒有超越語言學的真理標準，它只能在知識共同體認可的譜系中才能被把握。知識共同體的多元性導致真理話語的多元性，因此，後現代社會的知識分子無可挽回地成為闡釋者。

當下中國學界關於知識分子的界定，大多參照西方話語體系。但是，如果從歷史的角度觀察這個問題，會發現中國知識分子的概念也是根據當代中國社會背景與文化語境的變化而變化。這裏主要有兩個問題值得我們關注，一是新中國成立後的相當一段時間內，中國知識分子的概念主要限定在知識身份的認定上，即接受教育的文化程度與從事職業的專業層面。如《現代漢語詞典》中對知識分子的解釋是“具有較高文化水平、從事腦力勞動的人。如科學工作者、教師、醫生、記者、工程師等”。[4] 但是，新中國成立之初，由於高等教育落後，大學招生數量有限，每年招生僅 5 萬多人；到了 1965 年，全國大學招生人數也只有 16.4 萬人；恢復高考後的 1977 年，全國大學

1 同上，第 6 頁。
2 同上。
3 陶東風主編：《知識分子與社會轉型》，鄭州：河南大學出版社 2004 年版，第 8 頁。
4 中國社會科學院語言研究所詞典編輯室：《現代漢語詞典》，北京：商務印書館 1996 年版，第 1613 頁。

招生 27 萬人。正是因為接受大學教育的人數較少，所以當時社會上通常把中專和高中畢業生也視為知識分子。直到 1999 年，全國大學大規模擴招，每年招生的數量達到 160 萬人，而且招生人數逐年增加。現在我國大學每年招生 800 萬人以上。因而現代社會才把知識分子文化水平的下限提高到大學以上。

二是關於知識分子的話語問題。新中國成立後不久便開展了社會主義改造運動，直至 1956 年完成改造。公有制社會的文化領域由主流話語統馭，因而中國社會在較長的歷史階段中基本上不存在西方話語中的公共空間。直到新時期以後，僵硬的社會形態才有所鬆動。特別是上世紀九十年代以後，中國倡導市場經濟，電子媒體迅猛發展，這才出現一些有限的知識分子的公共空間。由於這個公共空間沒有法律制度的保障，時常發生變化，因而也相當有限。因此，如果以在公共空間的建言為標準來界定知識分子是肯定存在問題的。例如現在社會上流行的“公知”，是公共知識分子的簡稱；從嚴格意義上講，如果沒有健全的公共空間，也就不存在所謂的“公知”。

通過上述西方現代話語中的知識分子釋義，我們可以瞭解知識分子概念的一般規範和歷史演化，以及與此相關的社會問題。知識分子的概念有其基本特徵與性質，但是知識分子的外延是隨着時代和地域的變化而存在差異的。特別是當代中國，對於知識分子群體及其社會功能的界定，均隨着社會的發展而變化，並且有其特殊的形態。一般而言，當代文學中的知識分子形象，基本上是以社會對知識分子的理解為參照的，主要是指具有專業知識背景並且從事腦力勞動的人。這是個實然的概念，因此我們不能在中國當代文學的知識分子形象譜系的闡釋中，完全套用西方現代社會關於知識分子的概念，那是個應然的概念。只有通曉當代中國的知識分子的含義，才能理解當代中國知識分子的問題，從而有效地闡釋新世紀文學的知識分子書寫。

二、從傳統社會的士蛻變出來的現代中國知識分子

討論中國知識分子問題，不能脫離中國的歷史現實和文化傳統。就像西方現代知識分子與古希臘哲學家、基督教的教士在精神上和思想上的淵源一樣，現代中國知識分子與歷史文化和傳統思想也有着密切的精神聯繫，因為現代中國知識分子是從傳統社會的士階層中蛻變出來的。

現代中國知識分子的前身是古代的士。根據余英時的說法，"'士'在先秦是'遊士'，秦漢以後則是'士大夫'。但在秦漢以來的兩千年中，'士'又可更進一步劃成好幾個階段，與每一時代的政治、經濟、文化、思想等各方面的變化相呼應。秦漢時期，'士'的活動比較集中地表現在以儒教為中心的'吏'與'師'兩個方面"。[1]"士"的原型就是孔子。孔子既重理性，更有"救世明道"的使命感。孔子的"士志於道"，規定了"士"是人類社會基本價值的維護者。"士不可以不弘毅，任重而道遠。仁以為己任，不亦重乎？死而後已，不亦遠乎？"[2]這也就是說，士是承擔人類文化使命和擔當社會道義的特殊階層；誠如張載所說，"為天地立心，為生民立命，為往聖繼絕學，為萬世開太平"，而且越是天下無道也越顯示其力量。因此，就現代知識分子為社會的良心而言，士與知識分子在精神上是一脈相承的。

當然，現代知識分子是現代社會的產物，因此現代知識分子與傳統社會的士在思想資源和社會地位上具有一定的差異。從思想資源上講，士的思想資源是"道"，而"道'的內涵主要是價值理性；這與現代意義上的理性具有一定的差異，按照康德的說法，理性除了實踐理性（價值理性）還有純粹理性（工具理性）。從社會地位上講，一般而言，傳統社會的士是四民（士農工商）之首，"勞心者治人"，士或者是仕，是統治階級中的特殊階層，或者是有文化教養的紳士；而知識分子在現代社會中並不屬於社會的特殊階

1 余英時：《士與中國文化》，上海：上海人民出版社 1987 年版，第 8 頁。

2 楊伯峻譯註：《論語譯註》，北京：中華書局 1980 年版，第 80 頁，

層，在身份上是與其他社會階層平等的知識階層，是憑藉專業知識技能而安身立命的社會群體。

現代中國知識分子產生於晚清民初，1905 年科舉制度的廢除是最明顯的分水嶺。據張朋園先生的研究，知識分子群體的結構，“最早是傳統的士紳，接着是士紳摻和留日學生，最後加入留美留法的學生，士紳退到不重要的地位”。[1] 晚清時期，首先出現在近代中國社會舞台上的知識分子，是以康有為、梁啟超、嚴復、章太炎、蔡元培、王國維等為代表的一代知識分子。他們受過良好的傳統文化教育，都有傳統社會的功名，但時逢社會轉型時期，為變法圖強之故，重視西學。“從骨子來說，這一代人的思想模式不外乎‘中體西用’。儘管如此，他們畢竟是跨世紀的一代，既是中國歷史上最末一代士大夫，又是新知識、新思想、新時代的先驅。”[2] 特別值得注意的是，雖然他們是從傳統社會向現代社會轉型期間過渡的一代，但卻影響了整整一代的“五四”知識分子。

“五四”新文化運動催生出第一代真正意義上的現代中國知識分子，他們以魯迅、胡適、周作人、陳獨秀、李大釗、陳寅恪、梁漱溟等為代表。一方面，他們接受過現代教育，而且絕大多數都有留學的經歷，對現代科學有着比較完整系統的認知。另一方面，他們不再依附於體制社會，像傳統士人那樣走“學而優則仕”的人生道路，而是具有獨立身份，在新的社會結構中選擇了專業性的職業，比如教授、報人、編輯、作家等。當然，雖然他們是現代思想文化的認同者和傳播者，但畢竟是由傳統社會的士轉化而來的社會階層，在思想心態和文化模式等方面依然傳承着中國傳統士人的精神，加上生逢現代社會的轉型時期，因此他們積極承擔社會變革的使命，成為認識世界甚至改變世界的社會精英階層。

由於這代知識分子積極投身社會變革，很快便因改革社會觀念上的差異

---

1 張朋園：《知識分子與近代中國的現代化》，南昌：百花洲文藝出版社 2002 年版，第 8 頁。

2 許紀霖：《中國知識分子十論》，第 82 頁。

而分化。最初以陳獨秀、胡適和周氏兄弟等為代表的現代知識分子共同舉起新文化運動這面大旗，但是僅僅幾年的時間，新文化團體內部便出現了激進主義與自由主義的思想裂痕，而且他們的分歧由社會政治觀念擴展到思想文化觀念，最終導致新文化團體的分化。可以說，他們是在這面大旗下聚集，又在這面大旗下分道揚鑣的。時至今日，新文化團體內部關於中國現代思想文化建設的設想及分歧，依然發人深省。

新文化團體內部的分歧是從 1918 年“問題與主義”的論爭開始的。自由主義傾向的代表人物胡適認為：“凡是有價值的思想，都是從這個那個具體的問題下手的……‘主義’的大危險，就是能使人心滿意足，自以為尋着了包醫百病的‘根本解決’，從此用不着費心力去研究這個那個具體問題的解決辦法了。”[1] 他的觀點顯然針對的是激進主義傾向的革命主張。無產階級革命的先驅李大釗則回應道：“若在沒有組織沒有生機的社會，一切機能，都已閉止，任你有什麼工具，都沒有你使用他作工的機會。這個時候，恐怕必須有一個根本解決，才有把一個一個的具體問題都解決了的希望。”[2] 其實，這是晚清以來，現代知識分子關於社會改良與社會革命的論爭，在新的歷史背景與文化語境下的延續、深化和變異。這種論爭在現代中國一直持續，二十年代末中國現代文學場域形成的自由主義文學與左翼文學雙峰對峙的格局，又何嘗不是如此呢？現代中國這輛龐大的社會列車步上革命的軌道後，既有外部歷史現實的驅動力，也有內部思想文化的慣性，它一旦隆隆開啟，便氣勢如虹。直至我們置身其中的新世紀之交，還能聽到對於“告別革命”的辯難聲音。難道這真是現代中國知識分子宿命般的兩難選擇嗎？

儘管現代中國的歷史進程已做出嚴酷的結論，自由主義的改良思想生不逢時；但是，我們還是應該看到，這個歷史結論只是社會政治的結論，而思想觀念及其深層的文化緣由，遠比政治歷史更為複雜和微妙。二十世紀二十

---

1 胡適：〈多研究些問題，少談些“主義”〉，載三院校主編：《文學運動史料選》（第一），上海：上海教育出版社 1979 年版，第 157 頁。

2 李大釗：〈再論問題與主義〉，載三院校主編：《文學運動史料選》（第一），第 163 頁。

年代中期，新月派與以魯迅為代表的語絲社、以郭沫若為代表的創造社就有過種種齟齬，雖然箇中恩怨有着不同的原因與媒觸，但是經由時間潮水的沖刷，個人情緒矛盾與是非曲直大多淡化，最終緣由還是隱隱約約指向新月派的"紳士"文化品位和精神氣質。例如，魯迅屢次嘲諷徐志摩，曾令徐志摩感到十分惶惑，為此專門致信周作人，想瞭解魯迅為何如此。魯迅後來解釋說："我其實是不喜歡作新詩的……我更不喜歡徐志摩那樣的詩。"[1] 這就是說，魯迅與徐志摩的是非恩怨，如果除去具體的矛盾媒觸，那麼主要緣由還是在於他們的現實人生態度和個性的差異，在於他們不同的政治文化選擇與審美趣味。

需要說明的是，新月派成員大多留學歐美，他們的價值觀念既受西方現代思想的影響，又受傳統道德文化的熏陶，形成開闊而不蕪雜、靈動而不遊蕩的文化心理，養成理性、節制、儒雅、寬容的精神氣質。同時，他們大多身居以高校或者文化機構為主的象牙之塔，物質生活優渥，用現在的話說，就是現代競爭社會中的"成功人士"。可能連這些倡導啟蒙理性的文化精英自己都不明白，不止他們自由理性的微弱聲音，極易被激進革命的喧囂所掩蓋，甚至就連他們的超越性精神、優裕的生活，以及節制寬容的人生態度本身，在那個急劇世俗化與平等化的過渡性現代社會，也會成為社會怨恨情緒的關注焦點。誠如舍勒所說，在一個由封建等級化向現代平等化過渡的社會中，"人人都有'權利'與別人相比，然而'事實上又不能相比'。即使撇開個人的品格和經歷不談，這種社會結構也必然會積聚強烈的怨恨"。[2] 新月派這些嚮往自由理性的紳士，在動盪的現代中國，猶如汪洋大海中的礁石，輕而易舉地被革命的狂風暴雨淹沒。不過，以往人們只是關注社會表層的革命合理性，卻忽視了隱匿其下、暗濤洶湧的幽暗人性。

雖然新月社本身存在的時間不過十餘年，但它在新文學歷史中上接"現

1 魯迅：〈集外集・序言〉，載魯迅：《魯迅全集》（第七卷），北京：人民文學出版社 1981 年版，第 4 頁。

2 〔德〕馬克斯・舍勒：《價值的顛覆》，北京：生活・讀書・新知三聯書店 1997 年版，第 13 頁。

代評論派”，下啟“京派”，成為現代文學史上舉足輕重的自由主義文學社團。如果再拉開文學歷史的畫卷，新月社開創的自由主義文學，在現代中國歷經磨難時薪火相傳，已成為中國現當代文學發展史上不可或缺的有機組成部分。而且新月派不僅在文藝思想方面強調人文精神，在社會觀念方面也是如此，例如在三十年代初期，新月派發起了自由與人權問題的討論，當時迷信意識形態的人也曾譏諷他們，認為那是過時的思想觀念。梁實秋直至晚年還提及這樁思想公案：“當時也有人（因談自由與人權）譏笑我們，以為人權云云乃十八世紀思想，現在還談這些陳腐的道理未免落伍。事隔半個世紀，國內國外一片呼籲人權之聲又復洋洋乎盈耳，當時譏笑我們的人也還有健在的，不知此際，除了隨聲吶喊之外還有什麼感想？”[1] 儘管新月派關於社會革命的態度存在歷史判斷的偏見，但是他們關於人權和憲政的論述，關涉現代社會的基本政治架構，而且是革命意識形態無法替代的現代社會的基本構成。

研究法國革命的權威勒龐認為，宗教革命與政治革命的後果差異在於，宗教革命沒有任何經驗可向其教徒揭示他們是否受到欺騙，因為他們只有進入天堂才能驗證，“而在政治革命中，一種虛假教條的錯誤很快就會大白於天下，經驗迫使人們不得不拋棄它”。[2] 法國革命的歷史經驗，使人們再次領悟到人類關於複雜社會的認知有限性，這種認知的有限性使人類社會更加重視自身的糾錯能力；因此成熟的現代社會都會承認文化的多元化，認同精英文化的存在價值。正是從這種角度上看，如果我們拂去蒙在自由主義知識分子群體上的歷史塵垢，那麼理應重視以新月社為代表的自由主義文化的思想價值，並將它視為中國現代文學史上具有可得性知識的思想文化資源。而且，隨着當代中國現代性的延展和深入，我相信自由主義文學的思想文化資源，會越來越顯現它的價值和意義。

---

1 轉引宋益喬：《新月才子》，濟南：山東畫報出版社 2000 年版，第 99 頁。

2 〔法〕勒龐：《革命心理學》，長春：吉林人民出版社 2004 年版，第 14 頁。

通過上述現代中國知識分子從誕生到分化的歷史梳理，我們可以發現以下幾個問題：其一，由於現代中國知識分子是從傳統社會的士蛻變出來的一個社會群體，兩者在精神文化上具有深層的淵源關係，因此現代知識分子擁有顯豁的社會責任和使命意識；當然，這種思想淵源關係，也與現代社會體制的漫長而艱巨的轉型過程有着密切關係。其二，由於現代思想的傳播和現代社會體制的建構，現代知識分子與傳統社會的士在思想資源與社會地位上具有明顯的差異：如果說士是傳統社會的特殊階層，那麼現代知識分子則是新型社會的一個社會群體。其三，"五四"之前，文化保守主義知識分子在社會佔有主導地位，"五四"之後，自由知識分子在反對傳統文化的旗幟下聚焦起來。隨着俄國革命的思想在中國的傳播與中國共產黨的誕生，新文化團體內部很快便出現了分化，現代中國形成了激進主義知識分子與自由主義知識分子兩大陣營的對峙，這兩派知識分子隨着中國社會政治局勢的變化而分流前行。現代中國激進知識分子與自由知識分子分道揚鑣的過程表明，現代中國知識分子形成後不久便出現思想分化，而且這種思想分歧隨着社會政治的變化而演進。現代知識分子因思想分化而產生的社會分野，是思想上一統於儒家文化的傳統社會士階層不曾有過的文化現象。

第二節

新中國文學體制下的文學知識分子

一、根據地文學體制的確定

德國著名學者尤爾根·哈貝馬斯是在“溝通—生活世界—體制”的架構中表達“體制”概念的。首先是“溝通”，意指人際間的雙向溝通和相互理解，是人類社會存在的基本要求。隨着現代文明的發展，人際溝通社會化和理性化的結果構成“生活世界”。其次是“生活世界”，它包括文化、社會和人格三個層面，“代表着一種規範人類互動的整合準則”，構成社會的符號意義層面，由此推動社會的發展和更新。[1] 最後是“體制”，從社會層面講就是社會理性化的過程，它通過科層化的制度和組織控制人類行為；或者說體制作為社會制度或組織，具有調節和影響人類行為和人類生活的作用。

現代社會的體制主要有兩種：一是市場，二是國家行政機關。市場是指經濟體制，主要通過金錢制約人類行為或生活世界；國家行政機關則是政治體制，主要是通過科層式的行政架構所產生的權力去影響人的行為。現代社會的主要困境是體制控制了生活世界。生活世界所涉及的內容存在於公共空間與私人領域，是以個人的意願和價值取向為基礎進行的溝通和人際交往，實際上這種溝通和人際交往處處受制於行政體制和市場體制。[2]

---

1 阮新邦：〈哈貝馬斯《溝通行動論》〉，載謝立中主編：《西方社會名著提要》，南昌：江西人民出版社 1998 年版，第 564 頁。

2 同上，第 573 頁。

中國新文學的產生和發展，與現代性文學體制的生成和成熟密切相關。民國時期形成了由職業作家、文學社團、現代大學的創作、批評和研究機制，市場經濟條件下的報紙雜誌和電影舞台的社會文化傳播機制，社會化的讀者接受和反饋機制，等等，這種市場化的文學體制有力促進和規範了現代文學迅速且正常地成長。在毛澤東《在延安文藝座談會上的講話》指導下的根據地文化體制，則主要依賴行政化的政治體制。特別值得注意的是，新中國文學體制主要是沿襲延安的文化體制，這種文學體制不僅規範了新中國文學的發展，而且直接參與了社會主義文學的生產過程，甚至可以說，新中國同質性的文學形態就是一體化文學體制的產物。

中國新文學的體制發展，與西方的科學技術、政治制度和思想文化逐步導入中國的過程大致同步。晚清出現了職業作家，形成了文化商品市場，"五四"建立了新文學社團組織和文學傳播機制，到三十年代已經具有相當規模的文學創作和批評、文學出版和獎勵等制度形式。文學生產的日益現代化，為文學創作提供了相對完善的生成空間和生產場所。當然，由於當時中國整個經濟和文化狀況的落後和社會的動盪，現代性的文學體制主要存在於一些現代化程度較高的大中城市，文學創作的文學體制，受到來自現代市場體制的制約。儘管國民黨政府一度建立起文化審查制度，頒佈一系列圖書審查條例，但主要是針對左翼文藝，重點審查的對象也只是少數著名而又具有影響力的左翼作家，最終沒有在新文學領域確立政治文化的權威性，也沒有真正實現意識形態控制，三十年代左翼文藝思潮得以成為當時社會的文化主潮。

由於文學體制的差異，抗日戰爭時期根據地的文學形態一開始就與國統區不同。根據地把文化人和藝術家統統納入體制內，除了在機關、報刊社和各類學校，延安的作家主要集中在魯迅藝術文學院（簡稱"魯藝"）和中華全國文藝界抗敵協會延安分會（簡稱"文抗"）。根據地實行的是供給制，作家遠離社會市場，"文抗"主辦的《文藝月報》印刷了 500 份，其中大部分是贈送。根據地在作家與社會、文學與讀者之間，建立了一種受政治體制制約而不受市場體制制約的新型文學體制。

在延安整風運動之前，根據地的政治體制對文藝界並沒有實施嚴格的思想和組織管理。一方面，共產黨在抗戰時期管轄的根據地原本就是以意識形態為感召力的，來自大中城市的文化人都是抱着強烈的政治認同和政治理想奔赴延安，他們中不少人原本就是地下黨員，有些人雖然不是黨員，但也是在新文化熏染下成長起來的左翼進步作家。他們對延安有着一種思想情感上的親近，滿腔熱情地投入革命工作。另一方面，當時主持中共中央文化宣傳機構的洛甫（張聞天）、博古（秦邦憲）對延安藝術家也表現出極大的寬容。1940 年 10 月 10 日，中共中央宣傳部和中共中央文化工作委員會發出的《關於各抗日根據地文化人與文化團體的指示》中指出："黨的領導機關，除一般地給予他們寫作上的任務與方向外，力求避免對於他們寫作上人工的限制與干涉。我們應該在實際上保證他們寫作的充分自由。"[1] 也正是如此，延安藝術家仍然保持着一些習慣性的思維，尤其是沿用以人道主義為中心的批判現實主義，無所顧忌地批評延安的一些現象和表達個人的不滿情緒，引起了中共中央的高度警覺，從而引發了文藝整風運動。

延安整風運動包括思想整風和組織整頓兩個方面。對個人而言，首先是思想整風而後是組織處理。由於整風運動原本是從思想理論上徹底清除以王明為首的"左"傾機會主義在黨內的影響，解決馬克思主義中國化問題，所以主管意識形態的文化宣傳部門首當其衝。也就是說，在整風運動過程中，中共中央明顯加強了文化體制的建設和管理。

在毛澤東發表《在延安文藝座談會上的講話》前後，共產黨對自己轄區內的文化體制與文藝政策進行了重新調整與規範。一方面，加強對報刊、廣播和出版等大眾文化傳媒的管理和控制，使其成為黨的宣傳工具。1942 年 3 月 16 日，中共中央宣傳部下發改造黨報的通知，指示各地黨的最高領導機關"必須親自注意報紙的編輯工作，要使黨報編輯部與黨的領導機關的政治

---

1 李書磊：《1942：走向民間》，濟南：山東教育出版社 1998 年版，第 185 頁。

生活聯成一氣”；[1] 同年 10 月，中共中央書記處再次發出關於報紙通訊社工作的指示，強調黨組織對於新聞機構的指導職責。1942 年 3 月 18 日，中共中央書記處辦公廳發佈黨務廣播條例，明確了廣播的播送、收聽與廣播文件的使用規範。同年 4 月 15 日，中共中央書記處下發《關於統一延安出版工作的通知》：“茲決定中央出版局統一指導、計劃、組織全延安各系統一般編輯出版發行之責，中央宣傳部負統一審查全延安一般出版發行書報之責。”[2] 中共中央宣傳部明文確定，文藝屬於宣傳鼓動活動之列：“宣傳鼓動是思想意識方面的活動，舉凡一切理論、主張、教育、文化、文藝等均屬於宣傳鼓動活動的範圍。”[3]

另一方面，加強對文藝工作者的體制化建設。在行政化管理模式下，文藝工作者進入社會政治文化中心，成為名副其實的體制知識分子。在延安，文藝工作者比較集中的地方是“魯藝”和“文抗”。“魯藝”原本就是準軍事化的組織，而“文抗”作為一個伙食單位，在毛澤東《在延安文藝座談會上的講話》發表後予以撤銷，其人員併入中央黨校第三部學習。與此同時，延安還發起了以思想鬥爭和組織審查為主要內容的文藝整風運動，王實味、丁玲、艾青、羅烽等人受到批判。

延安整風運動之後，中國共產黨領導的根據地的文學體制基本成型。這種新的文學體制不同於新文學文學體制的最大特徵，就是一體化的行政形式。這種一體化的文學體制，可以運用行政化的方式對文學知識分子開展思想改造，對文學創作進行文學批評，在文學界開展文學批判運動。顯然，一體化的文學體制可以不斷加強體制內成員的思想自覺性，維護主流話語的權威性，使文學創作的思想內容與權威性的主流話語保持同質性。

---

1 同上，第 182 頁。

2 同上，第 183 頁。

3 同上。

二、當代中國文化體制變化視閾下的文學知識分子

我們應該承認，新中國一代知識分子的人格雕像，在整個二十世紀現代中國知識分子形象譜系中最為單薄，因為在新中國的前三十年，他們因集體失語而基本缺場。從上世紀五十年代初期的思想改造到“反右”運動，再至六十年代的“文革”，他們基本上放棄了現代知識分子提倡的獨立思想和自由精神。他們的知識底色受前蘇聯《聯共（布）黨史》的影響，在馬克思主義理論框架下建立的學術規範，具有濃厚的意識形態色彩。

當然，這一代知識分子的精神和思想特質的變化，與他們的生存環境和社會體制的變化有着密切的關係。以文學知識分子為例，1949 年 7 月，周揚在中華全國文學藝術工作者代表大會（簡稱文代會）上作關於解放區文藝運動的報告，明確指出：“毛主席的《在延安文藝座談會上的講話》規定了新中國的文藝的方向，解放區文藝工作者自覺地堅決地實踐了這個方向，並以自己的全部經驗證明了這個方向的完全正確，深信除此之外再也沒有第二個方向了，如果有，那就是錯誤的方向。”[1] 新中國的文學史應驗了周揚的預言，毛澤東《在延安文藝座談會上的講話》不僅對解放區文化體制與文藝形態產生了直接且重大的影響，而且對二十世紀後半期中國文藝思想和文藝實踐具有決定性的作用。它作為中國化的馬克思主義文藝理論，是繼“五四”新文化運動之後，又一個對中國現代文學發展史產生重大而深遠影響的文藝理論。

周揚在第一次文代會上預言，“新中國的人民的文藝必將有更大的開展，在中國文學史上將放出萬丈光芒來”。[2] 這個預言充滿了勝利者的豪情和信心。應該承認，在延安文學體制下產生的群眾性革命文藝，在革命戰爭年代發揮了難以估量的精神作用，但是面對一個嶄新的和平時代和一個龐大而

1 周揚：〈新的人民的文藝〉，載周揚：《周揚集》，北京：中國社會科學出版社 2000 年版，第 64 頁。
2 同上，第 85 頁。

複雜的社會，它只是一個“偉大的開始”的標識。其實，這次大會真正重要的結論主要有兩個：一是明確規定了“新中國的文藝的方向”，並且比較系統地闡述了朝着這個方向發展的，包括思想內容和創作方法在內的文學道路；二是成立了專門管理文藝的全國文學藝術界的統一機構。這兩個結果標誌着文學體制的一體化和文學形態的同質化將在全國範圍的推行。這裏我們首先講述文學體制一體化的實現過程，即文學生產、文學傳播和文學接受的體制化過程。需要說明的是，由於“文革”文學的特殊性，也由於“十七年”文學與新時期文學的聯繫性，所以我們這裏論及的新中國文學體制，主要是指“十七年”的文學體制。

文學體制的一體化，首先體現在文學生產的管理模式上。新中國文藝界的組織形式是按照體制化模式建構的。1949 年 7 月，全國性的文學藝術工作者團體中華全國文學藝術界聯合會在北京成立，1953 年 10 月的全國第二次文代會時，改稱“中國文學藝術界聯合會”，簡稱“中國文聯”。中國文聯採取團體會員制，凡全國性文學藝術協會、省市自治區文聯均可申請參加。中國文聯所屬的全國性協會是陸續成立的，最早的有中國作家協會（簡稱“中國作協”）、中國戲劇家協會等，以後又陸續成立了電影、曲藝、音樂、美術、民間文藝、書法、攝影、舞蹈、電視等分門別類的藝術家協會。中國文聯中分量最重、影響最大的文藝團體是中國作協。1956 年，中國作協增設書記處，以加強協會的日常領導工作；1984 年第四次文代會後，中國作協在行政級別上成為與中國文聯平行且獨立的群眾團體組織。

中國文聯和中國作協的章程規定，組織的最高領導機關是會員代表大會，大會結束後由大會主席團主持機關的日常工作。先後擔任這兩個重要文藝團體的主要負責人，都是當代中國影響最大、知名度最高的作家和理論家。曾擔任過中國文聯主席及副主席的有郭沫若、茅盾、周揚、巴金、老舍、田漢、夏衍等；曾擔任過中國作協主席及副主席的有茅盾、周揚、丁玲、巴金、老舍、柯仲平、馮雪峰、邵荃麟等。從組織形式上講，它顯示出群眾性團體的民主性和民間性；無論是中國文聯還是中國作協，都是受黨和國家管理、管控的文藝界機構，機構的駐會成員都是國家公職人員，領導者都是黨和政府的文化官員，而且核心領導層是機構中的黨組和書記處。

中國文聯和中國作協在“十七年”的工作主要有以下幾個方面：一是“制訂、發佈有關文藝的方針政策，包括對一些關係到文藝‘路綫’的理論和政策問題的闡釋”；二是總結一個時期文學創作、文藝理論批評和文藝思想的成果和問題，指出值得褒揚的成就和應該糾正的問題；三是“直接領導全國性的文學運動，特別是五十年代以來的文學批判運動，或者叫‘文藝思想鬥爭’”；[1] 四是對所屬協會和各省市自治區分會進行協調、聯絡和指導工作；五是加強國際文化交流工作。從中國文聯和中國作協的工作性質中可以發現，其使命和責任主要是把文藝家組織起來，統一到為社會主義事業服務的軌道上來。因此，它們與民國時期國統區具有同業行會性的民間性文學團體相比，無論是具有同人性質的社團如“創造社”，還是僅僅由相同或相似的文學傾向而聚集起來的鬆散性的社團，如“文學研究會”，都具有本質的區別。

在文學研究機構的組織形式上，新中國也發生了根本性的變化。繼文學團體之後，大學也被納入行政體制，因而大學的文學研究機構同樣受體制的轄制。如中國社會科學院文學研究所，前身是北京大學文學研究所，1956年正式歸屬中國科學院的哲學社會科學學部，而該學部在1956年成為獨立的行政單位，直接由中宣部領導。它的經費來源、人員配置、規劃項目等都由國家統一管理，而且個人項目的資助、個人獎勵和職務升遷等都由執行國家權力意志的單位決定。因此，文學研究者只能在體制內進行學術研究活動，所謂的知識分子話語實質上是受實現國家意志的文化權力影響。

其次，文學體制的一體化也體現在文學媒體的管理方式上。文學創作和文學批評主要依靠報紙、雜誌傳播，因此作為文學傳播形式的文學期刊和報紙，在文學生產方式中是最為基礎的一個環節。新中國文學的轉型體現在傳

1 洪子誠：《問題與方法》，北京：生活．讀書．新知三聯書店2002年版，第199–200頁。

播方式上，相當明顯的是文學期刊和報紙格局的變化。新中國計劃經濟的社會體制決定了期刊和報紙運營的方式，所有報刊都由公有資本操控。就文學期刊而言，國家在 1952 年文藝整風後期，整頓了全國的文學期刊，各種文學刊物基本上成為各級文聯、作協的機關刊物。它們參照行政組織和計劃模式的方式，按照級別、地域和文學類型進行劃分。中國作協的機關刊物，新中國首家全國性的文學期刊是《人民文學》(1949 年 10 月創刊)，主要刊登文學作品；還有《文藝報》(1949 年 5 月創刊，最初由中國文聯主辦，1957 年 4 月改為中國作協主辦)，主要刊登文藝理論和文藝批評文章，發佈文藝會議消息、文藝動態和領導人講話。由中國作協主辦的刊物還有《詩刊》、《譯文》(後由中國社會科學院外文所主辦)、《文學遺產》(後由中國社會科學院文學所主辦)、《收穫》(後為中國作協上海分會主辦)等。各省市文聯、作協也仿照這種方式主辦地方性的文學刊物，著名的有北京的《北京文藝》、上海的《文學月報》(後改為《上海文學》)，天津的《新港》、湖北的《長江文藝》、陝西的《延河》、廣東的《作品》、人民解放軍的《解放軍文藝》，等等。

在一體化的文學傳播體制下，文學期刊的職能主要有三個方面：其一，它們作為傳播主流思想文化的陣地，承擔着不可推卸地意識形態建設的任務；其二，推進文學創作發展，提高全民族的文化素質；其三，各級文聯、作協主辦的文學刊物有培養本地區作家與積累地方文化的任務。[1] 新中國文學期刊運營和管理方式及其職能的變化，標誌着“晚清以來以雜誌和報紙副刊為中心的文學流派、文學社團的組織方式”基本結束。[2] 當然，有的作家對於文學期刊行政化的體制發表過不同的看法，甚至做過嘗試性的努力，但都以失敗而告終。1954 年，胡風對此發表過意見，並提出創辦同人刊物的建議，但這些意見和建議後來成為胡風的罪狀之一。1957 年，江蘇作家陳椿

1 邵燕君：《傾斜的文學場》，南京：江蘇人民出版社 2003 年版，第 24–25 頁。

2 洪子誠：《問題與方法》，第 206 頁。

年、高曉聲、葉至誠、方之、陸文夫等在“雙百”方針的激勵下，在南京擬辦同人雜誌《探求者》文學月刊，可是他們的良好願望並沒有實現，陳椿年、高曉聲等人還被打成“右派”。

同樣，出版社也是文學生產和傳播過程中最為基礎的陣地，新文學史上的社團流派和文學期刊與出版社有着密切的關係，如“創造社”與泰東圖書局，“語絲社”與北新書局，“新月派”與新月書店等；商務印書館的《小說月報》，中華書局的《詩》，現代書局的《現代》和《南國》；等等。可以說，沒有現代性的出版業，就不會有現代文學的發展和繁榮。新中國成立後，出版業的社會主義改造，改變了新文學出版的原有格局。

由於社會意識形態的特殊性，國家對私營出版發行業的社會主義改造有一個較長的過程。這個過程自 1952 年就開始了，1954 年黨的過渡時期總路綫的頒佈，加快了對私營出版業公私合營的步伐；1956 年全國基本實現對私營出版業的社會主義改造；1958 年最終完成全國所有出版社的國營化。新中國成立後私營出版業國有化的過程，以計劃經濟的思維模式為指導思想，就出版社的調整和合併情況來看，最明顯的特徵是集約化、專業化和等級化。其一是集約化，就是通過調整和合併的方式，重新設立具有一定規模的出版社。1952 年全國有出版社 426 家，其中私營出版社 356 家；而到 1965 年則為 87 家，全部屬於國營出版社。[1] 其二是專業化，即按圖書學科專業門類（如自然科學、社會科學、經濟學等）、讀者對象（如青年、少兒、工人、軍人等）和文化類別設立出版社。特別是大量設置與自然科學和經濟建設直接相關的專業出版社，如機械工業、建築工業、國防工業、煤炭工業、農業、衛生產業等出版社。在有限的人文社會科學出版社中還要細分，如 1954 年從上海遷往北京的中華書局和商務印書館，前者成為專門出版古籍的出版社，後者成為主要出版工具書和漢譯外國社會科學、哲學名著的出

---

1 吳江江、石峰、鄔書林：《中國出版業的發展與經濟政策研究》，武漢：湖北人民出版社 1994 年版，第 114 頁。

版社，大學出版社則只有中國人民大學出版社一家。因此，能夠出版文學作品和文學研究專著的出版社屈指可數，許多地方性的文藝出版社是在新時期後才建立的。其三是等級化，就是按管理部門行政級別分為國家級與地方級出版社。“文革”前的 87 家出版社中，國家級的有 38 家，主要集中在北京，所以北京成為全國出版的中心。而且，“地方出版社按照‘群眾化、通俗化、地方化’的方針，主要出版時事政治讀物、幹部學習材料、農業生產知識讀物、掃盲課本及通俗文藝讀物，還負責租型印製中小學課本”。[1] 在私營出版業的國營化和專業化過程中，原來與現代文學有着直接關係的一些上海中小型出版社逐漸消失。毫無疑問，出版業國營化的結果，明顯有利於國家對文學傳播的直接領導和監管。

此外，發行也是文學生產和傳播過程中一個不可忽視的環節。新中國成立前，中型以上的出版社往往是出版、印製和發行三位一體。新中國成立後圖書生產和傳播嚴格按照計劃模式分工，出版、印製、發行各司其職，形成出版社專管編輯出版、印刷廠專門印製、新華書店單管統購包銷的格局。1956 年，全國 2,400 餘家私營書店全部實行公私合營，新華書店成為壟斷性的圖書銷售單位。新華書店的銷售網絡按照行政等級和地域分佈進行佈設，一直下延到縣級（1958 年“大躍進”時期曾經一度擴張到公社一級）。至 1965 年底，全國新華書店有 4,076 處。[2] 在出版、印製和發行一體化的體制下，確實出現過一些出版發行史的奇跡。“紅色經典”成為“十七年”的暢銷書就是奇跡之一。這些作品陸續被多次印刷，少則幾十萬，多則百萬冊甚至幾百萬冊。《保衛延安》從 1954 年初版到 1959 年被禁印，短短五年內就三次再版，行銷近百萬餘本。據國家版本圖書館對各種版本的統計，《鐵道游擊隊》的“統計印數為 257 萬多冊，加上四川、江西和貴州等地的少年版和節編本，已近 300 萬冊了”。[3] 與此相類似的還有《林海雪原》《紅旗譜》《紅

1 鄭士德：《中國圖書發行史》，北京：高等教育出版社 2000 年版，第 805–817 頁。

2 同上，第 818 頁。

3 劉知俠：《鐵道游擊隊》，上海：上海文藝出版社 1978 年版，第 554 頁。

日》《紅岩》《歐陽海之歌》等。而且，這些小說基本都被改編成連環畫，並被搬上了銀幕、舞台和廣播電台；文化界圍繞着這些作品的評論可謂連篇累牘，極大地擴大了它們的影響範圍。“紅色經典”的龐大覆蓋率，當然有多方面的原因，但是最關鍵的還是一體化的文化體制起了重大的推動作用。只要書稿通過審核列入出版計劃，那麼從排版印刷到出版發行與包裝宣傳，便一路暢通無阻。

最後，文學體制的一體化也體現在文學接受的管理方式上。文學接受與文學教育密切相關。新文學的發生和發展與現代大學制度是密不可分的，文學創作和文學教育形成了相對穩定的互動關係。新文學史上重要的作家幾乎都同現代大學有着非常密切的聯繫，如魯迅、胡適、周作人、聞一多、老舍、曹禺、沈從文、朱自清、錢鍾書等，都是將創作與教學、批評與研究結合在一起的學者型文學家。同時，一些文學社團和文學研究機構也與大學有着密切的關係，如北京大學的“新潮社”和東南大學的“學衡派”等，都是由大學師生組成的獨立民間社團，它們是大學獨立和學術自由的結果。

新中國成立後所有的大學都被納入國家體制，中小學除了農村民辦教師外，公辦教師都屬於國家公務人員。同時教材規範化，並且嚴格規定了學制考試制度。一體化的教育制度把經過選擇的新文學和社會主義文學列入了正規的文學教育軌道與思想教育內容。新時期文學除了五十年代與蘇俄文學有過接觸，基本與世界文學處於隔絕狀態。於是，經過選擇的新文學和社會主義文學，尤其是“紅色經典”，當仁不讓地進入大學文學教育，並且滲透到社會文化的各個角落，不僅對社會主義文學觀念與審美形式的傳播產生直接影響，而且對一代人的思想成長產生難以估量的精神效果。其實，在一體化的社會體制中，文學的接受過程同樣隱含着政治與文化的密切關係。

1965 年 11 月 10 日，上海《文匯報》刊登姚文元的《評新編歷史劇〈海瑞罷官〉》，引發了延續十年的“文化大革命”運動。由於這場運動是從文藝學術領域的批判開始的，因此文化領域首當其衝，而且遭受破壞的程度最為嚴重；被列為“全面專政”的對象的，不僅有大批著名作家和專家學者，還包括文藝界、學術界的領導。1966 年 5 月 16 日，中央政治局擴大會議通過《中國共產黨中央委員會通知》（即標誌“文革”正式開始的《五一六通知》），設立隸屬中央政治局常委領導下的以陳伯達為組長、江青為第一副組長、康生為顧問的“中央文化革命小組”。中央“文革”小組下設宣傳出版、藝術電影、教育三個小組，直接管理原來屬中宣部、文化部、教育部、新華社所轄的文化宣傳和教育領域。與 1965 年相比，1971 年的出版社由 87 家減少到 46 家，如上海市原有的 10 家出版社合併成上海人民出版社，報紙由 343 種減少到 42 種，雜誌由 790 種減少到 21 種。從 1966 年到 1971 年，各種類型的毛澤東著作和政治學習書籍佔出版總數的三分之一以上，其中 1966 年到 1968 年各種類型的毛澤東書籍共出版發行 10 億冊以上，“其他圖書出得很少，甚至中小學教科書也不齊全”。[1]“文革”前出版的人文社科和文化教育類的大部分圖書，都成了“封、資、修毒草”，只能封存或報廢化成紙漿。1966 年，大學停止招生，直到 1971 年部分院校才重新招生，招生的方式改為群眾推薦、組織選拔和學校審查，生源均為工農兵學員，文化素質參差不齊。這是一個極不正常的動盪不安的年代，在荒蕪的文化廢墟上被確認為權威的報刊是“兩報一刊”：《人民日報》《解放軍報》和《紅旗》雜誌，被冊封為經典的文藝作品是八個“革命樣板戲”。從當代文學史的角度講，一度擁有最多讀者和觀眾的這三種報紙雜誌和八個“樣板戲”，其文學成就遠不如一些流傳甚廣的“地下寫作”與當時鮮為人知的“潛在寫作”，使得當代文學發展的歷史出現斷裂；從精神文化的角度講，這種特殊的文化現象造成一代人的思想荒蕪；從某種意義上講，畸形的“文革”文學，是一體化文學體制和同質化文學形態走到極致的產物。

以上，我從文學生產、文學傳播和文學接受的管理模式上，對中國當代文學的一體化管理體制進行了全面系統地歷史梳理，意在表明中國當代文學的社會主義性質，以及文學知識分子所處的歷史背景和文化語境。我認為，

1 吳江江、石峰、鄔書林等：《中國出版業的發展與經濟政策研究》，第 123 頁。

當代文學的這種社會主義性質一直延續至今，這是當代中國文學研究的必要前提和基礎，也是文學知識分子的生存環境。我們要深入理解當代文學知識分子形象譜系，必須首先把握產生當代文學知識分子形象的歷史背景和文化語境，否則我們便無法理解當代知識分子形象的生存情境、內心世界和行為規範。

第三節

文學分期與九十年代的文化語境

一、當代文學史的分期

歷史分期是歷史學不可或缺的基本方法，因為"標出一個時期，意味着提供一個開始和一個結尾，並以此來認識事件的意義。從宏觀的角度，可以說歷史的規則就是通過對分期的論爭而得出的結果，因為分期本身改變了事件的性質"。[1] 這就是說，歷史敘事往往是通過歷史分期進行賦義的。文學發展史研究也是如此，通過歷史分期的方法進行文學史的斷代研究，因為文學史學科畢竟是歷史學與文藝學的交叉學科。

文學史的分期是個時間概念，更是一個價值概念。故此，關於中國現當代文學史的歷史分期問題的討論，在特定的文化語境下就是一個複雜的文學話語問題。例如，關於中國現代文學的開端就有五種說法：1895 年、1912 年、1915 年、1917 年和 1919 年。這些說法的差異，有的表現在命名主體關於現代文學性質認識上的差異，也有的表現在命名方式上的不同。以 1919 年為開端的說法為例，從政治文化的維度界定現代文學，稱之為新民主主義文學；以 1917 年為開端的說法則是從思想文化的維度界定現代文學，稱之為新文學。

1 〔日〕柄谷行人：〈現代日本的話語空間〉，載張京媛主編：《後殖民理論與文化批評》，北京：北京大學出版社 1999 年版，第 416 頁。

中國現當代文學專業的特殊性在於，它作為中文學科的專業基礎課程，確立於新中國初期，因而它的歷史分期話語一開始就依附於主流話語。最初的中國現當代文學史以毛澤東《新民主主義論》關於現代歷史的論斷來進行文學歷史分期：現代文學（起初沿用“新文學”的稱謂）意指 1919–1949 年時期的文學，它作為新民主主義文學，歸屬於“無產階級領導的人民大眾的反帝反封建的文化”，是“民族的科學的大眾的文化”的有機部分。[1] 當代文學則是指 1949 年至今的文學，這個時期的文學屬性是社會主義文學。“從‘內容’上說，以社會主義革命和社會主義建設為主要表現對象，工農兵群眾成為創作中的主人公；藝術形式和風格上，則是民族化和大眾化的追求，肯定生活、歌頌生活的豪邁、樂觀的風格成為主導的風格；‘作家隊伍’構成的變化，工人階級作家成為骨幹；文學與人民群眾建立了從未有過的密切聯繫，並在現實中發揮重要作用；等等。”[2] 顯然，這種文學歷史分期及其性質界定，與其說是描述文學的生成和發展過程，倒不如說是主流話語對文學的政治規約。因為作為命名主體的主流話語，通過文學命名的方式最大限度地發揮文學史的政治文化功能。用福柯的說法，這種文學命名是“通過選擇、神聖化和制度的合法化的交互作用來發揮功能的”。[3] 然而，這種將意識形態觀念直接挪用於專業學科的做法，是極不嚴肅的觀念兼併方法。恩格斯早就說過：“在黑格爾以後，體系說不可再有了。十分明顯，世界構成一個統一的體系，即聯繫的整體。但是對於這個體系的認識是以整個自然界和歷史的認識為前提的，而這一點是人們永遠也達不到的，因而，誰要想建立體系，誰應得用自己的虛構來填補無數空白，即是說，進行不合理的幻想，而成為一個觀念論者。”[4] 在我看來，將主流話語直接套用於專業學科的人就是“觀念論者”。即使是已成為主流話語的意識形態，也不可能成為統攝學術思

---

1 毛澤東：〈新民主主義論〉，載毛澤東：《毛澤東選集》（一卷本），北京：人民出版社 1967 年版，第 659–666 頁。

2 洪子誠、孟繁華：《當代文學關鍵詞》，桂林：廣西師範大學出版社 2002 年版，第 5–6 頁。

3 〔法〕福柯：《權力的眼睛 —— 福柯訪談錄》，上海：上海人民出版社 1997 年版，第 88–89 頁。

4 湯一介：〈湯用彤先生的治學態度〉，《萬象》2009 年第 8 期，第 13 頁。

想的唯一教條。

八十年代中期以後，中國現當代文學學界出現兩種重要的文學史觀點：一是“二十世紀中國文學整體觀”，二是“重寫文學史”。這兩種觀點不僅質疑以往的現當代文學的歷史分期，更為重要的是學界以此為契機，重建專業學科的學術話語。我曾在九十年代發表的《經典的涵義和經典化問題》一文中指出，“二十世紀中國文學”與“重寫文學史”的觀點及其實踐，意味着文學史研究從社會政治史研究的簡單比附中獨立出來，開始把文學自身發生和發展的歷史作為研究對象。這種自覺的文學發展史意識，實質上強調了文學史研究的科學精神和自由思想，標誌着文學史研究的學術話語從主流話語中剝離出來，由附庸的狀態重新走向獨立的狀態。從此，學界開始將中國現當代文學作為獨立的一門學科來建設，並強調其學術的規範性。簡言之，中國現當代文學這個專業的學術話語，直至八十年代以後才開始重建，而且最初的重建工作是圍繞着歷史分期開始的。

這裏必須說明的問題是，中國現當代文學專業是在汲取新中國三十年學科建設的深刻歷史教訓之後，於八十年代重建學術話語的。一般來說，人文學科的學術創新是“積累式”的，這不同於自然科學的“斷裂式”，因而文學史的撰寫，總是在不斷吸收學界公認的學術成果的基礎上進行充實和修改。可是，新中國的現代文學史一度完全依附主流話語，而主流話語又變幻不定，因此現當代文學史的編撰不斷重起爐灶，以致難以為繼。例如在 1954 年，王瑤先生歷時數年編寫的《中國新文學史稿》定稿不久，就因碰上 1955 年“胡風反革命集團”運動而遭禁用；又如唐弢先生在六十年代初期，召集國內學界各路精英耗時三年完成的《中國現代文學史》，恰逢遭遇 1964 年的“千萬不能忘記階級鬥爭”口號的提出而不能出版，直到新時期後才重新編寫出版。九十年代學術規範形成以後，編撰中國現當代文學史就不再受制於政治風雲的變幻，而是遵循學術話語的規範講述文學發展歷史，文學史教材的質量也在不斷地重寫中穩步提高。

不過，相對而言，在現代文學史的編撰上學界的共識較多，而當代文學史的編撰則有較大的差異。“當代”作為一個時間概念意指現在，包括剛剛過去和即將來臨的當下這段時期。雖然我們不能精確劃定“當代”的具體時間邊界，但一個代際的時間大概是 20–30 年，我們總不能把 70 年前的文學還稱作“當代文學”吧？而且，我們理應釐清文學研究對象與文學批評對象的邊界。為何當代文學是批評的對象，而不能作為文學史的研究對象呢？其實，胡適先生早在 1935 年論及新文學史時就曾明確道出其中原因：

> 中國新文學運動的歷史，我們至今還不能有一種整個的敘述。為什麼呢？第一，因為時間太逼近了，我們的記載與論斷都免不了帶着一點主觀情感的成分，不容易得着客觀的、嚴格的歷史記錄。第二，在這短短二十年裏，這個文學運動的各個方面的發展是不很平均的，有些方面發展得很快，有些方面發展得稍遲；如散文和短篇小說就比長篇小說和戲劇發展得早多了。一個文學運動的歷史的估價，必須包括它的出產品的估價……所以在今日新文學的各個方面都還不曾有大數量的作品可以供史家評量的時候，這部歷史是寫不成的。[1]

關於當代中國，我們有時“不知廬山真面目，只緣身在此山中”。在不具備全面掌握當代文學研究文獻資料的條件下，我們就無法深入理解當代文學歷史發展的深層含義。而且，對於一個缺乏時間距離的歷史對象來說，研究主體的往往囿於價值情感與倫理意圖，難以維持客觀的立場，獲得正確的判斷。因此，我們只能以同代人的身份，把當代文學作為批評對象進行解讀和闡釋。因此我認為可以將上世紀九十年代之前的文學作為研究對象，納入文學史的研究框架，而九十年代之後的文學尚屬文學批評對象，待拉開一段歷史距離，積累一定量的文學批評成果後，才可成為文學史的研究對象。據

1 胡適：〈導言〉，載胡適編：《中國新文學大系・建設理論集》（影印本），上海：上海文藝出版社 2003 年版，第 1 頁。

此，本文關於九十年代以來的知識分子形象研究，主要還是限定在文學批評的研究範疇內。

二、上世紀九十年代初期的文化語境和文學現象

本文為何將研究視野定為上世紀九十年代以來的知識分子形象呢？因為我認為，從文學史的角度講，七十年代末開始的新時期文學至九十年代已經結束，或者說，從九十年代開始，當代文學進入了一個新的歷史發展時期。

九十年代初期兩個重要的外在社會原因，客觀上逼使當代文學進行自我調整，使它成為當代文學中的一個新的文學時期。

其一，八十年代末期的政治風波，加上接踵而至的國際性事件，如蘇聯解體與東歐巨變，原本的社會主義陣營出現重大變故。隨之而來是國內嚴格的意識形態控制和嚴厲的文化審查，文藝批評和學術研究具有明顯的"左"傾思潮。這種極左文藝思潮主要表現在兩個方面。一方面是一些文藝理論界的老同志以毛澤東《在延安文藝座談會上的講話》裏"文藝從屬於政治"的觀點，否定八十年代初期黨中央提出的"文藝為人民服務，為社會主義方向服務"的"二為"方向。如賀敬之《關於藝術研究工作的幾個問題》(《藝術研究》1991 年第 3 期)、陳涌《毛澤東與文藝——紀念〈講話〉發表 50 週年》等，均是充分重新肯定"文藝為政治服務"的觀點，抵制新時期黨中央關於文藝方向的調整。另一方面是對八十年代文藝界的一些學術討論以及文學作品進行回顧和批判。如余飄《近年來反對毛澤東文藝思想的有代表性議論述評》(《文藝理論與批評》1990 年第 1 期)、金聖《回顧對毛澤東文藝思想的一場"圍剿"》(《中流》1991 年第 5 期)、艾斐《文藝十年論爭紀要——1979 至 1989：四項基本原則與資產階級自由化思潮的對峙與交鋒》(《黨史文匯》1991 年第 9–11 期)。特別是金聖的《回顧對毛澤東文藝思想的一場"圍剿"》一文，把八十年代末期學界的一些學術討論均列為"圍剿"毛澤東文藝思想的活動，其中直接批判的學術活動和文章有四個：一是 1988 年

《上海文論》雜誌發起的“重寫文學史”的討論，二是 1988 年《人民音樂》雜誌社召開的“回顧與反思”座談會及其陸續發表的相關文章，三是 1989 年《書林》雜誌發表的《筆談〈講話〉五篇》，四是 1989 年《文學評論》《文藝爭鳴》《天津文學》《文藝報》等發表的“對《講話》進行最高形態的‘理論清算’與‘歷史清算’”的文章。金聖的文章涉及到新時期一批一綫的文學批評家與學術研究者，同時，它還對當代文學創作進行批判，如對陳亞先新編的歷史劇《曹操與楊修》、王蒙的小說《堅硬的稀粥》的批判，而且這種批判都採用極左年代普遍使用的“影射推理邏輯”，大有政治上“上綱上綫”的遺風。

這些極左思潮的代表性文章，使新時期以來形成的較為寬鬆和自由的文學創作與學術氛圍陡然緊張起來。文學知識分子逐漸解脫的政治依附心態和不斷加強的個體人格，已經不太適應這種過度緊張的政治文化氛圍，他們不得不進行重新思考與自我調整。文學批評陷入集體失語的狀態。一向由知識分子佔據社會中心位置的文化空間，因為主角的退場而空寂荒涼，新時期文學的發展由此出現了斷代式的變化。

其二，1992 年鄧小平的南巡講話掀起了中國改革開放的又一輪高潮。他在講話中提及的社會主義市場經濟理論，深刻回答了長期困擾和束縛人們思想的許多重大認識問題，把改革開放和現代化建設推向到新階段。由此，國家推動下的適應市場化的經濟體制改革，重新接續八十年代社會經濟改革的路徑，並且在市場經濟的改革方面遠遠超過八十年代。在這種情境下，文藝上的極左思潮難以持續。

然而，市場經濟的建構，加速了社會的功利化和世俗化，使社會的各種行為都不可避免地受制於市場和資本，商業化及其相伴的消費文化滲透到社會生活的各個方面。更為關鍵的是，席捲整個社會的商業大潮促使社會轉向理性化、功利化和世俗化，消費文化在社會舞台的出現，很快便吸引了社會的關注，這就注定純粹和精微的精神文化逐漸淡出大眾社會的視綫，並退出了社會文化的中心位置。從此，當代文學告別了理想和浪漫的新時期，猝不及防地走上歷史轉型之路。

上述兩個原因，從九十年代初期開始出現的新時期文學不曾有過的文化語境，結束了夢幻般理想和浪漫的新時期文學，從而使當代文學的發展歷史出現了新的轉折。這種文學轉折集體表現在以下三個方面。

第一，九十年代大眾文化興起，純文學開始走向社會邊緣。九十年代最引人矚目的文化現象，便是大眾文化的瘋狂蔓延而精神文化的逐漸邊緣化。當時社會流行的是港台言情小說、汪國真的青春詩歌，還有電視劇《渴望》和《編輯部的故事》等，它們以“白日夢”的想像和柔軟的溫情撫摸着粗糲時代的燥動心靈。接着是二三十年代閒適小品文的重新上市，那些曾經被現代文學史塵封的林語堂、梁實秋和周作人等人的散文中的日常話語和從容幽默，似乎可以契合市民社會的現實人生，幫助大眾擺脫沉重歷史記憶的糾纏。

同時，大眾傳媒急劇擴張，且不說原有的紙媒被大幅度擴版，僅報紙的數量就由 1978 年的 186 種增加到 1993 年的 1,788 種，15 年間擴大了 8 倍。[1] 投合各個階層讀者需求的休閒雜誌如雨後春筍般地湧現，無論是新擴的報紙版面還是新增的報刊雜誌，都是為了滿足市民階層不斷增長的文化消費需求。電子媒體的發展更是驚人，錄像文化產業還不曾站穩腳跟，就被光盤文化迅速取代。圖像符號文化迅猛蠶食着語言符號文化，而且悄然滲透進人們的家庭，引發了一場影響深遠的視覺革命。圖像文化擴張和語言文化萎縮的符號革命的影響，正在改變人們的日常生活方式，必然會影響人們的審美心理和思維方式。

其實，大眾文化的興起與現代性社會的建構是緊密相聯的，因而大眾文化的發展勢頭早在八十年代中期就已露出端倪。1985 年，《收穫》《上海文學》和《人民文學》等精英文學的權威性刊物的訂數，就從新時期初期的 20 萬份左右，銳降到 3 萬份左右。與此同時，《古今傳奇》《中外傳奇選》《台

---

1 陳剛：《大眾文化與當代烏托邦》，北京：作家出版社，1996 年版，第 15 頁。

港文學選刊》《藍盾》等大眾刊物充斥市場，擁有相當可觀的發行量。同時，港台武俠和言情小說在大陸暢銷，"據不完全統計，僅金庸和梁羽生的武俠小說就達十餘種，第一版印數達二百萬冊（不包括大量的非法出版）"。[1] 這就是說，雖然大眾文化還沒有理直氣壯地與精英文化平分天下，但已在悄然侵蝕文化空間。當時少數有識之士敏銳地發現大眾文化的強勢勁頭，陽雨在《文學：失卻轟動效應以後》一文中說："文學將進一步分化：儘管把通俗小說與'嚴肅小說'結合起來做到雅俗共賞、曲高各眾是誘人的理想，但這二者的進一步分化、文學的雙向發展與作者讀者在這二者之間的搖擺恐怕是難以避免的事實。"[2] 這就是說，八十年代的大眾文化已經在社會上悄然擴大，但是它們還主要是在爭奪讀者。雖然它們並沒有在社會文化空間中得到權威性的認同，也沒有從根本上動搖精英文學的優勢地位和影響，但是就在它們的擠壓下，精英文學的社會閱讀面開始收縮。特別是它們迎合世俗慾望的文化姿態，引起研究者的關注。

儘管如此，面對增長態勢咄咄逼人的大眾文化，精英文學依然保有一份矜持的自信，絕大多數富有創造力的作家和評論家對文學事業的價值意義和光明前景毫不懷疑，一如既往地孜孜於自身的精神世界。他們的自信和從容並非沒有理由，以小說為例，從八十年代中期的尋根小說、先鋒小說到八十年代末期的新寫實小說、新歷史小說，每種小說思潮都引發了社會的關注和討論，從而成為社會文化舞台的焦點所在，作為文學知識分子的作家和批評家依然處於社會文化舞台的中心。

然而，突然的歷史風波和經濟轉型為大眾文化的迅猛發展提供了千載難逢的時機，同時也為文學知識分子的社會文化位置的改變提供了歷史機會。在主流話語的默認與文學知識分子無暇顧及的文化情境下，鮮有政治色彩並集中體現娛樂功能的大眾文學，在一向由精英文學知識分子佔據中心位置的

1 祁述裕：《市場經濟下的文化藝術》，北京：北京大學出版社 1998 年版，第 16 頁。

2 陽雨：《文學：失却轟動效應以後》，1988 年 1 月 30 日《文藝報》。

文化空間中建立了文化市場。特別是在鄧小平南巡講話後的新一輪經濟改革大潮下，大眾文化不僅暢通無阻，甚至通過市場經濟這個有力槓桿，具有日臻完備的生產能力和流通渠道，並以現代化的手段加速了更新換代的週期，成為無可爭議的文化潮流。

第二，精英文學遁入歷史，當代文學創作的圖景從焦點透視變成了散點透視。九十年代前後，確切地說是 1989–1992 年這段時期，最值得文學史記憶的文學現象，莫過於先鋒作家與新寫實作家不約而同地遁入"歷史"，從而形成新歷史主義的小說潮流。

先鋒小說作家曾經藉助八十年代的人文氛圍，憑據獨特的文學想像和形式實驗衝擊文壇，取得令人矚目的業績。但是進入九十年代後，他們在文學形式上的挑戰性有所收斂或者退化，全面從形式實驗走向歷史想像。蘇童寫了《米》《妻妾成群》和《紅粉》，格非則完成第一部長篇小說《敵人》，就連執着於形式實驗與抽象性思辨的余華，在完成最具個人性記憶特色的先鋒小說《呼喊與細雨》後，也創作了《一個地主的死》《活着》，葉兆言則有《十字舖》《半邊營》等小說，繼續書寫秦淮河畔的歷史頹敗故事。

新歷史主義的旗幟雖然遲至 1989 年才亮出，但人們津津樂道的新寫實小說代表作品，如池莉的《煩惱人生》及劉恆的"食色"系列，則是在這之前問世的。新寫實作家從現實世界遁入歷史世界則是在九十年代初期，如劉震雲的《故鄉天下黃花》《溫故一九四二》，劉恆的《蒼河白日夢》、池莉的《預謀殺人》、楊爭光的《黑風景》《賭徒》《棺材舖》、李曉的《相會在 K 市》《叔叔阿姨大舅和我》等。佳作頻出，歷史吸引了這個時期裏幾乎所有充滿創造力和想像力的一綫實力作家，成為當時純文學最激動人心之處。這些作品中的歷史世界不僅不同於正統教科書上的歷史記載，而且各不相同的獨特歷史敘事彙集成極富思想內蘊的蒼茫人生與詭譎人性，寓言式地表達了作家對生活、人性和自我的理解。

"新歷史主義"這個稱謂受啟於八十年代美國的一種新興的文學批評樣式，但實際上當代中國新歷史主義小說與美國新歷史主義批評並沒有直接的聯繫。一般而言，新歷史主義小說中的歷史總是指向民國時期，也就是關於民國時期的敘事，但小說中的民國又往往沒有明晰的歷史性事件，而是一個關於過去的生活世界的想像性虛構。例如格非的長篇小說《敵人》，主人公趙少忠是傳統社會中的一位族長，因早年家中一場災難性的大火，毀滅了他的家業，從而留下了不可磨滅的創傷性記憶。他贊同長輩的看法，固執地認定他家的失火是“敵人”所為，他在世的責任就是找出這個“敵人”，他的內心世界烙下一個伴其終身的“敵人”印記。他曾從祖先手裏繼承了一份縱火者的懷疑名單，可到趙少忠年過花甲的時候，這份名單也就失去了意義，因為名單中的人要麼已經老死，要麼也已風燭殘年。他始終沒有找出這個“敵人”，反倒是趙家不斷出現恐怖的死亡事件。這場關於“敵人”的曠日持久地尋找，徹底壓垮了趙少忠。其實，小說最終表明，真正的“敵人”只存在趙少忠的內心。小說啟示我們，我們自己內心中的那些陰暗品性、那些莫名的恐懼，可能把我們推向了毀滅和死亡的境遇，它們才是真正的敵人。至於小說中的民國時期，不過是虛擬的歷史背景而已。

如果說西方的新歷史主義批評，是對形式主義和後結構主義批評的主動反撥，那麼當代中國的新歷史主義小說則是特定文化語境中的被動逃遁。因為在特定的文化語境中，文學面臨着存在方式的再選擇。歷史敘事正好提供了一個遠離現實社會而不為意識形態話語完全排斥的話語空間，正是從這種意義上講，新歷史主義小說隱含着對特定政治文化的迴避和逃遁。不過，這種被動的迴避並不是純粹的消極，作家在徒具時間標示的歷史中，刻意表現他們當下的生活經驗和生命體驗，隱晦地表達他們的文化救贖和自我救贖。對先鋒作家來說，曾經形式上的肆意顛覆退化為相對穩定的敘事形態，而原本只是作為敘事話語素材的“歷史”轉換為歷史敘事，他們由失落年代的解構性話語，逐漸走向尋覓歷史與文化中的人性幽微之處。對於新寫實群體而言，從現實生活的原生態到歷史世界的生存狀態，從現實人生的“零度抒情”轉化為具有歷史距離的冷靜諦視，既排除了現實喧囂的心態，也便於主體性地介入。因此，重新書寫歷史既可以在權力話語的強勢下拒絕認同現實世界的精神教化，又可暫築一塊個體寫作的有限的自由空間；既能在法權社會中實現自我，滿足創傷性主體的言說慾望與情感需求，也可維護文學本身的延續和再發現，實現作家的文化責任使命及社會精神維繫。

當然，我們在承認新歷史主義小說對主流話語的霸權地位的思想質疑和形式顛覆的同時，也應看到它們的局限和弱點。新歷史主義小說以解構性的思維方式和情感價值書寫歷史世界，其中隱含着一種精神冒險。因為它們更多的是從歷史世界中辨析和陳述"不是什麼"，可以在這個想像的世界把人間苦難鋪陳得淋漓盡致，將個體心理世界的殘缺狀態表現得絲絲入扣，抑或讓個體命運演示得跌宕起伏和禍福無常。但也只能是如此，人們很難指望從中領悟到"應是什麼"。創作主體對於歷史世界的不公和不義難以做出價值情感的判斷，他們沿襲先鋒小說和新寫實小說的遺風，面臨苦難似乎無動於衷，甚至饒有興趣地把玩，匱缺隱含的知性主體和道德主體。

最後，我們談論八十年代末期至九十年代初期的文學，王朔是應該提及的作家。1988 年與 1989 年，他的四部小說被改編搬上銀幕：《頑主》、《輪迴》（改編自《浮出海面》）、《大喘氣》（改編自《橡皮人》）和《一半是火焰一半是海水》。他的頻繁"觸電"表明，在現代世俗化的歷史轉換時期，他是個成功轉型的文化人。1989 年，他的兩部長篇小說問世：《玩的就是心跳》和《千萬別把我當人》；還有兩部中篇小說發表：《一點正經沒有》《永失我愛》，這就是說，他還是個精英文學的作者。九十年代初期，王朔創作的發展勢頭仍然強勁，當時代表精英文學的《收穫》《當代》《花城》《小說界》《上海文學》等權威刊物不斷發表他的小說；參與策劃與創作的電視連續劇《渴望》《編輯部的故事》和《愛你沒商量》等，率先實現拓展電子時代大眾文化領域，並且收視率居高不下。他的作品直面現實，毫不留情地調侃和解構僵硬的精神教化，同時也嘲笑脫離現實的理想主義；他不僅理解世俗人生，而且張開雙臂擁抱世俗的慾望人生。我們不得不承認，王朔的作品是特定歷史轉型時期出現的一個特殊文化現象，不管文學史如何評價他，當代文學史是無法拒絕他的。然而，就在王朔"紅得發紫"的時候，文化界圍繞着他的創作展開了爭論，他成為議論的焦點人物。

其實，王朔當時是兩面受敵：主流話語難以容忍他起鬨式的解構和痞子式的無賴，而精英話語又不願接納他的世俗和不正經。這裏特別值得提及的是，圍繞着王朔展開的爭議，實質上是九十年代人文知識分子的思想分化，不同思想傾向的人文知識分子把王朔作為一個案例進行分析和論證。

雖然上述文化現象尚不能全面釐清九十年代初期的文化語境和文學現象，但足以表明當代文學告別了理想浪漫的新時期，開始轉向一個新的文學發展時期。關於這個新的當代文學時期，有人命名為“後新時期文學”，還有人稱之為“新世紀文學”。我認為這兩種命名都不準確。“後新時期文學”的稱謂提示了九十年代文學與新時期文學的斷裂性，但是它顯然是借用了現代與後現代的命名方式，這樣的借用很容易造成歧義。因為，從現代到後現代更多的是源自現代性內部邏輯的自我演變，後現代理論是對現代理性的質疑，屬於主動的自我變化。九十年代文學變化的原因更多的源自外在社會的因素，是一種被動的自我調整，並沒有否定新時期的意思。“新世紀文學”則是一種懶惰的命名方式，這種僅以時間命名的方式不僅忽視了文學斷代的價值概念，遺忘了處於時代變更之中的 90 年代文學，更重要的是從源頭上遮蔽了文學內部的斷裂性，因為 90 年代文學與新世紀文學並沒有差異。故此，我運用了一個中性的命名——九十年代以來的文學。

第四節

當代中國知識分子的自我認同危機與九十年代知識分子的“人文精神”討論

一、當代中國知識分子自我認同的變化

從整個世界現代化的過程上看，人文知識分子的社會身份、地位以及自我認同的變化，是隨着社會現代化的變化而變化的。具有獨特文化和歷史傳統的現代中國知識分子，這種變化也是必然的，只是時間上的早晚問題。不過，現代中國知識分子的這種變化形態相比於西方，不是漸近式的，而是斷裂式的。若要深切理解在意味深長的九十年代初期人文知識分子的思想變化，有必要“卻顧所來徑”，對他們的社會身位和自我認同的變化，做個簡要的歷史描述和分析。因為，這是我們切入九十年代以來知識分子形象譜系的直接文化語境。

如上所述，現代中國的知識分子產生於二十世紀初期，確切地說始於 1905 年廢除科舉制度和創設新式學堂。中國傳統的士大夫和儒生所關注是政學與道學，主要從事社會管理事業。皇權體制下的社會治理階層“滿朝朱紫貴，盡是讀書人”，也就是說，傳統中國的官僚政治階層主要由在科舉制度下取得功名的讀書人構成，皇權藉助士大夫階層維持龐大而統一的中華帝國。不在仕途的儒生則在鄉土社會構成一個紳士階層，在民間社會維持地方秩序和思想教化。無論是在朝的士大夫還是在野的儒生，都享有一定的政治、文化和經濟的特權，屬四民之首。

與他們的社會角色相應，古代社會士大夫和儒生自然而有邏輯地把經世致用的儒家入世觀念，作為他們在社會角色互動中的自我觀念。說得直白一些，他們期盼由士而仕，內聖外王，由“修身齊家”到“治國平天下”；將在專制皇權國家的社會權力結構中發揮政治作用作為自我理想。支撐儒生這種人生理想的價值觀念，則是以儒家思想為主體的道統，如果說古代讀書人心中嚮往的人生理想是由士而仕地進入廟堂，那麼匡扶國君替天行道則是廟堂中的祭壇。

由於古代讀書人所憑據的以儒家思想為主體的道統，原本源自古代中國的禮樂道德傳統，基本上是一個從家到國的有關人倫秩序的觀念體系。這種觀念體系決定了儒家具有明確的入世精神，勇於面對和干預現實也就成為中國古代讀書人火盡薪傳的使命感和責任感的特徵，誠如顧憲成的對聯：“風聲雨聲讀書聲，聲聲入耳；家事國事天下事，事事關心。”從文化心態上講，他們可能對權威的政統有所懷疑，特別是先秦時代，面對政治權威他們尚有“合則留，不合則去”的自由。但是他們從來不懷疑自身秉持的道統，治世以“上格君心，下淳風俗”為己任，亂世則以“天下興亡，匹夫有責”自命。同時他們身處社會文化的中心位置，以一元的道德倫理價值統攝整個社會，因此他們的純粹理性與實踐理性是一致且貫通的，並且強調“知行合一”。

除了中國，世界上還沒有哪一種社會文化能夠在幾千年間不曾中斷地延續下來，也沒有哪一個國家能夠在兩千多年的漫長歷史中穩定維持着疆域廣闊的統一形態，這不能不在很大程度上歸因於中國特有的科舉制度。正是古代中國的這種文官考試和人才選拔的科舉制度，將讀書人階層、儒家思想與中央集權結成三位一體，把社會精英人士變成社會統治階層的有機體成員。也正是因為這種制度對穩定封建社會秩序的特殊效用，使隋代以後的政治統治者不遺餘力地強化和完善它。他們一方面把官方化的儒家思想和科舉取士的方式正統化，並通過意識形態獲得全社會成員的認同；另一方面以權力、地位和財富誘導讀書人選擇這條人生道路，從而使古代讀書人成為社會尊重的特權階層，因為一旦他們的人生道路被固定在科舉制度的軌道上，他們就注定處於社會的政治和文化中心。因此維護傳統的儒家價值觀念不但是古代士人的精神所必需，也是他們維護自身人生既得利益所需。

1905 年的廢除科舉制度具有劃時代的歷史意義。最初，清末朝廷把科舉制度改為學堂制度，主要是想通過模仿西方的教育體制發展現代科學技術，以富國強兵，同時培養既懂現代化管理又懷忠君愛國之心的人才。然而，教育制度和官僚選拔制度的改革與清政府的最初意圖相悖。科舉制度的廢除和學堂制度的創設，一方面是新式學堂教育傳播的是現代科技知識與現代價值觀念，與傳統的文化價值資源大相徑庭，這必然導致傳統價值觀念在現代社會的失範，國家喪失了維繫意識形態及其道德觀念的價值紐帶。"五四"新文化運動倡導白話文的目的，就是為了傳播現代價值理念和反對傳統文化觀念。另一方面，新式學堂的教育制度直接孕育了反對封建專制社會的現代知識分子，他們日後成為倡導社會現代化的文化精英。從這種意義上講，"五四"新文化運動給已失去社會制度保障的傳統文化觀念致命一擊，也是現代歷史的必然。

廟堂拆毀，祭壇倒塌，傳統士人這個社會階層隨着科舉制度的消亡和道統的式微而分崩離析，現代知識分子應運而生。廣義地說，"他們是大學教授、大學學生，以及其他從事思想的建構與傳播的人士"。他們與傳統士大夫相比，差異在於"他們已非是一個知識與社會價值的壟斷與獨佔者；他們不再與政治權力必然地連在一起；他們不再是一個明顯的身份的知識集團；他們不再是社會金字塔頂層上的人；他們不再是一個排他性的特權階級"。在整個社會結構中，他們還是精英分子，但是他們的自我形象與自我認同是模糊的，"他們已不具有士大夫所有的階級性的'同類意識'，在某個意義上說，他們是最難歸類的一群"。[1]

然而，剛剛走出類似中世紀社會的現代中國知識分子，因為反對傳統文

1 金耀基：《中國現代化與知識分子》，台北：時報文化 1977 年版，第 74–75 頁。

化而在社會形成的一種力量，很快就因自身的分化而削弱。新中國成立後，因為新的社會制度建構的原因，並沒有產生類似西方社會的知識分子群體，而是造成了知識分子的"非知識分子化"。[1] 新的社會體制一方面用以單位為核心和以戶口為紐帶的制度，把各種類型的知識分子吸收進社會體制網絡，知識分子不得不遵從自己所處的社會體制的種種規章制度，成為社會的有機分子。另一方面，國家統馭話語權力，並運用思想改造等種種政治運動使知識分子保持思想觀念上的高度同質性。在這種社會體制格局中，建構思想文化知識的人屬於權力部門，傳播思想文化的人也受權力部門的嚴格控制，知識分子只是接受權力話語和參與這種話語的再生產。因此，如果我們承認知識分子不僅僅是"具有一定文化科學知識分子的腦力勞動者"，[2] 也是"觀念的創造者與闡釋者"的這個定義，那麼，對新中國知識分子在相當長的歷史時期裏的"非知識分子化"也並不難理解。

上世紀八十年代是中國知識分子思想蛻變的年代，最為顯著的標誌就是人文知識分子的學術話語，逐漸從主流話語中剝離出來。最初，知識分子把"文革"的反思和批判與反對封建主義聯繫在一起，他們在思想文化上反對專制主義，與主流話語在政治上的思想解放運動和經濟上的體制改革思想一起，合力完成了新時期的話語轉換。但隨着歷史反思的推進，把人字一再大寫，於是在原有的主流話語之中再也找不到闡釋的想像空間。知識分子便沿着現代啟蒙思想的路徑深入，在現代思想文化寶庫中重辨啟蒙理性。這就使得八十年代思想運動成為繼洋務運動、維新運動和"五四"運動之後的又一次規模浩大的西學引進的高峰。大量西方現代經典著作的譯介給當代中國人文思想話語產生了飛躍，"它不但使中國知識分子在世界性的當代背景下反思和'重寫'歷史和想像未來，更通過具體的話語操作和語言習得將當代中國的經驗表達緊密地編織進以西方話語為中心的國際符號生產和秩序網絡之

1 黃平：《未完成的敘說》，成都：四川人民出版社 1997 年版，第 38 頁。

2 辭海編輯委員會：《辭海》（縮印本），上海：上海辭書出版社 1980 年版，第 1734 頁。

中”，而且，“符號資本的積累也必將在符號和話語空間的內部為自己做出日益明確的意識形態和政治立場的說明”。[1] 於是，現代知識分子話語終於擺脫主流話語的庇護，由附庸而蔚為獨立。當然，這並不是說中國知識分子能夠完全脫離社會體制和文化語境地自由言說，因為中國的大學體制和傳媒體制與西方社會迥然不同，並不存在他們那種獨立性，只是說他們在一定程度上不再只是受制於自己所處的體制的種種規限，有可能通過自己所創造、闡釋的思想去表現並且約束自己，從而使自己擁有一定的超越現實能力。

這裏需要說明的問題是，本文中使用的“西方話語”的意思，並不是說西方話語天然地比中國話語優越，而是因為現代化起源於歐美，因而西方對於諸多現代化和現代性的經驗和問題進行過卓有成效的實踐與研究，並在此基礎上形成共識；而這些現代的問題在全球化的過程中是相同或者相似的存在，因而現代話語多為西方話語。也就是說，西方話語多為共識性的文明標識，使用西方話語也是為了在現代化的過程中少走彎路，因而這不但不是什麼崇洋媚外，而是後起現代化中國的後發優勢。當然，由於時空的差異，我們固然不能照搬西方話語，在使用西方話語的過程中必須認真比較，加以辨析。

從總體上講，上世紀八十年代人文知識分子作為體制知識分子，在現代化的合法旗幟下重整啟蒙主義的話語，在社會的十字街頭以思想啟蒙者自居。他們並沒有清醒意識到，在當代中國社會的文化語境下，現代性思想啟蒙在進一步深化後將可能遭遇的思想文化困境，以及經濟現代化深入後自身邊緣化的宿命。雖然他們在否定中世紀般的文化專制主義態度上，與當時的主流話語達到空前的同一，但這無法建構系統的現代性觀念，再加上思想文化的建樹遠遠弱於思想文化的批判，因而顯得凌厲而浮躁。這種精神特質，使他們一旦遭遇八十年代末期的政治風波和九十年代的經濟大潮，便有猝不及防之感，深切體驗到無力和無奈以及生命的落寞、思想的惶惑和心理的焦

1 張旭東：〈重訪八十年代〉，《讀書》1998 年第 2 期，第 10–11 頁。

慮，甚至有一種被動的被剝奪的悲哀。

從當代知識分子精神失重的心態上講，我們應該承認，他們尚未完成現代性的轉換，因而遭遇自我認同的危機。關於自我認同，查爾斯·泰勒說："這一問題經常同時被人們利用這樣的句子表述：我是誰？……如何回答這個問題，意味着一種對我們來說什麼是最為重要的東西的理解。知道我是誰就是瞭解我立於何處。我的認同是由承諾（commitments）和自我確認（identifications）所規定的，這些承諾和自我確認提供了一種框架和視界，在這種框架和視界之中，我能夠在各種情境中嘗試決定什麼是善的，或有價值的，或應當做的，或支持的或反對的。換言之，它是這樣一種視界，在其中，我能夠採取一種立場。"[1] 一旦自我認同發生危機，提供直接經驗正當性的心理架構便會發生傾斜，失去自我承諾和自我確認，也會感到無所適從，難以判斷事物對於他們的意義。可以說，九十年代初期中國文學知識分子的自我認同危機，導致當代文學話語與主流話語的分離，也是當代文學轉折的精神契機。

二、遁入象牙之塔的文學知識分子與"人文精神"討論

二十世紀九十年代初期，思想啟蒙上遭受重挫的中國知識分子出現了自我認同危機，文學心境和美學趣味發生變化，他們不得不自我調整，壓抑強烈的入世情懷，從社會的十字街頭退回學術的象牙之塔。他們開始成為人文學科的專家和學者，也開始梳理與反思學術規範和學術史問題。

1991 年，一種具有民間色彩的學術集刊《學人》在北京問世。這個集刊每年出版兩輯，由江蘇文藝出版社出版，一直出版到 2000 年。作為主編之一的陳平原先生在第一輯中發表《在學術與政治之間 —— 論胡適的學術

1 汪暉：〈個人觀念的起源與中國的現代認同〉，載汪暉：《汪暉自選集》，桂林：廣西師範大學出版社 1997 年版，第 37 頁。

取向》，他在正文前面的“內容提要”說：

本文不大考慮胡適的政治態度，而是關注他對“政治”的態度——後者不單深刻影響了胡適本人的學術事業，而且凸現了本世紀好幾代學者一直沒能解開的中心情結。基於一種知識者的人間情懷，胡適不得不放棄“二十年不談政治”的誓言，先後議政參政。可在此期間，胡適又不斷追悔其“愛管閒事”，始終以著述為其名山事業。意識到學術與政治兩種不同“遊戲規則”之間的深刻矛盾。胡適不希望“託政治於學術”，而寧願“講學復議政”。在政論時評中體現其政治意識，而在著述中嚴守“實事求是”原則，此乃胡適處理政學關係的特殊策略。[1]

顯然，無論從文章的選題還是從作者所關注的問題來說，陳平原先生在對學術規範和學術歷史反思的同時，也在對百年來社會歷史及其知識分子在這一過程中的自我選擇進行梳理和思考。這種思考對剛剛擺脫主流話語附庸位置的人文學科而言，固然有其學術史意義，但是把它置於特定的歷史情境中審視，無疑不能將其僅視為純粹的學術行為。正如汪暉先生所說：“這種反思式的討論除了學術上的自我批評，還涉及政治上無能為力的知識者在特定情境中重建自己的認同的努力，是一種化被動為主動的社會行為和歷史姿態。”[2]也就是說，這種宣稱不談政治的“為學術而學術”的態度，也蘊含着一種政治含義。

上海學者陳思和先生之後發表的《試論知識分子在現代社會轉型期的三種價值取向》（《上海文化》1993年創刊號），則顯得平和與理智一些。文章把現代轉型時期的知識分子價值概括為三種：失落了的古典廟宇意識、虛擬的現代廣場意識和正在形成的崗位意識。作者認為：

---

1 陳平原：〈學術史研究隨想〉，載陳平原主編：《學人：第一輯》，南京：江蘇鳳凰文藝出版社1996年版，第5頁。

2 汪暉：〈必要的沉默〉，載汪暉：《舊影與新知》，瀋陽：遼寧教育出版社1996年版，第128頁。

二十世紀知識分子最大的悲哀不在於政治上不得意，而在於自己失去了賴以安身立命之本。舊傳統隨時代而崩潰，新時代一時又建立不起來，光赤着身子進入政統，縱使蒙受恩典，暫列廟堂，依然只是一個大擺設。這不是知識分子個人的學力不足，而是一個時代沒有為知識分子顯現出大文化傳統的“德”來。在這過渡時期為此而積蓄、而探索、而努力的知識分子，只能履行有些學者提出的“歷史的中間物”的使命。[1]

文章明確提出，當代知識分子應該告別古典意識和廣場意識，建立崗位意識。他說：“我們既然已經失去了傳統的庇護，惟一能守住的，只能是我們的崗位。”知識分子的崗位意識包括雙重的責任意識：“學術責任與社會責任，並以前者的價值取向支撐後者。”[2]

應該說，南北兩位陳先生的主要觀點是一致的，這就是文學知識分子應從主流話語文化中分離出來，置身民間社會，以學術事業作為自身的安身立命之所。陳平原雖然強調知識分子應寄身於學術事業，但也不拒斥“人間情懷”。因為人文學科之所以不同於一般的技術科學，就在於它本身包容人文和社會理想，體現了道德信念和人格力量，研究主體難以堅持技術科學的所謂中性立場。陳平原本人也說過，“不同時代不同學派治學側重點當然有所不同，可不存在世人理解的沒有德性的‘問學’，或沒有問學的‘德性’”。[3]但是，比較而言，陳思和顯然比陳平原更加強調知識分子的人文理想。這裏除了地域文化原因（即北京、上海知識分子政治文化意識的差異）、時間的不同（陳思和的文章比陳平原的文章要晚出一年多），還表現出二者在知識分子現實人生自我設定上的情緒差異。不過，需要說明的是，陳思和提出的人文理想的關懷，不再立足於古典或者廣場的勇氣和激情，更不是庇護於主流話語之中的價值建構，而是立足於具體社會崗位，憑據知識的堅韌的學術

---

1 陳思和：〈知識分子在現代社會轉型期的三種價值取向〉，《上海文化》1993 年創刊號。

2 同上。

3 陳平原：〈學術史研究隨想〉，載陳平原主編：《學人：第一輯》，第 5 頁。

基礎，“與冷酷的世俗權力的抗爭，與卑瑣的動物本能抗爭”。

上述將陳平原和陳思和作為九十年代初期退回象牙之塔的知識分子代表，不僅因為他們分別是北京和上海知識分子群體中擁有一定影響的學者，還因為他們都是八十年代思想啟蒙和學術文化運動的參與者，因而他們的反思無疑具有較大的代表性和價值意義。然而，他們畢竟文學界的知識分子代表，如果我們把關注的目光擴大到人文知識分子的範疇，他們關於知識分子觀念的重合度，也許就不會如此之高了。

在九十年代初期的中國文化地形圖上，具有標識性意義的重要文化現象，大概是“人文精神”大討論。這次討論起於 1993 年，延續到 1995 年。討論的觸發點是文學在商品化、市場化的衝擊下，是否存在危機和人文精神失落的問題，問題的焦點是社會轉型期知識分子價值取向和精神立場問題。這些問題引起人文學科的廣泛爭鳴，以致成為九十年代波及面最廣的一場文化大討論。

這場文化討論，最初是由王曉明、張閎、徐麟、張檸、崔宜明五人的對話錄《曠野上的廢墟 —— 文學和人文精神的危機》(《上海文學》1993 年第 6 期）引發的。他們對其認定的當時的文學危機和人文精神的失落進行了激烈地抨擊。隨後，《上海文學》在發表這一對話錄的“批評家俱樂部”欄目下，相繼發表了陳思和、陳平原等人的對話錄或筆談；《讀書》連續 5 期發表總題為“人文精神尋思錄”的對話，把人文學科各個領域的專家學者都吸引進來。這場討論引發了多家報刊的參與，影響不斷擴大。而且在此期間，文壇上的“二王”（王蒙、王朔）也捲了進來，“二張”（張承志、張煒）的“抗戰文學”行為也納入到這場論爭之中。同時這些論爭，又與北京大學謝冕、洪子誠組織的“關於當代文學理想”的討論遙相呼應。由於這次討論的範圍較廣，影響較大，討論的問題也隨着市場經濟的潮流而深化，因而餘波至今猶存。

“人文精神”大討論的首個問題，是當代文學是否存在危機，人文精神是否失落。王曉明等人認為，當代文學在社會商業化和文化大眾化的情境中面臨着危機，而且這種危機暴露出當代中國人文精神的失落：

> 今天，文學的危機已經非常明顯，文學雜誌紛紛轉向，新作品的質量普遍下降，有鑒賞力的讀者日益減少，作家和批評家當中發現自己選錯了行當，於是踴躍"下海"的人，倒越來越多……今天的文學危機是一個觸目的標誌，不但標誌了公眾文化素養的普遍下降，更標誌着整整幾代人精神素質的持續惡化。文學的危機實際上暴露了當代中國人人文精神的危機，整個社會對文學的冷淡，正從一個側面證實了，我們已經對發展自己的精神生活喪失了興趣。[1]

張承志、張煒、韓少功、李銳等人也發表文章，抨擊社會現代轉型期間當代文學的價值迷失、理想放棄和批評立場的迴避等現象。

另一種觀點則認為，社會商業化和文化大眾化情境中的文學現狀是可以理解的，但這並不必然導致人文精神的失落。被"人文精神"討論者列為批評對象的王朔就說："我對有些人所講的文學和文化上的滑坡很感懷疑，也不以為然。我認為，我們恐怕在文化上壓根就沒有輝煌過……1985 年以來文學出現多元化之後，才有了比較大的發展。""有些人大談人文精神的失落，其實是自己不像過去那樣為社會所關注，那是關注他們的視綫的失落，崇拜他們的目光的失落，哪是什麼人文精神的失落。""需要重視的不是人文精神失落不失落的問題，而是要不要尊重別人的選擇的問題。"[2] 對於王朔的創作持正面評價的王蒙也質疑"人文精神失落"的說法，在他看來，中國還沒有聚焦人文知識分子共識的"人文精神"，因此失落的也許是一部分人所認同的人文精神，但是"人文精神似乎也並不具備單一的與排他的價值標準，正如人性並不必須符合某種特定的與獨尊的取向。把人文精神神聖化

1 王曉明等：〈曠野上的廢墟——文學和人文精神的危機〉，《上海文學》1993 年第 6 期。

2 白燁、王朔、吳濱、楊爭光：〈選擇的自由與文化姿態〉，《上海文學》1994 年第 4 期。

與絕對化，正與把任何抽象概念與教條絕對化一樣，只能是作繭自縛”。[1] 於是，文化爭論又引向人文精神的界定上。

二是關於“人文精神”的界定問題。上述兩種觀點的爭論，引起關於“人文精神”內涵的討論。王蒙先生的質疑有其道理，因為“人文精神失落論”者多從啟蒙主義、理想主義或普遍價值與終極關懷的角度去理解人文精神，因而他們認為：“‘人文精神’是對‘人’的‘存在’的思考；是對‘人’的價值、‘人’的生存意義的關注；是對人類命運、人類的痛苦與解脱的思考與探索。人文精神更多的是形而上的，屬於人的終極關懷，顯示了人的終極價值。”[2] 由此出發，當會以憂慮的眼神與批判的目光抵達社會和文學。

對於“人文精神失落”的質疑者，更多地從社會理性、世俗立場來理解人文精神。王蒙便說：

> 我不認為人文精神就是一種高了還要更高的不斷向上的單向追求，我不認為人文精神、對於人的關注就是把人的位置提高再提高以至“雄心壯志沖雲天”……人文精神應該承認人的差別而又承認人的平等，承認人的力量也承認人的弱點，尊重少數的“巨人”，也尊重大多數人的合理的與哪怕是平庸的需要。[3]

從這一立場出發，王蒙提出了“躲避崇高”，劉心武提出了“直面俗世”。他們認為，由於普遍主義和理想主義的人文精神定位太高，容易導致走向“道德理想國”的宗教信條、政治神學秩序，反之則會導致陷入道德相對主義的迷魂陣。我們應該承認，王蒙等人對於“人文精神”的質疑，為文化討論起了重要的補充作用。

三是如何履行“人文精神”。人文精神的討論轉到社會實踐層面，是人

---

1 王蒙：〈人文精神問題偶感〉，《東方》1994 年第 5 期。

2 高瑞泉、袁進、張汝倫、李天綱：〈人文精神尋蹤〉，《讀書》1994 年第 4 期。

3 王蒙：〈人文精神問題偶感〉，《東方》1994 年第 5 期。

文精神如何履行的問題。人文精神論者認為，應該檢視知識分子的自身問題，批判其弱化、虛化和痞化，尋求知識分子的自救之道、再生之道。他們認為："人文精神只有與世俗的社會功利需求相對抗，才能得到彰顯和闡揚。要在這個意義上，強調知識分子對於承擔人文精神的責任；也要在這個意義上強調知識分子的生存選擇和價值立場。"[1] 質疑人文精神者則認為，應該探討人文精神的重建問題。也有觀點認為，知識分子必須首先認同社會，與大眾"合謀"，與大眾文化"溝通"，或達成"審美文化與人文精神轉化"，從中尋求人文精神的重建或新的生成。[2]

就在人文精神討論期間，作家張承志、張煒的"以筆為旗"、為"理想"而戰的"抗戰文學"行為，也納入到這場文化論爭之中，而且在知識分子的人文精神討論中一時被視為精神英雄，並被認為是人文精神張揚下的精英式寫作的典範體現。我們應該承認，張承志和張煒畢竟是文學創作一綫的當代作家，他們富有激情的文本，既有人文關懷的底蘊與智性思考的深度，也有詩性的靈光，還有超拔的精神和激揚的情緒，因而極富煽情性。如張承志《清潔的精神》：

> ……在一片後庭花的歌聲中，中國需要這種聲音……更重要的是，人的精神不能這麼篇章地爛光丟淨；管別人呢，我要用我的篇章反覆地為烈士招魂，為美的精神製造哪怕是微弱的回聲。
>
> 不用說，在那個大時代中，除了恥的觀念外豪邁的義與信等傳統也一併奠基。一諾千金，以命承諾，捨生取義，義不容辭——這些中國文明中的有力的格言，都是經過志士的鮮血澆灌以後，才如同淬火之後的鐵，如同沉水之後的石一樣，鑄入了中國的精神。
>
> 我們的精神，起源於上古時代的"潔"字。[3]

---

1 吳炫、王幹、費振鐘、王彬彬：〈我們需要怎樣的人文精神〉，《讀書》1994 年第 6 期。

2 王一川：〈從啟蒙到溝通〉，《文藝爭鳴》1994 年第 5 期。

3 張承志：〈清潔的精神〉，《十月》1993 年第 6 期。

張承志以散文的方式參與論爭，從中國古代文明中尋探精神的援引。當然，他們也受到一些質疑和批評，如人文激情多於人文理性，而且激情的書寫中更多地體現了“審美烏托邦”和“道德理想國”的色彩，同時精英式寫作自身也包含着深刻的精神矛盾。李澤厚先生就從這種書寫中發現了問題，他認為其中有一種“紅衛兵的心態”：

> 中國知識分子在本世紀表現得不錯，前仆後繼，毫無愧色。許多人有魯迅所描寫的“過客”精神，應當給予歷史的合理評價，近百年來，中國知識分子在現代化社會的準備階段裏，很有精神，很有貢獻。常常不顧自己的利益，把社會推向進步，無論是倫理還是歷史都是如此。但另一個方面又太積極、太焦慮、太激進的問題。所謂激情有餘，理性不足。理性沒有很好發展，自由主義沒有很好發展。普遍都有某種程度激烈的“紅衛兵心態”。這種心態的表現形態之一，就是通過否定一切來確定自己和表明惟我掌握真理、老子天下第一。這不是理性的態度。[1]

如今，我們重新審視這場人文精神大討論，仍然可以發現這次文化論爭的可貴價值。首先，這是一次較為純粹的學術爭鳴，而且事關社會轉型期間中國文學及其人文精神的狀況，爭鳴的問題也是他們在社會現實中所遭遇的問題，或者說是有感而發。其次，這次論爭從文學界擴展到人文學界，提出一些現代歷史轉型期間的重要文化問題，從某種意義上說，也是社會經濟文化轉型期間公共話語空間初顯的產物。最後，他們的爭論充滿人文關懷，對知識分子價值規範的尋求、對商業化文化及文學的物慾化或者世俗化乃至異化之批判，均初步給中國社會現代化的負面性以制衡性的批判。

當然，這次文化論爭也暴露出當代知識分子自身的一些問題。其一，他們對現代歷史的轉型缺乏經驗，認識有限，並沒有清醒意識到現代化原本就

1 李澤厚：《世紀新夢》，合肥：安徽文藝出版社 1998 年版，第 511 頁。

是一次世俗化的歷史過程。在市場經濟的社會，商業化和資本化不可避免地向文化領域延伸和滲透，這就決定了社會文化的多元化和分層化。社會具有不同層面的文學讀者，社會就擁有不同層面的作家；而且既然社會存在着多元文化，那麼我們就不能指望精英文化一統天下。因而，文化商業化和文學大眾化的文化現象是可以理解的，這並不是文學危機的表徵。我們只能說，九十年代初期大眾文學的爆發與精英文學的邊緣化這個過程過於劇烈，文學知識分子一時並不適應這種劇變。

其二，我們不能把人文精神當作不證自明的概念，而應當把建構適應中國現代社會的人文精神作為知識分子的一種責任和使命。現代中國將西方啟蒙主義精神引入中國，"人的覺醒"和"個性解放"思想對社會的影響，更多的是文學思想，而且在純粹理性上進行思辨的較少。八十年代文學把極左的政治歷史理解為被封建主義傳統陰影籠罩的歷史，這種思想啟蒙的自我認同接續了現代文學思想，是在否定封建主義思想中獲得的。應該說，這個時期對現代啟蒙主義思想做了較多的體系化工作，然而，在批判極左的政治歷史中顯示出巨大歷史功能的啟蒙主義思想，面對九十年代市場經濟擴張的現實社會，卻顯得蒼白無力。一些堅持啟蒙立場的人文知識分子，繼續沿用啟蒙主義的抽象的主體性和自由解放的思想武器，批判商業化社會的功利主義、道德腐敗和社會無序，把資本化社會的問題放置在以安身立命為目的的個人道德上，便失去了診斷中國社會市場經濟的問題。因此，啟蒙主義理性是一種人文精神，但不是所有社會唯一的人文精神。對於中國特定的文化背景下的現代知識分子，應該清醒地認識到自己的"歷史的中間物"角色，知識分子既應依靠人文精神安身立命，但又不能自命不凡；既要堅持啟蒙主義的科學與民主的立場，保持獨立思想和自由精神，不能喪失理性，又要對大眾社會保持既啟蒙又關懷的態度，即既不盲從也不冷漠。

最後，關於人文精神何以可能的實踐性問題。我們應當區分精英道德與社會道德的相通性與差異。精英的道德要求是宗教性道德，在宗教世界稱宗教道德，在世俗世界則是準宗教的精神道德。這種精英道德是一種自我追求至高至善、成聖成賢的崇高的價值體系，它追求人的完美性和德化人世。在傳統中國，儒家的道德理想就是精英道德。而社會道德則是一種普遍主義的"底綫倫理"。何懷宏先生認為，這種道德是指一個合格的現代社會公民所必須堅執的道德義務意識和道德責任感。相對精英道德而言，它沒有所謂"君子之德風，小人之德草"的等級性，而是面向社會的所有公民。相對於個人性的道德、信念和價值而言，它是一種基本性的行為準則和規範，是現代平等、多元社會中人們所形成的道德共識圈。總之，這是"一種面向全社會、平等適度，立足公平正直"的行為規範體系。[1] 我們既要傳承人類文明中的精英道德，也要在當代中國重新建構維繫社會的社會道德。張承志、張煒等把精英道德等同於社會道德，並以精英道德為尺度，在一個失範的年代以精英道德導師的身份對世俗社會進行文化批判，這就顯得不合時宜。因為精英道德作為一種終極性的追求和關懷，是一種高度理想化和超凡標準，對精英而言，只能適應個體的需要和選擇，不能成為衡量世俗社會普遍社會成員的準則。

總之，從上世紀八十年代開始，當代中國人文知識分子的學術話語，逐漸從主流話語中剝離出來，與此同時他們也遭受到自我認同的危機。從表層上講，九十年代的"人文精神大討論"是當代文學在社會市場經濟的衝擊下產生的文化論爭，但深層上講則是人文知識分子自我認同危機的集中表徵。這是我們理解九十年代以來知識分子形象譜系的直接文化語境。

1 何懷宏：《底綫倫理》，瀋陽：遼寧人民出版社 1998 年版，第 9 頁。

小結

本章一方面全面梳理了知識分子的概念；另一方面則是從社會歷史和文化語境的角度考察現代中國知識分子的誕生和成長，從當代中國社會變化的歷史進程來考察這個稱謂的變化。從知識分子概念和現代中國知識分子的形變過程梳理中可以得出以下幾個結論：

其一，知識分子一詞從國外引進。西方十九世紀才形成知識分子的概念，它指具有專業知識背景並且從事腦力勞動的、現身於公共領域的社會群體。這就是說，知識分子既是擁有專業知識背景的知識創造者、生產者和傳播者，也是關懷社會公共利益的知識人。由於當代中國的社會體制和文化語境，並沒有建構健全的現代社會的公共空間，無法形成真正意義上的公共知識分子，因而不能完全以西方關於知識分子的概念命名當代中國的知識分子。

其二，現代中國知識分子產生於晚清民初，科舉制度的取消和皇權制度的消亡為現代中國知識分子的產生和形成提供了歷史機遇和社會條件。但是，現代中國知識分子畢竟是從傳統社會的士階層蛻變而成的社會群體，所以現代知識分子與傳統的士在精神文化上具有深層的淵源關係，突出表現在現代中國的知識分子擁有顯豁的社會責任和使命意識。同時，傳統社會的士階層屬四民之首，擁有一定的社會特權，這種傳統社會角色的轉換也是當代知識分子自我認同危機的隱在誘因。

其三，我們不能完全運用西方知識分子的概念來闡釋當代中國知識分子。從延安時期開始至今，中國共產黨對文化生產、傳播和接受採取一體化的管理模式，新中國成立後沿用和完善了這種一體化制度，形成獨特的當代知識分子的社會背景和文化語境。因此，我們要想深入理解當代文學的知識分子形象譜系，必須首先把握產生當代文學知識分子形象的歷史背景和文化語境，否則我們便無法理解當代知識分子形象的內心世界和行為規範。

其四，從上世紀八十年代開始，當代中國人文知識分子的學術話語，逐漸從主流話語中剝離出來，與此同時他們也遭受到自我認同的危機。九十年代的“人文精神大討論”便是這種思想困惑的表徵，這是我們理解九十年代以來知識分子形象譜系的直接文化語境。

第二章

知識分子敘事的百年回溯：艱難歷程中的知識分子

文學作品原本是文學知識分子創造的精神產品，從某種意義上講，知識分子形象蘊含着文學知識分子的自我審視；二十世紀中國正是現代轉型的時期，此時知識分子的身位和自我認同發生重大變化，因此知識分子形象是整個二十世紀中國文學中較為突出的形象譜系。當然，不同時代湧現出不同精神特質的知識分子形象，可以說他們是不同時代文學知識分子自我反省和自我塑造的產物，他們的形象及其思想意蘊從某個角度映現出他們那個時代的本相。通過二十世紀中國知識分子形象譜系的巡禮，我們可以發現不同時代知識分子的不同特質，也可發現他們共同存在的問題。這對我們全面深入審視九十年代以來的知識分子形象，無疑是個歷史性的價值參照。

當然，限於篇幅，我們不可能全面展現二十世紀知識分子形象譜系，只能從中選取一些代表性作家的作品進行分析，從中思考他們筆下現代知識分子形象的流變及其精神變化，為我們思考當代知識分子提供價值參照。

第一節

魯迅和郁達夫：彷徨苦悶的現代知識分子

二十世紀中國文學的知識分子書寫是從魯迅、郁達夫和葉聖陶等為代表的"五四"一代作家開始的。儘管我不可能在此全面展示"五四"時期知識分子的形象譜系，但從魯迅和郁達夫等為代表的知識分子形象中可以發現，剛剛走出封建宗法社會的現代知識分子在對傳統文化與社會現實的批判中意氣風發，但在知識分子的自我表現上卻猶疑不決，彷徨苦悶成為他們的基本風貌和內心特質。

一、魯迅：彷徨的現代知識分子

被尊稱為中國現代小說之父的魯迅，一生也只有《吶喊》《彷徨》和《故事新編》三本短篇小說集，而正是這些精粹的創作，奠定了中國現代小說的堅實基礎，影響了一代又一代現代中國作家，這不能不說是一個文學奇跡。在魯迅小說中，知識分子形象是個不可或缺的系列形象。

魯迅小說的知識分子系列形象主要有狂人（《狂人日記》）、夏瑜（《藥》）、《故鄉》和《祝福》中的敘述者"我"，特別是《彷徨》中的魏連殳（《孤獨者》）、呂緯甫（《在酒樓上》）及涓生和子君（《傷逝》）。他們是接受西方現代文化，剛剛走出中世紀一般社會的第一批覺醒的中國知識分子，他們最大的思想特徵是能夠自覺地擺脫傳統觀念的束縛，擁有自己獨立的社會理想和人生追求。

然而，他們的生存情境仍然如舊，仍然生活在世代相傳的、沉滯的社會現實之中。他們不但無力改變種種不合理的社會結構和生活習俗，甚至剛剛萌生的一點點社會和人生追求、僅有且彌足珍貴的那點青春的生命力也被厚重的社會習俗所摧毀、吞噬。“人醒了無路可走”的生命重負，使他們活得異常痛苦，以致孤獨成為這種形象類型的精神標誌。由於魯迅在這類人物之中滲入了自身切膚的生命體驗，所以他們的精神苦痛異常深刻與生動。

《吶喊》開篇之作《狂人日記》的主人公是個瘋子，同時也是小說的敘述者。小說着重剖露了一個狂人的內心，而在世人看來這無疑是一個殘缺的心理容器。在受傳統精神文化支配的世人眼中，普遍異化的生活世界是一個正常的世界，但狂人的心理不受精神教化的轄制，他所感受到的生活世界，是一個在常人看來正常而實際荒謬的世界。作者正是藉狂人的反常心理，對傳統文化進行整體的透視，達到價值觀的有意反轉，破除人們的自以為是。

狂人的目光是驚世駭俗的，他在國人引為自豪的數千年文明史中，發現了“吃人”：“我翻開歷史一查，這歷史沒有年代，歪歪斜斜的每頁上都寫着‘仁義道德’幾個字。我橫豎睡不着，仔細看了半夜，才從字縫裏看出字來，滿本都是寫着兩個字是‘吃人’！”[1]這段話有三個關鍵詞語：歷史、仁義道德（禮教）、吃人。

首先是歷史。傳統社會的國人相當重視歷史，以擁有五千年的悠久歷史倍感驕傲。中國古書的分類是經史子集，史書價值地位僅次於經書。可是，狂人瞧不起古久先生的“陳年流水簿子”，踹了一腳。[2]“歷史”即過去發生的事情，因而原本具有時間的概念，文明的“進化”就坐落在時間的基座上，而狂人則抹去了歷史的時間標誌——“沒有年代”。狂人把時間轉換為空間，於是悠久的中國歷史就成為一個巨大的社會文化空間。在這個碩大的生存空間內並無所謂的文明進化，只包含着無數的“吃人者”和“被吃者”，

1 魯迅：〈狂人日記〉，載魯迅：《魯迅全集》（第一卷），第 425 頁。

2 同上，第 423 頁。

既有像趙貴翁這樣的封建傳統文化的自覺維護者，也有被宗法傳統文化蒙蔽的一般民眾，他們是“被吃者”，但同時也不由自主地參與“吃人”，因為他們完全被愚民的思想毒化了。就連狂人自己也自我懷疑、自我審視，逃不過“吃人”的嫌疑。簡言之，這個毫無時間標識的、悠久的歷史世界，就是一個普遍蒙昧和異化的生存世界。

其次是“吃人”。小說主人公在患病期間一直懷疑有人要“吃”他，有着典型的被迫害症狀。如果我們細讀作品不難發覺，狂人有時對人與獸分辨不清：“他住在‘狼子村’，害怕‘趙家的狗’，而‘海已那’是狼的親眷，狼是狗的本家。他周圍的有“獅子們的兇心，兔子的怯弱，狐狸的狡猾……”[1]這些動物的意象，指涉着人與獸的世界曖昧不清，隱喻狼子村的人還沒有從動物狀態進化到文明社會，而“吃人”的民族是文明程度低下的民族。所以狂人憤懣地籲請國人悔過，“有了四千年吃人履歷的我，當初雖然不知道，現在明白，難見真的人”，救救無辜純潔的孩子！[2]在國人引以為榮的五千年文明歷史中，洞察出“吃人”的本質，真可謂為驚世駭俗。此外，《狂人日記》的深刻之處還在於，“瘋子”懷疑自己也參與了“吃人”。這就是說，他是一位具有“歷史中間物”意識的思想家。

最後，批判的鋒芒指向“禮教”，而“禮教”的內在本質則是傳統文化體系的核心價值——“仁義道德”。魯迅小說中“吃人”，絕不僅僅是肉體上的“吃”，而更多的是精神上的“吃人”。正如小說裏所說，是“仁義道德吃人”，精神教化或意識形態殘害人。傳統中國是宗法封建社會，維繫思想秩序的觀念是倫理道德，人與人之間交往的準繩是“仁義”。因此，《狂人日記》提供的封建體制和道德觀念的“吃人”罪惡，不是一枝一節的，而是對民族幾千年歷史文化和社會現實本質的總體透視，所以它的宗法封建社會和傳統文化“吃人”的主題，就不僅是這篇小說的意旨，同時也是魯迅小說的主題。

---

1 同上，第 427 頁。

2 同上，第 432 頁。

《狂人日記》思想邏輯的基礎是，知識分子的覺醒程度與他在中國當時社會上的孤立和痛苦程度成正比。他越是深刻地感到封建禮教的“吃人”本質，越是極力反抗這種意識形態，就越被周圍的人視為不可理喻和不值得同情的“瘋子”。他本想把自己的見識和批判精神傳達給大眾，可大眾不但不顧其苦心，還視他為“瘋子”，否定他的話語價值，剝奪了他的言說權利，並將他拋出正常社會的生存軌道。這篇小說的開頭是一段文言文的題示，語義的表層是講述這篇小說的來由，但實質上是隱喻，當主人公完全失望於自己改造環境的行為，感到只能順應現實要求時，他的病也便痊癒了，像其他讀書人一樣到某地做候補官吏去了。狂人的命運深刻地體現了當時覺醒知識者的悲哀——“人醒了無路可走”。

魯迅筆下的狂人形象，是他筆下一群知識分子形象的代表人物。這群先覺者的生存環境揭示出現代中國初期的社會歷史背景和文化語境，而且每逢社會歷史的轉型時期，都會產生一批身處社會而心靈不屬於這個社會的精神先驅者，湯因比在《歷史研究》一書中稱這種先驅者為“內部無產者”。《在酒樓上》的呂緯甫和《孤獨者》中的魏連殳也是這類成員。他們的覺醒原本是一種生命的幸運，但是這種幸運卻不能給他們的人生帶來幸福，因為夢醒的代價是精神苦痛：既不能改變必將消亡的意識形態和不合理的社會結構，又無法重新入夢酣睡，心安理得地生活，因此只好承受人格分裂的折磨。呂緯甫收斂了青年的熱情，從一位醉心於中國改革的有志之士，漸漸變成一個敷敷衍衍、模模糊糊的人。現代中國初期的社會現實可以把任何有個性的生命棱角磨平，因而有個性很可能意味着人生的失敗。魏連殳由於拒絕屈服，被社會視為異類，最後失業，連最起碼的生存保障都喪失了，窮困潦倒後遭受到社會的冷落和歧視。這種外在壓力折斷了他的傲骨，使他的靈魂遭到摧殘，發出“憤怒和悲哀”的嗥叫。於是，他以報復的形式投身污濁的現實人生，“躬行我先前所憎惡即反對的一切，拒棄我先前所崇拜、所主張的一切了”。[1] 以上等人的姿態驅使和玩弄原本應同情的下等人。他想以自己的腐爛去加劇那個社會的速朽，這是激進人生的倒轉反應。魯迅說，這種“要救群眾，而反被群眾所迫害”的人的命運，“終至於成了單身，忿激之餘，一轉而仇視一切，無論對誰都開槍，自己也歸於毀滅”。[2] 無論是呂緯甫的主動退讓，還是魏連殳的激憤變態，都是先驅者的悲哀。

《傷逝》是一部現代青年的愛情悲劇。愛情是文學母題，人性有多麼複雜，愛情就有多麼複雜。而且，“五四”文學具有青春的特質，大多數作家都是青春書寫，因而出現大量的愛情小說。但是，魯迅這篇小說卻與眾不同。當“五四”青年作家都在籲求戀愛自由和婚姻自主，並且把這種具有時代特徵的口號作為現代性的精神符號的時候，魯迅卻是中年寫作，個人婚姻失敗的生命體驗給予他獨特的思考。

小說主人公子君和涓生，只是希望獲得愛情自由和婚姻自主。他們初步的人生理想實現了，建起一塊自足的愛情人生綠洲。小說以歡愉的筆觸描述了他們的戀愛經歷，特別是涓生等待子君的焦慮心情。這裏需要注意的，一是他們的戀愛方式主要是傾訴和傾聽：他們認同現代文化，因而涓生向子君灌輸現代思想和現代西方作家，而且涓生把愛情作為生命的意義，以抵禦生命的虛無和寂靜！這種浪漫主義思想觀，為下文他們的婚姻悲劇埋下伏筆。二是子君以現代自由觀念反抗父輩的意志，它將《論自由》中的論點，作為反抗父命的依據：“我是我自己的，他們誰也沒有干涉我的權利！”[3] 密爾在《論自由》中說：“任何人的行為，只有涉及他人的那部分才需要向社會負責任。至於僅涉及個人的部分，他是有理由絕對獨立的。對於他本人，對於他的身體和意志，個人是最高的主權者。”[4]

然而，這又是一個愛情悲劇故事，社會沙漠把這塊愛情的綠洲無情吞

---

1 魯迅：〈孤獨者〉，載魯迅：《魯迅全集》（第二卷），第 101 頁。

2 魯迅：〈兩地書〉，載魯迅：《魯迅全集》（第十一卷），第 20 頁。

3 魯迅：〈傷逝〉，載魯迅：《魯迅全集》（第二卷），第 112 頁。

4 周保松：《自由人的平等政治》，北京：生活．讀書．新知三聯書店 2017 年版，第 119–120 頁。

沒，因為這個社會沒有提供讓他們愛情不斷更新的自由空間。子君首先陷入平庸的家務和小市民的榮辱爭鬥中，涓生也由於世俗社會的惡濁而失業，終因人生艱難而失去了輕鬆自由的心境，倆人的關係由熱戀轉變為冷漠，終於導致了分離，幸福的愛情得而復失。這些覺醒者的失敗，固然有他們自身的緣由，即他們的人生理想與現實情境的距離遠比他們最初想像的大得多，複雜得多。愛情本身就包含着人生和人性痛苦，因而他們會猜疑、嫉妒和爭吵；愛情實現後也有人生和人性的痛苦，因而有人說婚姻是愛情的墳墓，那種以為爭取到愛情自由和婚姻自主就能實現幸福人生的想法無疑過於天真和浪漫。當然，他們的愛情悲劇主要是具有特定時代的原因，特別是子君，離開涓生後回到家中，死在他人的冷眼中。

不過這篇小說的深層含義，是魯迅在探討和審視他們愛情失敗的個人內在原因。小說主人公的思想隔膜在遭遇外在壓力後凸顯出來。先是外在壓力轉化為內在焦慮，這種焦慮又產生相互冷漠，最後導致分離。他們愛情的致命問題在於：他們曾把愛情作為唯一的人生要義，將愛情浪漫化、理想化和神聖化，把愛情視為無條件的、永恆的情感奉獻。對於子君而言，她將愛情理想化，因而將其視為唯一的人生要義。甚至在她內心深處還有人生依附的思想，所以當她感覺到自己成為涓生人生追求的負擔後，沒有勇氣重新思考他們的愛情婚姻現實。對於涓生來說，他雖然知道愛情是有條件的，發現戀愛自由與婚姻自主未必是獲得幸福愛情的唯一條件，但是他偏執於愛情婚姻的情感純度，而忽視生命和生活的意義，所以他用了三個星期讀遍子君的身體後，便再也沒有生命的激情，喪失了通過身體來深化愛情的意義。

他們愛情悲劇問題的癥結在於兩點。一是自由戀愛和自主婚姻並非必然導致幸福人生。在魯迅看來，“愛要有所附麗”，也就是說，愛情不是人生唯一的生命意義，更不是終極性的生命意義。這與主人公當初的想法是不同的。同時，他還發現，愛情必須依靠雙方情感的發展深入，而不能凝固。他們相愛的媒觸是現代思想上的共識。但是後來他發現，子君沉溺於日常生活，不再讀書思考，也不再想成為涓生的傾聽者。最後的涓生，道德與情感發生了自我衝突：子君離開他並在他人冷漠的眼中死去，他感到疚悔；但倘若子君以喪失尊嚴而強留，他又感到這是一種妨礙他自由追求的羈絆。

二是現代婚姻以情感為基礎，但人的情感也是會發生變化的。現代自由倫理已經將道德的立法權利交給了個體，讓個體遵從道德的良知去把握生活；這樣，理性的道德良知很容易就變成感覺的道德良知，"就是從自由意志到自由慾望的轉變——意志的向善成了感覺的自適"，以致連社會的倫理秩序也感覺發生了變化。[1] 這就是說，並不是現代社會道德秩序出現紊亂，也不是人完全失去道德意識，而是人的道德意識的內涵發生了悄然變化，包括情感在內的感性慾求在道德領域取得了合法的地位，而且位置舉足輕重。這樣，人性的缺陷往往以現代名義暗渡陳倉。因此，以感情為基礎的現代愛情基礎，值得深思。

當然，"五四"退潮後，魯迅的心境極為沉鬱，甚至虛無，《彷徨》中覺醒知識分子形象就浸染着這種沉鬱的色調。魯迅在《野草》中寫道："絕望之為虛妄，正與希望相同。/……身外的青春倘一消滅，我身中的遲暮也即凋零。"[2] 個體反抗是希望的追求，但也可能導致絕望。從這種意義上講，反抗的意義也值得追問，而追問的結果很可能抵達虛無。但是生存的意志催促魯迅反抗絕望，超越虛無，因而不能完全否定希望。

總之，魯迅小說的知識分子形象中最值得關注的是覺醒的現代知識分子，他們的主要特徵，一是身在此社會而心繫遠方的"內部無產者"。無論是狂人、魏連殳，還是子君和涓生，他們均遵從現代思想理念，與他們所處的社會思想和文化習俗進行堅決抗爭。二是夢醒之後無路可走的絕望性。狂人、魏連殳和涓生都是現實人生的失敗者，狂人最終妥協，魏連殳是以自己的腐朽來加速這個畸形社會的腐朽，涓生則是在自我的疚悔中追問。三是超越式的深刻性。我們知道，由於社會環境的緣故，呂緯甫從一個連菩薩都敢

1　劉小楓：《沉重的肉身——現代性倫理的敘事緯語》，上海：上海人民出版社 1999 年版，第 275 頁。

2　魯迅：〈野草・希望〉，載魯迅：《魯迅全集》（第二卷），第 178 頁。

褻瀆的人最終變成敷敷衍衍的人；我們也知道，子君和涓生由於社會環境和雙方的個人原因，從自由戀愛自主婚姻，到自由分手。可是，社會不是由人構成的嗎？有局限性的人能夠形成一個完美的社會嗎？愛是生命的綠洲，但是這塊綠洲能夠解決社會和人們自身的問題嗎？正是如此，魯迅輯錄屈原《離騷》中的詩句作為《彷徨》的題辭："吾令羲和弭節兮，望崦嵫而勿迫；路漫漫其修遠兮，吾將上下而求索。"[1] 這種追問對於當代知識分子而言，依然是一種啟迪，因而魯迅關於現代知識分子命運的思考並沒有因為時間的沖刷而褪色。

二、郁達夫：苦悶的現代知識分子

一般來說，現代文學史把魯迅作為寫實主義的代表作家，而郁達夫則是浪漫主義的代表作家。這種概括固然有一定道理，但不夠準確。其實，郁達夫是個站在浪漫主義與現代主義連接鏈上的作家，他的作品充滿"世紀末的情緒"。具體地說，郁達夫的小說多用直率的性情描述傾訴敘事者的主觀情緒，而且筆觸伸入自我深處，甚至揭開自我外殼，表露生命本能心理的一角，這在當時達到驚世駭俗的程度。

最能體現郁達夫創作風格的小說，就是從《沉淪》開始的自我剖露的抒情小說。在這類作品中，創作主體大肆宣泄生的煩惱和性的苦悶，其中《蔦蘿行》是他早年寫得最為真切的小說之一。敘事者以第一人稱的講述方式，傾訴自己在妻子回鄉後孤身內省時的複雜心境，悲怨與疚悔、憐憫與無情糾結在一起。小說的主人公是一個卑微的知識分子，為了生計不得不孤身在外從事教職。對於舊式婚姻的髮妻，他不能愛又不得不愛。有了兒子之後，妻子一度跟隨在他身邊，他常常將在外部社會遭受的侵辱，回家轉向妻子泄憤；妻子體諒他的難處，為了解除他的負擔，隻身攜幼子回故里。當他送走

1 魯迅：〈彷徨〉，載魯迅：《魯迅全集》（第二卷），第 3 頁。

妻兒後，咀嚼妻子淒切的生存狀況，又令他陷於深深的自責和懊喪之中。小說在無情之中顯示出有情，疚悔之中道出憐愛，而這種愛的糾結又與主人公懷才不遇、社會惡濁相關聯，流溢出淒切的生存苦悶。

郁達夫把真與美作為藝術創作的宗旨。他強調的真，是指作家真切的內心體驗和情感，所以在郁達夫小說中，儘管小說主人公是“我”、丫、伊夫、于質夫、文樸等，人物姓名不同、敘述視角不一，但不難從中辨認出郁達夫本人的生活經歷、生存遭際和個性。然而，我們畢竟不能把他筆下的這類“零餘者”形象，完全等同於郁達夫，從敘述學的角度講，只能說“隱含作者—敘述者—人物形象”的重合度較大。如《青煙》，現實與夢幻融為一體：“我”閒在室內，憂鬱難遣。回首自己度過的人生，竟如手中握住的青煙，撒手之後，唯餘空虛。“我”的身體也化作一個身影，乘煙捲的雲霧返回故里，家人或亡或散，家業凋零，妻子淪為別人家的傭人，甚至認不出返鄉的丈夫。“我”在陰冷的月光下，沉江自盡。小說實際上是在自我審視，在過去、現時自我內省的基礎上，敏感而憂鬱的心靈幻化出未來自我的可能人生遭遇。關鍵的問題是，這個未來的自我籠罩在悲觀的人生情境之中，而悲觀的自我設定源於自我過去與現時的生命體驗。

在郁達夫小說中，短篇小說《過去》是一篇不可多得的富有蘊藉的作品。小說的敘事者“我”是報館的編輯，過去與陳家三姐妹都有交往，其中老二放達潑辣，“我”狂熱地追求她，而對真正愛“我”但性格偏於憂鬱的老三置若罔聞。後來嬌媚而虛榮的老二與一位來自北京的大學生訂了婚，“我”發覺老二愚弄了“我”的感情；老三也嫁給了一位富商，這時“我”才感覺到老三的真摯深情。三年之後，“我”與寡居的老三重逢於 M 港市，倆人都有心重溫舊夢，努力挽回失去的愛情；但是時過境遷，他們已經無法喚回當日初戀的純真感覺。因為時間所成就的個人經歷已經改變了當年的“我”，這種變化成為橫亘在他們各自心頭的障礙。小說因富有哲理而顯得雋永。從表層上看，“我”失敗的婚姻是世俗社會的功利性造成的，卑微的知識者在愛情追求上，比不上那個名牌大學畢業的學生，一往情深地追求也只落得飄零一身。然而，在小說的深層，卻沉澱着一層人生的苦味。一方面，“我”與陳家姐妹的愛情錯位表明，人們總是那麼容易被一時的現象所迷惑，狂熱地去追求實際上對自己並無意義的人，而無意之中忽視了對自己真正有價值的人。另一方面，人生的情感一旦錯位，有的“過去”就無法挽回，它永久性地改變了人的一生，並遺下塗抹不掉的人生遺憾。記不清是哪位作家說過，人在戀愛的季節，不懂得愛情；而當人們懂得愛情時，又錯過了戀愛的季節。

當然，郁達夫寫得最多、影響最大的還是那些自敘傳抒情小說，“零餘者”變態心理的剖露在當時引起青年的廣泛關注。這類小說的代表作是《沉淪》。小說的主人公“他”，是民國初期留學日本的中國學生，才華出眾且多愁善感。“他”自幼喪父，家境清貧；缺乏恆心，心思太活，在國內時因求知慾得不到滿足，並且反抗學校的管束而多次轉學。這也形成他的憂鬱症的病灶。“他”到日本不滿一年便考入日本高等學校，轉入本科後倍感孤寂而親近自然，因此憂鬱症加重。總之，心靈的寂寞、青春的騷動、時代的轉型、異族的歧視，以及由於個人的坎坷經歷而導致的自卑，使他像一隻離群的孤雁，以致患上憂鬱症。這種病狀引發的孤獨使他親近自然，並且產生了迫切的愛情需求。

然而，他的孤僻自卑的性格及其弱國子民的身份卻妨礙他獲得正常愛情，他不得不更加自我壓抑，封閉自我。可這種壓抑和封閉卻導致了消極結果：強烈的愛慾以扭曲變態的方式表現出來，從“在被窩裏犯的罪惡”到窺浴，再到偷聽野合，直至踏進妓院的大門，他一步步地走向道德上的“沉淪”。而且，這些變態的性刺激非但沒有給他帶來任何的精神慰藉，反而一次次使他陷入自我譴責和自我悔恨之中，更加劇了他的憂鬱和焦慮，以致不可自拔，最終喪失了生活的勇氣和信心，投海自盡，以死亡來解脫這種的精神折磨的痛苦——“人生實難，死如之何”。綜上所述，小說講述的是一個患有憂鬱症的留日青年，因不堪精神苦痛而絕望自殺的故事。這種病態的描述實質上是將某種個性極致化的藝術處理，是對當時青年知識分子自我認同危機的一種隱喻，從而表現出時代性的現實意義和普遍性的思想意義。

所謂的身份認同，是社會“對社會成員所處的位置和角色進行類別區分，通過賦予不同類別及角色以不同的權利、責任和義務，以在群體的公共生活中形成‘支配—服從’的社會秩序”。[1] 我們應該看到，身份認同產生的過程有建構性和被建構性的雙重特徵。“身份既是由地位、權力、聲望等外部的客觀實體因素決定，同時也取決於自我身份構建的主觀認識。”[2] 把自己看成是所期望的對象，並表現出與對象類似的態度與行為，“這是一種將對象內投的心理機制”。[3] 這是濃縮在現代文化中那些被特殊的力量感受到的道德命令。因此，所謂的自我認同要回答和解決的主要問題是“我是誰”。按照吉登斯的說法，“自我認同的核心”是理想的自我。從一般的意義上來講，理想的自我並不是社會現實中的自我，而是主體關於自己將來自我形象的設想與規劃。這是一種弗洛伊德所說的超我的想像。“成其為人，就是指總是依據某種描述去確知自身當下的行為及其原因。”[4] 當然，個人的自我認同是在成長中逐漸形成的，是自我的心理與社會的統一能力。自我認同是個體依據個人的經歷所反思性地理解到的自我，是個體在成長期間內面所準備的方向性和連續性的關於自己存在意義的設定。應該指出的是，自我認同危機原本是青春期的心理特徵，其中主要的危機體現出焦慮和不安全感，按照吉登斯的說法，其具體表現有：一是缺乏個人經歷連續性的一致感受，出現了時間經驗的斷裂，個體不能獲得關於其生命的持續觀念；二是在充滿變遷的外部環境中，個人難免充滿對其存在的可能風險的擔憂，並且依據實際行動而被憂鬱所麻痹；三是個人不能在自我完整中發展或維持信任，道德上感到空虛。[5]

這就是說，小說主人公自我認同危機的原因，一是主人公處於青春期。

---

1 張靜主編：《身份認同研究：觀念、態度、理據》，上海：上海人民出版社 2006 年版，第 3 頁。

2 邱戈：《傳媒身份論：中國媒體身份危機與重建》，北京：中國傳媒大學出版社 2008 年版，第 16 頁。

3 荊其成主編：《簡明心理百科全書》，長沙：湖南教育出版社 1991 年版，第 397 頁。

4 〔英〕安東尼·吉登斯：《現代性與自我認同：現代晚期的自我與社會》，北京：生活·讀書·新知三聯書店 1998 年版，第 39 頁。

5 同上，第 59 頁。

青春期原本就是人生過程中的情感風暴季節，是自我認同的觀念形成的關鍵時期。二是“他”又成長在歷史的轉型期。一般而言，傳統社會中的個人不會產生認同危機，因為個人出生伊始在社會領域就擁有一席明確的位置，規則和義務支配着個人的社會生活，不會令個體產生生存意義上的危機，也不會出現自我認同危機。三是身處異國。在“他”面前展現的是陌生的現代社會，而且中日文化在他身上發生劇烈碰撞，“他”開始感覺到自己行為的價值失範，從而無所適從。簡言之，《沉淪》主人公的生存文化語境是青春年代與歷史文化轉型出現了重疊，自我在時間的流程中逐漸解體，主人公陷入嚴重的認同危機困境，遭遇個體存在的意義問題。因此人們發現，“他的小說都是在表明當時的中國社會顯然缺乏一種堅定有力的道德的、哲學的或宗教的構架”。[1]

主人公自我認同危機的表徵之一是孤獨。在傳統文化中，社會秩序與自然秩序一樣，被當作不言而喻和天經地義的事情，個人作為其中的一分子而具有安全感和歸屬感，也不會因自我認同的危機而生發刻骨銘心的孤獨。然而，現代社會卻把個體從種種的社會依附與權威的信仰中解脫出來，在給予個人自由的同時，也讓個人擔負起自我選擇的責任，使個人倍感孤獨、懷疑與焦慮。

在這種生存情境中，也許只有愛情與故鄉可以慰藉孤寂的心靈，緩解焦慮的壓力，更何況“他”原本就處於異域文化和現代文化之中，所以“他”如此地渴望愛情，以至於在日記中寫道：

> 我所要求的就是異性的愛情。
>
> 蒼天呀蒼天，我並不要知識，我並不要名譽，我也不要無用的金錢，你若能賜我一個伊甸園內的“伊扶”，使她的肉體與心靈全歸我有，我就心滿意足了。

---

1 〔荷〕黎德機：〈混亂，還是一致？——佐藤春夫《田園的憂鬱》與郁達夫《沉淪》三部曲〉，《中國現代文學研究叢刊》1994 年第 2 期。

自我認同危機的表徵之二，是身體敘事的焦慮。身體，作為愛恨情仇各種情感的對象，既是“他”的主體（快樂的主體與無法控制的痛苦化身），也是客體（自戀的對象與阻礙精神實現的危險敵人）。批評家發現，小說最引人注目之處是以一種驚世駭俗的自我表白的方式，毫不掩飾地袒露了自己的生命慾望，其意義在於通過身體敘事毫無顧忌地表現自我，表達因為執着生活理想而處於靈肉搏鬥的痛苦體驗。

值得注意的是，批評家對於小說自始至終表現的主人公靈肉搏鬥的自我矛盾，並因矛盾而產生的自我焦慮，沒有進行深入研究。在我看來，這篇小說的情感表述充滿矛盾：一方面“他”為了知識、名譽和金錢而遠渡重洋，赴日本留學；另一方面在異國他鄉倍感孤寂，而且找不到紅顏知己，在理想的人生訴求與個體的生命需要之間產生矛盾。一方面“他”渴求愛情，但由於得不到幸福的愛情所以不斷“沉淪”；另一方面又在自我責備、自我悔恨。這就是說，在生命需求上“他”的知與行產生矛盾，道德主體（靈）與快樂主體（身）之間的分歧，讓“他”不能實現理想的自我。問題的癥結在於，誰在自我審判呢？當然是一個隱形的道德主體，只不過這個虛弱的主體面對深重的肉身而無能為力，結果是痛苦不堪。儘管主人公表明，他寧要個體真實的感性生命需求（愛情）也不要社會所認同的理想人生價值；儘管小說通過主人公的病態現象，表現出壓抑生命本能的結果是扭曲人的性格，即質疑這個傳統的道德主體。但是，在主人公的精神世界中，世俗社會認同的理想人生價值與傳統的道德主體仍是頑強的存在，否則主人公就不會因痛苦的掙扎而自殺。個體生命需求與社會理想人生、個體身體的在世慾望與道德理性的矛盾，在通常社會的個人內心都會存在，只不過是在歷史轉型時期的價值重估面前，人生理想與道德理性再也不是具有價值意義的唯一性或權威性了。然而這種歷史重估性的質疑，個體無疑是難以承受的，所以“他”會感到虛無並充滿焦慮。

正是由於《沉淪》主人公的憂鬱具有明顯的現代轉型時代的特徵，所以小說代表了時代青年的心聲，與其說它是郁達夫的自敘傳，不如說是一代青年的合傳。這就是說，雖然他寫的作品都來自個人的生命體驗，但是他的寂寞、孤獨和焦慮都為青年讀者所共擔，因為他們都願意把這一切當作自己以及所有中國人的生存體驗，從而使這個作品在當時獲得部分知識青年的思想情感認同。

表現知識分子個體的孤獨、苦悶和彷徨，曾經被認為是"小資產階級的惡劣的根性"；感傷的情緒則被認定為資本主義的頹廢。[1] 這無疑是一種機械的信念倫理：即按照主觀信念和理想意向判斷批評對象，凡是不合批評家主觀理想的作品不僅沒有價值，甚至予以排斥。這種批評觀念往往首先根據作者的政治倫理觀念來確定作品的價值品位，因而十分強調作者的世界觀和階級立場。按照這種批評標準，體現小資產階級劣根性和表現消極頹廢思想的作品自然應該受到批判與排斥。但是，如果我們摒棄激進的左翼批評家的狹隘的功利主義和機械的信念倫理的批評觀念，深入考察新浪漫主義的感傷主義及其與二十年代初期知識青年精神現實的關係，那麼對《沉淪》也許會有一種新的理解。

《沉淪》中感傷的零餘者形象，在寓言的意義上呈現出部分知識青年內在體驗的真實圖景，為什麼這種摻雜着現代主義的消極感傷的情緒在那個時代的中國能夠尋找到精神土壤，並且超出那個時代意識形態的承受力？從現實層面講，這些人物在社會的現代化進程中被從農村拋入城市，又在中國資本主義的畸形發展中成為擠出人生軌道的"波希米亞人"，他們的人生結果，與他們追求的人生理想相悖。從精神層面講，他們是身在這個社會而心不屬於這裏的思想漂泊者，孤獨苦悶成為他們的精神表徵，他們的自由是一種被拋棄的自由，是一種在世俗社會中找不到理想生存空間的、難於承受生命之輕的自由。只有此時，他們才真正感悟到現代主義的孤獨和焦慮，從而超越了那個時代意識形態的自以為是。因此，如果說感傷主義是作者有意識

1 成仿吾：〈從文學革命到革命文學〉，載王運熙主編：《中國文論選現代卷》（上），南京：江蘇文藝出版社 1996 年版，第 577 頁。

的追求，那麼超越時代意識形態的現代社會中個體生命的危機感卻是作者不曾悟透的一種生命體驗。

青年時期的郁達夫受個性主義和生命哲學、世紀末思想的影響，具有批判傳統文化的價值立場，這使他勇敢地揭示自我內心的隱秘衝動，特別是毫無顧慮地剖露生命本能的衝動，有時甚至是以病態、扭曲的方式進行極致地表露，並且伴隨着低沉的感傷厭世情調，達到驚世駭俗的程度。由於郁達夫的小說總是把自身作為審視的客體，從敘述視角來說，隱含敘事者、敘述者和人物角色的高度重合，因而使小說以一種全知全能而又真實可靠的敘述視角，對主人公的心理獨白和心理分析進行細膩的表現。

總之，郁達夫小說的知識分子形象最主要的特徵，一是他們作為剛剛告別傳統社會的"五四"時期知識分子充滿生命苦悶。"零餘者"形象的符號特徵就是生的苦悶。二是這種生的苦悶集中體現了現代社會轉型時期青年知識分子的心理特徵及其批判意義。富有張力表徵的"零餘者"的苦悶心理，深刻批判了知識分子生存環境中的社會沉滯和傳統文化的束縛。三是郁達夫以驚世駭俗的書寫方式，生動表達出青年知識分子的生命痛苦，深刻剖露了知識分子的自我心理壓抑，開創出獨特的現代文學的自我書寫模式。

以魯迅和郁達夫為代表的"五四"知識分子書寫，以不同的形式表現出現代社會轉型初期覺醒知識分子痛苦的生存經驗與精神苦悶。他們刻畫的知識分子形象譜系表明，剛剛從傳統社會中掙扎出來的現代知識分子，均是身在社會而心不屬於這個社會的"內部無產者"，因為他們的生存環境無法為覺醒的他們提供開創新的人生的現實條件和精神資源，因此，他們走出傳統社會的感覺不是如釋重負的生命自由，而是夢醒後無路可走的精神重負；而且他們已經擁有現代性的視野，更加不能容忍他們所處社會的種種停滯和昏暗的前現代現象，因而對他們所處的社會給予無情的批判。他們作為中國第一代現代知識分子所擁有的精神苦痛，似乎成為一種世紀的預兆，昭示現代知識分子漫長和複雜的坎坷命運。

第二節

丁玲和楊沫：迷失與皈依的現代女性

現代知識女性形象浮出歷史地表，是現代文學有別於傳統文學的一個顯著標識，因為通常認為，女性解放的程度是衡量一個社會現代化的文明刻度。然而，作為後發性現代化的中國，現代性的歷史漫長而曲折。從現代中國的丁玲到新中國的楊沫，她們都以自己的生命歷程為素材，書寫現代女性的成長歷程。

需要說明的問題是，上一節論述了“五四”時期魯迅和郁達夫的知識分子書寫，辨析剛剛告別傳統社會的現代中國第一代知識分子的形象特徵，這些形象的精神特質與心理狀態在現代中國文學史的知識分子形象譜系中佔有獨特的地位，影響了現代中國百年來一代又一代作家的知識分子書寫。這一節則是選擇兩代女性作家的知識女性形象書寫，從知識女性形象的嬗變中窺探現代中國知識分子形象書寫的某些邏輯。

一、丁玲：迷失的現代女性

1927 年 12 月，丁玲發表首作《夢珂》，引起文壇的注意。但真正給丁玲帶來更高聲譽的，是 1928 年 1 月問世的《莎菲女士的日記》，這部作品把現代女性文學推向一個新的高度。

“五四”時期的現代女性文學由馮沅君、廬隱和冰心等人開創，她們的作品主張戀愛自由和婚姻自主，表現出強烈的反對傳統思想和文化習俗的現代觀念。但是，她們畢竟是第一代女性作家，大抵都是“發乎情而止於禮”，其愛情小說透露出明顯的柏拉圖式的理想主義愛情觀。《莎菲女士的日記》則打破了馮沅君和廬隱等人因思想創作上的某種停滯所帶來的沉寂。莎菲這個現代知識女性形象，是“五四”退潮後叛逆、苦悶的知識女性的重要代表人物。她執着地尋覓人生意義而又找不到出路，鄙視世俗又不時感到自己具有縱情聲色的墮落危險。“空虛—追求—幻滅”——這種矛盾、苦悶甚至絕望的人生體驗，是“五四”時期獲得個性解放的激進青年，在革命低潮中陷入彷徨無助的人生狀態的內心寫照，其中包含着深刻的歷史批判性。

莎菲作為一個從鄉村來到都市的學生，尋覓不到人生的精神家園，遊離於時代革命大潮之外，因而幻想在愛情中尋覓到自己的人生歸宿，在感性生命上安築自己燥動的靈魂。她的愛情對象有兩位：一位是愛她的葦弟，他忠厚可靠，緊緊依戀自己，但性格懦弱且缺乏男子氣，不能理解莎菲也不懂得“愛”的技巧；另一位則是她愛的凌吉士，這位美貌瀟灑而富有魅力的華僑子弟，使莎菲怦然心動，這種吸引力如此之大，哪怕莎菲發現凌吉士內心的醜惡，清醒地意識到自己的愛情理想不可能在凌吉士身上實現，仍然情不自禁地想投入他的懷抱。因此，她既怕見到凌吉士又迫切地想見他，內心一直處在矛盾的境地。莎菲想尋找一個既像葦弟一樣愛她，又擁有凌吉士那般騎士風度和英俊外表的男人，但她始終沒有遇上這麼一個將感性和理性重合的愛人。直到最後，莎菲發現了自己可怕的沉淪，“決計南下”，跳出痛苦的漩渦。莎菲愛情理想的破滅過程，生動表現了她空虛、孤獨和絕望的心境，寓言式地表達了個性主義者在理想與現實的痛苦之中不可自拔的心理焦慮。

我們不難發現，莎菲與郁達夫筆下的“零餘者”、茅盾筆下的時代女性（孫舞陽、章秋柳等）都具有家族式的相似性，但丁玲筆下的莎菲何以產生如此大的社會衝擊力呢？這應該歸功於丁玲獨特的女性筆觸，她的小說以日記體的敘事形式和細膩的心理描寫，揭示了莎菲戀愛的微妙心理，通過莎菲的兩性關係體驗來表現這個現代知識女性的個性。小說真實、大膽而細膩的心理描寫，呈現出人物內心最曖昧和最穩秘的個人情感，毫不掩飾地細訴個體的理智與狂熱的心態，顯示出丁玲卓越的藝術才華。如小說寫道：

> 自然我不會愛他，這不會是愛，很容易說明，就是在他豐儀的裏面躲着一個何等卑醜的靈魂！可是我又傾慕他，思念他，甚至於沒有他，我就失掉一切生活意義了；並且我常常想，假設有那末一日，我和他的嘴唇合攏來，密密的，那我的身體就從這心的狂笑中瓦解去，也願意。其實，單單能獲得騎士般的，那人兒的溫柔的一撫摩，隨便他的手指尖觸到我身上的任何部分，因此就犧牲一切，我也肯。[1]

這固然是一個現代女性的"沉淪"，但莎菲靈與肉的衝突比《沉淪》的主人公更加具有鮮明的時代感，這是一個擁有自由選擇權卻喪失選擇對象和選擇意義的時代寓言。莎菲巨大的生命熱情，迫切需要一件遠大的事業來消耗，只是她還沒有尋找到可以令她傾心投入的偉大事業，因此《莎菲女士的日記》是丁玲皈依革命的一種精神預兆。

丁玲在進入中國左翼作家聯盟（簡稱"左聯"）之前，思想已開始發生變化。她的中篇小說《韋護》，雖然可以歸入"革命加戀愛"一類小說中，但其獨特的觀察與發現，使這篇小說在同類小說中顯得更有價值。因為小說真實地刻畫出一個士大夫家庭出身的、覺醒的知識分子形象 —— 主人公韋護，一面為時代潮流所推動，投身革命，並且成為革命運動的先驅；一面卻在心靈深處保留着一份具有士大夫氣息的"舊我"。

投入左翼文化運動之後的丁玲，發表的作品有《一九三〇年春上海》，展現的是知識分子由個人主義走向集體主義的道路；還有 1931 年發表的《水》，以當時全國的特大水災為題材，寫農民的覺醒與反抗。這些作品標誌着作者走出了傳統知識女性狹窄的個人生活天地，將藝術的目光轉向廣大的

1 丁玲：〈莎菲女士的日記〉，載北京大學中文系中國現代文學教研室等主編：《短篇小說選》（第二），上海：上海教育出版社 1979 年版，第 418–419 頁。

社會，特別是她描寫的底層社會民眾，贏得了不少左翼批評家的喝彩。不過平心而論，新的藝術視野畢竟不是丁玲所熟稔的生活世界，這些作品的藝術感染力顯然不如《莎菲女士的日記》，更多的只是文學史上的意義。不過，丁玲的不懈努力為她之後創作《太陽照在桑干河上》奠定了堅實基礎。

總之，雖然丁玲在《莎菲女士的日記》中只是書寫個人的情感迷失，並沒有真切描述自己走向革命的個人生命體驗，但是這種情感迷失卻寓言式地詮釋出現代知識女性從迷惘走向確定、從個體走向集體的精神邏輯。十分遺憾的是，加入革命組織後的丁玲，再也沒有創作出像《莎菲女士的日記》這樣的現代女性的個人自抒傳作品。

二、楊沫：皈依革命的現代女性

在厚重的政治文化氛圍籠罩下，當代"十七年"文學對"小資產階級的創作傾向"和"知識分子的自我表現"異常敏感，於是便產生了這種現象：除了《青春之歌》外，紅色經典的主人公概莫能外是工農兵形象，知識分子在革命歷史敘事中似乎成了邊緣人。從這種角度上講，儘管楊沫在修訂《青春之歌》的過程中接受了批評者的意見，對作品進行了修改，也儘管這部作品的文學史意義要大於文本自身所具有的思想意義，但這部多少承續着"五四"悲風遺響的作品幸運地沒有被打入冷宮，而是再版發行了，並且在社會引起巨大影響，這給單色調的"十七年"文學帶來了些許異彩。

不過，我們也應該承認，《青春之歌》終於獲得強勢意識形態話語的認可，並不是什麼僥倖，它與二十年代自敘傳體小說，甚至與三十年代"革命＋戀愛"小說的差異是實質性的。二十年代自敘傳抒情小說所表現的是作者當下的個體人生體驗，主要是表達個體生命的壓抑和苦悶。三十年代"革命＋戀愛"小說多傳達作者實然的生存經驗和對集體主義的浪漫嚮往，至於經驗與嚮往之間的思想邏輯橋樑則不得而知，恰如魯迅先生所說："在這裏，是屹然站着一個個人主義者，遙望着集團主義的大纛，但在'重上征途'之前，我沒有發見其間的橋樑。"[1] 而《青春之歌》是對個體已然的人生足跡的辨認，創作主體為了將個體人生經驗縫合進宏大敘事，不僅試圖陳述個人主義皈依集體主義的邏輯橋樑，還極力指證這種邏輯的唯一合理性。換言之，主流話語完全統攝了創作主體的個體生命記憶。這裏想要探討的是，作者是怎樣把破碎但令人激動的個體化記憶，包括獨特的早期家庭生活體驗和作為女性的社會生存體驗，謹慎地編碼成符合主流話語的成長敘事，這種敘事編碼的效果是什麼，被這種敘事編碼遮蔽至深的個體內在的無意識衝動又是什麼。

從現有的資料可以發現，《青春之歌》是一部自傳色彩較濃的小說。從作者楊沫本人早期的生活經歷和如何走上革命道路的自述中可以得知，小說中的林道靜這個人物有着楊沫的身影。雖然《青春之歌》是部小說而非回憶錄，林道靜是小說人物而楊沫是小說的作者，但從楊沫的自述與小說敘事的比較中，我們可以尋繹出從個體記憶轉換成集體記憶的環節，從而釐清敘事編碼的文本模式。

人生故事的最初篇章是從家庭生活開始的，在家國一體的中國，現代中國的家庭生活敘事歷來是現代文學表現複雜多重的人文意蘊的一個重要途徑，何況楊沫的原生家庭情境包含十分豐厚的悲劇涵義。從現有的資料中可以發現，楊沫在自傳中講述的原生家庭故事，是一個發人深省的能指結構，具有不斷指涉、反覆指涉和多重指涉的潛能。無論是楊父的墮落與破產、楊母的受害與冷酷，還是他們給子女帶來的過度消極的人生影響，抑或是楊家子女對於家庭不和與災變所選擇的積極反抗、消極厭倦、無奈出走等態度，都可以生發出種種關於人生命運、社會歷史轉型與文化傳統轉換情境下的家庭關係畸變的想像，由此獲得對個人、家庭和民族文化的某種認識和把握，甚至能夠揭示出投射在中國歷史轉型背景上並且蘊含着現實社會深層問題的令人震驚的人性畸變，關鍵的問題在於如何想像和講述。

---

1 魯迅：〈葉永蓁《小小十年》小引〉，載魯迅：《魯迅全集》（第四卷），第 146 頁。

《青春之歌》從社會革命的角度出發，把家庭作為社會權力結構和政治秩序的縮影來重構。為了達到突出所指結構的主流話語的革命想像這個目的，作者不得不對能指結構加以限定和規約，使它僅僅指涉所指結構。因此，楊沫對自己原生態的事件歷史進行了虛構細節，即把自己的生母改寫成繼母，在林道靜這一小說形象中注入佃農的血統。繼母承擔家庭生活加害者的角色，將作者的個人體驗提高到了概括性和普遍性的高度，因為林道靜生母秀妮的悲慘命運，一方面揭示了林家的罪惡，隱喻整個舊中國的黑暗，從而使林道靜背叛家庭的個人選擇具有了社會意義上的必然性；另一方面也為林道靜最終走上革命道路，奠定了政治性的邏輯起點。自然的佃農血統和樸素的階級意識，對林道靜最終成為一位堅定的共產主義者，具有不言而喻的必然性。故此，從楊沫個人早期生活歷史中的生母到林道靜成長故事中的繼母，看似不過是一個虛構細節，然而在敘事邏輯上卻是一個阿基米德點的移置。這種移置的結果便是加強了小說的政治意義，即宣諭家國一體和階級觀念：家長的權力是通過制度化的“家”的這個裝置，將階級異己者置於死地，從而使個別的特殊世界向着階級觀念的普遍的地平綫擴展開來。同時，原本的個體記憶轉換成了集體記憶，小說的意義最終證實了先在的主流話語的合理性。

在楊沫的自敘傳中還可以發現，不僅是林道靜參加革命前的人生經歷基本上為作者早期人生體驗的投射，而且林道靜從個人主義到集體主義的思想歷程，實質上也是楊沫自我認同的反思。這就是說《青春之歌》之於楊沫，决不是關於逝去事件的編年史，而是對過去人生的校正式干預。因而從心理學的角度看，楊沫創作《青春之歌》的深層次動力，很大程度上是為了逃避過去的束縛和抓住未來的機遇，確立合理穩定的自我認同感，並且能在人的存在意義上與他人溝通，從而獲得個人的本體安全。要理解楊沫的這種心理邏輯，得首先從她的認同危機着手。

楊沫投身革命前的認同危機主要體現在她的青春時期。青春期是楊沫人生情感的風暴季節，這期間她的心理狀態是不能在完整和連續的自我中維護或者發展個體的人生設定。在學校受教育期間，傳統文化關於女子人生的預先設計，對楊沫來說已經失去了束縛力，她從新文化中發現了現代女性的人生道路。而且，這種自我覺醒在她有限的生活經驗裏得到了驗證，這初步的自我意識竟使她產生了拒絕“父母之命”的勇氣，離開家庭走向社會。

然而，孑然一身走向社會的楊沫，很快就體驗到刻骨的徨恐：偌大的生活空間竟找不到自己的人生位置。從社會方面講，儘管當時的社會已經處於現代歷史轉型時期，但現實的經濟、文化和政治生活在現代性上全面滯後，源自現代性的女性意識在普遍受傳統意識的社會中很難尋找到生存的空間。從個人方面看，楊沫畢竟是時代的新女性，也許她更多考慮的是社會機遇，而沒有意識到與機遇相連的社會風險。不久，她的家庭徹底破產，父親潛逃，母親病逝，作為一個無家可歸的年輕女子，面對着遍佈不確定的世界和茫然不可知的未來，她真正體驗到孤獨無依和無能為力，自我意識與實踐意識分裂，本體的安全感受到動搖，進而對於支撐她毅然走出家庭的個性主義產生懷疑，自我成長的信心不斷減弱。楊沫曾在失學、失業的情境中，與一位大學生同居，既是出於愛，也是為了尋找一個心靈的庇護所。可是，夢醒之後的人不可能重返夢境，在心理上她不能使個體化的過程發生逆轉，所以傳統的家庭主婦生活只能給她帶來厭倦和窒悶。楊沫不甘心做個回歸家庭的娜拉，渴望“飛出愛情的牢籠，飛到廣闊的自由的天地裏去”，[1] 但又無力承擔因追求自由而付出的風險與焦慮的重負，陷入自我危機之中。

簡言之，個體生命史的心靈創傷、家庭災變史的生活苦難以及民族危難史的生死存亡，重合疊加地壓在一個柔弱敏感的女子身心上，孤獨隻身的楊沫在自我追求中不堪重負，深陷危機。從心理動力學的角度說，挑戰的生存情境可以激發個體應戰的潛能，但是倘若個體缺乏應戰的實際能力，無法應付挑戰帶來的生存壓力，很可能就切斷了與實現自我價值的行動的聯繫。這

1 楊沫：〈我的生平〉，載瀋陽師範學院中文系編：《中國當代文學研究資料．楊沫專集》，瀋陽：瀋陽師範學院 1997 年版，第 8 頁。

就是說，對於個體來說並不是所有的挑戰都會必然地產生成功的應戰結果，因為個體承受的挑戰強度是有限度的，過度的挑戰情境非但不能激起成功的應戰，反而會使個體望而卻步，放棄自我追求。

當然，這種自我放棄常常不是用自暴自棄的方式，而是選擇由懷疑和屈從構成的自我逃避方式。對於這種自我逃避，弗羅姆做了精到的分析：

> 如果整個個體化過程所依賴的經濟、社會和政治條件不能為個人提供基礎，而人同時又失去了那些給他以安全的聯繫，那麼，這一脫節現象就會使自由成為一個難以承受的負擔。那時，自由就會變為和懷疑相同的東西，等同於一種失去意義和方向的生活。這樣便會產生一種強烈的傾向，想要逃避這種自由，從而變得屈從；或者是與其他人及世界建立某種聯繫，以圖緩解動盪不安感，即使這樣做要以失去自由為代價也罷。[1]

我認為，這種自我逃避的心理邏輯同樣適用於楊沫當時的心理狀況。她首先是對自己的生存窘況憂心忡忡：到處奔波，到處碰壁，"經常處在失業的威脅中，經常感受到沒有出路的苦悶和憂傷"。[2] 然後是對自己的選擇產生懷疑，她說："…… 我看不到光明，一種對生活絕望和悲觀的情緒經常嚙咬着我的心……"[3] 雖然她一度從小家庭中獲取了人生的溫暖，但這種傳統的家庭主婦生活方式已經不能給她提供生命的價值，也不能給予她本體的安全。對於她這種不適應現代社會自由方式的孤獨者來說，既能擺脫個體的無力感與不安全感，又能與傳統決裂的方式，莫過於尋找新的理想人生依附。

這種可遇而不可求的人生機遇終於來了。1933 年初，楊沫在她妹妹的寓所認識了一批進步的東北流亡青年，她開始融入集體，逐漸"明白了'潔

---

1 〔美〕埃里希·弗羅姆：《對自由的恐懼》，北京：國際文化出版公司 1988 年版，第 25 頁。

2 楊沫：〈青春是美好的〉，載瀋陽師範學院中文系編：《中國當代文學研究資料·楊沫專集》，第 25 頁。

3 同上。

身自好’‘個人奮鬥’是不會有出路的，整個中國不解放，個人的解放只是一種幻想”。[1] 加入革命行列後，她的心境完全改變了，鬱憂的情緒風流雲散。她後來回憶道：“那時年輕的我是那樣歡樂 —— 我感到了從未有過的巨大幸福，感到了從未感到過的人生的美好。”[2] 這是完全可以理解的，她從此屬於並植根於一個有組織的整體，也在整體中擁有一席無可置疑的位置。“她也許會遭受飢餓或壓迫的痛苦，卻不會遭受所有痛苦中最大的痛苦 —— 徹底的孤獨與疑惑”，她重新獲得了自我認同，獲得了歸屬感，獲得了生命的本體安全。[3] 從此之後，她的自我人生設定與個體人生意義由她融入其中的那個龐大集體來決定，她也用不着為自己不確定的命運憂心如焚，用不着對自己選擇的後果擔當責任。由此，楊沫完成了從個人主義到集體主義的思想轉換。

當然，上述對特定時空中知識女性楊沫的心靈歷程的辨析，主要是尋思她從個人主義到集體主義的內在隱秘的無意識衝動，即逃避自我。這種尋思正如弗羅姆所說，“是一種診斷而不是預後 —— 分析而不是解決，它的結果有賴於我們的行為過程”。[4] 小說中的林道靜固然投射着作者楊沫的身影，尤其是她參加革命前的生活，但林道靜畢竟是作品中的形象，是主流話語制約下的作者自我認同所設定的一種成長敘事，是作者對自身過去重塑的想像結果。與其說這種重塑是為了反思自身，倒不如說是為了服從當時普遍而基本的社會目標，是一種聯繫着值得社會獎賞的自我認同感的建構與重構。也正因為如此，林道靜的精神歷程才被認定是“解決”的和“預後”的 —— 革命知識分子成長的必然之路。不過，我們還是相信：任何一種歷史敘事都具有文本特質。改塑歷史而不是逼近歷史本相的敘事，可能會被歷史遺忘，因為只有時間才是確立經典形象的真正權威。

---

1 楊沫：〈我心目中的北京〉，載瀋陽師範學院中文系編：《中國當代文學研究資料．楊沫專集》，第 19 頁。

2 楊沫：〈青春是美好的〉，載瀋陽師範學院中文系編：《中國當代文學研究資料．楊沫專集》，第 27 頁。

3 〔美〕埃里希．弗羅姆：《對自由的恐懼》，第 24 頁。

4 同上，第 2 頁。

魯迅先生上世紀二十年代的一聲“娜拉走後怎樣”，給剛剛走出中世紀的知識女性一記當頭棒喝。“人生最苦痛的是夢醒了無路可走”，竟成為時代女性的精神徽標。[1]露沙和莎菲，與其說是廬隱和丁玲內心焦慮的形象化袒露，不如說是兩代新女性內心世界中真切而普遍的情緒影像；《海濱故人》和《莎菲女士的日記》既是作者的自敘傳，也是走出狹窄的家庭空間之後又彷徨於空曠的社會十字街頭的時代女性的合傳。然而，僅僅不過一代人，這種精神徽標便漸漸被視為奢侈的精神產物，被看作多餘甚至是有害的東西。彙集於集團主義大旗下的革命女性自豪地宣稱，她們在娜拉“不是墮落，就是回來”的兩條險峻的人生道路之外，尋找到另一條女性解放的康莊大道：女性的個人命運與某種社會變革的政治命運結合在一起，個人獻身於政治的社會解放運動，女性的個人解放將隨着社會革命的完成而實現。林道靜從孤獨的異質者成為集體的同質者的人生軌跡，無疑就是為了指證這種現代女性的“家庭—社會—國家”解放之路的普遍性意義。可是，這種解放之路愈來愈受到人們的質疑，正如有的研究者所說，林道靜的解放之路不過是另一種形式的“尋父”，她的最終歸宿並不是其最初指望的獨立女性的精神家園，而是一種喪失女性自我的集體意識形態。[2]這就是說，女性解放意識作為一種單獨的社會意識，是階級鬥爭的政治革命所不能完全包容或替代的。那麼，林道靜的女性意識在小說中是如何被逐漸消解與遮蔽的呢？

儘管楊沫為了迎合主流話語，把林道靜最初的背叛家庭依附在濃厚的政治背景上，但是林道靜的這一“成人儀式”的“五四”文化特質是不可能被完全消抹的。後來楊沫也承認：“我受了十八世紀歐洲文藝的個性解放的影響；也受了五四運動的影響，我要婚姻自主……”[3]體現在楊沫的影子林道靜身上，其自我覺醒的標誌就是鮮明的個體自主性：她不願生活在無愛的生活空間裏，也不甘成為一個小官僚的附庸品，所以她把自己從家庭關係的網

1　魯迅：〈娜拉走後怎樣〉，載魯迅：《魯迅全集》（第一卷），第159頁。

2　陳順馨：《中國當代文學的敘事與性別》，北京：北京大學出版社1995年版，第75頁。

3　楊沫：〈我的生平〉，載瀋陽師範學院中文系編：《中國當代文學研究資料‧楊沫專集》，第7頁。

絡中剝離出來，獨自地投身社會，自主地選擇人生和把握命運。這種抉擇顯然是"依據某種描述去確知自身當下的行為及其原因"的，因而標誌着她的"成人"。[1]

"成人"後的林道靜，立即遭遇話語意識與實踐意識的衝突。她對於自身選擇的本質的解釋，是源於西方啟蒙思想的"五四"話語，而她置身於其中的現實生活卻基本停留在傳統的禮俗社會，話語意識與普遍沉滯的社會實踐意識分離，因而她以一種與社會對立起來的方式來認同自我。林道靜把自己不幸的人生境遇歸罪於社會的黑暗，堅信自己無辜而且不願意同流合污。然而，她畢竟生活在現實社會中，她所有美好的人生理想在世俗社會裏統統是空中樓閣。理想人生的希望喪失了，生命被孤單地留下，而且前面尚有漫長的人生道路要走。面對紛亂的生活世界和無望的未來，她缺乏勇氣和耐心，只好投海自殺以死抗爭。

林道靜被余永澤救出後，生命出現了轉機，她不僅有了生存的歸屬，而且獲得了自由選擇的愛情，在爭取婚姻自由和個性解放的道路上邁出艱難的第一步，步入可能的幸福道路。然而，這種安定與幸福對於林道靜來說，只是暫時和表面的。溫馨的小家庭很快就使林道靜感到沉悶、窒息："她的生活整天是涮鍋、洗碗、買菜、做飯、洗衣、縫補等瑣細的家務，讀書的時間少了；海闊天空遙想將來的夢想也漸漸衰退下去。"[2] 作為第二代新女性的林道靜，畢竟不同於她的前輩子君，她從封建專制的家庭裏走出來的目的，並不僅僅只是為了尋找一個可靠的丈夫和建立自己選擇的小家庭，然後終身廝守和依附丈夫，倚靠在精心編織的小天地裏。她還有自由人格的嚮往和自我實現的需要："要獨立生活，要到社會上去做一個自由的人。"[3] 她不可能把"人生的要義"和生活的意義統統維繫在狹小的家庭裏。

儘管余永澤是位現代知識分子，也儘管他與林道靜的自由結合本身具有

1 〔英〕安東尼·吉登斯：《現代性與自我認同：現代晚期的自我與社會》，第 39 頁。
2 楊沫：《青春之歌》，北京：人民文學出版社 1978 年版，第 96 頁。
3 同上，第 82 頁。

反對傳統文化的意義，但他內心深處的婚姻愛情觀還是浸染着傳統文化的價值觀。他最初救出林道靜，就未免不是一種“書生拯救風塵女子”；他之所以看重個人的功名事業，既是為了滿足自我實現的需求，也自以為是為愛情作奉獻 —— 只有男人的成功，女人才有真正的安定和幸福可言，也就是說，他實質上是按傳統社會的男子期望角色來進行自我定位的。同樣，他以傳統文化觀念對女子期望的角色定位去規範林道靜，希望她成為一個美麗的賢內助。故此，他把林道靜的美及對她的愛作為自己發奮的內驅力，而漠不關心林道靜個人精神生活的追求，傳統的“男才女貌”情結潛沉於他的無意識世界。於是，在林道靜眼中，“余永澤並不像她原來所想的那麼美好，他那騎士兼詩人的超人的風度在時間面前已漸漸全部消失”。[1] 林道靜的女性解放意識與余永澤的傳統男權意識，構成了林道靜再次走出家門投身社會的主要緣由。

一旦林道靜的人生視野超越了小家庭而投向了廣闊的社會，再加上在盧嘉川的引導下認同了反叛社會的革命意識，那麼她與余永澤的觀念裂痕便由文化道德上的性別差異擴展到人生觀，乃至以政治思想為核心的整個世界觀，最終導致情感堤壩的潰決。但是，小說極力掩飾林道靜與余永澤最初的文化道德觀的裂痕，化解現代女性意識與傳統男權意識的對立，阻塞小說進一步朝着思考時代女性的生存和命運的方向發展。作品忽略甚至隱匿林、余之間的性別意識的差異，無非是為了挖掘歷史敘事的政治意義。然而，從文化道德觀到政治思想觀並沒有必然的邏輯橋樑，在婚姻愛情上認同傳統是非觀的人，未必就不可能成為一個革命者。因此作品為了隱匿林、余之間的性別觀念的差異與突出政治觀念差異，着重強調他們人生觀的裂痕，以達到道德 — 政治的意義轉變：余永澤對盧嘉川的嫉妒和對林道靜的佔有慾，表現了他道德人格上的卑瑣和自私；而他對同鄉魏三大伯的吝嗇，不但體現了他的虛偽冷酷，而且隱喻了他與林道靜的潛在的階級分野，契合中國讀者的傳

1　同上，第 97 頁。

統倫理政治化的期待視界。小說對余永澤世俗的“資產階級人生觀”的批判，為林道靜再一次出走提供了合理性，也延遲了林道靜的青春認同期，從而有效地指證了青年知識分子步入集體主義的必然性和艱難性。

以上，通過對楊沫的早年個人資料與林道靜成長過程的比較，我主要從三個方面分析了作者是怎樣把個體化的人生記憶編碼成符合主流話語的成長敘事：一是從楊沫原生態的家庭事件到林道靜走出家庭的人生故事；二是“成人”過程中的林道靜在遭遇話語意識與實踐意識的衝突後，選擇以自我逃避的方式，與余永澤結合；三是由於性別意識的差異，林道靜與余永澤分離，再次走出小家，選擇集體主義的女性解放道路。從中我們可以得到三種啟示：第一，文學中歷史敘事的所謂真實性，首要的不在於小說中的故事是否完全由過去的實存事實構成，而在於敘事者對過去生活的意義把握決定。第二，一種原生態的歷史事件原本潛藏着多重語義的可能性，具有多重的敘事發展的方向，每一種敘事都是多種選擇中的一種，這就決定了歷史敘事的文本特質，因此任何自稱把握了歷史必然性的敘事文本，都未必可靠。第三，文學的歷史敘事不單是將過去的生命體驗組織成形，同時也是一種賦予意義的過程，而且敘事一旦成形便或多或少地具備意識形態的功能。

從丁玲筆下的莎菲個人主義的迷失，到楊沫筆下的林道靜集體主義的皈依，勾勒出現代中國知識女性的生命軌跡與自我想像的嬗變，透露出現代中國關於女性解放的自我設定及其變化。不過，女性解放運動與現代化過程緊密聯繫，中國現代化過程的艱苦和曲折，注定了現代女性解放的過程漫長而艱巨。曾經的女性解放的邏輯設想與文學想像，只有經過真實的生活經驗的驗證才能獲得社會女性的普遍認同，因此女性解放之路是仍然有漫長的道路要走。

第三節

瞿秋白與錢鍾書：現代知識分子的自審與他審

把瞿秋白與錢鍾書放在一節論述，似乎有些突兀。一方面是因為他們不屬同一類型的知識分子，瞿秋白是革命知識分子，而錢鍾書則是學者型知識分子；另一方面，瞿秋白《多餘的話》與錢鍾書《圍城》也不是同一類型作品，前者是作者的個人自述，後者純粹是部長篇小說。但是，我認為這兩部作品還是有可比較性的，因為它們都是現代文學中的難以替代的佳作，而且歸根到底，知識分子形象也是作為作家的文學知識分子的自審與自我塑造，因此把這兩部作品放在一節分析，主要是考察他們是怎樣自審與他審的。

一、瞿秋白：一個“文人”的“人生誤會”及其緣由

瞿秋白在《多餘的話》中明確認為，自己作為一個文人走向政治事業，而且成為中共領袖，這是一個“人生誤會”。他說：

> 我自己忖度着，像我這樣的性格、才能、學識，當中國共產黨的領袖確實是一個“歷史的誤會”，我本只是一個半吊子的“文人”而已，直到最後還是“文人積習”未除的……
>
> 總之，我其實是一個很平凡的文人，竟虛負了某某黨的領袖的名聲

十來年，這不是“歷史的誤會”，是什麼呢？[1]

從瞿秋白的個人身世與時代的關係上講，他的人生選擇並不是什麼“誤會”。瞿秋白（1899–1935 年），江蘇宜興人，生於江蘇常州市。瞿家是一個書香門第，世代為官，瞿秋白的叔祖瞿賡甫曾任湖北布政使。瞿秋白的父親瞿世瑋擅長繪畫、劍術、醫道，然而生性淡泊，不治家業，寄居叔父家中，經濟上依賴在浙江做知縣的大哥瞿世琥的接濟。瞿秋白的母親金璇也是官宦之女，精於詩詞，她的子女中長大成人的有 5 子 1 女，瞿秋白是家中長子。辛亥革命後，瞿家陷入經濟困境，靠典當、借債度日。1915 年冬，因交不起學費，瞿秋白被迫輟學。這一年的農曆正月初五，金璇不堪生存窘迫而服毒自盡，瞿秋白一家人分別投親靠友。1916 年年底，瞿秋白得到表舅母的資助，西赴漢口，寄居在京漢鐵路局當翻譯的堂兄瞿純白家中，並進入武昌外國語學校學習英文。他本想考入北京大學研究中國文學，但付不起學膳費，而且參加普通文官考試未被考取，於是便考入外交部辦的“不要學費又要出身”的俄文專修館。在俄文專修館讀書期間，他受到俄國十月革命的鼓舞參加了馬克思主義研究會，並以《晨報》記者的身份前往俄國進行考察和採訪。隨後他在莫斯科東方大學擔任翻譯和助教，回國後逐步走向黨的領導層，成為中國共產黨的創始人之一。他作為一個出生破落家族的文化人，懷有傳統知識分子的家國天下意識，坎坷身世使他對社會革命具有天然的嚮往。這裏似乎看不出有什麼“歷史的誤會”。

然而，值得注意的問題是，瞿秋白在文中只是講述了自己走上革命道路的外在社會原因，卻沒有分析他選擇革命道路的個人內在緣由。對於二十世紀初期的中國知識分子來說，最大的問題是科舉人生的生命軌道已廢棄，但是傳統士人經世濟民的理想人生卻潛存於他們內心。其實，他們或者文官資格考試失敗，或者沒有經濟資源而進行深造，從而無法合法地步入社會體制

---

1 瞿秋白：《多餘的話》，南昌：江西教育出版社 2009 年版，第 8–9 頁。

的軌道，但又不願像傳統士人一樣回歸鄉里做以耕讀為生的鄉紳，因而作為自由職業者成為城市中漂泊的"波希米亞人"。也就是說，他們無法通過正常的社會軌道實現自我價值，因此對社會普遍懷有不滿甚至怨恨情緒，具有一種天然性的社會反抗精神。英國學者湯因比曾在《歷史研究》中提及這類人，並稱之為社會"內部的無產者"：

> 他們是一個社會歷史的某一個階段裏的一個社會成員或社會集體，"在"該社會中而又不"屬於"該社會。這種無產者的真正標誌既不貧窮也不是下等出身，而是一種心理上的自覺狀態——還有由這種自覺狀態所刺激出來的仇恨心理——認為是從他的社會上的世襲地位中被排擠出來了。[1]

簡而言之，他們既有傳統知識分子的"家國天下"意識，或者說傳統知識分子"兼濟天下"的理想主義傾向，也有通過個人努力與特殊人生道路重振家業報效家國的意願，還有在社會上實現自我的隱秘生命驅動力，但是現實社會卻不能為他們實現自我提供平等競爭的機會和條件。這樣，反抗現有不合理的社會體制的革命，便成為最能吸引他們的人生奮鬥的焦點。一旦他們與底層社會結合，便會成為社會革命的傳播者和參與者。這就是說，當一個社會產生了相當數量的剩餘知識分子，即社會"內部的無產者"，當現代城市中聚集了一定數量的精神上的"波希米亞人"，那麼這個社會就在聚集不安定的因素。因為在城市中漂泊的知識分子是身在社會而心在別處的無產者，他們無家可歸，很容易成為革命的傳播者和參與者。因此瞿秋白選擇革命道路有其外在社會歷史與內在精神觀念的必然性，而不是"歷史的誤會"，其實他本人也不後悔選擇馬克思主義作為理想和信仰。

不過，從瞿秋白的性格與政黨政治的關係上講，我們卻可以理解他的

1〔英〕阿諾德・湯因比：《歷史研究》（中），上海：上海人民出版社 1987 年版，第 171 頁。

"人生誤會"的說法。瞿秋白的人生轉折點與歷史轉折點疊合在一起。1927年大革命失敗後，瞿秋白主持召開了中共中央八七會議，確立了武裝反抗國民黨的路綫方針。會後他主持中央工作，直至1931年的中共六屆四中全會才被迫退出中共領導層。這是中共歷史上建立革命武裝的初期。八七會議提出的武裝反抗國民黨的路綫方針，實際上也是落實莫斯科共產國際的指示。由於當時敵強我弱，中共發動的武裝鬥爭初期付出了慘重的代價。按理說，在中共建軍初期，遭遇一些失敗也是可以理解的事；在失敗後總結經驗教訓，也是應該的。然而，在總結過程中，黨內出現了不同的意見。三十年代初期以王明為首的從莫斯科回國的青年布爾什維克派，在秉承莫斯科的旨意糾正黨內"左"傾主義的同時，乘機搶班奪權，排擠打擊包括瞿秋白在內的中共元老，引發了黨內的矛盾和混亂。其實，《多餘的話》委婉地表達了三十年代初期他在黨內遭受打擊排擠的內心壓抑情緒，表達對黨內派系之爭的強烈不滿。

1934年2月，瞿秋白奉命進入江西蘇區，同年紅軍被迫長征，他被留下堅持鬥爭。誰都明白，中央紅軍長征後蘇區必將遭受重大打擊，留在蘇區堅持鬥爭的人也凶多吉少。正是這個原因，長征時將一些身體患病或者年紀偏大的人都帶走了。瞿秋白是個不懂軍事鬥爭的文化人，更是身患沉疴的中年人，從某種角度講，當時中央決定把瞿秋白留在蘇區堅持鬥爭等同於將他拋棄。這也是瞿秋白的這篇文章整體上情緒低沉的原因之一。但是他並沒有在文章中直接披露黨內殘酷鬥爭的真相，及其複雜的共產國際的政治背景，而是側重於剖析自己思想性格的弱點，從而得出自己為官是個"歷史誤會"這個結論。這就是說，他並沒有否定自己的政治人生理想，而是否定當時黨內鬥爭的政治實踐，因為他在此過程中傷透了心。

當然，瞿秋白沒有想到，人類設計的理想社會可能是完美的，而實現理想社會的人是不完美的。其實，人類社會早已發現這個問題，許多政治家以理想的名義實現自己的權力慾望。因此便有馬基雅維里、霍布斯等人的現代政治學。例如霍布斯，雖然他的《利維坦》有諸多不對的地方，人們也不喜歡他，但他的論述卻引起人們強烈的反應。霍布斯強調人類追求權力的自私衝動以及傲慢和嫉妒心理，並將自私和彼此間的不信任確定為政治生活的基本事實。霍布斯關於人性自私和權力的說法，確實引起人們的關注，因此人們依據契約論制定民主體制。如英國的洛克在《政府論》中指出，政府獲得的只是有限的權力，政府不得超越其正當的權限，以防止政治暴君或者政治專制者的出現；同時，社會政治團體不可能沒有分歧，因而必須設計合理的民主方法，以維護社會的團結，防止因分歧無序而導致的沉重代價。這一點是很有眼光的，可是中國擁有兩千多年的專制主義極權統治的傳統，以競爭的方式獲得執政合法性的政黨政治在中國畢竟還是個新生事物，這種政黨政治很可能變異為形式現代而內容封建的畸形結果。

瞿秋白在這篇文章中自稱是個具有"二元化人格"的現代"文人"。所謂的"二元化人格"，一方面是指他在理性上接受了馬克思主義；另一方面則指他思想觀念中潛存着傳統的"中國式的士大夫意識"，及其蛻變出來的小資產階級或者市民意識。他說："這兩種意識在我內心裏不斷地鬥爭，也就侵蝕了我極大部分的精力。"[1]

瞿秋白是以現代社會知識分子的概念來闡述自己的人生觀念。他原本喜愛文藝，翻譯過數種俄國文學著作；三十年代在上海領導左翼文藝運動，撰寫過大量文藝評論，他的《魯迅雜感集序言》獲得過魯迅的認同。這時瞿秋白認識到，自己受到傳統文化的影響，還是適合做個文學專業的知識分子，但最終沒能成為一名學有所成的學者，卻成為一個具有文人情懷、社會責任和義務擔當的政治家。他畢竟是從血雨腥風中走過來的職業革命家，通過殘酷鬥爭的政治實踐後發現，文人情懷與政治鬥爭水火不相容，尤其是在那個革命的年代，人道主義與馬克思主義的無產階級革命思想是難以相融的。瞿秋白說，他也憎惡一切惡濁的社會現象，可是從來沒有想過行俠仗義。"我只願意自己不做那些罪惡，有可能呢，去勸勸他們不要再那樣做；沒有可能

1 瞿秋白：《多餘的話》，第 11–12 頁。

呢，讓他們去吧，他們也有他們的不得已的苦衷罷？”[1]

這種現代意義的人道主義觀念，在現實政治中只能是一廂情願的美好理想。政治家或者政客，為了權力鬥爭可以不擇手段，翻手為雲覆手為雨，對待政敵的做法往往就是“殘酷鬥爭，無情打擊”。可是，瞿秋白畢竟是文人書生，他還講究人道主義，顧及同志情誼和革命團結，直到自己真正品嚐到被邊緣化的滋味時，才若有所思，若有所悟，發現自己根本不是一個可以無情的政治家。因此，他認為自己作為一個“二元化人格”的現代“文人”，最終無法成為一個“治國平天下”的“政治動物”。是的，“治國平天下”固然需要讀書，但並不是所有的讀書人都適合去做“治國平天下”偉業的。為此，瞿秋白認為自己不適合做政治家，可能只適合做一個學有所長的專家學者。可見，他想做個道德人格上的乾淨的人。

這裏值得注意的問題是，革命的現實是殘酷且複雜的，它的真相必然擊破浪漫主義的革命理想。對此魯迅早就有所指出：“凡有革命以前的幻想或理想的革命詩人，很可有碰死在自己所謳歌希望的現實上的運命；而現實的革命倘不粉碎這類詩人的幻想或理想，則這革命也還是佈告上的空談。但葉遂寧和梭波里是未可厚非的，他們先後給自己唱了輓歌，他們有真實。他們以自己的沉沒，證明着革命的前行。他們到底並不是旁觀者。”[2] 這些話，既表現出魯迅對於社會革命的深刻認識，也反映出他作為知識分子對於革命的複雜心態。

總之，瞿秋白臨終前通過自述的方式簡述了自己曲折的政治人生，隱含個人對殘酷政治鬥爭的不滿與宗派主義的厭煩；同時通過痛苦的自我剖析，深刻揭示出革命知識分子艱難的精神歷程。現代中國沒有伏契克的《絞刑架下的報告》，卻有瞿秋白《多餘的話》，在死亡的極致情境下坦然表達個人的內心感悟，從某種角度講這也是現代文學史的幸運。

---

1 同上，第 24 頁。

2 魯迅：〈三閒集 · 在鐘樓上〉，載魯迅：《魯迅全集》（第四卷），第 36 頁。

二、錢鍾書：現代中國知識分子的尷尬人生

錢鍾書的文學創作發生在民國時期，新中國成立後輟筆，集中精力從事文學研究。他的創作只有短篇小說集《人・獸・鬼》（1946 年）、散文集《寫在人生邊上》（1941 年）和長篇小說《圍城》（1947 年），另有長篇小說《百合心》未完便軼失。夏志清的《中國現代小說史》對《圍城》評價頗高，引起國內學界的關注。1990 年《圍城》被拍成電視連續劇，引起較大的社會影響。

1938 年，錢鍾書從英國留學回國後，歷任西南聯大外文系教授、湖南藍田師範學院英語系主任、上海暨南大學外語系教授、清華大學外文系教授，對學院知識分子頗為理解。他作為一位學養淵博精深的學者，文學創作只不過是他的業餘愛好，由此他獲得了一個不執不滯的自由的心靈空間，以一種"邊緣人"的睿智，站在"人生邊上"做隨感眉批式的審視，才氣泉湧，想像無羈，大千世界都在他那看似"遊戲"的筆墨中肺肝畢見，散發出一種幽默的生氣。

錢鍾書的《圍城》是一部意蘊豐厚的長篇小說，它所表現的生活內涵，是作者對社會、人生和自我思考構築的獨特的"藝術世界"。在這個獨特的藝術世界中，現代中國知識分子形象引人注目，需要深入體味和反覆琢磨才能領略。大致地說，《圍城》有以下三方面的思想意蘊。

其一，關於現實社會的層面。小說完成於 1946 年，與同一時期大多作品不同的是，《圍城》並沒有直接描述抗戰烽火和刀光劍影下的人性表演，而是把國難家愁作為小說的生活背景。在這種艱難的戰時情境下，寫一部分知識分子在愛情、職業、日常生活裏的瑣細生活，寫他們在情場與名利場上的衝突顛躓。具體地說，就是通過以方鴻漸為首的一群現代知識分子戰時人生的追尋，反映抗戰時期古老中國城鄉的世態，包括對內地農村原始落後閉塞狀況的揭示，對教育界知識界腐敗現象的批判，等等。正如該書的序言所說，它是"寫現代中國某一部分社會，某一類人物。寫這類人，我沒忘記他

們是人類，只是人類，具有無毛兩足動物的基本根性”。[1]

在現實人生這個層面，有方家的守舊迂腐、方鴻漸前岳父家的虛榮、社會的精神空虛、從東南到內地的原始落後等。當然，最具有代表性的還是小說第六、七章寫到的三閭大學的烏煙瘴氣。這裏上自校長、訓導長、系主任，下至教師、職員，甚至連學生、家屬，都捲入了一場場令人頭暈目眩的人事糾紛中。職業上的排斥，情場上的競爭，不由自主的自私與忌妒，使小小的三閭大學成了各方競相角逐的人生舞台，各式各樣的學者文人粉墨登場。

訓導主任李梅亭，極端的虛偽和自私，是一個見不得女人的好色之徒。趙辛楣一眼就看出這點：“他上岸時沒戴墨晶眼鏡，我留心看他眼睛，白多黑少，是個淫邪之相。”[2] 果然，在去三閭大學的途中，他先在鷹潭與妓女王美玉勾搭，又在南城與寡婦調情，引致一場爭風吃醋的爭吵，最後到了三閭大學，身為訓導主任還暗自嫖娼。可就是這個登徒子式的文人，卻滿口仁義道德，以訓導主任的身份宣佈：“未結婚的先生不得做女學生的導師”，因為“中西文明國家都嚴於男女之防，師生戀愛是傷師道尊嚴的，萬萬要不得”，要“防患於未然”。[3] 他以好色之心度君子之腹，所以在表現上，比誰都顯得道貌岸然。他還自私貪小利，在去往三閭大學的路上，大家因經費用盡而飢腸轆轆之時，他一人偷偷跑去買紅薯吃；孫柔嘉在路途病倒，他不僅捨不得動用鐵箱子裏的好藥，就連幾粒仁丹也心疼；到了三閭大學沒有當上中文系主任，氣得暴跳如雷，直到校方承諾把他從上海帶來的西藥高價收買下來，並給了他一個訓導主任的位置才作罷。這種人已經吝嗇得喪失人性，但是這種既會做官又會賺錢的學問人，在世俗社會中被視為能人。

校長高松年，“精明得真是睡覺還睜着眼睛，戴着眼鏡，做夢都不含

1　錢鍾書：《圍城》，北京：人民文學出版社 1991 年版，第 4 頁。

2　同上，第 149 頁。

3　同上，第 222 頁。

糊”。[1] 但他的“精明”並不是為了辦好大學，而是為了當好校長這個官。他說：“學校也是個機關，機關當然科學管理，在健全的機關裏，絕沒有特殊人物，只有安全受支配的一個個分子。”所以他不請名教授來校執教，因為名教授不想沾學校的光，“有架子，有脾氣”，“找一批沒有名望的人來，他們要借學校的光”，會絕對服從校長。[2] 這種沒有大師的大學固然便於治理，所以受損的只能是學生。他也是一位道貌岸然的酒色之徒，見到汪太太與趙辛楣情投意合便醋勁大發。與其說他是一位老科學家，還不如說是一位老奸巨滑的學術官僚。一個人並不會因為地位高就一定變得高尚，反而常常是因為地位高而容易顯露自己的缺陷。正是因為高松年這批學術官僚，讓三閭大學充滿了類乎官場的派系爭鬥：校方當局不擇手段爭官弄權，教職員工拉幫結派爾虞我詐，一個學校變成了一口齷齪的“大醬缸”。故此，《圍城》被譽為“新《儒林外史》”。

除了上面所述的李梅亭、高松年，還有外形木訥而內心醜惡的韓學愈，他偽造學歷，招搖撞騙；依附官僚結黨自固的汪處厚；專事吹拍、淺薄猥瑣的陸子瀟、顧爾謙等人。再如第六章對中國大學校長的分析，民國政府樂意委任技術官僚把持校方的權力，大量的技術人員趨之若鶩，達到令人噁心的地步。因為職位越高權力越大，享受的資源也就越多。也就是說，由於社會體制的問題，導致大學也成為個人專營的場所，而無序的專營又誘發自私人性的暴露，以致大學這個精神的綠洲淪落為展現負面人性的“大醬缸”。三閭大學的知識分子群體描述，無疑具有揭示與批判的認知價值。雖然小說中表現的這些人物僅僅限於三閭大學，但在他們的身影卻從某個角度映射出當時中國大學的弊端。

其二，關於文化反省的層面。《圍城》與以往描寫知識分子題材的作品不同，首先表現在它所關注的是新式文人，即一批高級知識分子甚至是留學

---

1 同上，第 195 頁。

2 同上。

歸來的知識分子；其次，以反諷的語調去寫這些新式文人，在揭示他們弱點的同時，對新式文人身上的中國傳統文化積澱進行審視和批判。方鴻漸就是新儒林中的代表人物，他雖然留過洋，接受了西方文化教育和熏陶，但善良與懦弱無能的品性，某些方面有點類似《北京人》中的善良“廢物”曾文清，和《家》中的“老好人”覺新。不過，錢鍾書比曹禺或巴金理性得多，對方鴻漸身上那些傳統的文化劣根與習染的批判也凌厲果斷得多，幾乎不帶惋惜或同情。方鴻漸的特點是具有小聰明而缺乏大智慧，最突出的地方就是對於事業和人生軟弱被動且缺乏進取，得過且過，庸懶虛浮。他在國外留學四年，換了英國、法國和德國三個國家，“興趣頗廣，心得全無”，最後為了應付父親和岳父，花錢買了一個假的博士文憑回國；在國內大學時，從社會學轉到哲學，再轉入中文專業。也就是說，他在留學期間，既沒有選擇安身立命的專業，更沒有學到西方現代社會競爭進取的精神，因而只能在大學過着得過且過的慵懶人生。

雖然方鴻漸的生活表面上擁有不少的新東西，但內裏卻是陳舊的。他骨子裏的傳統文化惰性，致使他在愛情、事業、生活上處處受挫折，永遠苦惱。儘管他人很聰明，看穿惡劣環境和小丑的表演而不能自拔；嘴上機敏而內心懦弱，因而不斷追求，但總是在現實社會中找不到自己的人生位置。這位沒有出息的主人公，在中外文明的碰撞中，精神上沒有脫胎換骨，傳統文化腐性消蝕了他的生命活力，使他成為一個不失善良而懦弱性格的人。當然，他為人還是比較正直的，沒有李梅亭那類人的虛假和自私，也沒有趙辛楣那樣過硬的社會靠山，不會附會和專營，因而面對一些侵凌或者壓力時，既無能也無奈。從他的身上，我們可以思索傳統文化的弊端，在文化層面上把握民族的精神危機。當然，這裏也有亂世中清醒文人的宿命感：面對一些顯然不合理的社會不公和不義，痛感自己無力但又無奈，只好付諸命運的嘲弄。

女主角孫柔嘉也是一個不容忽視的人物。她最初出現在作品中，是那樣的柔弱、溫順和天真。“怕生得一句話也不敢講”，“常帶着驚異的表情”，

“臉上滾滾不斷的紅暈”，真有一點東方女性的嫻淑之美。[1] 可是與方鴻漸結婚後，就慢慢變了面孔和脾氣，顯得善妒、專橫、自私、刻薄，變着法子來把握家政，制服男人。她雖然是受過高等教育的新式女子，可也擺脫不了傳統文化和習俗的束縛。這種舊式女子的弱點，顯然是中國婦女為了應付一輩子陷身糾紛與苦難所孕育出的特性。這種因襲的重負，使她對煞費苦心才到手的獵物方鴻漸，終於感到失望，倒向了市儈而勢利的有錢姑媽一面，結束了無休止的家庭吵鬧。錢鍾書反諷式地文化反省，使作品瀰漫着一種歷史的沉重感。

其三，對現代人生和命運富於哲理思考的層面。《圍城》採用的是流浪漢小說的手法，方鴻漸個人的生活經歷構成小說的結構形式：首先是方鴻漸回國的郵船與世隔絕，形同特殊的生活“圍城”，方鴻漸到了上海就走出了這個“圍城”；其次是戰時的上海，方鴻漸愛情碰壁，失業無着，境況形同困頓的“圍城”，因此他不惜歷盡艱辛到內地求職，希望走出上海這“圍城”；再次是他來到三閭大學，這是一個爾虞我詐的是非之地，方鴻漸身不由已地陷入勾心鬥角的羅網，重蹈人生的“圍城”，不得不重回上海；最後，回到上海後的方鴻漸生活困頓，家庭生活不和，焦頭爛額的他打算再次衝出上海這座“圍城”，去大後方重慶。小說寫到這裏結束了，但按生活與個人性格邏輯推測，他可能是進入另一座“圍城”，而且永遠也擺脫不了人生“圍城”之困。這就是說，方鴻漸永遠都不會安分，永遠也不會滿足，因而他的人生永遠充滿苦惱。因為他總想擺脫苦惱的人生困境，但生活世界處處是困境，人生旅途中無處不是“圍城”。他的命運就是永遠不斷地尋求突圍，而事實上卻不斷進入另一座圍城。

從整體上講，這部小說中的知識分子主要由兩個系列的形象構成，一是社會層面的知識分子形象系列，以三閭大學的知識分子群體為主。二是生活層面的知識分子形象系列，以方鴻漸與四個女性為主：鮑小姐由東方式的及

---

1 同上，第 131 頁。

時行樂加上西方文明中開放的皮毛構成其基本性格；蘇文紈與孫柔嘉的特點是虛榮，蘇文紈的虛榮都表現在面子上，而孫柔嘉卻內在得多；只有唐曉芙是近乎理想的，美麗的外貌與純淨的氣質，敏感聰明與獨立意識都使她成為摩登都市的例外，她是"無忘我草"與"別碰我花"的巧妙結合，是浪漫主義和遙遠現實的象徵。總之，方鴻漸歷經性、情、利、夢四種愛情婚姻的人生後，終歸還是失敗，他與這幾位女性的關係，構成一座座"愛情婚姻"的生命"圍城"。這種文本結構的語義表明，小說寄寓着作者關於人生與命運的哲學思索：人生處處是圍城，城外的人（局外人）總想衝進去，而城裏的人（局中人）又總想逃出來，衝進逃出永無止境；但無論衝進還是逃出，人生終究不可能達到自己原來的生活意願。而且，往往是你所要的得不到，你所得的又終非是你想要的。人的命運就是這麼一個可憐的尋夢過程，一個充滿期待與懊悔、尋找與失落的連環結。真正的悲劇精神就在於，知道生活的不幸福，仍然不得不生活，生命之中有一種無可逃避的苦楚。這個寓意在小說的第三章中彰顯：

> 慎明道："關於 Bertie 結婚離婚的事，我也和他談過，他引一句英國古話，說結婚彷彿金漆的鳥籠，籠子外面的鳥想住進去，籠內的鳥想飛出去；所以結而離，離而結，沒有了局。"
>
> 蘇小姐道："法國也有這麼一句話。不過，不說是鳥籠，說是被周圍的城堡 fortresse assiegee，城外的人想衝去過，城裏的人想逃出來。鴻漸，是不是？"鴻漸搖頭表示不知道。[1]

值得注意的是，這些朋友在大談"鳥籠"和"圍城"的人生體會時，唯獨方鴻漸"給酒擺佈得失掉自制力"，也就是說，他是處於"醉態"。這似乎暗示方鴻漸始終處於一種盲目無知的人生狀態，被命運所播弄的人不正是這

1 同上，第 98 頁。

樣的盲目不自知嗎？這種命運悲劇顯然是現代人的人生感和宇宙意識，是現代人的日益失去這主宰自我的自制力後的落寞感、孤獨感和無力感。

綜上所述，《圍城》是一個既現實又奧妙的藝術王國，只有多層面地闡釋，才能體會到它的獨特魅力，才能在閱讀中感受到刻骨的沉重感。

在中國現代文學史上，《多餘的話》和《圍城》均是較為獨特的文本。從瞿秋白的嚴厲自審到錢鍾書不無刻薄地他審，我們可以發現，現代文學知識分子對於中國現代社會轉型時期知識分子的人生思考是鞭辟入裏的深思熟慮。坦率地說，他們也是站在相當高的思想道德程度衡量現代知識分子，所以批判性地揭示出現代知識分子群體的內心困惑與外在困境。無論你是否同意他們關於現代知識分子的觀察和判斷 ，都無法懷疑他們對現代知識分子認真而近乎苛刻的審視和批判精神。

第四節

張賢亮和王蒙：苦難的現代知識分子

新中國成立後，中國文學發生了根本的轉變，原來的現代啟蒙文學成為當代社會主義文學。導致文學發生變化的主要原因，概括地說主要有三個方面：一是社會體制的變化。新中國的社會主義運動把人文社科領域的各類知識分子納入教育、科學院、文聯、新聞出版、書店發行等各類單位，原本為自由職業的作家成為體制化的社會成員，他們的創作受到體制化的約束。二是文藝方向的變化。權威話語明確把毛澤東《在延安文藝座談會上的講話》作為文藝發展的方向，文學着重表現工農兵，題材決定論的觀念深深影響作家的創作。三是頻繁的思想政治運動，使作家感受到巨大的思想壓力，他們無力書寫自己熟悉的人生，逐漸喪失了自由想像的空間。因此新中國成立後越來越多的現代作家輟筆，如茅盾、巴金、丁玲、沈從文、錢鍾書、李劼人等，再也沒有創作新的長篇小說力作。從文學題材上講，新中國文學的“十七年”小說創作主要有兩種：一種農村題材創作，書寫社會主義合作化運動，如《創業史》《三里灣》《山鄉巨變》等；二是革命歷史題材創作，表現革命歷史中的偉大勝利，讚美為革命事業犧牲的崇高精神，如《保衛延安》《林海雪原》《紅岩》等。較為純粹的知識分子書寫基本越來越少。這種狀況一直延續到新時期。

新時期文學揭開了當代中國文學的新篇章，當代文壇重新開啟了知識分子的書寫。這裏，我們選擇了反思文學中的張賢亮、王蒙這兩位“歸來”派作家的知識分子書寫。所謂“歸來”派作家，指曾經在新中國政治運動中遭受冤屈被打入另類的作家，他們在新時期平反後重返文壇，從事文學創作。由於這兩位都曾在政治運動中罹禍，遭遇特殊的人生經歷，獨特的生命體驗讓他們對新中國知識分子的人生，產生一種切膚體悟與深入思考。

一、張賢亮：困境人生中的知識分子

張賢亮祖籍江蘇盱眙，1955 年從北京移居寧夏。在 1957 年的“反右”運動中作為文化教員的他因發表詩歌《大風歌》被錯劃為“右派”，押送農場勞動改造長達 22 年。1979 年獲得平反恢復名譽，重新執筆創作小說，復出後曾任寧夏回族自治區文聯主席，是新時期前期最具代表性的“歸來”作家之一。張賢亮的小說創作大致可分為三類：一類作品主要描寫政治動亂對農村社會多方面的衝擊，以及農民生存的物質艱難與精神苦痛，如《邢老漢和狗的故事》。第二類作品主要描寫改革生活，展現改革者的強者風姿，如《龍種》《河的子孫》《男人的風格》等。第三類便是表現知識分子苦難歷程的小說，如《靈與肉》《土牢情話》《綠化樹》《男人的一半是女人》等，這也是最能體現張賢亮獨有的創作風格的作品。

在反思小說的創作潮流中，張賢亮着重聚焦於新中國的知識分子歷史苦難，這與他個人的生存經歷密切相關。他被打成“右派”後厄運不止，總是政治運動一來就成為“專制”對象，勞改幾年又被轉移到另一個農場就業勞教。這種抓了放、放了抓的狀態一直持續到“文革”後期。從 1958 年到 1976 年間，張賢亮經受了兩次勞教、一次管制、一次“群眾專政”、一次關監。這樣極為獨特的嚴酷人生經歷，對於張賢亮精神氣質的影響是相當深刻的，也使他的作品帶有濃厚的自敘傳色彩。他的知識分子書寫較為典型地展示了新中國知識分子的受難史，深刻剖析了新中國知識分子在特定歷史背景下的心路歷程與精神求索，同時也構成民族災難的證言。

《靈與肉》是張賢亮發表於八十年代初期的短篇小說。男主人公許靈均原為上海名門望族之後，父親在解放軍進城前夕逃到國外，留下了還是個少年的他。他在新中國成為一名教師，但在政治運動中卻被打成了“右派”，流放到了大西北，成為一個牧馬人。然而令人意外的是，流放的農場卻成了他的人生避難所，這裏的普通群眾給了他心靈和身體上的慰藉。同時愛情也來了，四川姑娘秀芝因饑饉而主動上門。她勤勞又溫柔，一個人用黃土給家裏修築了圍牆，把屋裏收拾得溫暖舒適，還豢養了雞、鴨、鴿子等家畜。可就在這個時候，有錢的父親回國，要把他帶出中國繼承家業。許靈均拒絕了父親，回到黃土高原上他的那個家。應該說，許靈均的命運遭際，折射出極左路綫給新中國知識分子造成的“靈與肉”的嚴酷打擊，但他在逆境中和底層普通勞動者建立起相濡以沫的親密聯繫，靈與肉都發生了深刻變化，從而獲得嶄新的感情氣質和穩固的人生信念。其實，人的一種生活方式過久了，就會愛上這種生活，不管這種生活方式是多麼匱乏、多麼艱難。不過，當時的文化語境對許靈均的這種選擇，從思想道德上給予了高度讚許。

《綠化樹》和《男人的一半是女人》是系列中篇《唯物論者的啟示錄》中的一部分，着重講述章永璘是如何由一個具有“朦朧的資產階級人道主義和民主主義思想”的青年轉變成馬克思主義信仰者的過程，突出“苦難的歷程”在這其中的關鍵作用。這兩部作品均具有很強的“自敘傳”色彩。主人公章永璘是勞改中的“右派”，被棄置嚴酷的生存境遇中，被迫遭受飢餓、性飢渴以及精神困頓等多方面的殘酷折磨。章永璘通過閱讀和思考馬克思主義著作，把自己的命運與國家的命運聯繫在一起，在理性之光的燭照下，超越個人的生存苦難；並且通過對自我的質疑、審判，導向淨化靈魂和超越自我，最終確立了馬克思主義信仰。這從某個側面表現出一個身處生存極端環境下的人，是如何從難以忍受的生活中存活下來的艱難人生過程。

《綠化樹》以第一人稱的敘事方式，講述六十年代初期“我”在兩次“勞動改造”之時，在一個陌生的農場短短兩三個月間的人生經歷。作品通過章永璘的一系列懺悔、內疚、自責、自省等內心活動的描寫，對飢餓、性飢渴和精神世界的困頓等問題進行了思考與解讀，展現了特定年代知識分子的苦難遭遇。小說寫得最為生動的地方，就是關於飢餓的描述。當時正值國內三年自然災害時期，中國土地上席捲着來勢兇猛的飢餓浪潮，當時人們的唯一目標就是千方百計地活下去。章永璘曾用廢罐頭盒盛稀飯，利用炊事員的視覺誤差，每次可以多得一些稀飯；他還趁着去鎮南堡趕集的時機，用在勞改農場慣用的狡黠辦法愚弄老農，用 3 斤土豆去換 5 斤黃蘿蔔。正當章永璘飢不可耐時，鄉民婦女馬纓花叫章永璘去她家幫着打爐子，並爽快地拿出白麵饃饃、土豆讓他吃，把他從飢餓的困境中解救出來。從這以後，馬纓花經常找藉口叫他，章永璘如約前往，照例是在忸怩中先飽餐一頓，吃完後聊天、唸詩、講故事。馬纓花也有過不幸的經歷，她並沒有多高的文化，但嚮往知識和追求美好的事物，她的關愛給章永麟的生命注入熱烈的活力和希望。小說以這種方式記述了特殊年代刻骨銘心的飢餓故事。

如果說《綠化樹》是通過“食”這個最基本的生理需求來揭示那個特定時代人們的生存困境，那麼《男人的一半是女人》則是通過“性”這個生命需求來暴露那個特定時代人們的精神閹割。章永璘在勞改期間，無意中在蘆葦叢中看到正在洗澡的黃香久，他們就這樣意外相識。八年後他們在另一個地方重新相遇，經人撮合成為夫婦。可是一年之後他們又分開了。在這個相遇又離異的故事中，關鍵之處是特定年代主人公的內心複雜活動。

愛情是小說的重要母題，因為它體現出人的天性，也蘊含着人的複雜性。柏拉圖在《文藝對話集．會飲篇》集中探討了愛情的問題。關於愛情的起源，按照阿里斯托芬的說法就是“男人的一半是女人”，這是由神和人的天性造成的。按照他的說法，人的形體原本是個圓團，體力和精力非常強壯，因而自高自大，乃至圖謀向神造反。宙斯為了懲處人的虛妄而削弱人的力量，把人截成兩半，一半是男人而另一半是女人。人被截成兩半後，這一半想念那一半，也就形成愛情的緣由。“就是像這樣，從很古的時代，人與人彼此相愛的情慾就種植在人心裏，它要恢復原始的整一狀態，把兩個人合成一個，醫好從前截開的人傷疼。”他勸說人們尋求愛情，“找到恰好和自己配合的愛人”，回歸到人的本來性格。[1] 在阿里斯托芬看來，愛情既不是為了獲取身體感官的快樂，也不是為了沿襲人類生命長鏈生生不息的需要，而是人為了重新實現由分而合的普遍潛在慾望的需求。張賢亮小說中的章永璘因為長年精神壓抑而成為一個“廢人”，是黃香久使他恢復被壓抑的生命慾求，重新成為一個男人，而且還讓他獲得家庭生活的溫馨。但是黃香久迫於生存壓力而不得不接受的外遇，讓章永璘體驗到生命的屈辱，毅然與她分手。更為重要的是，章永璘還有一種嚮往自由與實現自我價值的精神追求，這種精神慾求卻被這個女人囚禁，所以他認為黃香久不是他想尋找的“另一半”，決然離她而去。

在張賢亮的小說世界，飢餓的折磨與性的煎熬，對於那些被流放的“右派”知識分子來說，還只是生命掙扎的顯層次考驗，來自階級出身原罪感的精神痛苦，則是他們心靈扭曲的深層次壓抑。他們作為階級異己者只有在不斷地自我否定中才能符合主流政治的要求，無形之中套上精神桎錮。章永璘這個受難的知識分子在“靈”與“肉”的不斷搏鬥廝殺中，深刻領悟到只有在馬克思政治經濟學理論的基礎上，在善良寬厚的“荒原人”的拯救下，才能戰勝自我，超越苦難，救贖靈魂。張賢亮以細膩的筆觸勾勒出特定歷史時期受難知識分子豐富且複雜的精神世界。同時，小說還營造了一個充滿良知和生命力的民間底層世界。海喜喜、謝隊長、放牧員、汽車司機等底層勞動者，散發出樸實而高貴的人情美和人性美；而秀芝、馬纓花、黃香久等女性更是美麗多情，兼具妻性與母性，蘊含着極大的精神力量和道德力量。這些樸實、寬厚和善良的底層社會人物，支撐起一座碩大和溫情的人性網絡，庇護着政治風雨中的受難者。

張賢亮的知識分子反思小說，努力追求哲理性思辨和詩意美的有機融合。他筆下的主人公多為自省式的知識分子，對個人與歷史、自我與環境都有較為冷靜的思考，這使他的小說獲得了超出同時期作品的思想深度。詩意

1 〔德〕柏拉圖：《文藝對話集》，北京：人民文學出版社 1963 年版，第 240 頁。

美則表現為傷痕痛苦中的"缺陷美"、粗獷質樸的內心美和大西北邊陲的風情美。必須指出的是，張賢亮的小說多從個體的生存體驗汲取素材，"勞改"生涯成了揮之不去的題材牢籠；而且他的小說哲理思辨的追求有時過於直露和急切，存在理念大於形象的局限。儘管如此，他還是為當代中國文學貢獻了一幅苦難知識分子的形象譜系，以見證者的身份為二十世紀中國歷史留下一個無法磨滅的真實記憶。

二、王蒙："歸來"派知識分子的代表

王蒙，河北南皮人，生於北京。1948 年加入中國共產黨，1953 年開始文學創作，歷任《人民文學》主編、文化部部長、中國作協副主席等職。主要作品有長篇小說《青春萬歲》《活動變人形》《戀愛的季節》《失態的季節》《躊躇的季節》《狂歡的季節》《青狐》及大量中短篇小說和散文等。2015 年 8 月，王蒙的《這邊風景》獲得第九屆茅盾文學獎。

1956 年，王蒙以積極干預生活的《組織部新來的青年人》引起文壇關注，但隨後在 1957 年的"反右"運動中被錯劃為"右派"，1963 年去新疆工作改造，1978 年才重回北京。經過邊陲放逐而重返文壇後，王蒙以專注的姿態開始創作，並成為反思文學潮流的中堅人物，建構了"故國八千里，風雲三十年"的獨特文學時空。

王蒙曾是"少年布爾什維克"，青年時期的革命經歷給他留下的精神資源是多方面的，他的小說如《青春萬歲》《組織部新來的青年人》中的革命情結、政治意識和理想主義色彩特別顯著。對復出的王蒙來說，即使歷史曲折讓自己遭受政治打擊，也仍不能改變其"雖九死其猶未悔"的"少共"情懷，不能摧毀他對理想和信念的虔誠、對革命事業始終不渝的追求及為之獻身的熱望。受此影響，王蒙的反思小說成功地塑造了一批革命知識分子形象，如《布禮》中的鍾亦成、《蝴蝶》中的張思遠、《春之聲》中的岳之峰、《雜色》中的曹千里、《相見時難》中的翁式含、"季節"系列中的錢文等，他

們飽經坎坷、歷經滄桑但矢志不移，忠貞不二。從這些人物經歷中可概括出一條基本主綫：個體人生的沉重傷害—個體在建構新的自我認同過程中產生過惶惑感與迷失感—對理想信念的辯護堅守。通過對革命知識分子的命運沉浮來反思共和國的曲折歷史，是王蒙反思小說的一大重要內容，如《布禮》和《相見時難》。

王蒙反思小說中的革命知識分子"歸來"書寫，最為可貴的是剖析與拷問革命知識分子的思想靈魂與重構民族精神。如中篇小說《蝴蝶》，是一篇充滿反思力量的佳作，它在新中國政治動盪的歷史背景下，講述高級幹部張思遠三十年間的命運沉浮。他原是八路軍指導員，進城以後由軍管會副主任一直升到市委書記，職位一天比一天高，生活也一天比一天舒適，受時代極左觀念的影響，頭腦中的階級鬥爭的弦一天比一天繃得緊，而與人民的距離卻一天比一天遠。他是一貫的左派，一貫革別人的命，由人民的公僕漸漸異化成了人民的老爺。可是到了"文革"中，他卻被別人革了命。批鬥、捱打、低頭認罪、最後是進了監獄。這一切使他有恍若夢中之感，自己到底是低頭認罪、面目可憎的走資派，還是氣宇軒昂、神采飛揚、大權在握的張思遠，"也許是一場噩夢，一場差錯，是一次惡狠狠的玩笑"。對於這種戲劇般的人生變換，他有一種"莊周夢蝶"似的迷幻感和身份危機。

張思遠的愛情婚姻生活，也是把握他靈魂變化的重要方面。他與第一個妻子海雲由相識、相愛到離異的過程，也正是他從人民公僕轉化為人民老爺的過程。他的第二任妻子美蘭像一把無形的鉗子，把他拖進安樂享受的人生漩渦，他心安理得地享受豪華奢侈的生活，這使他與人民群眾的距離越來越遠了。海雲的自殺，美蘭的反目，也是他叩擊自己那變異靈魂的兩個重要因素。他反思了自己對海雲的死應負的責任以及對美蘭的錯誤選擇，使小說罩在一種強烈的反思意識的氛圍中。值得一提的是，這兩位女性在張思遠的生活中似乎成為一個政治文化符號。

當然，張思遠不是莊生，他終於找回了自己的魂。在張書記、張老頭、張副部長之間他發現一種聯繫，就是他與人民群眾緊密相連的"一座充滿光榮和陷阱的橋”。只有使這橋堅固而又暢通無阻，才能守住自己的心，守住這顆不再變異的靈魂。也就是說，張思遠最終的靈魂自審，是希望自己重新尋回加強黨與人民群眾的血肉聯繫這一個最寶貴的品質，傳遞共產黨人尋求真我的主旨。由此可見，小說還是在主流話語中追問革命知識分子人生變幻的最終緣由。其實，張思遠既是悲劇的承受者，也是悲劇的製造者或者參與者。他只是探尋自己的受難經歷與緣由，並沒有進一步思考他也曾參與的致使他人苦難的情境及其緣由。他作為一個手握權力的革命幹部，必須臣服整體性的權力體制，並形成權力意志的依附性和盲從心理，喪失自身的獨立精神與自由思想。這就是說，因為張思遠始終在主流話語之中尋找個體人生變幻的原因，這就使他的反思力度受到阻礙。

長篇小說《活動變人形》是一部深入民族文化心理深層的現實主義力作。小說主人公倪吾誠的心靈歷程，折射出二十世紀中國知識分子的心靈歷程。倪吾誠出生在河北省的一個叫孟官屯的窮鄉僻壤裏，他祖父參加過“公車上書”，維新失敗後上吊自殺。倪吾誠似乎繼承了祖父的思想，上小學時就迷戀上維新人士的文章，痛恨傳統文化，成為眾人眼中的怪物。在服從了母親和長輩給他安排的婚事後，他終於踏上了去往歐洲的路途，開始了嚮往以久的留洋生活。兩年後，倪吾誠帶着他眼中的歐洲文化歸國，在北平的一所大學任教。他試圖改變並重塑他的妻子和家庭，改變中國傳統文化中的劣根，但他最終一事無成，不但無法改變自己的妻子，反而使他的家庭成為一個爭論的場所。應該說，倪吾誠是嚮往西方現代文明的，他甚至真誠地支持革命，但是他真正企盼的還是現代文明和革命所帶來的理想生活：物質人生得到滿足，精神生活不受傳統道德約束。對於極其缺乏行動力的倪吾誠來說，留洋經歷和西式教育不僅沒有解救他和祖國，反而讓他看清了國家內外差距，從而陷入更大的痛苦中。他所誇誇其談的理論被他自己驗證了是荒唐的。每當被問及有關追求和革命的現實問題，倪吾誠的精神便麻木迷茫、無所適從。他與全家人的矛盾除了他自以為文明的優越感帶給其他人的不適，還集中在物質利益衝突和生活習俗上。他的苦痛、掙扎是因為他自以為是的智慧和能力沒有機會發揮出來，從而無法回報給他相當的物質享受。新中國後的倪吾誠雖然離了婚，但再婚也沒有給他帶來幸福。在一次次的政治運動中，他為了免受皮肉之苦，如小丑一樣歌功頌德。倪吾誠晚年寂寞，子女把與他交流視為恨事。

在《活動變人形》中，我們看到中國當代社會對待現代文明的態度。倪吾誠身邊的親人與親戚幾乎都是固守中國傳統文化的人，他們身上殘留着許多傳統文化的痼疾，對現代文明和西方文化秉持一種天然的反感和排斥。他們的行為舉止與價值觀念都趨向於封閉、保守的文化心態，與"活動變人形"這一文化符碼所指向的"變"的哲學精神背道而馳。因此，倪吾誠成為一種中西文化夾擊下的畸形兒或者"零餘者"。他認同的西方文明，不但沒有讓他改變家庭和社會，反而使他的生活充滿矛盾和痛苦，典型地表現出二十世紀中國知識分子在西方文明與傳統文明夾縫中生存的悲哀處境。

必須提及的是，王蒙不僅是中國當代社會的精神旅程的探索者，更是在藝術手法方面的求新者、求變者。在 1980 年前後，他相繼發表了《布禮》《夜的眼》《風箏飄帶》《蝴蝶》《春之聲》《海的夢》等一系列被稱為"集束手榴彈"的中短篇小說，率先借鑒運用西方意識流的創作手法，如自由聯想、內心獨白、夢境幻化等，選用象徵意味濃厚的意象，打破傳統小說的時空觀念，淡化故事情節，採取時空顛倒、心理時間的結構方式，極大地拓展了小說的表現空間。其中以《春之聲》為代表作，傳達出"春天的旋律"，表現了新時期的希望和轉機。稍後，王蒙的藝術探索進一步朝向"雜色"追求邁進，存在大量的王蒙式的調侃、幽默、誇張、反諷、狂歡，形成了他自己豐沛駁雜、奇崛多變的審美風範。值得注意的是，在王蒙的小說中，始終充溢着強烈而熾熱的"少共情懷"，加之王蒙半生多事，閱世極深，深諳世態人心，這些與傳統儒家文化的中庸思想、幽默豁達等精神人格因素相生共融，形成了王蒙獨特的倫理道德立場，這在一定程度上淡化了他對歷史的理性探尋，削弱了對歷史的反思力度。

總之，"歸來"派中的張賢亮和王蒙是新時期文學知識分子敘事的代表作家。張賢亮的知識分子敘事亮點在於，全面展現了新中國知識分子遭受冤屈後掙扎在底層社會的慘痛人生，他們既要經受食色這種最低人生需求匱乏的折磨，還要在馬列主義專著中尋求原罪的精神緣由。雖然他的創作並非有意審視這種生活的非人道狀況，但是那種獨特的自虐性的生存體驗，是其他沒有這種人生體驗的作家難以想像和虛構的，因而他的作品透露出極左社會極端的他虐性質。

王蒙的創作視野相較而言更為開闊，他的革命知識分子的變幻人生客觀呈現出新中國極左時代的特質，關於這種變幻人生的思考也具有一定深度。特別是他在文化視閾下的知識分子敘事，把現代知識分子放置在中西文化比較的框架中，而且置身於異常的家庭生活裏，更加顯現出現代中國社會轉型時期知識分子的尷尬人生。

然而，他們畢竟是“歸來”派，每當他們對於獨特人生經歷和社會人生進行思考和追問的時候，總是顯現出特定文化語境下他們思維向度的狹隘，對於政治話語的過度敏感。無論是他們對於主流話語或有意或無意的迎合還是迴避，都阻礙他們的反思朝着更有思想深度和批判力度的方向掘進。因而，他們的可貴之處在於展示自己親歷的非常人生的生命體驗，見證獨特的知識分子的非常際遇，局限則是缺乏體系的深刻反思和擁有啟迪性的批判力度。

小結

從現代新文學的開始到當代新時期文學的結束，大約七十餘年，其中經歷了兩個不同的社會體制，三個不同的歷史時期，現代中國知識分子依然在歷史轉型的長途中艱難跋涉。這裏通過選擇一些代表作家的作品進行分析，對這個時段的現代知識分子書寫進行了一個簡要的勾勒，並主要形成以下三個觀點：

其一，現代知識分子書寫，是從文學知識分子分析自我人格的矛盾開始的，這個矛盾的雙方是現代文化與傳統文化。應該說，這是外在新文化運動反對傳統文化的理念內化的結果。魯迅與郁達夫的小說，都表現出人格自我中的這對矛盾。儘管這對矛盾中傳統文化總是在現實社會中佔據優勢，但是創作主體明確倡導啟蒙理性。

然而，現代文化與傳統文化及其習俗的交替，遠遠沒有"五四"一代啟蒙者想像的那麼簡單。王蒙的《活動變人形》從後人的視角觀察上一代知識分子倪吾誠夾在中西文化的縫隙中掙扎，最終變成一個畸形人，從而表現出傳統文化頑強的生命力。錢鍾書的《圍城》則從多個角度講述現代知識分子的不堪，而且這種不堪的人生與他們自身的人性缺陷、文化局限和體制問題緊緊聯繫在一起。從現代知識分子對傳統文化和社會習俗的抗爭及其無奈中可以發現，中國現代化的歷程艱巨和漫長。

這裏必須指出的問題是文化與文明的關係。狹義的文化，是指人類創造的精神價值。《易・賁》曰："觀乎天文，以察時變；觀乎人文，以化成天下。"[1]這裏的"文化"是指以詩書禮樂教化社會。需要指出的是，中國文化傳統是在農業文明的歷史過程中形成。文化表現着一個民族的自我特色，是使民族之間表現出差異性的東西，因此沒有高低之分。文明則是"有組織的社會生活狀態"及其科技水平，表現着人類普遍的行為和成就，是使各個民族差異性逐漸減少的那些東西，因而文明有程度不同。換言之，"文化"使各個民族不一樣，"文明"使各個民族越來越接近。"文化"與傳統有關，它是特殊的；而"文明"與未來有關，它是普遍的。

由於文化與文明長久以來的相互影響和糾纏，令人不易釐清。不過，按照威廉斯的說法，十八世紀末期以來的"文明"一詞的背後，潛藏着啟蒙主義的一般精神，強調的是世俗、進步的人類自我發展。[2]從文化與文明的關係上講，魯迅"禮教吃人"的文化批判是將傳統文化置於歷史文明坐標上加以審視。雖然文化只有差異而沒有高下之分，但是文明則有程度不同。因此我們應該做的，是如何在普遍的文明和規則中，傳承獨特的文化和傳統。我認為，任何以文化傳統為理由抵制文明進步的說法都是不合理的，因為文化由人創造，而且它本身也是在歷史變換中承傳下來的，理應在現代社會進行創造性的自我轉換，融合現代文明社會。

其二，第二代知識分子書寫，也表現出現代知識分子的人格自我矛盾，但這個矛盾的雙方更多的是感性生命與理想人生的矛盾。丁玲的《莎菲女士的日記》表現了這種矛盾，但是創作主體因為理想人生的迷惘而感到自我認同危機，具有逃避自由的思想傾向。而後，楊沫的《青春之歌》則皈依集體主義康莊大道，結束了個人主義的自我追求，表現出從自我認同危機中走出的欣喜。

然而，現代知識分子從個人主義走向集體主義的道路，並非楊沫想像的那麼順暢。瞿秋白的《多餘的話》通過自剖的形式，表現自己走上革命道路

---

1 羅竹風主編：《漢語大詞典》（第一卷），上海：漢語大詞典出版社 1986 年版，第 1036 頁。

2 〔英〕雷蒙・威廉斯：《關鍵詞：文化與社會的詞彙》，第 47 頁。

而且成為政黨領袖，完全是個“歷史的誤會”，這一方面體現由一個傳統文人到一個無產階級革命戰士的任務艱巨性，另一方面也隱喻知識分子與社會革命的複雜關係。

其三，新中國知識分子書寫，則是從“歸來”作家開始的。張賢亮的系列中篇小說《唯物論者的啟示錄》，透露出遭受冤屈的知識分子極其苦難的生存狀態和精神狀態；王蒙關於革命知識分子的罹難變故及其思考，從某個角度反思革命幹部的不幸人生及其緣由。應該說，他們的知識分子書寫，真實地記述了新中國知識分子的苦難命運，但反思的深度和力度都受制於時代，缺乏超越性。其實，新中國的知識分子更多的是以這個社會群體的文化程度命名的，它本身是一個缺乏社會體制和思想文化庇護的社會群體，即使把它作為一個社會群體，他們的人生和命運在相當長的一個歷史時期也是較為坎坷的。

這一章我選擇了一些較有代表性的作家作品，對二十世紀現代知識分子書寫進行了一個較為全面的勾勒，為我們進一步觀察新世紀的這個社會群體做了一個鋪墊。其實，從某種意義上講，九十年代後的知識分子書寫，也在繼續講述現代化過程中中國知識分子群體的人生故事，繼續思考他們的生存情況和精神特質。

第三章

惶惑人生中的知識分子

從上世紀九十年代初期開始，中國再次掀起了以市場經濟為標誌的現代化改革浪潮，社會出現了巨大的變化。當下要對這場以市場經濟為中心的社會改革進行全面評價，似乎還為時過早。不過，其中有一點是可以肯定的，這就是市場經濟的興起，使當代精英文學迅速走向社會邊緣，而且隨着中國社會的急劇變化，知識分子敘事出現了新質生產力。一方面是以何頓、丘華棟、韓東等為代表的底層知識分子書寫，生動表現出市場經濟的興起與底層知識分子的窘迫和躁動；另一方面是從賈平凹到閻真的體制知識分子書寫，深刻表現出作為成功人士知識分子的無奈與掙扎。新世紀的格非和許春樵等，則在描述底層知識分子艱難人生的同時，思考知識分子道義和最後良知。

與此同時，女性文學異軍突起，以陳染、林白等為代表的 60 後女性主義作家將敘事目光轉向女性自身，而且將筆觸深入個體的內在世界，似乎沉溺於私人敘事，獨自聆聽來自生命深處的訴求。以衛慧和棉棉為代表的 70 後女性主義作家則告別激進的抗爭，掉頭轉向從世俗生活世界，在我行我素的自由選擇中喃喃自語。不過，新世紀以潘向黎等為代表的女性作家，開始從“我”與他者的關係上審視自我，還原出生活世界中知識女性的豐富自我。這些個性迥異的女性話語中最大公約數，就是集體地疏離宏大敘事，掙脫關於知識分子身份認同的集體幻象的束縛，具有比較明顯的斷裂特質。

第一節

惶惑人生中的知識分子

一、慾望人生中的成功人士

上世紀九十年代以來，中國社會的現代化進程伴隨着市場經濟的轉型明顯加速，其中一個顯著的跡象就是現代都市迅速膨脹。新世紀中國的現代都市像磁鐵一樣吸引着來自四面八方的各行精英，因而新世紀知識分子的形象譜系，基本鑲嵌在現代都市的背景上。

現代都市知識分子的浮出海面，讓九十年代以來的知識分子形象與八十年代的大相徑庭。八十年代尚是個充滿樂觀主義的新啟蒙時代，城市作為進步社會的文明象徵，寄託着國人夢寐以求的現代化願景。當時人們還不曾意識到，啟蒙現代性所強調的科學理性和技術力量，實質上是人類控制自然、獲取財富的有力手段。也就是說，人類促進城市繁榮的內在隱秘動力，原本就混雜着人類貪慾的本性，而且這種貪慾一旦逸出所羅門的魔瓶，便輕易地沖決傳統文化多年來苦心經營的道德精神堤壩，就連一向被視為社會精英的知識分子也難以自持。現代知識分子面對洶湧的經濟大潮，顯然來不及做出應有的理性心理反應，因而顯得惶惑不安。

當然，真正具有當代文學史斷代特質的知識分子形象，還是九十年代從賈平凹的《廢都》裏反映出來的。這部長篇小說以歷史文化悠久的古都西安為當代社會的背景，記敘“閒散文人”作家莊之蝶、書法家龔靖元、畫家汪希眠以及藝術家阮知非“四大名人”的現實人生，以濃縮的方式表現出西京城市形形色色的“廢都”生活景觀。小說以莊之蝶與幾位女性的情感糾葛為情節主綫，穿插敘述他與阮知非等諸位文化名士的交往，筆墨濃淡相宜。在諸多女性中，唐宛兒、柳月和牛月清為小說着墨最多也最為主人公傾心的鮮明人物。在這些充滿靈性、情感豐富而且具有古典悲劇色彩的人物身上，體現出作者獨特的審美理想。這部長篇小說於 1993 年問世，因為它的性愛描寫與民間歌謠大膽到驚世駭俗的程度，還有以方格子替代被刪除文字的文化效應，均給當代文壇和當代社會製造了一個驚奇。這時社會彷彿發覺，這個以“文化尋根”作品蜚聲文壇的純文學作家，原本也是一個吸食人間煙火的俗人。

起初，“《廢都》熱”體現在商業性炒作上，其露骨的性描寫與政治性的民間歌謠雖然遭受主流話語的嚴肅抨擊，卻投合大眾文化市場的需求，一時竟有洛陽紙貴之勢。批評界也做出強烈反應，一時評論如潮，褒貶不一。但是，當時的評論大多受制於慣性的道德思維方式，迄今為止我們還是低估了這部小說的文學史意義。李建軍認為，《廢都》的出現，“標誌着知識與權力的臨時同盟的終結，標誌着在寫作領域娛樂道德觀開始取代行善道德觀，標誌着利己的私有形態寫作開始取代利社會化寫作，標誌着理性、道德、責任和良知的全面崩潰，標誌着服從市場指令的寫作傾向和出版風氣的形成”。[1] 雖然我不太同意李建軍對《廢都》的嚴苛批評，因為他對這部小說的文學史意義的認定不夠準確，但是作為道德維度的文化批評，他的觀點在當時還是具有一定代表性的。

關於《廢都》的爭鳴主要來自對文本理解的歧義上。這部小說深入當代生活的一個不可迴避的切入口是性愛，而就在這個敘事的切入口上，我們可以聽到兩種批判的聲音：一種批判是晚生代批評家對莊之蝶迷戀女性的呵斥。晚生代批評從《廢都》中看到庸俗的鴛鴦蝴蝶派的主題與敘事圈套，及

1 李建軍：〈私有形態的反文化寫作——評《廢都》〉，載李斌、程桂婷編著：《賈平凹創作問題批判》，長沙：湖南大學出版社 2015 年版，第 285 頁。

其隱含的商業文化的消費性。當然，還有女性主義批評家從莊之蝶玩弄女性之中發現的賈平凹的男性文化情結。另一種批判則是針對莊之蝶同代人對《廢都》的感傷撫摸式的默許。恰如曠辛年所說，在莊之蝶同代人的撫摸性閱讀中，“深刻體味到性愛死結後面強烈的挫折感、失敗感、末世感和沒落感，一種綿綿無盡的哀傷慘痛，在淋漓盡致的爛熟的肉慾鋪陳後面隱含的精神頹敗的命運感”。[1]

《廢都》創作上的缺陷和思想文化上的困惑是顯而易見的。所謂創作上的缺陷，是指小說把作為西京四大文化名人的代表人物莊之蝶的壓抑和放縱的心理卑瑣史，放置在文化潰敗的現實情境中進行誇張地表現。這表明賈平凹明確感受和體驗到，曾經以文化英雄自命的一代知識分子，在特定的歷史情境中難以承受刻苦銘心的人生失重與生命空虛。然而，賈平凹在展示莊之蝶們的文化心態時，無法將這種形而上的存在思考有機地融入藝術世界。他知道，文化知識分子性愛觀念的變化是個表現的焦點，但在如何表現上面卻出現問題。他如此沉溺在現代版本《金瓶梅》的刻意模仿之中，根本沒有達到戲仿的高度，以致人們感覺到他有一種把玩和放縱的輕浮。因此讀者有理由把《廢都》看成是一部庸俗的多角戀愛小說，事實上它在大眾文化市場的暢銷，也指證了這一點。

當然，創作上的缺陷與他思想上的困惑是分不開的。賈平凹敏感地體驗到世道變化，這是沒有錯的，但如何從理性上思考這種斷代性的變化確實是存在問題的，他並沒有從思想哲學的高度充分理解莊之蝶這樣的文化知識分子的人生變化及其精神失態。米蘭・昆德拉說過：“我有這種感覺，一個肉體之愛的場景產生出一道強光，它突然揭示人物的本質並概括他們的生活境況⋯⋯情慾場景是一個焦點，其中凝聚着故事所有的主題，置下它最深奧的秘密。”[2] 我們可以說，賈平凹抓住了這個時代的情慾焦點，卻沒有洞悉其

---

1 曠辛年：〈從《廢都》到《白夜》〉，《小說評論》1996 年第 1 期。

2 艾曉明編譯：《小說的智慧：認識米蘭・昆德拉》，吉林：時代文藝出版社 1992 年版，第 145 頁。

中“最深奧的秘密”，更沒有從社會歷史的維度去審視這個深奧的秘密。

其實，莊之蝶既企圖在久受禁錮的慾望中放縱逃遁，又想在其中進行自我確證。他不斷地追求女性，以致女性反而成了次要對象，而追求慾望的過程似乎成為他生命的重要行為，因而饕餮秀色的性愛追求，便成為他無意義存在的全部生命意義。其實，在經歷了和多個女人的歡愛之後，莊之蝶並沒有太多的人生快樂與內心滿足，生活對他來講依舊沉重如初，絲毫不見輕鬆半點。繁複多樣的性生活沒有充實他百無聊賴的人生，反而是愈來愈走向空寂，最終也是無家可歸。這就是說，莊之蝶的情慾放縱，包含了深刻的知識分子生存形態的變異和個體人生的存在問題，但是，賈平凹並沒有從知識分子存在的思路上去探索這種放縱的情慾，而是從反城市文化、反現代文明和反理性的角度去理解莊之蝶的沉淪。小說中那頭會思考的奶牛，就是隱含作者的立言：“我寧願在山地裏餓死，或者寧願讓可怕的牛虻叮死，我不願再在這裏，這城市不是牛能呆的！”這種鄉村保守主義的聲音，我們並不陌生，從廢名、沈從文、汪曾祺到賈平凹，對宗法田園生活的詩意美化和對現代都市的本能厭惡，是一條現代化過程中的保守主義文化傳統貫穿始終。可是，用這種鄉村情結和都市批判來拯救在歷史轉型時期，文化失敗的知識分子莊之蝶們，恐怕只是表達思想文化困惑的一種方式，並不能解決這種歷史情境中知識分子的思想文化問題。

儘管如此，我們還是應該看到，《廢都》畢竟是為特定的歷史轉型社會塑造了一個精神頹敗的文化標本，留下一種意味深長的歷史警醒。在《廢都》的藝術世界，令人觸目驚心的是迷狂年代知識分子的信仰危機和道德失範，他們輕易拆除了個體靈魂中人格精神的防綫，在精神惶惑中放縱個體的各種慾望，毫無羞恥地加入生命狂歡的行列，以身體愉悅來掩飾自身的精神惶惑。特別值得注意是，莊之蝶是歷史轉型時期最初的都市知識分子的頹敗形象，因而他的自我放縱及其生命虛無具有當代文學史意義。

閻真的《滄浪之水》（2001 年）可謂新世紀知識分子書寫的開篇之作，它敘述了一個技術知識分子的官場沉浮，表現在圍繞着權力和金錢軸心運轉的世界中一個知識分子從堅守道義到精神惶惑和逐漸墮落的過程。主人公池大為的父親，當年因仗義執言地替同事講了幾句公道話被劃為“右派”，還被趕出了縣中醫院，帶着家人來到一個小山村，當了一個鄉村醫生。20 年後他看到兒子的大學錄取通知書，吼了一聲“蒼天有眼”就一頭栽在地上。1985 年池大為研究生畢業，回到省衛生廳辦公室工作。最初他也是一個鄙視社會腐敗的知識分子，為此屢屢吃虧。衛生廳裏要整頓省內的中藥市場，派池大為去衛生廳廳長的家鄉吳山地區調查，那裏假藥氾濫，他調查回來後不顧老同事的勸阻，還是向藥政處彙報了真實情況。在一次支部民主生活會上，他還批評廳裏花 30 萬買一部進口轎車。於是，他被調離省衛生廳辦公室，被打發到清閒的中醫學會工作，成為一個現代隱士。他為自己的人生理想付出了沉重的生活代價，女朋友也斷然與他分手。

池大為心懷在社會實現自我價值的人生慾求，卻被閒置在中醫學會，一待就是四五年。個體的清貧人生還可以承受，可是家庭也跟着受累就難以接受了。他妻子的單位離家較遠，早出晚歸，可就是調動不了；兒子三歲該上幼兒園了，本想進省政府幼兒園，可他想盡了辦法進不去。這時，他的同事晏之鶴的話開始進入他心中：

> 你剛從學校畢業，血性未涼，書生意氣，反過來說是教條主義嚴重，守着幾條原則以為那是真的。殊不知人間真實從來不從原則出發，利害才是真的，原則只是一種裝飾，一種說法。這樣都幾千幾萬年了，不會因誰而改變。[1]

機會總是存在的。在一次單位的權力鬥爭中，他聽從晏之鶴的勸告，投靠了馬廳長。於是他晉升了副高職稱，通過了博士考試，調到醫政處當副處長，房子也換成套間了，妻子的工作也調動了，甚至破格晉升為主治醫生。

---

1 閻真：《滄浪之水》，北京：人民文學出版社 2001 年版，第 103 頁。

人生變化教訓了他，他開始告別人生理想，學會同流合污。後來由馬廳長推薦，他被任命為副廳長、廳長，從此行走在灰色地帶，腰纏萬貫。小說的結尾，寫他給父親上墳，他燒掉了父親遺留給他的《中國歷代文化名人素描》，並與死去的父親對話：

> 你相信人性的善良，相信時間的公正，把信念和原則置於生命之上。你對世界的理解有着浪漫的崇高，而沒有現實的庸人氣息。我理解你以知其不可為而為之的姿態，那樣從容不迫地走了犧牲的道路，甚至不去細想這種犧牲的意義……而我，你的兒子，卻在大勢所趨別無選擇的口實之中，隨波逐流地走上了另一條道路，那裏有鮮花，有掌聲，有虛擬的尊嚴和真實的利益。於是我失去了信念，放棄了堅守，成為一個被迫的虛無主義者。我的心中也有隱痛，用灑脫掩飾起來的隱痛，無法與別人交流的隱痛，這是一個時代的苦悶。請原諒我沒有力量拒絕，兒子是俗骨凡胎，也不可能以下地獄的決心去追求那些被時間規定了不可能的東西。[1]

這裏，我拘文牽俗地大量引用了池大為的內心獨白，是因為這個形象是個技術知識分子，有着豐富的內心活動，因而小說中的他總是在為一已的利益追求自我辯解，為個人的獲取提供行為的合理性和合法性。從表層上說，他是在嚴酷的生活逼迫與炫目的權力誘惑下逐步喪失自我的，他的內心獨白是一個清高的純粹學者蛻變為成功的官員學者，提供一種世俗化的所謂合理的邏輯。但是從深層說，它實質上表明，在一個外在環境混濁不清和虛無主義盛行的年代，內心惶惑的知識分子最終難以自持，很容易蛻變為權力和金錢的崇拜者。因此他的所有內心獨白，都是對自己的妥協和同流合污進行自我辯解，也是自我道德人格堤壩的潰決。

---

1 同上，第 522 頁。

值得深思的是，社會權力的詭異之處在於它的隱形特質，你可以在日常生活中明確感覺到它的無處不在，而且法力無邊，但在陽光之下似乎又無跡可尋。這倒不是說權力不可認知與言說，而是說它自有一種潛規則，不宜放在陽光下來認知和言說。因此小說沒有將敘述視角投射在外在環境上，而是置於池大為的內心世界，深入剖析一個純潔靈魂逐漸墮落的內在緣由：殘酷的現實生活逼迫他向權力退讓妥協，而一旦享受到權力的益處，便像上癮一樣企圖攫取更大的權力；而且越是泯滅自我，越是擁有更大的權力。

這部小說還揭示出“叢林法則”從市場領域延伸到知識領域，乃至漫延全社會的“自然合理”的邏輯。不過，小說盡量簡化人物的複雜個性，把人物性格和命運限定在行為主義和環境決定論的範圍，一些像池大為這樣的知識分子為了擺脫清貧壓抑的人生困境，維繫個人與社會的有機聯繫，不得不屈服於世俗的市場和體制。創作主體有意渲染世俗功利的支配力，擱置可能的生活意義和價值向度，因而知識分子在生存重壓和社會失序下，不僅棄置終極關懷，而且從根本上喪失了理性意識和道德反思能力。

從《廢都》和《滄浪之水》中我們可以發現，九十年代以來知識分子的成功人士形象的深層惶惑，在於他們並不認為世俗社會頂禮膜拜的金錢、權力和美女具有終極性的價值意義，但卻分明感覺到它們在現實世界擁有宰制社會及其人際關係，甚至操縱人的一切行為動機的巨大魔力。在銅牆鐵壁一般的世俗社會面前，這些成功人士面對種種功利人生的誘惑深感個人的無力和無奈，只能在濁世紅塵中隨波逐流甚至同流合污。因此我認為，這是一種人格分裂式的惶惑：突如其來的市場經濟喚醒了他們的個體生命意識，他們開始認同世俗社會的功利人生，並對以往的相對貧困和體制束縛感到難以忍受；可是為了滿足世俗人生的生命慾望和利益需求，又不得不放棄自己的人生理想和正義信念，因為轉型時期的現代社會畢竟沒有建構起法制化的有序市場與公平化的競爭機制。於是，他們面對變動的現實採取了相應的自我調整方式，對於失序的社會給予不認同的無奈接受；面對明知不合理的社會現象，為了一己利益也給予不認同的忍受。

二、慾望人生中的底層知識分子

現代社會的功利主義特質，在九十年代初期中國社會市場經濟轉型之初便暴露無遺。最初揭示現代功利主義內在貪慾動力與巨大引誘的，是那些表現在金錢與權力漩渦中浮沉的底層知識分子人物形象。所謂底層知識分子，是指這些人物並不像上面論及的莊之蝶、池大為等文化名人或者成功人士，而是社會階層中的普通人物，如中小學的普通教師、大學畢業不久的普通公務員等。何頓、丘華棟等人九十年代的作品，多表現這類底層知識分子，並且憑據較為粗礪的寫實文風震驚文壇。他們的作品多以逼近社會本相的寫實方式，真實呈現市場經濟原始積累時期的粗鄙現實，揭示赤裸裸的功利主義對於底層知識分子內心產生的炫目誘惑。

何頓，湖南作家，1977 年插隊務農，1983 年在湖南師範大學美術系畢業後，在中學擔任過美術教師，還從事過裝修工作，現為長沙市文聯創作室專業作家。他在《收穫》1993 年第 1 期上發表中篇小說《生活無罪》後，引起批評界的關注，以後他接連發表中篇小說《我不想事》《弟弟你好》《無所謂》《太陽很好》等，以及長篇小說《就這麼回事》《我們像葵花》《荒原上的陽光》《喜馬拉雅山》等。他立足湖南本土，以在場的姿態貼近現實人生與人性本相，以粗礪的寫實敘事展現堅硬的社會現實；汲取地域性語言進行個性化敘事，提升生活經驗的美感，從而由地域抵達整體，被評論界視為“新生代”和“新現實主義”的代表作家之一。應該說，他的小說是市場轉型時期都市生活的一面精彩的人生鏡子，真實而生動地映現出商業社會的慾望人生，也典型表現出九十年代底層知識分子的人生迷失。

中篇小說《告別自己》描述的是長沙郊區 H 中學教師群體的生活狀態，是九十年代底層知識分子的真實人生寫照。小說從主人公雷鐵帶領大家吃碩鼠開始。這隻碩老鼠顯然具有象徵意義，因為它們嚴重侵擾教師們的日常生活，攪得學校不得安寧。接着，便寫雷鐵和妻子歐陽懿的困頓人生：一方面是清貧的生活。雷鐵和歐陽懿是人到中年的中學教師，但是他們窮得連一台彩色電視機都買不起。雷鐵希望通過畫連環畫的兼職來補貼生活，但他畫了一年的作品卻無法出版。另一方面則是毫無尊嚴的職業人生。雷鐵到了評職稱的年限，但因為他不會巴結領導，又在輔科任教，始終不能晉升中教一級，就連他的妻子都瞧不起他。他們夫婦都無法在自己的教師崗位上獲得職業尊嚴與精神滿足。因此，他們的現實人生中承受着經濟和精神的雙重壓力，青年時期的浪漫和理想被貧困而封閉的現實徹底摧毀，生活在一種無望的焦慮狀態。最後歐陽懿經不起舊日老友的誘惑，打胎後獨自去深圳學校任教。雷鐵也別無選擇地"告別自己"，結束這種窩囊的人生現狀。他辭職南下，去廣州畫行從事商業創作，"他大步邁到大街上時，他覺得他一頭扎進滔天惡浪的茫茫大海"。[1]

九十年代大量底層知識分子離開體制社會，在市場社會上重新尋找自己的人生方向，雷鐵就是其中的一個。從雷鐵的離開過程可以發現，他們的出走固然是自願的，因為他們生活在毫無尊嚴的清貧人生之中，並被一種僵硬的體制緊緊束縛，而且在清貧和束縛中看不到任何理想人生的希望。但是，他們並沒有從這種自願的決絕中獲得如釋重負的感覺，而是帶着忐忑不安的心情走向茫然的遠方，因為那是他們並不熟悉的天地。

中篇小說《無所謂》則以悲劇性的敘事方式，講述經濟轉型時代一個底層知識分子不斷掙扎又不斷失敗，最後死於非命的悲哀人生。主人公李建國在大學時代就熱衷鑽研尼采等西方哲學家的著作，並顯現出特有的寬廣胸懷和博學多才，是個視野開闊、為人謙和、品學兼優的學生幹部，獲得所有同學的由衷敬佩。然而，他也是一個生不逢時的悲劇人物，因為他身置一個根本不屬於他的社會急劇轉型時代，金錢和權力才是這個時代的主宰，為此他不斷退卻，調整自己以適應這個時代，一直退到無處可退的境地。

首先是大學畢業後，他被分配到一所邊遠地區的大學從事音樂教育工作，他很樂意地接受了這個分配，想"利用大學的時間，做些自己的思

1 何頓：《太陽很好》，北京：中國華僑出版社 1996 年版，第 334 頁。

考”。然而，不久他就後悔了，他工作的地方不僅交通閉塞而且排外，“這裏的人都有點自私自利，而且有點同外地來的人過不去。不過只是個系主任，就可以儼然人模狗樣的”。[1] 這時他才理解到，人活在這個世界就是受苦的；而且開始懷疑自己學錯了專業，認為音樂在這個社會是沒有意義的。特別是長沙的家庭有了孩子後，他不能忍受獨身在外的境況，積極尋找工作調動的機會。

其次，無權無勢的李建國想回城裏當一個普通的音樂編輯或者媒體記者也未能如願，只能屈尊去一所中學當個無所作為的音樂教師。他不但要承擔繁重的教學工作，還得無條件地服從許多毫無道理的條條框框的管束。由於他公然表達自己對學校管理的意見，被學校領導視為“不識好歹忘恩負義的對象”，成為學校中的邊緣人物，無論他多麼認真努力地工作，學校領導就是不讓他晉升職稱。他在忍無可忍的情景下與領導發生爭吵，並且動了手，被公安拘留。當他被公安帶走的時候，“李建國在眾目睽睽下感到羞愧，感到自己不過是一隻任人宰割的可憐蟲，感到學校對待他太惡毒”。[2]

之後，對學校徹底絕望的李建國無臉再回學校，只好下海到昔日他瞧不起的大學同學手下做個打工仔。儘管他看不慣濁浪滔天的商海，也隨波逐流地跟着混，但正如他妻子所說，他實在無法放下一個知識分子的自尊心，終於跟老闆分了手。

最後，他成了一個農貿市場上賣魚的個體戶。在市場上，他往日的同事見到他居然像不認識一樣走過去，他完全可以想像同事內心對他的不屑一顧。他畢竟原本是個教師，一個有文化的人混跡販夫走卒和引車賣漿之流，他的內心經過多少次的自我搏鬥才能挺下來呢。最終，他因為在農貿市場勸阻他人爭吵，卻被他人誤殺，死於非命。

李建國的人生不斷退卻，終於退到無處可退之處，而且最終認同人生

---

1 同上，第16頁。

2 同上，第71頁。

“無所謂”的態度；他的存在無所謂，他的死亡同樣無所謂，這就是一個知識分子在這個經濟轉型時代的命運悲劇。李建國的死亡顯然具有象徵意義，它標誌着像李建國這樣通過個人專業進取來改變自己命運和實現個人價值的人，已經與這個時代格格不入。經濟轉型的世俗社會，崇拜金錢和權力，以讀書鑽研為標誌的人生價值毫無用途，越是沉迷文化價值並以此作為實現個體人生理想的人，在這個社會越是無用，因此與昔日的同學比較，李建國是混得最差的一個。當然，也許有人會說，九十年代市場轉型時期的社會無序和文化粗鄙現象，類似西方社會的原始資本積累時期，是件難以避免的歷史性現象，隨着社會經濟的穩定發展和社會秩序的重新建構，文化價值就會重新受到社會的關注。但是，歷史是可以等待的，而個體生命則可能在等待中消耗了自己最珍貴的東西，李建國這一代知識分子可能就在這種等待中喪失了最佳的生命季節和最美好的人生冀盼。

九十年代何頓小說的價值，就在於真實描述了中國市場化轉型時期的底層知識分子，特別是那些原本在中等學校擔任輔科教學教師的生存狀況和精神惶惑。教師，在具有悠久文化歷史的中國，原本是個值得社會尊重的職業，可是在一個急劇轉型的現代社會，卻陷入生活清貧和體制束縛的雙重困境，而且身處困境還看不到任何解脫的理想曙光。當然，何頓的小說還注視着資本原始積累時期商海膨脹的慾望與無規則的競爭，以在場的姿態赤裸裸地還原人性的殘酷無情。這種真實而粗礪的現實圖景令人觸目驚心。

丘華棟是九十年代經濟轉型時期另一位直面現實人生的“晚生代”的代表作家。他中學時期就開始文學創作，1992 年武漢大學中文系畢業後被分配至北京工作，在《中華工商時報》任職，一直勤勉寫作，曾任《人民文學》副主編。迄今他已出版長篇小說《夜晚的諾言》《白晝的消息》《正午的供詞》《刺客行》《教授》等，中短篇小說集《哭泣遊戲》《都市新人類》《黑暗河流上的閃光》《把我捆住》等，詩集《岩石與花朵》、隨筆集《私人筆記本》《城市漫步》等。他用獨立的眼光和個體性的話語，真實書寫個人的生活感悟，客觀描述今天我們生活着的社會。特別擅長表現當下城市人生活的複雜性，展示當代都市生活的真相以及他們的精神狀態。

他的中篇小說《環境戲劇人》講述了都市人“尋找”的故事。戲劇學院的學生胡克和龍天米因一起排演戲劇而相戀，他們相約畢業後同演環境戲劇《回到愛達荷》，但畢業後龍天米卻神秘失蹤。為了承諾也為了愛情，胡克踏上尋找龍天米之旅，他先後找了龍天米的五位情人與兩個朋友，瞭解到龍天米生活的各個方面。他知道懷孕的龍天米正在尋找孩子的父親，卻遭到情人的否認。最終他找到龍天米，但她已經自殺。悲傷的胡克突然意識到，自己的尋找就是在上演《回到愛達荷》，而龍天米的自殺意味着“回到愛達荷”理想的覆滅，胡克永遠無法同她一起回到精神的家園。

環境戲劇與傳統戲劇不同，它不是在一個封閉的空間裏演出編制好的劇本，而是讓戲劇從單一空間走向多空間，由固定空間走向流動空間，並讓觀眾更多地參與到戲劇活動中來的一種戲劇嘗試。它是二十世紀以來先鋒戲劇反對常規演出方式和戲劇空間的必然結果，因為面對電子媒體日益嚴重的挑戰，戲劇家日益意識到戲劇的本質在於它是由演員和觀眾共同參與的活動，因而環境戲劇要求盡量消除演員與觀眾之間的界限。丘華棟借用“環境戲劇”命名小說，就是表明城市就是個人生大舞台，而城市中的人則是這個舞台上的演員。“愛達荷”是美國的一個農業州，學生時代的胡克和龍天米嚮往演出《回到愛達荷》，就是嚮往一種返璞歸真的人生理想，它在小說中則象徵精神家園。他們畢業走進社會後，很快融入都市社會的慾望漩渦，放棄了學生時代的精神家園。

坦率地說，這篇小說真正吸引我的，並不是關於理想絕望的隱喻，而是小說本身的敘事文本。小說以胡克的名義進行第一人稱敘事，“我”是個環境戲劇人，在尋找龍天米的過程中遭遇城市中的各類人物，聽到種種奇特的事情，感觸甚多。他多少還有一些理想主義和浪漫主義的情懷，正如小說中所說：

> 我曾經非常喜愛張承志，可後來，我發現我們這一代與他有很多不

同的，儘管他好像被很多人看作一個聖徒，可我仍要去“大阪”和“金牧場”看看，看看那裏還剩下多少能讓我們這一代人撿回來的東西。我們原來就是懷疑一切的。[1]

這就是說，胡克的精神情懷是用審美浪漫主義和道德理想主義澆灌出來的。雖然他始終懷念這種情懷，但這種情懷能夠抵禦現代都市洶湧的慾望潮流的嗎？小說通過他的眼睛看北京：

我看見有很多漂亮的私家車沿着一幢幢歐式的公寓樓一字兒排開，渾身閃耀着這個時代銅臭氣十足的光芒，那麼幽暗而又令人傷心。遠處，國際飯店、鴻基大廈和其他高樓直逼我的視綫，讓我有一種推倒積木似的強烈願望想推倒它們，因為它們給了我一種十分壓抑的感覺。我現在仍然感到這座帶給我激情和夢想的城市是如此的陌生。[2]

胡克為什麼對這座給予他人生夢想的都市充滿提防和怨恨？因為在這個富麗堂皇的碩大城市中，他感覺自己卑微得像一粒漂浮在城市上空的灰塵，具有一種強烈的失落感和茫然無助的感覺。而且，自己只是這個巨大慾望器官上的一個細胞，附着在它的身上，早晚會被修改和毀壞，龍天米不就是被它吞噬的嗎？進入了現代城市，我們就難以回歸“愛達荷”，因而產生一種這種難以言狀的惶惑和焦慮。

應該說，丘華棟對於現代都市慾望化的批判是明確的。小說《生活之惡》中的眉寧，是個大學畢業的現代女性，她的男友尚西林是個收入頗低的公務員，陪她逛商場也只能是看看，而無錢替她購買心儀的大衣，在現代都市到了談婚論嫁的時期還無棲身之所。在慾望的驅使下，眉寧終於投身於富

1 丘華棟：《把我捆住》，北京：中國華僑出版社 1996 年版，第 122–123 頁。

2 同上，第 107 頁。

商羅東，因為他可以輕而易舉地幫她實現物質追求的慾望，因而她用自己的身體換來了一套三室一廳的住房。慾望的滿足激發她產生更多的慾望，最終她成為一個高級妓女。在眉寧慾望追求面前，小公務員尚西林感覺到一種難言的自卑和壓力，而富商羅東卻志得意滿地體驗到人生的快感。在這篇小說裏，丘華棟遵從生活的邏輯寫作，批判眉寧慾望化的人生追求方式，因而精神惶惑較少而激憤因素更多。

韓東也是九十年代經濟轉型時期著名的“晚生代”代表作家，但他是從詩歌創作轉向小說創作。也許是由詩人到小說家的緣由，他的小說給予讀者一種新的閱讀視野。韓東的知識分子小說，越過城市華麗的物質表象，深切關注城市知識分子的卑微人生和受壓抑的人性。不過，他發掘出來的結果，卻是令人詫異的人性扭曲和靈魂卑瑣。《西安故事》中的老荒，是敘事者“我”在大雁塔腳下一所大學教書時的同事，他們一同生活在一種清貧而壓抑的生活困境裏面。老荒為了證實自己可憐的存在總是說謊，特別是他的因愛生恨和自暴自棄，既損害了他人也傷害了自己。他曾經追求過的一位女友劉吉重新回校考研究生，老荒對“我”說一定要幫助她考取。但是，“劉吉最終沒能考上研究生。原因是政審不合格，有人寫了人民來信，反映她的生活作風問題⋯⋯研究生沒有考上，原單位也待不下去了，於是劉吉和一個要離開當地的男人結了婚，她以妻子的身份隨他回到了他的故鄉”。[1] 劉吉這位漂亮姑娘的命運，就是因為一封不實的匿名信而發生了改變。

然而，誰都沒有想到，撰寫匿名信的告密者，竟然是公開表明要幫助她的老荒，因為他追求不到劉吉，又不甘心於自己的失敗人生，於是以損害他人幸福的方式，來發泄心中的壓抑。這就是說，平凡知識分子外在生活世界的平庸與失敗，很有可能反轉地指向自己的內心和人性，成為玷污與戕害自身靈魂和人性的隱性殺手。祛除了知識分子神聖光環的個人，原本也是這麼一個脆弱的生物！苦難原本是悲劇的緣由，而以前我們一直在讚頌苦難。宏

1　韓東：《樹杈間的月亮》，北京：作家出版社 1995 年版，第 59–60 頁。

大敘事認為，苦難是勝利的代價，對於個體來說，只有經歷過苦難的人才知道生活的幸福，才有堅強的生活意志。但是，我們應該承認，對於個體來說，遭遇苦難是不幸的。如果苦難超出個人的承受能力，那麼它會向內壓抑人性，殘害個體人格。

儘管韓東這種從集體意志中剝離出來的個體沉思默想，帶有難以言表的精神迷茫，就像在大海中漂泊的生命之舟。但是我們必須承認，正是從他們的寫作開始，當代中國文學開始集體告別宏大敘事。體現在知識分子書寫上，則是相對地掙脫了關於知識分子身份認同的集體幻象的束縛，因而具有比較明顯的斷代特質。

當然，對於這個污濁年代底層知識分子的無奈與掙扎，進行深刻表現與痛苦思索的應是格非的長篇小說《春盡江南》。這個世界因惡性競爭而靈魂出竅，變得越來越詭異與陌生，就連資本家也在讀馬克思，黑社會的老大都感慨中國沒有法律，沉溺酒色的人都想呼籲重建社會道德。[1] 主人公譚端午作為一個當代詩人，清醒意識到自己是這個社會的"多餘的人"，主動地自我放逐，心甘情願做個百無一用的書生。但是，邪惡和荒唐的現實卻步步緊逼，"他家在唐寧灣的房子被人佔……其嚴重程度卻足以顛覆他四十年來全部的人生經驗。他像水母一樣軟弱無力。同時，他也悲哀地感覺到，自己與這個社會疏離到了什麼地步"。[2] 更為嚴重的是，社會的劇烈變化以水銀瀉地的方式滲透進處於生活核心地帶的家庭，社會競爭的壓力轉換成家庭生活的紛爭和暴戾，讓人窒息又無法逃遁。在這種現實情境下，連潔身自好、甘居邊緣這樣消極意義的選擇，都被視為無能的表徵；連維持一種簡單而樸素的生活，也得付出沉重的人生代價。

書寫底層知識分子卑微人生的窘迫和屈辱，在新世紀的知識分子小說中不絕如縷，因為大學的擴招不斷為現代都市提供新畢業的知識者。不過，隨

---

1 格非：《春盡江南》，上海：上海文藝出版社 2011 年版，第 236 頁。

2 同上，第 9 頁。

着時間的推移，文學知識分子的精神狀態開始有所變化，他們不再像九十年代初期那樣遭際不幸或者苦難就難以安寧，甚至驚慌失措，在人生不斷退縮的同時充滿激憤。本世紀初期以來的底層知識分子書寫，在描述殘酷現實及其底層知識分子艱難人生的同時，也在思考如何堅守知識分子的道義和最後良知。許春樵的《知識分子》中的鄭凡，作為一個文化部門的研究人員，已淪為城市中的弱勢群體，為了擁有一套屬於自己的住房而疲於奔命。儘管他昔日的大學同學為了改變自己的生存狀態，要麼被富婆包養，要麼因失戀殺人被槍斃，但他依然在人生掙扎中堅守人性的底綫。雖然他需要金錢，但拒絕為曾經的罪犯歌功頌德；他把千辛萬苦積攢起來的兩萬元借給身患絕症要進城動手術的老鄉，將受傷的小偷送進醫院搶救。他的這些善良舉動，"代表着底層知識分子在喪失公平的城市裏矢志不渝的奮鬥和九死不悔的掙扎"。[1] 這就是說，新世紀的底層知識分子形象，不再像九十年代的人物那樣驚慌失措，他們在清貧之中堅守，也在束縛之中嚮往。

三、社會轉型時期知識分子的精神惶惑現象

通過上述作品的分析，我們發現九十年代經濟轉型時期的知識分子，無論是文化名人或者成功人士，還是底層知識分子，惶惑均是一個顯在的精神現象，只是不同的人物有不同的表現。在莊之蝶、池大為等成功人士身上，是面對世俗社會的種種誘惑精神失範，近於瘋狂的滿足個人的慾望；在李建國、胡克等底層知識分子身上，則是面對不可理喻的慾望人生難以自持，而又無能為力。

其實，九十年代初期的"人文精神討論"就是針對知識分子人文精神失落的。滿足個體生命的慾望，是人性的基本需求，但在有序的社會中道德文明規範着個體如何滿足個體慾望，並且在社會維度上實現自我價值。古代社

1 許春樵：〈去讀書，還是去餵豬〉，《中篇小說選刊》2011 年第 3 期，第 121 頁。

會講究“君子喻於義，小人喻以利”，“君子愛財取之有道”等；新中國建構的道德體系，講究個人利益與集體利益的關係，倡導集體利益大於個人利益。然而，社會經濟轉型時期，與社會契合的倫理道德觀念體系尚未建構成形，傳統的倫理道德觀念體系被實現個人利益最大化的普遍現實衝擊得分崩離析，於是社會倫理道德體系失範，就連建構文化價值和風化影響社會的知識分子群體也感到精神惶惑。其中最為明顯的特徵，就是無法忍受體制的束縛和生活的清貧。

這種難以忍受的心理狀態與八十年代知識分子的精神風貌大相徑庭。上述所指的知識分子形象，他們不再像八十年代諶容《人到中年》中的陸文婷那樣，心安理得地安於苦難與甘守清貧。這就是說，理想主義年代的知識分子同樣面臨苦難或者清貧，但是他們沒有選擇生活的權利，而且他們也認同堅忍的人生。同時，整個社會都在認同並讚揚他們的堅忍，或者說堅忍本身成為他們的精神支撐。

當然，知識分子抵禦苦難和清貧的精神支撐，原本就含有原罪意識，彷彿知識分子天生就是個悲劇性形象，社會的情感淨化和道德維繫，注定要以他們的苦難與犧牲來實現。按照鮑曼的說法，只有認同磨難、淨化和執着的命運，才能體現知識分子角色的社會合法性：

> 縱觀歷史，到處可以發現此三種基本要素（至今未變）。鑒於每一個時代它們有着不同的主導形式，“磨難理論”可以體現為：肉體的禁慾主義，自我奉獻，僧侶式的謙卑，十年寒窗的苦讀生涯，棄絕世俗享樂的生存方式。“禁忌與淨化”理論尤其為眾多思想家熱情地闡述着：從持禁慾立場的古代作家、放浪形骸的浪漫藝術家，到主張“價值中立”和摒棄立場的現代科學家以及尋求確定性的主張“先驗還原”的自我強制（auto-violence）的胡塞爾主義者，其範圍可謂無限擴大……“執着”理論或許最有可能抵制制度化。不過，作為一個職業的神話，它從

未被制度所放棄。[1]

這種知識分子角色的認同和期待在長期歷史發展過程成形並且深入人心，因而雖然它在表現形態上會隨着歷史的發展有所變化，但其精神內核是基本不變的。中國的知識分子群體也是如此，因為傳統中國的士人群體是社會的特權階層，他們既承擔“治國平天下”的政統事業，也身兼道統的傳播者和維護者的角色身份。不過，問題在於，現代中國知識分子的原罪意識，並沒有扎根在宗教信仰的土壤裏，而是建立在科學形而上的基礎上，而且與極左社會壓制知識分子的歷史記憶緊密相聯。因此，隨着啟蒙文化對極左歷史的否定與功利主義對現實社會的衝擊，科學形而上的基礎千瘡百孔，建立於其上的道德體系也搖搖欲墜。再說，市場經濟也在改變社會，世俗世界把金錢和權力作為衡量成功人生的世俗標準，而把以往對知識分子堅忍的認同改變為沒有成功便是無能。在這種社會背景和文化語境下，即使是新世紀以來知識分子的生存境遇有所改善，他們也沒有體驗到如釋重負的解放感受，反而對於相對性的體制束縛與生活貧困更加敏感和難以忍受。在磨難和執着的人生中，他們體驗到的不再是充實的自我確證，而是惶惑和焦慮的負面情緒。因而他們開始關注自身的生存情境，企圖通過世俗人生的價值追求來拯救自我，確認自我價值的實現。

然而問題在於，一旦他們拋棄傳統社會形成的知識分子的社會期待與自我認同，投身粗鄙的經濟市場或者變幻不測的政治體制，卻又會體驗到商業社會的貪婪與權力社會的不公，意識到金錢與權力對人性的損害，當初脫離苦海的解脫感很快又被由無情的市場和弱肉強食的官場引發的震驚取代，產生新的自我認同危機。對於社會的不義與不公，他們並沒有堅決拒斥和極力抗爭，也不想退而回歸傳統社會的知識分子角色，因為極左社會的政治運動在他們內心烙下夢魘般的痕跡。歷史經驗昭示他們，集體形態烏托邦的幻想

1 〔英〕齊格蒙特・鮑曼：《立法者與闡釋者：論現代性、後現代性與知識分子》，第 16-17 頁。

只能通向天堂，而無法抵達人間；當代中國不可能重新退回到傳統的社會，市場經濟與社會改革是歷史的必然之路。因此，他們更多地是努力調整自身，以適應新的精英共同體的社會角色要求。但是，這種不認同的接受畢竟是以放棄知識分子的公共擔當為代價的，進而引起了大眾社會對知識分子的失望。

迄今為止，新世紀的知識分子形象這種人格分裂式的惶惑，並沒有隨着社會歷史的推移而完全消失，只是在不斷地深化或者變異化。從社會角度講，知識分子群體同一性的瓦解，就是他們在現實社會認識上思想分化的結果。從個體角度講，關於現實社會的認識，很少再有整體性的意識形態或者烏托邦觀念。正如貝爾所說，對於當代經濟、社會和文化的認識，不再是某種觀念體系可以概括的，而只能是不同體系思想的有機並置。[1] 可以說，只要社會沒有從根本上解決市場規則、社會體制和普世價值問題，知識分子的人格分裂還會繼續存在。理由並不複雜：沒有競爭規則的市場經濟、缺乏民主法治精神的社會體制、不能為個體提供有關人生意義變化卻又統一的文化系統，這都是不健全的現代社會。

因此，要建設健全的現代社會，一方面應適應現代社會市場經濟轉型的需求建構社會公德，構築社會倫理道德的底綫；另一方面，則應該保持傳統社會關於知識分子某種精神人格的道德觀念內核，以提升自我與風化社會。因為，在一個社會裏，知識分子群體畢竟是一個社會期待的階層，倘若這個階層倫理道德體系瓦解，那麼整個社會的倫理道德維繫也將分崩離析。

---

1 〔美〕丹尼爾．貝爾：《資本主義文化矛盾》，北京：生活．讀書．新知三聯書店 1989 年版，第 21 頁。

第二節

女性意識視閾下的知識分子

自從九十年代末期大學擴招後，中國當代文學的生態也開始悄然發生變化。需要說明的是，我這裏所說的文學生態的變化，主要是指文學生存狀態的變化，它體現在"文學生產—文學傳播—文學消費"的整個過程之中。其中一個顯在的變化，就是從事文學專業的性別比例正在發生重大變化。一方面是高等學校中文專業的女性佔比越來越高，特別是師範院校的中文專業女生，現在已經超過 80%。隨之而來的是女性研究生的佔比也在同步增加，不僅是中小學語文學科的女性老師在性別比例上佔有絕對優勢，而且大學中文專業教師的女性比例也在明顯增大。另一方面，相對而言，與男性大學畢業後更願意選擇社會期望值較大的職業相比，中文專業畢業的女性更多地選擇自己願意從事的職業，因而許多女性選擇了文學教育與文學創作。這樣，新世紀中國文學便形成一種有趣的社會現象：文學在社會上越來越邊緣化，但是女性作家和文學教育者的比例卻在增加。當然，這種現象將會使文學發生怎樣的變化，我們現在還無法做出科學判定，但有一點是可以肯定的，就是在文學領域，男性像以前那樣佔有絕對話語權的日子不再繼續存在，因為從事文學教育和文學創作的女性越來越多，文學受眾的女性比例也在增加。

應該指出的是，越來越多的女性接受高等教育，也是世界性的社會現象。原因是顯而易見的，一方面是社會生產力的普遍發展，具備了讓更多適齡青年接受高等教育的社會條件，發達國家已經進入普遍教育的社會，我國也從精英教育進入大眾教育的階段。另一方面，現代社會普遍接受性別平等的觀念，並從法律上規定了性別平等的社會規則。高等教育上的男女平等帶來的一個社會結果，就是女性文學的繁榮，而女性文學的繁榮又為女性主義的創造和傳播提供了有利的文化條件。這就是當代中國文學女性主義崛起的一個重要原因。

在進入正文之前，有以下兩個問題需要說明。

一是關於女性主義文學的概念問題。本文第二章專闢一節，以丁玲和楊沫為例，講述現代和當代女性文學中的知識分子。一般來說，女性主義文學是指女性作家創作的，並且通過女性形象來表現現代性別意識的作品。現代文學中的女性文學思想，主要是表現社會層面的男女平等意識，基本上屬於現代啟蒙思想。當然，這是從理論上劃分的，實際上的女性文學比理論的劃分更為複雜，如丁玲"五四"後期的創作，已經明顯包括現代主義思想成分；楊沫的女性意識則蘊含從個人主義走向集體主義的人生標識，體現了社會主義維度的現代意識。

從思想觀念上講，文學上的女性主義是女性意識深化的產物，不僅是指女性作家創作的作品，而且包括自覺的女性生命體驗和女性主義立場。它一方面專注講述作為女性的個人生活感受和生命體驗，另一方面具有明確反對男權中心主義的含義，因而女性主義不僅強調社會層面的男女平等意識，更重要的還有文化層面的性別差異意識。因此，女性主義文學與啟蒙現代性的男女平等意識的女性文學不同，基本上屬於後現代主義的思想範疇。此外，在文學敘事方式上，女性主義也有意識與通常的現代文學表達方式保持距離，試圖建構一種女性主義的文體特徵。

二是九十年代以來的女性主義文學列入知識分子敘事後如何歸類的問題。我把女性主義的知識分子敘事作為一節放在這一章來論述，主要是考慮到，儘管女性主義文學具有較強的性別意識，但與九十年代當代文學惶惑的斷代意識密切關聯，甚至可以說是女性知識分子惶恐人生的表現；如果專章論述，則很容易偏離知識分子敘事的主題。在我看來，如果從知識分子敘事的角度審視女性主義文學，女性主義文學的個人敘事或者私人敘事同樣具有當代文學史的斷代特質，實質上也是新世紀文學中知識分子敘事的一種形態。

一、林白、陳染及徐坤：女性主義敘事中的知識分子

儘管我們現在發覺，上世紀九十年代女性主義文學的社會文化衝擊力很大程度上是人為製造的，一方面是它本身帶有較強的思想激進成分，另一方面性別書寫具有較強的商業資本的隱秘操縱，因而並沒有產生如它們想像的那般社會文化效果。但是，我們也必須意識到，九十年代後的女性主義創作思潮剛剛問世之際，確實在社會上產生了較大的文化衝擊力，畢竟此時正是當代文壇上顯現出較強斷代特質的時期。因此，我們可以簡單地梳理一下新時期文學的女性意識文學，領略女性主義文學的斷代性。

上世紀八十年代初期，文學界試圖通過人道主義來重新接續"五四"啟蒙現代性，於是有了張潔的《愛，是不能忘記的》，它以浪漫主義的情懷描述一個獨身女性對於自己鍾情男子的精神之戀。新時期初期的知識女性與"五四"文學中的現代女性一樣，不惜壓抑甚至犧牲個人的情感慾望來爭取愛的自由權利，而且更多表現出的是柏拉圖式的精神戀愛。當然，張潔在其後的《方舟》《祖母綠》中，大膽地批判了社會上男女不平等的現象。《方舟》講述三個離異女性的人生，理論工作者曹荊華、翻譯柳泉和電影導演梁倩勇敢捨棄無愛的婚姻，體現了女性自我人格的堅強和自覺，雖然這三位知識女性掙脫了沒有幸福可言的家庭束縛，卻無法逃脫世俗與偏見的社會羅網，飽受磨難和歧視。她們所處的生存困境，證明了現代女性尋求自立道路是何其艱難。《祖母綠》依然是張潔女性意識的形象表述，女主人公曾令兒剛強、隱忍、忠貞，通過純潔的愛和不計回報的奉獻而獲得博大高貴的精神品性。張潔的這三篇名作，從愛情與婚姻的相悖、靈與肉的壓抑與衝突、女性困境的反省與救贖等層面，來考察在男權陰影籠罩下的女性生存際遇，呈現了作家對女性問題思考的持續性和深刻性。

新時期文學初期的女性意識，還是一個女性解放的過渡時期。大多數女性作家即使是描述女性的艱難人生，以女性意識來寫女性的生存經驗，也沒有刻意從個人敘事的角度書寫性別差異，如諶容的《人到中年》，是這個時期最有影響的女性意識代表作。作品描述中年眼科大夫陸文婷，因為事業和家庭負擔過重，病累交加、瀕臨死亡的生存困頓，客觀真實地展現了新時期一代女性知識分子的艱難人生。小說承認女性追求世俗人生幸福權利的合理性，體現了現代性的一個重要思想，也祛除了"五四"以來浪漫主義文學情感價值的神聖光環。

到了八十年代中期以後，女性文學以更為大膽的敘事方式逼進女性的生存和精神慾望。王安憶創作了"三戀"：《小城之戀》《荒山之戀》和《錦繡谷之戀》，以人道主義與人性論為基礎，強調女性世俗慾望的合理性，引發較大的社會爭議。與此同時，還有鐵凝的作品，她的《麥積垛》講述被遺棄的農村女性大芝娘的生存境況；特別是她的《玫瑰門》，通過以司綺紋為代表的莊家幾代女性的命運，寫出女性生存與社會歷史的深刻矛盾。鐵凝的小說深刻地揭示出女性進入社會並通過自己的努力取得自我價值的實現，必須付出比男人更多的犧牲。

九十年代以後，以陳染、林白以及徐坤等為代表的60後女性作家浮出水面。她們作為新一代女性作家，接受了西方女性主義思想，具有明確的自我意識，並以極端的女性主義方式反對男權中心主義。這批女性作家的創作面世，標誌新型女性主義在當代中國文壇的崛起，引發社會的廣泛關注。她們的創作多以成長小說為主，表達個體的生存經驗和人生體驗，並以率真的方式剖露自己的生命意識與內心世界。

陳染，北京人，1982年考入中國人民大學中文系，大學畢業後曾在北京做過四年半的大學中文系教師，後調入中國作協所屬的作家出版社做編輯。主要小說集有《紙片兒》《嘴唇裏的陽光》《無處告別》《與往事乾杯》《獨語人》《在禁中守望》《潛性逸事》，長篇小說《私人生活》和散文集《斷片殘簡》等，1996年出版《陳染文集》（4卷）。陳染的重要作品主要集中在九十年代以後，《與往事乾杯》《無處告別》《嘴唇裏的陽光》等作品面世後聲名鵲起，被女性主義批評家命名為個人化寫作的代表作家。

1996 年陳染的長篇小說《私人生活》問世後，在文學界引起關注，批評界給予其高度評價。這部小說無論從內容還是形式來說都堪稱當代中國女性主義小說的經典文本。小說圍繞着一個具有自敘傳意味的女性“自我”展開敘事，從一個側面探索了六十年代到九十年代女性生命意識深層的潛在而微妙的演變，折射出隱匿其後的複雜的社會生活。小說把大量飄忽不定的內心獨白、記憶片段和時空交替的遐想融入到敘事中，使敘事在複雜的情緒和性感的奇觀中閃爍穿行。它打破了先鋒小說在閱讀市場的凋零局面，發行十餘萬冊，在九十年代中國文壇中構成別一種奇特的文化景觀。隨着九十年代中後期《另一隻耳朵的敲擊聲》《凡牆都是門》《沙漏街的蔔語》《破開》等小說的發表，陳染已經作為“女性私人化寫作的代表”和“最具個性化姿態的一位”，[1] 被視為九十年代女性寫作的代表作家。

陳染始終以知識人和女性的雙重身份面對世界。她的代表作《私人生活》講述了倪拗拗從幼年到成年的成長過程，不僅是女性的生理成長史，也是女性心靈的成長秘史，是一部獨特的“女性成長史”。小說的時間跨度約 30 年（六十至九十年代），女主人公的成長環境圍繞北京展開，表現倪拗拗從小學到大學的自我塑造、自我確認的過程。倪拗拗出生在一個無愛的家庭，家庭破裂，父親缺席，使她無法完成一個女性的成長，因而孤獨、自閉，長久徘徊在“弒父”與“戀父”的心理糾結中。倪拗拗與鄰居禾寡婦之間同性相吸又相斥的若即若離關係，倪拗拗與男教師 T 之間互相敵視又互相需求的緊張關係，倪拗拗與母親之間相互依戀又相互隔閡的聯繫，構成了整部小說的主體故事框架。小說結尾以倪拗拗控訴社會對她的改造和沉思自己遺世獨立的思想與生活方式，完成了其“私人生活”的價值定位。可以說，這部小說也是九十年代“女性成長小說”的代表作。由於這部小說涉及婚外

1 徐坤：《雙調夜行船》，南昌：山西教育出版社 1999 年版，第 51 頁。

戀和同性戀，也引發了爭議。

當然，女性成長小說並非始自九十年代，不過九十年代的女性成長小說確實與《青春之歌》這類宏大歷史敘事的女性成長小說有着根本的差異。《私人生活》的創作主體純粹從女性的立場出發，書寫一個女性身體與精神的成長過程。在這個過程中，展開了對女性生存中諸種基本關係的揭秘：女性與父親、女性與母親、女性與女性、女性個體與外部世界等。而且正是對這些女性生存中基本關係的哲理性把握，構成了小說的基本主題。首先是"戀父"與"弒父"情結。這部小說表現了一個重要的創傷性情境，這就是主人公因少女時代的家庭破裂和父愛缺席造成了一種典型的心理情結，按照精神分析學的說法，這是一種因創傷與匱乏而產生的某種心理，永遠迷戀種種父親的形象，在對年長者、他人之夫與男性權威者的不斷迷戀中，尋找心理補償的傾向。不過，小說中還存在一個無法為弗洛伊德精神分析學所涵蓋的"弒父"情結，即對作為男性權力象徵的父親的顛覆與復仇心理。小說中寫道：

> 父親的粗暴、專制與絕對的權勢，正是母親、奶奶和幼年的我，自動賦予他的，我們用軟弱與服從恭手給予了他壓制我們的力量，我們越是對他容忍、順服，他對我們越是粗暴專橫。
>
> 在這一點上，一個家庭與一個國家的情形是完全一樣的。[1]

從上述主題來看，陳染的女性成長小說敞開了一直為人們所忽略的女性生存、女性境遇的悲涼性，並由此構成對已有的生存體制、性別體制和社會體制的一種全方位的反思與質疑。

其次是女性的"個人化寫作"，這是陳染小說的一個無法迴避的關鍵詞，也是九十年代女性寫作的一個重要概念。人們一般傾向於把"個人化寫

1　陳染：《私人生活》，南京：江蘇文藝出版社 1996 年版，第 24 頁。

作"概念的產生時間定在九十年代中期，而陳染、林白等女作家確實直接參與了這一概念的建構並導致了它的流行。從陳染的創作來看，她的"個人化寫作"就是把寫作的重心從時代和社會退回到個體身上，特別是退回到個體的內心和生命內部。因而她的小說總是背對歷史、社會和集體，直視自我，往往呈現出典型的女性主義場景：一個自立的女性，一間自己的房間，不斷攬鏡自照與自我拷問。創作主體的個人生活和生命體驗成為寫作至為重要的來源和思考的對象。從某種意義上講，陳染的作品都在講述自己，在記述自己不軌而迷茫的心路。從現代文學史的意義上講，這種女性的"個人化寫作"告別了當代文學中"男女都一樣"的迷失，以痛楚而柔軟的方式強調女性與男性的平等與差異。

然而，當我們把陳染這種極致化的個人寫作放置在九十年代的文化語境中進行辨別，不難發現，這也是女性文學知識分子創造的一個獨特的性別維度的文化突圍。陳染小說的女性主人公總是美麗而憂鬱、孤獨而無助，她們堅執己見、耽於深思和敢於反叛，以一種近於病態的柔媚和冷艷甚至"幽閉"的方式，躲避與摒棄外在功利的世俗世界。《私人生活》中的倪拗拗最後蜷縮進浴缸，把這種新型的女性形象推到極致。她的這種"幽閉症"，其實是昭示一種並不激烈反抗但是執拗拒絕的女性姿態，也是一種主動隔絕外在世界的文化姿態。我們應該注意到，這種個人化的寫作姿態明顯是逃離以男權為中心的權威話語和道德理性規範，但同時也是在拒絕和解構種種主流話語、宏大敘事和現代神話。儘管這種顛覆性的個人寫作頑強地撐起一綫有限的女性寫作天空，可以逃離喧囂的社會和稠密的人群，卻難以逃避無所不在的男性話語的羅網，它畢竟還是在九十年代質疑、顛覆和解構的眾聲喧嘩中，提供了一種獨特的女性話語姿態，也營構出知識女性的一種價值形態。

林白，廣西北流人，1982 年畢業於武漢大學，曾從事圖書館、電影、新聞等行業工作，現為自由作家。早年寫詩，1989 年發表小說《同心愛者不能分手》引起文壇關注，1994 年發表長篇小說《一個人的戰爭》，深刻細緻表現了女性的生存經驗，引起社會的強烈反響，被評論界認稱為"女性寫作”和“個人化寫作”的代表作品。主要著作有長篇小說《一個人的戰爭》《說吧，房間》《玻璃蟲》《萬物花開》等，另有散文隨筆集《林白散文》等。1997 年出版《林白文集》（4 卷）。

林白從西南邊陲的北流縣來到北京，從巫風猶存的邊地來到現代中心都市，其間所經歷的巨大文化差異與精神衝擊，集成了林白的文學想像。於是，帶着清淒而濃厚的異域風情的南國“沙街”與喧囂而華美的主流文化中心“北京”，成為林白小說集中書寫的兩大想像空間。“沙街”系列小說是林白對歷史場景中的女性遭受壓抑“失語”命運的訴說。《回廊之椅》中的朱涼、《子彈穿過蘋果》中的蓼、《往事潛隱》中的邵若玉、《日午》中的姚瓊等這些女性形象，美麗動人、孤獨神秘、命運叵測。林白往往用“月亮”意象來形容她們的氣質與美貌，賦予她們一種清幽孤絕的氣息。自古以來，中國文學中的“月亮”意象就是一種清幽、淒美而神秘氣息的表徵，有一種陰性美的特質；它作為代表女性的文化符號，無疑與女性本質的沉默與受壓抑密切相關。正是通過“月亮”的意象，林白將女性美與內在的慾望具象化了。她為這些女性設置的在歷史中神秘消失和死亡的結局，也在訴說歷史中的“失語”女性隱秘而苦難的命運。

林白小說中與南國“沙街”對應的是另一個藝術世界“北京”。應該說，“北京”才是林白小說“女性慾望敘事”的真正敘寫地點。正是在“北京”，女性的種種慾望獲得了調動，女性形象也不再以“月亮”形象而是以現實生活中的“真面目”出現，“北京”這座代表男性主流文化中心的都市引起了林白的女性主義創作激情。“北京故事”的核心是反“性政治”，是女性慾望對於被壓抑、被控制的直接抵拒。這使本來潛伏在林白小說裏的兩個對立世界（女性慾望世界與男性權力世界）的衝突驟然尖銳起來，女性意識不再躲藏在唯美主義的幻想背後表現自身，而是準備進入現實社會而含垢忍辱、身敗名裂乃至置死地而後生。這種尖銳與絕望，使林白產生了血腥暴力的奇想，於是有了中篇小說《致命的飛翔》，這也是林白“北京故事”中最動人心魄的一則。這是兩個女人（北諾與李莴）的故事，林白通過兩個故事的複合重疊，反覆講述男人利用權力誘惑女人的醜陋事件。作家在描述中不斷使用“我們”的複數，點破了女性共同的性命運與相同的性反抗。小說最終使所有受到損害的女性仇恨，都聚集在女主人公北諾的復仇行動裏。終於，狂歡的場面出現了：當充滿權慾的陽性世界驅逐了獨立女性的最後居住地時，“刀”終於成為女性“致命的飛翔”，成為女性反抗“性政治”勝利的象徵。

林白的創作從“沙街”到“北京”，從天然懵懂狀態的女孩到無奈“守望空心歲月”的成熟女人，從詩性女性敘事到“自傳體”直白式女性敘事，因而長篇小說《一個人的戰爭》無疑是林白小說中包含元素最豐富多元的女性敘事作品。在九十年代女性書寫史中，這部作品被稱為“一個具有革命意義的女性文本”，這“不光是由於它的奇特的文本生成方式，它的關於女人成長史、關於女性隱秘心理及其性感體驗的大膽書寫，還由於它所引起的巨大的爭議對整個菲勒斯審美體系的極大‘破壞性作用’。所有這一切，都使它成為一個文學現象，而不再是單純的一本書的出版”。[1] 這部小說最早發表於《花城》1994 年第 2 期，隨即成為文化市場爭議的“漩渦”中心：一方面是各種包裝（甚至是春宮圖封面）的版本紛紛出版，不斷招致的“準黃色小說”“色情小說 ”的謾罵；另一方面則是女性主義批評家的挺身抗辯。這些褒貶不一的評價構成九十年代最為典型的商業文化景觀。

其實，這部被斥為“色情小說”的《一個人的戰爭》真正的純粹性描寫部分，只有結尾關於女主人公自慰的描寫，除此之外小說中的性愛場面屈指可數。此前文壇已經有了像王安憶“三戀”那樣大膽的性愛描寫的小說，為什麼《一個人的戰爭》在當時會觸犯“眾怒”呢？主要原因還是小說採取了直白式的“自傳體”的女性敘事方式，這種直率而大膽的敘事方式文學直接衝擊了所謂典雅的文學殿堂。林白把她的小說創作看成是一個女人的“對鏡獨坐”，這使她小說中的女性形象具有自我幻象的特徵。小說始自敘事者林多米孩童時期撫摸自己、初識身體的慾望，接着一路描寫她的少年學習經

1　徐坤：《雙調夜行船》，第 51 頁。

歷，初燃的創作野心，流浪四方的奇遇，一再挫折的戀愛，被迫墮胎的悲傷等情節。最後她輾轉由家鄉來到北京，“死裏逃生，復活過來”。小說實際上是以“當時的我”與“現時的我”構成的雙向視角，來檢視過去歲月中的希望與虛妄，自剖年少的輕狂與虛榮，並由此展開更成熟的女性視野。在小說中，林多米敘述自己因成名心切，曾貿然抄襲了別人的作品，留下洗不清的污點；敘述自己一心壯遊他鄉，卻在最可笑的騙局中失去貞操；也敘述自己為愛獻身，幾至歇斯底里的絕望，但生命最絕望的時刻反而成就她對敘述最深切的執着。

當然，小說中那為數不多的性描寫之所以在當時引起如此強烈的反響，還應該歸因於這些描寫確實具有相當的異質性。作者真誠直白的敘事，表明多米原本並非一個自覺的女權主義的精神標本，相反，她對於男性為主體的社會一直採取迎合態度，以求獲得他者的認同。但她沒有那麼迷人的女性外表，也無法改變自己從小養成的孤僻性格，因此一再遭到這個男權社會的拒絕。這種拒絕最終把多米逼進了一個返回到自我內心深處的封閉性絕境，最後她只能通過富有象徵性的自戕自淫來完成性事。林多米的不幸命運，深刻揭示出女性自我確證的道路是多麼的慘烈和淒絕。正如小說中所言，一個人的戰爭意味着一個女人自己嫁給自己。

林白洋洋灑灑寫來，頗為不能自已的時候，其汩汩流淌的話語中顯示出一種自述身世的狂熱，而這種對女性“本我”的講述自有一股直率動人的力量。在《一個人的戰爭》中，林白以第一人稱直白式敘述時刻提醒着讀者——這有很強的自傳性，創作主體與這個主人公形象具有同一性。正是這個因素冒犯了“眾怒”，因為在讀者看來，小說世界是個大雅之堂，他們可以接受文學作品中的性愛，但是創作主體應該對這種性愛持有明確的態度，就像古代小說“三言二拍”一樣，即使內文津津樂道地講述性愛故事，但作者還是要在小說的結尾之處講些與文本敘事無法契合的道德說教。讀者不能接受作者把她的自我靈魂與她的身體慾望及其最微小的那些體驗聯繫起來，並從這裏尋求合法性、尋求尊嚴。林白顯然違背了這種傳統的文本契約，以其強烈的女性自述方式，真誠無偽地從自身的體驗中去表達女性自我是何以成立的。恰恰是這樣一個女性敘述姿態，大膽拆除了作品與讀者之間一貫設置好的文本契約的屏障，使人們不得不在閱讀過程中去直面現實，尤其是直面不符合男權文化習慣思維中的女性現實：天真無瑕的女童居然會手淫，受騙失身的姑娘居然還繼續孤身旅行，刻骨銘心戀愛過的女人最後卻否認曾經愛過。這一切構成林白"個人化寫作"的革命性意義，"女作家寫個人生活、披露個人隱私，以構成對男性社會、道德話語的攻擊，取得驚世駭俗的效果"。[1]

從文本形式上講，女性創作思維似乎天然要違背邏輯嚴密、綫性發展的男性創作的思維方式，《一個人的戰爭》在敘事形態上也採取了碎片式結構。正如林白自述："在我的寫作中，記憶的碎片總是像雨後的雲一樣瀰漫，它們聚集、分離、重複、層疊，像水一樣流動，又像泡沫一樣消失，使我的作品缺乏嚴密的結構和公認的秩序。"[2] 不過，與陳染出入於現實與幻想之間不同的是，林白的碎片化敘事主要是由情節綫索的旁逸斜出造成的，敘事者的講述在多數情況下總是打一槍換一個地方，這或許是由於林白的小說創作衝動基本不是來自完整的故事情節，而多半是一些記憶深處的閃爍着女性美的片斷，這是任何觀念性的因素所無法企及的。

徐坤，出生於瀋陽，求學於中國社科院，碩士畢業後留在研究所工作。她的作品不僅具有女性主義的視角，而且具有獨特的現代反諷意味。徐坤1993年開始創作小說，創作的主調是批判男性知識分子。《白話》《囈語》《梵歌》《熱狗》《先鋒》《鳥糞》等作品，以僭越的敘事姿態侵入她所熟知的男性知識精英的世界，恣肆狂放地進行"文本遊戲"；在對精英文化戲仿與調侃的同時，構成了對男權文化以及八十年代男性文化英雄們的冒犯。徐坤在這類當代儒林景觀敘事中，大量運用反諷、調侃、荒誕、黑色幽默等手法，以增加小說的批判力度與諷刺效果。不過，她冷嘲熱諷的敘事語調，顯然含

1 戴錦華：《猶在鏡中》，北京：知識出版社 1999 年版，第 198 頁。

2 林白：〈創作隨筆〉，載林白：《林白文集》（第 4 卷），南京：江蘇文藝出版社 1997 年版，第 293 頁。

有居高臨下的偏狹因素。如《熱狗》主要是描述男性知識精英可憐的虛榮和慾望，揭示男性精英知識分子在不堪負重的人生情境中透露出來的致命性的人性弱點。我認為，她的創作雖然擁有女性主義視角，觀察也細緻入微，但從文學創作的角度上講，敘事語調上顯然不同於陳染和林白。陳染和林白以自述的敘事方式傾述女性的個體生命體驗，以沖決由男性話語編織的文化羅網；而徐坤則站在理性的高地審視那些男性知識分子，嘲笑和指斥他們人格的懦弱和萎縮；因此，同樣是女性主義敘事，徐坤卻在性別話語中開啟了知識分子自我矮化的先河。

在陳染、林白的自敘傳小說中可以發現，從女性主義視角考察，她們的個人成長確實充滿人生的坎坷，而這種人生坎坷的羅網由男權中心文化編織而成，因而她們以個人反抗的方式抨擊或者解構男性文化及其社會。但是我們還可以發現，她們作品中的主人公，往往是具有創傷性心理的女性，她們觀察外部世界與自我，往往囿於個人世界，而且有種明確的自戀傾向。這種具有偏激意味的文化反抗方式，顯然有些文化上的矯枉過正。客觀地講，到了她們這一代作家，女性主義文學進入一個新的轉折時期。問題的關鍵在於，這種女性主義文學的自我突圍，恰恰發生在九十年代的文化語境中，表明當代中國的知識女性的抗爭聲音。

二、衛慧、棉棉：另類的女性主義敘事

在陳染、林白以及徐坤之後，文壇上還出現過一些較為獨特的女性作家，其中以衛慧和棉棉為代表。雖然從文學發展史的角度上講，以衛慧和棉棉為代表的女性作家尚未形成創作思潮，也不具備陳染、林白以及徐坤等女性作家的文學史意義，但也可以映射出九十年代以來女性作家前行的另一種獨特風景。

九十年代末期，70 後作家以群體湧現的方式浮出水面。雖然以衛慧、棉棉等 70 後女性作家，往往像韓寒、郭敬明一樣具有明星一般的文化標

籤，但她們的創作卻體現出女性主義的另類形態。這裏“另類”的意思是指她們獨特的創作姿態：一方面她們不再像陳染、林白等女性作家那樣公然激進地反對男權中心主義，而是以與她們年齡不相稱的成熟姿態接受世俗人生，正如她們作品中的人物所說：

> 我害怕這種尖銳的矛盾，介於個人與整個社會之間的對抗總是有點歇斯底里，如果這個世界樣樣不合你的心意，那麼你的存在就是個錯誤，你的生活就是個悲劇。覺得自己年輕並充滿敵意就可以改變生活（那怕是一丁點兒的末子），那是個地地道道的蠢夢。人改變不了什麼東西，甚至改變不了自己。人只能做一件事——打開靈魂的窗戶，是的，打開窗戶，接受生活的所有饋贈，接受痛苦接受欺騙接受慾望接受毀滅。人惟一的創造只是在於面對命運的態度，哭哭啼啼，還是心花怒放。[1]

另一方面，她們將前輩女性視為激進的生活觀念滲透和融入世俗生活中，以自由的形態行走在世俗的人生世界；即使是錯誤的人生選擇，也獨自承擔選擇的後果。因此，她們以遊離主流話語和融入世俗社會的方式，表達另一種形式的女性自我實現。由於這種女性主義有種消解式的社會離心力，一度也遭到主流話語的封殺。

衛慧 1973 年出生於上海，畢業於復旦大學，代表作是《上海寶貝》（長篇）、《像衛慧那樣瘋狂》（中篇）。前者因為一位領導批評而遭遇封殺，但這種封殺卻使她一度成為被外語翻譯最多的作家。《上海寶貝》採用第一人稱的敘事視角進行講述，主要是描述上海女作家 CoCo（倪可）與中國男友天天、德籍男友馬克的戀情。天天是 CoCo 的知心人，卻是個性無能者，象徵着衰微的傳統文化對於充滿生命激情的 CoCo 已喪失統攝力。馬克是個駐滬的外商，對女性尊重而體貼，雖有家室但卻擁有超強的生命力，象徵改

1　衛慧：《衛慧精品集》，吉林：時代文藝出版社 2000 年版，第 500 頁。

革開放後備受中國崇拜的歐美強勢文化。馬克誘惑了和天天同居的 CoCo，CoCo 則擺蕩在天天的同志情誼和馬克雄壯的肉體誘惑之間。最後天天因吸毒死亡，馬克返回德國，CoCo 的雙綫感情於此告終。這部作品的審美性不在三角戀的通俗情節上，而在於女主角"情慾自主"的自覺歷程、對於藝術家創作與生活關係的省察和對上海這個現代都會風情的捕捉。

棉棉 1970 年出生於上海，青春時期生活極其動盪，去過很多城市，做過各種短暫職業。1995 年回到上海養病，1997 年開始發表作品，並由香港新世紀出版社出版小說集《啦啦啦》。代表作長篇小說《糖》，已在法國、德國、荷蘭、意大利、美國、西班牙、巴西、葡萄牙、希臘等十幾個國家出版。2002 年成為摩登天空簽約作家。她的小說集中反映社會的時代問題，整個文學意境灰暗卻富有生命激情，被視為年輕一代最出色的作家之一。

棉棉的自傳體長篇小說《糖》正是圍繞着"自由和選擇"這一既古老而又時新的話題，敘述了一個"問題女孩"紅和她在青春迷途中邂逅的幾個同樣有"問題"的少男少女的故事。它寫一個叛逆的女孩因受好友死亡的打擊而輟學，在舞廳認識了她最愛的男子 —— 一個叫賽寧的華僑。於是她愛他所愛，喜愛上了搖滾。他們一起生活、一道沉淪，不斷分離又不斷聚合。她與各種經歷不同但內心同樣空洞的人混在一起，接觸毒品、性愛，以及同性戀，他們沉溺其中不能自拔，一邊痛苦迷惘地不問明天，一邊又無法拒絕來自身體感官的誘惑，聲色犬馬，縱情歡娛；把青春當成蠟燭，一段一段地瘋狂燃燒。這是一個多麼偏激而殘酷的青春季節的生命體驗！

上述兩位 70 後的女性作家，沒有像前輩女性主義作家那樣站在思想文化前沿進行激進反抗和傾訴生命痛苦，而是在接受前輩女性的激進觀念後返歸世俗人生，並在日常生活中堅執個人的自主選擇。她們沒有偏激地呼喊和浪漫地想像，而是我行我素地接受現代生活給予的所有饋贈，並將前人的解放觀念融入世俗的日常生活中。因此，她們代表了現代女性的另一種人生：一方面袪除精英分子的純粹和浪漫，遊走在日常的生活世界；另一方面試圖將精英分子的思想觀念有機地融入世俗人生，將觀念意識轉化為實踐意識。

三、潘向黎：女性意識敘事

九十年代後的女性創作，還有一種不能歸類於女性主義敘事的女性意識敘事，代表作家是潘向黎。她生於六十年代，福建泉州人，後移居上海；畢業於上海社科院研究生部，文學碩士。1991–1998 年任上海文學雜誌社編輯，其間曾赴日本東京外國語大學留學；1998 年至今任文匯報社副刊主任編輯。後獲南京大學博士。這裏，我主要闡釋她的中短篇小說集《白水青菜》和長篇小說《穿心蓮》。

先說潘向黎的小說集《白水青菜》。這部小說集輯錄了她的 10 篇中短篇小說及 3 篇在"個人寫作過程中有特殊意義的舊作"，[1] 我之所以把這本小說集作為她的代表作品之一，是因為我同意作者本人的說法：它相對完整地體現了她的創作個性。[2] 潘向黎的作品執着表現現代都市女性的情感世界，以及由此生發的種種難以消解的生命困惑。具體地講，一方面她悉心諦聽來自都市女性激情發源地的涓涓細流，理解她們在凡庸瑣碎人生中關於生命意義的追問，尤其是對情感世界的美好想像。另一方面，她又深切關注現實人生中現代女性純粹愛情的遍體鱗傷，清醒地戳穿被大眾社會稱道的"終成眷屬"或"一見鍾情"之類自我迷醉的神話，並揭示現實生活中隱含的以性別支配為基點的文化權力的弊端。因此小說中的愛情既是一個焦點，凝聚着創作主體對於現代都市女性人生境況的深切體驗；也是以女性主體意識透視情感生命的一道強烈光束，穿越女性的心靈世界、人性奧秘及生存悖論。

論及潘向黎的創作，必須提出並重新思考一個與她的創作相關的理論性問題，這就是以性別意識書寫都市女性情感生活的價值意義。在以宏大敘事為軸心的審美圖式環視下，現代都市女性的情感世界似乎是個狹小的書寫空間，如果再以性別意識加以限定，這個書寫空間彷彿顯得更為狹窄了。可

---

1 潘向黎：〈我不識見曾夢見〉，載潘向黎：《白水青菜》，濟南：山東文藝出版社 2007 年版，第 4 頁。
2 同上。

是，我卻不這麼看，且不說每個作家如何真誠地對待自己有限的生活經驗與生命體驗的問題，就是性別意識中的都市女性感情視域本身，也是我們這個時代乃至可望的將來，一個不容忽視的充滿生命意蘊的詩意空間，因為我們不能用慣常的能指與所指的關係來限定這個特定語境下漲溢的能指。

為什麼潘向黎創作中女性情感的意義，有時超出具體的愛情範疇而上升為生命意義範疇，並在多個文本之中形成一種瀰漫性的思想情緒？顯然，她將愛情提升為切己的生命要義。從一般意義上講，現代女性把生命的激情投向情感世界，或者說把情感作為生命意義的替代物，原本就是現代社會信仰危機的表徵之一。人作為有目的的存在，生存意義的缺席必然形成失衡甚至空虛的生命狀態。對於現代人尤其是缺乏神學文化背景的現代中國人來說，曾經的信仰也已失去權威性，與其把生命的激情投向遼遠、飄渺和虛妄的星空，不如轉向切己的愛情，以此填補生命的空寂和獲取人生的意義。與此同時，相對傳統的鄉村宗法社會而言，現代都市是一個充滿陌生面孔與瘋狂追逐功利的慾望世界，“一切固定的東西都煙消雲散了，一切神聖的東西都被褻瀆了”，[1] 人們似乎比任何時候都更需要心理安全感和社會參與感，“主觀性和內在性一下子變得比以往任何時候都更加豐富和發達，更加孤獨和身不由己”，[2] 由此男女之間的情感世界得以突現。

當然，這還與這一代女性作家“生命中不能承受之輕”的精神特質相關。對於她們來說，這個世界過於透明，誠如《我愛小王子》的主人公葉蓓蓓所說：“我們這一代，從一開始，就沒有謎語。所有的一切都在我們長大的同時真相大白，沒有懸念，沒有餘地，沒有意義。沒有人騙我們，沒有人耽誤我們，但是我們的人生一覽無餘，像無邊無際的沙漠，沒有方向，沒有路標。”[3] 而且，她們對於自己的人格分裂泰然處之，一方面在內心拒斥世俗

---

1 〔德〕卡爾·馬克思、〔德〕弗里德里希·恩格斯：〈共產黨宣言〉，載〔德〕卡爾·馬克思、〔德〕弗里德里希·恩格斯：《馬克思恩格斯選集》（第一卷），北京：人民出版社 1972 年版，第 254 頁。

2 〔美〕馬歇爾·伯曼：《一切堅固的東西都煙消雲散了：現代性體驗》，北京：商務印書館 2003 年版，第 6 頁。

3 潘向黎：〈我愛小王子〉，載潘向黎：《白水青菜》，第 39 頁。

的現實，另一方面又順從現實的遊戲規則："在粗糙忙亂的生活裏，因為小王子，我們就肩負了某種神聖的使命，我們是臥底，表面上和成年人的世界——骯髒、勢利、無恥、可笑的世界——相安無事，但實際上，我們是他們的敵人，我們等待着時機要改變這一切，去恢復這個世界上純真的秩序，讓所有小孩子喜歡的那種感覺。"[1] 在這種文化語境與精神背景中，能夠確切體認和清晰把握的，也許莫過於個體的感性生命與情感世界了吧。

我們應該承認，凡是涉及男女情感世界的作品，因書寫主體的性別不同而造成的文本差異是一直存在的，只是近些年來隨着與女性主體的覺醒與文學生態的變化，這種差異突現出來而已。一般地說，男性創作中的情感生活往往是生命要義的一種附麗，或者是漂泊人生中心靈將息的一塊暫棲綠洲；而女性創作中的情感世界原本就是生命要義中不可分割的有機部分，或者原本就是疲憊人生中不可或缺的心靈棲息地。這就是說，女性的情感需要顯然比男性更為豐富和更加強烈，所以對於愛情，女性自然更為看重。對於有的女性而言，愛情甚至是一種近乎宗教信仰般的神聖之物；唯其對愛情的特別重視，所以戀愛過程中被傷害最深的往往也是女性。從這種意義上講，伴隨着女性主體覺醒的並不是如釋重負的生命解放，而是疑慮重重的情感困惑。

其實，不僅是感情生活因性別的差異而顯現出不同的意義，即使是"宏大敘事"也是如此。在《白水青菜》這部小說集中，我注意到兩篇較為獨特的作品：《守》和《鴿子》，前者的筆觸伸入硝煙的歷史，後者貼近艱難的現實。然而，小說的敘事焦點沒有放在作為犧牲與苦難的直接承受者男性身上，而是置於被人們忽視或者遮蔽的直接承受者的妻子身上。世人只知道成功的男人身後有女人，而沒有意識到在犧牲與苦難的承受者後面，還有比他們更為痛楚的女性。雖然她們置身於歷史現實的無情戰場與市場之外，但她們的身心不僅被殘酷的戰場與市場的磨難牽連，還被她們苦難的男人牽繫。逝者已去，生者猶存，但生者還必須繼續身負生存的重扼。這種特殊的性別

1 同上，第 40 頁。

視角，在習以為常的歷史現實中，發掘出曾被我們熟視無睹的隱秘一角。

還值得提及的是，潘向黎的創作祛除了前輩作家那種社會性的叛逆精神和激憤情緒，卸去了文學敘事中的非個體性和非性別化的社會悲劇的重負，似乎無意與銅牆鐵壁一般的現實社會直接抗衡。她的小說專注於個人的生活體驗和女性生命的思考，特別是將審美目光投向現代都市女性，凝視她們對完美愛情的真誠嚮往卻不斷失望，對感情世界的不懈守望卻屢受傷害；這種性別書寫實質上是一個能指漲溢而所指難以規限的話語空間，是我們這個無名時代頗具詩意的生活見證。

同樣是現代都市女性的生命書寫，潘向黎與那些以軀體語言沖決道德禁忌，用異化的人性和畸形的人生隱喻歷史現實的女性文學不同，她似乎一開始就沒有極端的個人性或私人性寫作的抉擇姿態，也沒有去刻意建構個人與社會的文化對立關係，而是從個體性別體驗出發並向都市女性情感生命延伸；同時與媚俗的市民社會格格不入，敬而遠之，因而在生命需求、物質世界與精神自由的契合點上書寫女性的情感體驗及其生存困境。簡言之，如果說與她同時代的一些女性作家的創作，較多地體現為一種先鋒性質的青春表演，具有明確的女性主義姿態，而潘向黎更多的是自斟自吟式地青春訴說與女性的情感生命的體味，是一種擁有女性意識但又較為平和的女性敘事。

潘向黎筆下的人物形象多為都市女性，她們往往矜持自憐而渴望真情，個性孤傲又暗自感傷，總愛在理想的完美與現實的缺陷、意義的追尋與虛無的發現之中糾纏不休。如果進一步細分的話，大致可按其年紀及其情感遭遇分為兩類：一類是有着完美追求但失去追求對象的年輕女性，如《我愛小王子》《彌城》和《碎鑽》等，特別是更早一些的作品，如《無雪之冬》《輕觸微溫》《緬桂花》等；另一類是面臨情感危機的中年女性，如《白水青菜》《女上司》及《永遠的謝秋娘》等。[1] 其實，無論哪一類女性的感傷或疼痛，都與

1 需要說明的是，這裏的分類只是為了便於分析而進行的，具體的文本總是比理論形態的分類豐富得多，事實上還有個別作品很難歸類。

現代社會的某種精神症候關聯，並且關涉以個人主義為核心的自由倫理、自身的困境與悖論。

第一類人物形象是年輕的都市女性，她們需要感情的撫慰，而且擁有自由選擇的權利。《彌城》的主人公承認：“無論如何，愛戀是多麼好的一件事，多麼美好，多麼輕柔，多麼讓人心動啊。”[1]《我愛小王子》中的葉蓓蓓奔波於沙漠般的城市，內心像需求一眼清澈的水井一樣，嚮往並堅守着自己的夢想——小王子。這種完美的男人“年輕、優雅、善解人意”並“又帥又乾淨”，而且具有勇於承擔日常生活的責任和敢於冒險的秉賦。[2]這是完全可以理解的，生命存在決定了情感需求，明知理想對象難覓但還是難以壓抑感性生命的衝動。儘管她們心高氣傲，寧可承受世俗的誤解也不願苟且屈就；也儘管她們個性獨立，甚至具備與其年齡不太相稱的成熟思想與人生洞見，但她們畢竟需要以異性的溫存和體貼來抵禦個體生命的寂寞感和漂泊感。

然而，她們卻往往失去可選擇的理想對象，並且對於是否沿襲戀愛—婚姻的傳統人生軌道也顯得憂心忡忡。從現實層面講，人海茫茫中“小王子”可遇而不可求，誠如《無雪之冬》的敘述者所說，“遇見的男人不是有太太兼妻管嚴的，就是才二十郎當歲，只想泡妞根本不想結婚的”，自己不知道何處尋覓“命中的真龍天子”。[3]可是真正深入她們的內心可以發現，她們既是愛情的唯美主義者，又是完美愛情的懷疑主義者。因為她們對於是否真正存在這種既有純度又有長度的愛情持以經驗性的懷疑，所以一再告誡自己為了避免致命的精神傷害應該抵禦愛情夢想：“我不要人家對我專一，也不要人家對我負責……我是個成人，我對我自己負責，我幹嘛要別人來負責？一旦進入那種一對一的關係，剩下的就是猜疑、傷害和背棄、厭倦了。正經一點的說法是：把自己的心放在別人手上，那種風險太大，大到可以和

1 潘向黎：〈彌城〉，載潘向黎：《白水青菜》，第 142 頁。

2 潘向黎：〈我愛小王子〉，載潘向黎：《白水青菜》，第 44 頁。

3 潘向黎：〈無雪之冬〉，載潘向黎：《白水青菜》，第 200 頁。

在愛裏合而為一的誘惑抗衡。”[1]

應該說，這類女性感情生命的困境是一個比較複雜的問題。有的女性批評者認為，由“閹割文化”主宰的社會中的男性，披着道貌岸然的外衣，戴着種種人格面具，奔走在他們認同的人生價值實現的路途中，利慾熏心而生命萎縮，已失去健康人格和完美人性。[2]總而言之，在這個現實世界很難找到純粹的“小王子”。不過在我看來，這個問題並非是這麼簡單，因為它原本就包含着雙重困境。

一重困境是以個人主義為核心的自由倫理的困境。女性解放的過程與現代啟蒙思想之路是同行的，也要經歷一個從外在性自由到內在性自由的過程。限制外在自由的是社會化的各種規則和條件，如社會制度、政治行為和文化習俗等，這些規則和條件是可以通過努力逐步改善的，儘管過程艱苦而漫長；限制內在自由的是人自身，而人自身是很難按人的慾望或意志來改變的，這是人的有限性造成的。從突破外在的思想文化禁錮，走向突破內在個體激情與感性的禁錮，也是現代女性解放的必然之路；但是“個體幸福的自由想像不可能是隨心所欲的，而是易碎的激情”。[3]個體生命是有限的，自由想像是無限的；而現代個體生命很容易陷入人的有限性與理想慾求的困境之中，如果一旦陷入困境而又找不到自我超越的方式，將會深感苦悶甚至悲觀失望。當然，從性別書寫的角度講，女性的感情需求往往是合情合理的，而且也有呵護感情的能力，即使她們喪失這種能力，也定是由於後天的男性的傷害而造成的，而非與生俱來的。《碎鑽》的女主人公就是一個例證。

另一重困境是愛情自身的困境。愛情發生在倆人之間，真正的愛情必然含有自私的成分，其表現在個人要向對方的自我深處延伸，這就意味着對方必須得讓渡部分內核性的自我，而這種讓渡又是以犧牲個人的自由和權利為代價的。如果為了幸福而完全交付自我的結果不是被呵護，而僅僅是被佔有

---

1 潘向黎：〈彌城〉，載潘向黎：《白水青菜》，第 141 頁。

2 徐坤：《雙調夜行船》，第 151–152 頁。

3 劉小楓：《沉重的肉身 —— 現代性倫理的敘事緯語》，第 288 頁。

甚至是被背叛，則會造成徹底的傷害；如果為了避免傷害而樹立堅固的自我防綫，不讓對方深入，又很難成全純粹的愛情。這樣一來，愛情似乎成為兩個生命之間的自我博弈。面臨這種困境，具有獨立人格的女性便顯得猶豫不決，如《彌城》的女主人公。

第二類形象是面臨感情危機的中年女性。雖然這類女性無論是外在資質還是內在氣質，都與上述的年輕女性形象系列有着家族式的相似性，但是，她們畢竟是遭遇另一種情感問題，因而也融入了作者女性創作的新的思考和探求。從這意義上講，作者試圖突破青春寫作的束縛，以拓展女性寫作的新的空間。

《白水青菜》和《女上司》的女主人公的婚姻，都是在自由戀愛的情感基礎上形成的，而且產生情感危機的原因都是男人有了外遇，也就是說她們都是無辜的受害者。顯然，她們感情失敗的緣由主要是愛情與人性的關係，確切地說是男性的幽暗人性。因此，儘管她們具有現代女性的剛毅和自主，但她們的被傷害感及悲憤感還是讓人們強烈感覺到，那些包括愛情在內的被認為具有永恆價值的情感、真誠、和承諾，在人性的弱點面前顯得如此的脆弱和纖細。

對於這種人性的缺陷，劉小楓在《沉重的肉身》一書中做了深入而富有啟示的分析。他認為，現代愛情的價值在於兩情相悅，然而感情卻是不可靠的。這倒不是說人的性情易變，因此不可靠，而是說個體的性情極具差異，個體性情中的慾望極其多樣，如果婚姻以性情為基礎就變得不可靠了。[1] 其實，作者也意識到這個問題，《彌城》的敘述者說："什麼感情都經不起考驗，你如果珍惜什麼感情，就千萬不要考驗它。這是我的經驗。"[2] 而且問題的癥結在於，現代自由倫理已經將道德的立法權利交給了個體，讓個體遵從道德的良知去把握生活；可是現代社會人的理性的道德良知演變成了感覺的

1 同上，第 289 頁。

2 潘向黎：〈彌城〉，載潘向黎：《白水青菜》，第 169 頁。

道德良知，“就是從自由意志到自由慾望的轉變 —— 意志的向善成了感覺的自適”，以致連社會的倫理秩序也感覺發生了變化。[1] 這就是說，並不是現代社會道德秩序徹底紊亂，也不是現代人完全失去道德意識，而是現代社會人的道德意識的內涵在悄然發生變化，感性慾求在道德領域取得了合法的地位，而且是舉足輕重的地位。在這種文化情境下，人性的缺陷往往以現代的名義暗渡陳倉。

對此，人類有過兩種徹底解決的方式，一是道德寂靜主義，認為個體生命熱情和願望都是徒勞無益的，人們應放棄自己的熱情和願望，安於自己生命的有限性。二是道德理想主義，認為人們應該把自己的生命熱情和願望轉移到集體性的理想之中，由此克服個體生命的有限性。[2] 然而，這兩種徹底的方式在多元的現代社會顯然不具普適性的價值意義，這就是說，現代人迄今為止還沒有成熟到為我們的愛情生活提供一勞永逸的具有普遍意義的價值體系。既然如此，對於既沒有宗教理想又不信世俗天堂的現代人來說，何以擺脫愛情中的生存困境和生命焦慮呢？傾向於個體為自己立法的現代性生活倫理認為，對於生命的悖論既不逃避也不僭越，但也不只是認同人生悖論根本不可解決的宿命以及人性的脆弱，而是珍惜生命悖論中愛的碎片。“即便是一個人對自己的美好生活的追求在無從避免的生活悖論中被撕成了碎片，依然是美好的人生。”[3] 對於旁觀者而言，這不失為一種審美的烏托邦，而對於身處其中的女性而言，無疑一種嚴峻的生活考驗。其實，對於這種悲觀的論調，作品也有過清醒的思考，《碎鑽》的敘述者說：“當年的我們，以為人生是一條長長的路，走下去會有鑽石般熠熠生輝的幸福在等我們。其實鑽石早就碎了 —— 它從來就是碎的，無數碎鑽在我們不知情的瞬間閃閃爍爍，而我們只顧往前走，等待那塊巨大而完整的鑽石。”[4]

---

1 劉小楓：《沉重的肉身 —— 現代性倫理的敘事緯語》，第 275 頁。

2 同上，第 251 頁。

3 同上。

4 潘向黎：〈碎鑽〉，載潘向黎：《白水青菜》，第 94 頁。

儘管隱含的敘述者清醒地意識到，只要現實社會不完美，人性深處有幽暗，所謂的“有情人終成眷屬”就是一個迎合庸人的夢想，也是缺乏現實性的遙不可及的神話。但是，她還是堅持認同浪漫的純情，肯定兩性關係中的美好情感價值，儘管它可能破裂成為“碎鑽”。

優雅清麗，細膩輕靈，而且充滿睿智，這是潘向黎小說一以貫之的藝術個性。然而，她的近作《永遠的謝秋娘》和《彌城》卻令人驚嘆地實現了自我超越，它們不僅將純熟的優雅、細膩和睿智的藝術個性，推至行雲流水般的自如境地，而且在小說形式方面顯現出自覺的創新追求。《永遠的謝秋娘》的互文性寫作和《彌城》的套合式敘述結構，有力地拓展和深化了小說的女性主體意識。

以上，我通過三種類型女性代表作家作品的闡述，梳理了九十年代以來的女性文學，試圖勾勒出當代女性文學的基本形態，而且重點在於審視新世紀女性文學的新質及其意義。我們應該看到，九十年代至新世紀初期，是女性文學較為繁榮的歷史時期，因為多元化的文化向度使女性作家不再用某種價值觀念禁錮自己，讓她們可以自由選擇適宜表現自己生命訴求因的敘事方式，因而出現了諸種女性意識文學與女性主義文學。但是我們還應該看到，現代社會女性解放的觀念不可能是直綫型的發展，甚至很難保證社會的女性解放在某些方面不會出現倒退。例如在社會自我價值的實現方面，女性仍然困難重重，這倒不是說社會歧視女性，而是我們業已步入市場經濟社會，功利主義盛行，社會競爭性也越來越強，而女性與生俱來的性別差異，使女性在事業上實現自我價值比男性更為艱難。同時，這個社會生活的現代性趨勢，是存在價值的個體化、生命意義的感覺化、感覺經脈的肉身化。在這個世俗化的現代歷史進程中，浪漫理想與純粹情感貶值，女性往往是物慾化的對象。隨着社會轉型的繼續，它將給女性的愛情與婚姻帶來怎樣的變化，也是一個問題。至於這些問題將給女性獨立和女性解放帶來怎樣的變化，給女性文學造成怎樣的影響，我們還不得而知。

小結

上世紀九十年代以來的知識分子敘事，是從惶惑人生書寫開始的，而女性主義文學與之交相輝映。需要說明的是，上述關於惶惑人生書寫，我主要闡釋了以何頓、丘華棟以及韓東等為代表的下層社會知識分子的惶惑人生，與以賈平凹、閻真等為代表的成功知識分子的精神迷失。這些知識分子的形象譜系，生動表現出九十年代以來社會轉型時期當代知識分子的生存形態與精神困境。

知識分子惶惑人生的書寫涉及的具體問題，一是以何頓、丘華棟以及韓東等為代表的貼近社會現實的書寫，生動表現出特定時代底層知識分子人格分裂式的精神惶惑。社會底層的知識分子再也難以忍受物質生活的清貧與職業人生的體制束縛，但是當他們中的部分人脫離體制走向市場時，又不能完全祛除知識分子的理性與尊嚴，也沒有獲得如釋重負的人生感覺。二是以賈平凹、閻真等為代表的成功知識分子的人生敘事，敏銳地意識到作為成功人士的知識分子在喪失道德理性的同流合污後，帶來的精神危機和社會後果，並把他們的精神迷失與社會道德的失序有機地聯繫起來。新世紀知識分子的人生惶惑書寫，真實地表現了這個歷史轉型時期知識分子的現實人生與精神世界的困境，促使當代知識分子在新的歷史條件下重新思考理想人生和調整自身的社會定位。

從嚴格意義上講，知識分子敘事與女性文學敘事不是同一性的關係，知識分子分子敘事也不能完全涵蓋女性文學敘事。女性文學的敘事話語主要是表現性別意識，而非知識分子話語意識。但我把九十年代以來的女性文學敘事納入知識分子敘事，主要是從文學題材這個角度考慮的。因為九十年代以來女性文學敘事中的女性形象，大多可以納入知識分子形象譜系，而蘊含這些形象之中的女性意識與女性主義思想，也可以視為多元知識分子話語中的一種。

文中主要論述了九十年代以來三種類型的女性文學敘事：一是以陳染、林白和徐坤等為代表的60後女性主義作家作品，她們的敘事目光專注女性個體自身，並且將筆觸深入女性的內在世界，從私人敘事的角度表達生命深處的精神訴求；二是以衛慧和棉棉為代表的70後女性主義作家作品，她們祛除了激進的書寫姿態，在世俗人生中我行我素，喃喃自語生命的誘惑和痛苦的承擔；三是以潘向黎等為代表的女性作家，開始從"我"與他者的關係上審視自我，還原生活世界中知識女性的豐富自我。這些個性迥異的女性話語中的"最大公約數"，就是集體疏離宏大敘事，掙脫了關於知識分子身份認同的集體幻象的束縛，沉溺於個人敘事甚至私人敘事，以獨特的女性意識或者女性主義觀念表達新世紀女性敘事的斷裂特質。實質上，這也是新世紀文學中知識分子敘事的一種話語形態。

第四章

象牙之塔的知識分子

象牙塔原本是指與世隔絕的夢幻之地。法國十九世紀批評家聖佩韋用象牙塔的說法批評同時代的消極浪漫詩人唯尼，意指他脫離現實社會，遠離生活地躲進孤獨舒適的個人小天地，憑主觀幻想從事創作。魯迅先生也用象牙塔比喻脫離現實生活的知識分子的小天地：“住在‘象牙塔’裏；目前自然要比別處平安。”[1]

本文的象牙之塔是指高等學府，相對社會其他領域而言，這裏畢竟是專門從事專業學術研究和教書育人的清靜之處。中國高等學校原本也是知識分子最為集中的場所，特別是在上個世紀末的大學擴招之後，高等學校師生的數量在不斷增加，這個知識分子群體更為龐大。據相關資料統計，全國普通高等學校專任教師共有 167 萬多人，幾乎成為一個不可忽視的社會階層。因此，關於大學知識分子的文學敘事，在知識分子敘事中具有舉足輕重的地位，也是我們審視知識分子敘事的最佳角度。

從整體上講，九十年代以來大學敘事的語調似乎一直是低沉和悲觀的，即使是正面的審視和描述，也很難產生令讀者感動和認同的形象。毫不誇張地說，充滿現實批判性的大學敘事與社會對於大學的期望價值，相距甚遠。從上世紀九十年代的賈平凹的《廢都》和格非的《慾望的旗幟》開始，作家們敏銳地預感到曾經以文化英雄自命的知識分子，在特定的社會轉型情境中難以承受刻骨銘心的空虛之輕和失重之感，以往幽靜的象牙之塔現在同樣充斥着現實塵世的喧囂。接着，張者、葛紅兵、湯吉夫、閻連科、石豐盛、史生榮等人的作品，專注於被紅塵遮蔽的大學，試圖全方位地呈現出當代大學

1 魯迅：〈集外集拾遺補編．關於知識階級〉，載魯迅：《魯迅全集》（第八卷），第 192 頁。

混亂失序的病相，展現大學知識分子在世俗誘惑下無所適從的人生，以及進退失據的情感生活。大學似乎成為這些作家俯視和嘲弄的對象，大學知識分子的生存困境與精神壓抑甚至被他們認為是咎由自取的結果。丘華棟的《教授》將主人公放置在社會這個廣闊的背景下加以審視，全景式地表現大學知識分子的豐富人生，特別是大學知識分子的沉淪人生。阿袁的《師母》專注高校知識分子，並且試圖從家庭生活的角度切入，審視他們的現實生存狀況。從這些知識分子敘事裏面，我們似乎可以辨析大學“精緻的利己主義”產生的緣由。

第一節

九十年代以來的大學敘事

上世紀九十年代以來，中國社會關於高等教育的質疑就不絕於耳，特別是上個世紀末大學擴招以來，社會對於高校的批評聲音尤為尖銳，大學似乎成為敏感的社會精神末梢。究其緣由，一方面是新中國成立以來，尤其是新時期後，大學從來沒有像今天這樣被國家和社會賦予如此高的期望，也從來沒有被置於如此眾多而不同的監督之下。另一方面，高等教育的現狀離社會的期望和大眾的要求相距甚遠，不僅舊的問題不曾解決，有的問題甚至已是積重難返，而且隨着市場經濟的轉型與高校的急劇擴張，中國高等教育遭遇到前所未有的挑戰，還出現了諸多引人注目的新的棘手問題。再加上中國教育部門從來就不是什麼權威性機構，一直處於社會與論監督之下的教育部門，問題一經披露，便成為信息時代各種媒體津津樂道的話題，甚至引發社會性的廣泛討論。結果是隨着大學社會地位的提高，大學的公共形象反而下降。

文學知識分子同樣在注視和思考中國的高等教育問題，不過他們更願意直接切入高等教育的歷史與現實狀況的角度進行梳理和審視，而不願進行深層次的辨析與思考；即使是湧現眾多的大學敘事，批評界似乎也無暇顧及。根據我的觀察，近年來文學界關於高等教育的討論，主要集中在兩個方面：一方面是梳理百年中國的高等教育歷史，而且重點是研究民國時期幾所重點大學的現代教育蹤跡，尋覓學術大師的行狀。應該說，這些歷史梳理裏面挖掘出的被歷史遮蔽的價值片斷確實彌足珍貴，但是如果從更加寬闊的歷史角度講，也有片面的美化痕跡。另一方面則是直接參與社會的高等教育問題討論，它們多從感同身受的體驗出發，以歐美著名大學為參照，揭示和批判高等教育中存在的種種弊端。歐美的高等教育自有優勢，因為他們的大學體制與社會體制有種自洽性，這是我們的高等教育難以實現的。但是這也表明，對於他們的某些優勢，我們存在着可比較性的問題。因此學界對於當代中國高等教育的討論，缺乏文學專業的維度。當然，指出學界忽視專業性的文學批評，並不意味着大學敘事分析就可完全洞悉高等教育弊端的緣由，或者尋找到徹底解決問題的思想路徑，而是說我們應該通過自身的專業研究，切入中國高等教育的現實，發現其他學科無法取代的文學認識作用。就高等教育的現狀而言，與社會媒體的現象披露和情緒表達，以及其他學科的枯燥數字與抽象理論相比，也許大學敘事分析更為生動、深刻和富有啟示意義，因為文學界畢竟出現過大量的大學敘事。

需要說明的是，本文以九十年代以來的十餘部長篇小說作為分析對象：陳世旭的《裸體問題》（1993 年）、格非的《慾望的旗幟》（1996 年）、張者的《桃李》（2002 年）、葛紅兵的《沙床》（2004 年）、湯吉夫的《大學紀事》（2007 年）、閻連科的《風雅頌》（2008 年）、史生榮的《所謂大學》（2009 年）、《大學潛規則》（2010 年）、石豐盛的《教授橫飛》（2008 年）和老悟的《教授變形記》（2009 年），以及專注大學敘事的阿袁的小說等。當然，這些文學作品只是本人視閾中大學敘事的代表作品，採用這種點綫面的方式進行闡釋的主要原因：一是限於篇幅，本文只能運用採樣式的個案分析，不可能窮盡式地全面收集大學敘事的文本；二是這些小說從不同視角與層面審視了近 20 年來大學知識分子的生存狀態，基本上表現出作家的批判精神及其思想限度；三是九十年代以來的當代文學具有明顯的斷代特徵，從某種意義上講，大學敘事本身就是文學斷代的表徵。

此外，從歷史的角度講，近 30 年的大學敘事大致是從九十年代初陳世旭的《裸體問題》到新世紀閻連科的《風雅頌》，但是通過這兩部作品的分析卻發現，如果從歷史的角度考察大學敘事的文化內涵，可能恰恰是從“風雅頌”到“裸體問題”，這的確有些反諷的意味。當然，從大歷史的角度講，我們倒真的希望大學敘事逐漸告別“赤裸裸”的眩暈，抵達新的“風雅頌”高度。

一、魂歸何處：自我認同的危機

新時期以來的中國高等教育以 1999 年大學擴招為界，大致可分為兩個歷史階段：前一個階段是精英教育時期，後一個階段則是大眾教育時期。我們列舉兩個數據來說明：1998 年，我國高等教育的毛入學率為 9.8%，[1] 大學在校生的總數為 642 萬人；2005 年的毛入學率則上升為 21%，各種形式的在校大學生已經超過 2,300 萬人。一般認為，毛入學率達到 15%左右，標誌着高等教育進入大眾教育階段。據教育部發佈的《2018 年全國教育事業發展統計公報》顯示，2018 年，全國各類高等教育在學總規模達到 3,833 萬人，高等教育毛入學率達到 48.1%。

精英教育與大眾教育這兩個階段不僅有招生數量規模的不同，而且存在着高等教育性質的差異，因而這兩個階段存在的突出問題，應該是不太相同的。然而，從近 30 年的大學敘事中我們卻驚奇地發現，中國高等教育有些問題貫穿始終，其中較為突出的是大學知識分子的精神危機，儘管它在兩個階段的表現形態上有所差異。毫不誇張地說，大學敘事中知識分子形象感受最深也最為焦慮的問題，莫過於大學知識分子的精神失落。而且，這種生命的失重還不是一時的精神現象，而是一個現在都難以看到盡頭的歷史過程，我們所能意料的，只是隨着具有中國特色的現代轉型的不斷深入和演變，它可能呈現出不同的形態。

首先，我們來看九十年代初期陳世旭的《裸體問題》，這是一部具有明

---

1 大學毛入學率，指某學年度大學教育在校生人數佔相應學齡人口總數比例，標誌着大學教育的相對規模和教育機會，是衡量大學教育發展水平的重要指標。

顯社會轉型痕跡的大學敘事。陳世旭是新時期著名作家，1979 年因小說《小鎮上的將軍》獲全國優秀短篇小說獎而一舉成名，多年來筆耕不輟。在新時期以來的社會變革時代，陳世旭依然堅守他所認同的現實主義，在紛繁複雜的現實社會面前，沉着地克服認識和表現的難度，憑據熱切的社會情懷與扎實的現實主義筆力，艱難掘進。

1985 年陳世旭考入武漢大學中文系插班學習，1987 年畢業獲漢語言文學學士學位。根據他在大學學習的人生經歷，他以大學生活為題材創作了系列中短篇小說，後連綴成這部長篇小說。他在小說的《後記》中說：

> 這些故事各具相對獨立性。連綴它們的，除了共同的文化背景，還有故事中的人物所共同面對的社會和人生命題。縈繞在所有這些現實生存命題的交響樂之間的，是一個飄落的、閃爍的、迴旋的形而上的主題，即人的精神歸宿。這即是我為這部長篇結構找到的唯一的、可能是極其脆弱的一條綱繩。[1]

從小說形態的表層看，它似乎與八十年代劉索拉的《你別無選擇》和徐星的《無主題的伴奏》等相似，表現出新時期以後中國高校青年師生充滿活力的青春騷動和極為混雜的思想矛盾。但是，這種貌似前衛的校園文化的內涵卻已悄然變質，九十年代初大學知識分子的騷動和矛盾與八十年代的不同，它們不再是來自青年師生對於陳舊的專業思想壓抑他們旺盛的知識文化的創造力，而是從世俗社會傳進大學這個象牙之塔的赤裸裸的慾望人生。作品顯然意識到時代的巨大變化，因為大學青年才俊畢業後的選擇，要麼下海經商，要麼去政府就職，抑或出國深造，沒有人願意在幽靜的校園裏從事專業教學和研究工作，他們像逃離沉船一樣地離開這所傳統悠久的東方大學。為此，小說中的研究生況達明感到深深的悲哀："即使是東方大學這樣的高

1　陳世旭：《裸體問題》，北京：中國青年出版社 1993 年版，第 195 頁。

等學府，也決非聖賢樂土。這裏也同樣的被無窮無盡的世俗的困擾所困擾。這個社會是越來越趨向於物質化了，不會有多少人真正來關心精神，關心靈魂的問題了。”[1]

當然，這部小說主要是從急劇轉型的社會維度，尋求九十年代初期大學知識分子精神變化的癥結，因而密切關注高校知識分子形而下的生存狀態。小說第五章《馬車》，講述了三位青年教師競爭副教授的悲哀故事，其中最有研究能力的姚長安，猝死在激烈競爭的講台上；講課最受學生歡迎的蕭牧夫最後憤然出國，兩手空空地離開了東方大學；最後只剩下資質較老而才質平庸的范正宇獲得副教授的職稱，繼續留在大學的講壇。這就是說，大學體制缺乏公平的競爭制度，作為大學主體的教師，無論是研究型還是教學型的優秀師資，都無法在大學裏獲得公正的待遇和起碼的尊嚴，“精英淘汰制度”的最後結局就是平庸之輩留守校園。原本為社會尊重的大學教師，此時不過是清貧與無能的代名詞，淪落為社會同情和哀憐的對象。對於大學知識分子來說，所謂的孤獨、空虛和荒誕，不過是一種自戀般的精神奢侈品，桎梏一般的學校體制和物質生活的匱乏才是他們切身的生存體驗，而這些外在人生狀況內化為心理體驗，便形成自我認同的危機。

當然，高等學校教師的職稱評定永遠是個難以釐清的問題，而且局外人也難以理解深陷其中的局中人的苦衷。一方面是職稱與教師的收入、待遇以及一些學術榮譽密切聯繫，也就是說，解決了職稱問題，不但可以改善生活上的物質條件，還可以帶來一些學術上的機會。倘若職稱問題沒有解決，很可能就會喪失一些學術上的機會利益。另一方面，職稱還與知識分子的身份意識與敏感心理密切相關。因為職稱對教師而言，標誌着一種職業能力和學術研究水平的認定，也是專業資歷的標誌。如果一個教師看到與自己學術水平和專業資歷相同甚至還不如自己的人，職稱比自己高，那麼他會切身體會到這種制度的不公平，感受到人格尊嚴的屈辱。簡言之，職稱最能體現高校

---

1 同上，第 138 頁。

教師的切身利益，也是受到高校教師高度關注的問題。

然而，高校職稱的數量似乎永遠跟不上教師的需求，評定方式也不可能獲得所有高校教師的普遍認同。比如各個學校普通採用的量化標準。但是，發表過 5 篇論文的教師，學術研究能力就一定強過發表過 4 篇論文的教師嗎？獲得過 3 個項目的教師，研究能力就一定強過獲得 2 個項目的教師嗎？也就是說，量化比較的方式並不是唯一的評價尺度，何況各個學科發表學術論文的難度也不一樣。再加上社會風氣與學校風氣的問題，也會干擾學校的職稱評定。例如，在學術研究方面相當的情況下，教師的職務也是影響職稱評定的一個條件，擔任一定職務的教師在職稱評定方面肯定佔有一定的優勢，因此有時職稱評定也是衡量一個學校風氣的窗口。陳世旭的這部小說認為，中國高校以後也會像國外高校一樣，採用聘任制度，這樣可以解決高校存在的職稱評定問題。這顯然也是對未來的理想想像，因為聘任制度出現後也會產生新的問題。總之，從高校稱職問題切入高校教師人生，無疑是個最佳的敘事焦點。

應該說，高校教師的生存窘態不過是新中國成立後知識分子苦難人生的繼續，只是因為社會市場經濟的轉型才把這種生存的窘態凸顯出來而已。高校教師自我認同的危機，除了外在社會重新認同人生慾望，還有知識分子自身精神狀態的變化。正像前面所述，在八十年代知識分子的自我想像中，苦難乃至犧牲是一切人生成功和社會進步不可避免的代價，而且付出的代價與獲得成功和進步的喜悅成正比。因為在社會角色的期待中，知識分子彷彿天生就是悲劇性形象，社會的情感淨化和道德維繫注定要以他們的苦難與犧牲來實現。按照鮑曼的說法，只有認同磨難，淨化和執着命運，才能體現知識分子角色的合法性。然而，八十年代也在接續現代啟蒙主義，現代化與世俗化相伴而行。從世俗化的角度講，知識分子天生必須承受苦難的道德意義受到質疑，文化責任與個人權益的關係浮出水面。因此九十年代初期大學敘事中的知識分子人物，在磨難和執着的人生體驗中，我們看到的不再是堅定和悲壯的正面情緒，反而是壓抑、焦灼和激憤的負面性情緒。故此，他們不再像八十年代《人到中年》的陸文婷那樣，心安理得地甘守清貧和默認不公，而是明確提出人的尊嚴和社會公平的正當訴求。

真正從精神危機的視角思考大學知識分子生命困境的力作，是格非的長篇小說《慾望的旗幟》，作者在小說的《後記》中說：

> 這部作品外表的諷喻特徵也許掩蓋了我寫作時的基本動機，事實，它只是一把刻度尺。我想用它來測量一下廢墟的規模，看看它潰敗到了什麼程度，或者說，我們為了與之對抗而建築的種種壁壘，比如說愛情，是不能夠進行有效的防禦。[1]

《慾望的旗幟》深刻地剖析了大學知識分子群體精神危機的症狀 —— 普遍的自我認同危機。所謂的自我認同，是由自我確認和自我承諾所規定的，這些自我確認和承諾“提供了一種框架和視界，在這種框架和視界之中，我能夠在各種情境中嘗試決定什麼是善的，或有價值的，或應當做的，或者我支持的或反對的”。[2] 因而自我認同是解決“我是誰”的問題。自我認同的危機則意味着個人主體框架的破裂和自我完整性的喪失，個體失去了完整性和連續性的自我認識，感受到主體道德的空虛；身處充滿變遷而難以預料的現代社會，個體倍感生命的焦慮。[3]

格非的這部小說得從賈蘭坡教授說起。賈教授所遭遇的精神危機是理性與信仰的分裂。他將自己的全部夢想寄託在自己從事的哲學事業上，希望為轉型時期的社會建立新的價值範疇。在賈蘭坡看來，哲學是價值範疇的堅實基礎：“倘若沒有哲學，人與豬何異？”[4] 不過，這種激憤之中隱含着深深的焦慮。這位斯賓諾莎的忠實信徒所希望的哲學，不是簡單的揭示或者啟示，

1 格非：《慾望的旗幟》，南京：江蘇文藝出版社 1996 年版，第 324 頁。
2 汪暉：《汪暉自選集》，第 37 頁。
3 〔英〕安東尼．吉登斯：《現代性與自我認同：現代晚期的自我與社會》，第 59 頁。
4 格非：《慾望的旗幟》，第 33 頁。

而是邏輯清晰的理性闡述；他堅信，惟有信仰才是哲學的堅實基礎，而只有理性才能確定信仰價值所在。可是問題在於，不肯確信不證自明永恆的賈蘭坡，無法運用理性來確證信仰。其實，他是一代知識分子的精神代表，他們精神危機的癥結在於，不肯承認合理性與理性的根本差異，拒絕超驗意義上的信仰，徒勞地建構科學形而上的大廈。他沒有意識到，根本的問題在於人是有限的動物，在人們的認識不可能窮盡他們面對的世界的時候，如何建構科學形而上的大廈呢？因此，人們的信仰往往建立在合理性上，這種合理性未必是通過工具理性能夠闡述清楚的，因而常常要依靠實踐理性，如宗教信仰就是用神跡和啟示來表述的。

賈蘭坡還堅持認為："沒有對於永恆的確信，道德亦將不復存在。"[1] 在他看來，只有確信永恆的存在，才能肯定道德的價值，因而他的信仰危機必然導致道德危機。這雖然不能表明歷史轉型時期社會道德失範的全部原因，但確實是一個重要的精神原因。信仰的喪失，意味着道德防綫的脆弱；而道德防綫的脆弱，則無法抵禦生命慾望的衝擊。因而賈蘭坡教授既是哲學教授，也是個好色之徒。也許，他深知缺乏信念支撐的道德理性的致命限度，並從自身道德理性的無力中感受到切膚的精神失重的痛苦，否則他就不會選擇自殺。他自殺的內在邏輯是：理性與信仰的分裂造成自我完整性的瓦解，而缺乏信念支撐的道德理性則無法抵擋世俗慾望的侵襲，自我沉淪最終導致了自我絕望。他以自殺的方式結束自己，以解脫因絕望而導致的精神痛苦。從根本上講，是理性與信仰的悖論導致道德的空虛，使他無法確認自我價值，甚至無法證明自己的存在。應該說，賈教授確實遭遇了現代社會的精神問題：理性與信仰的分裂，信仰與道德的分裂。

賈蘭坡的弟子子衿博士的精神困境，則是話語意識與實踐意識的分裂，即"知"與"行"的分裂。他作為一個當代作家，無法存在於真實卻混亂不堪的現實世界，又無法不生活在這樣一個充斥謊言的世界；他在虛擬的藝術

---

1 同上，第 44 頁。

世界表達自己真實的存在，卻在真實的現實世界編織生活的謊言，以致藝術世界與現實世界相互混淆，沒有信心辨認進入他頭腦中的事實究竟哪些是真實哪些是幻覺。子衿對於事物和他人真實感的喪失，表明他理性認知和價值情感的混亂，更體現出現實世界的失序；而基本信任的喪失直接威脅他自我本體的安全，構成存在性的精神焦慮。他的最終瘋狂，不過是嚴重的自我認同危機的另一種隱喻。

在賈蘭坡另一位弟子曾山博士身上體現的，則是理性世界與現實世界的嚴重分裂。他試圖用理性主體支撐自己的人格和支配自己的人生，可是生活的結果總是令他沮喪地陷入自我懷疑和無所適從之中。哲學和愛情曾經是曾山自我救贖的希望與靈魂棲居的家園，但最終還是春夢破滅。他從事哲學研究多年，卻發現哲學不能再給自己的人生提供正確答案了，"哲學所照亮的東西也正是人們試圖遺忘的東西"。[1] 一旦人們的精神理性防綫千瘡百孔，那麼慾望、墮落、虛無乃至一切時代的病症便趁隙而入，侵蝕人們的靈魂。

如果說《慾望的旗幟》更多的是從形而上的角度探測大學知識分子的精神危機，那麼新世紀以後的阿袁，則以具體的現實世界的呈現闡述大學精神的喪失。她的中篇小說《子在川上》講述大學知識分子在新的教育體制下，產生的生存困境和精神困境是如何無情地消蝕現代大學精神的。這篇小說主要是描述某師範大學中文系教師蘇不漁，從副教授降至資料員的風波。蘇不漁畢業於北京大學，是中文系著名的古代文學教師，他的課程深受學生歡迎，而且一直是有口皆碑的。但是蘇不漁一直秉承精英教育的理念，頗具文人氣息，而且他主張無為，年過五十還沒有出版一部學術專著，僅有的幾篇論文也是以前發表的。"按研究生院的規定，研究生導師每年至少要發表一篇論文，三年至少要申請到五千塊研究經費，才有資格當碩導，否則，就要取消導師資格。"[2] 研究生院每年都會把那些達不到要求的教師名單下達到系

---

1 同上，第 266 頁。

2 阿袁：〈子在川上〉，載中國小說學會編：《2011 年中國小說學會排行榜》，南昌：二十一世紀出版社 2012 年版，第 273 頁。

裏，蘇不漁總是位列“黑名單”之上。但是，由於學校較多的碩導都達不到這個要求，法不責眾，這個規定便從來沒有認真實施過。但是，在一次的學生活動中，蘇不漁在無形之中得罪了系主任陳子季和杜校長，中文系便把他列入新一年的“黑名單”，並公然掛到了校園網上。受到屈辱的蘇不漁，一氣之下以罷課的方式表示抗議，並且公開張貼《告全校師生書》：

> 古之師者，傳道、授業、解惑也；今之師者，論文、課題、博士也。不漁不才，無論文，無課題，無博士頭銜，亦無顏再以師者自居——力既不逮，又何必蹉跎他人？回首二十餘載學教生涯，當初春風桃李，如今都成渺邈。沉鬱頓挫，雖意猶未盡；輾轉千回，仍慚然自知辭。[1]

公開書一出，再次惹惱學校領導，蘇不漁便由教師被貶為資料員。一位深受學生愛戴的教師就這樣被冷藏起來了。這篇小說實質上也觸及到大學的精神問題。所謂的大學精神，一般而論是指大學在長期發展過程中形成的獨特的價值規範體系及精神氣質，它從道德價值上維繫大學的生存和發展。在這篇小說中，關乎大學精神的具體內涵，主要表現在知識分子的職業倫理精神、自由精神和精神氣質等三個方面。

首先是知識分子的職業倫理精神受到腐蝕。大學的功能固然有多個方面，但最為基礎和首要的，毫無疑問是傳授知識和培養人才。如果大學過分強調教師的科研業績，特別是要求人文學科的教師發表論文和承擔項目，而對教師的教學業績毫不在意，那麼無形之中就會淡化他們作為一個老師的身份意識和責任意識。像蘇不漁這樣深受學生歡迎的教師，在專業教學上肯定擁有他的長處，僅僅因為沒有達到學校所規定的大學研究生導師的科研條件就被剝奪導師的資格，最終不得不離開他心愛的講台，被逐往資料室，這顯

---

1 同上，第 276 頁。

然是有違職業倫理的精神。一個缺乏職業倫理精神的大學，怎樣培養學生的責任意識呢？

其次是大學的自由精神受到腐蝕。這裏的自由，是指阿耶克所說的否定性自由，即個人具有道德和理性的自主性，“不受制於另一人或另一些人因專斷意志而產生的強制狀態”。[1] 其實，自由只是允許我們自己決定如何處理或運用我們所處其間的各種情勢，而不能保持一定獲利某些特定的機會，甚至很可能還要付出承受的代價。雖然小說中的大學教師大多都有被強制的感覺，但又大多像小說中的朱小黛老師一樣，對大學的現行體制保持既不認同也不抗爭的屈從姿態，奉行典型的現代犬儒主義。真正公開反對不合理的要求並且行動上拒絕同流合污，按自己意志行事的只有蘇不漁，但正是他按自主的抉擇為人行事，卻遭到領導的排斥和處罰。我不知道，一個犬儒主義盛行的大學，如何傳播現代社會的獨立思想和自由精神？

最後是大學的精神氣質受到腐蝕。小說中真正具有知識分子氣質的肯定只有蘇不漁，他所嚮往的魏晉南北朝是士人走向自我和張揚個性的時代，他所鍾愛的阮籍曾經發出“孔聖臨長大川，惜逝忽若浮”的人生感慨，是個極具生命意識的苦悶象徵。可是，蘇不漁周圍的老師，對於他的率真任情和正義衝動卻噤若寒蟬，而且有的教師“甚至只要一聽到蘇不漁說到某某，就會藉故離開”，因為他們知道在教學理念上蘇不漁與主任陳季子是不同的，害怕自己被人誤解為蘇不漁的同道或者幫兇。我不知道，一個將自我嚴嚴實實地包裹起來的人，能有多少創造能力；一個充斥着唯唯諾諾的大學，如何熏陶學生獨立的知識分子氣質？

倘若說《裸體問題》還只是從現實出發，憂慮地感覺到大學知識分子群體的精神危機，那麼《慾望的旗幟》已經在全面探測知識分子群體精神廢墟的症狀，並將精神癥結診斷為自我認同的危機，《子在川上》則在辨析大學

---

1 〔英〕弗里德里希・馮・哈耶克：《自由秩序原理》，北京：生活・讀書・新知三聯書店 1997 年版，第 4 頁。

精神是怎樣在現實的情境下無形喪失的。要知道，這一切就發生在九十年代以來的歷史過程之中：傳統士人家國天下的價值規範，隨着宗法封建社會的解體而無法招魂；八十年代重新接續現代社會明朗的啟蒙理性思想，由於無法直面日益複雜的中國特色的現代社會而難以為續，令當代知識分子真正陷入生命不能承受之輕的精神困境，而且這是一個至今都不知道何時能終結的漫漫歷程。好在時間的力量是強大的，它會讓焦慮的精神漸漸麻木。新世紀的大學敘事，不要說見不到具有堅定信仰的知識分子，就是為信仰的失落而惶惶不可終日的知識分子也都少見，他們似乎已經把生命之輕視為人生的常態，把為形而上精神焦慮的人視為矯情，只有遭遇人生失意的困境時，他們才會隱隱感受到精神危機的威脅。

二、情繫何方：人生的迷惘

九十年代以來的大學敘事還有一個貫穿始終並且糾纏不休的書寫對象，這就是知識分子的愛情婚姻問題。這是個令人深思的問題，因為在這個曖昧的時代，與文學一樣古老的愛情婚姻問題，似乎成為大學敘事所編織的生活圖景中不可或缺的重要經緯，或者是常說常新的話題。

我將大學敘事中的情感世界分為四類。一是現實批判小說中的愛情婚姻，如史生榮的《大學潛規則》、阿袁的《顧博士的婚姻經濟學》等；二是自我表述小說中的愛情婚姻，如葛紅兵的《紙床》等；三是現代寓言小說中的愛情婚姻，如閻連拉的《風雅頌》等；此外，還有準黑幕小說中所謂的愛情婚姻，如老悟的《教授變形記》等。本文對準黑幕小說中所謂的愛情婚姻忽略不論，因為這類小說大凡都要塑造一些醜陋的大學教授，他們醜陋的行徑無非就是不學無術、利慾熏心和寡廉鮮恥。這類教師形象一般為男性，漁獵女色則是他們道德卑鄙或者大學潰敗不可或缺的佐證。換言之，這類小說把大學教師的情感生活作為“黑幕”的內容，將對愛情婚姻的書寫作為殺傷大學知識分子的道德暗器。所以本文只闡釋大學敘事情感世界的前三類。

首先，大學敘事中的現實批判小說的知識分子愛情生活。這些小說大多涉及大學知識分子的婚外戀情，充滿着生存的悖論。《大學潛規則》描寫了社會潛規則下當代中國大學知識分子人生奮鬥的悲喜劇。小說中的女主人公曹小慧作為現代知識女性，具有明確的自我實現的內在需求，不甘平庸也不願死守清貧，想在事業與生活上有所作為。眼看就到評定副教授的關口，她想再努力一下，盡快評上職稱，可是還差一些科研項目。她的丈夫也已自顧不暇，無力相助。她在無奈的情境下求助同事門亮。門亮作為一個中年教師，事業有成，也願意傾力相助，因為他昔日的一個同學在財務廳擔任副廳長。然而，他們畢竟也是血肉之軀的人，在共同努力的過程中，倆人的情感悄然而生，彼此相愛，陷入了難以自拔的矛盾困境。小說寫他們在一起的矛盾心理：

> 在這荒郊野外，一男一女緊緊挨在一起雖然浪漫，但曹小慧還是有點慌亂。慌亂讓她的心跳得如同賽跑，也讓所有的寧靜變得無影無蹤。不行，這樣不行。但她無力起身。慌亂了向四周望望，別說人影，感覺連個活物都不存在。既然神不知鬼不覺，乾脆就由他一回。但只此一回，下不為例。曹小慧慌亂的心一下安靜了下來。門亮的手已經試探性地摟住她的腰，雙眼雖然在凝視遠方，但她肯定，他的視覺感覺聽覺，都在她身上。[1]

當他們真正產生愛情的時候，曹小慧深深陷入難以自拔的境地，在面臨抉擇的關口她不知所措：忠實情感，必須承受來自雙方家庭與社會輿論的重大現實壓力；泯滅情感，則是壓抑生命的自我欺騙。在這個兩難的情感生活世界，生活的創傷歷歷在目。

人類進入現代社會後，愛情似乎越來越成為一個暧昧的詞語。在注重情

1 史生榮：《大學潛規則》，北京：人民文學出版社 2010 年版，第 59 頁。

感的浪漫主義愛情觀看來，傳統的婚姻形式並不合理，因為當事的雙方並不必然地始終保持真正的愛情；生命激情才是愛情的契約，它使人真切感受和體驗到生命的律動。而功利主義的愛情觀則認為，愛情是一種危險的生命跋涉，誠如毛姆《月亮和六便士》中的思特里克蘭德所說，愛情是一種疾病，是人性的一個弱點；人們在愛情方面的過多付出總是一種生命的浪費。至於婚外戀情，更是極端性情感與生命的瘋狂投入。[1] 然而，正是現代愛情價值的不確定，才顯現出愛情文學的意義。雖然這類小說無力穿透雲遮霧繞的愛情迷障，但這並不妨礙它執着地直面充滿悖論的愛情現實，深情關注身陷其中者的生存情狀與精神表徵，言說他們因難以自拔而導致的刻骨銘心的人生感受和生命體驗，從而用無把握的智慧見證這種特殊的生命情感。

兩性之間的情感生活，固然是當下大學敘事的常見話題，但像阿袁這樣專注並執着地審視特定時空下的愛情婚姻生活的大學敘事，似乎並不多見。若從宏大敘事的角度講，這似乎是個狹窄的書寫空間。可是我卻不這麼認為，且不說每個作家如何真誠地對待自己有限的生活經驗與生命體驗的問題，就是兩性情感世界本身也是我們這個曖昧年代乃至可望的將來，值得充分關注的充溢生命意蘊的詩意空間。因為現代轉型時期大學敘事的愛情婚姻，作為一個敘事焦點，凝聚着創作主體對現代知識分子人生境況及其生存悖論的深切體驗；它像一束強光，可以穿越兩性心靈的交互地帶，探索人性的奧秘。故此，我們不能用慣常的能指與所指的敘事語法，來限定特定語境下情感世界的增值性能指。

在《顧博士的婚姻經濟學》中，顧博士的愛情婚姻人生，頗具傳奇性。顧博士身材高大、儀表堂堂，讀研究生期間就先後領受風情妖嬈的沈南、才情出眾的姜緋緋兩位女生的愛情，還傳為佳話；他任教不久又得到才貌雙全的女生鮑敏的追求。這幾位女性都是學校公認的美人，可以說獲得其中任何一個人的愛情都讓人艷羨不已，可是此公居然有如愛神附體，而且收穫艷情

---

1 毛姆：《月亮和六便士》，上海：上海譯文出版社 1995 年版，第 193 頁。

時波瀾不驚，分手之際拂袖而去，真可謂榮辱不驚，讓人懷疑造物主對他簡直偏愛到不可理喻的地步。然而，他最終選擇的“另一半”，竟然是平常而賢淑的陳小美，讓人覺得不可思議。

其實，顧博士的婚姻選擇標準十分簡單，就是終極的人生目的——“經濟”。從社會學角度講，這是個單向度的人；從審美角度講，他也許是個扁平人物，因而這個形象的傳奇性與個性的單純性和極致性密切相關。他善於用市場經濟的思維模式規劃人生，甚至將自己視為一種商品，把自己的生命精力當作一筆能夠將利益回報最大化的投資來體驗；他之所以選擇這所高校任教，就是衝着它的博士點建設的實惠，把自己的技術和知識作為人格部件進行商品交換。關於愛情婚姻的思考，顧博士同樣源自這種功利的人生目的。在他看來，無論是物質還是精神，過多的愛情婚姻付出，都是徒勞的生命浪費；愛情走向婚姻的結果終歸是家庭，而且是建立在社會基礎上的功能性的經濟實體。既然這個年代的身體與社會都是慾望的載體，那麼他乾脆將生命本能的衝動全部昇華為社會利益的追逐，所以他的愛情婚姻選擇可以抵制來自姣美身體和美好情感的誘惑。簡言之，由於他的生命力全部轉向外在的社會利益，因而失去了愛情原動力。對於顧博士而言，這個世界不過是滿足他饕餮食慾的巨大對象，就像一個大蘋果或者一隻大乳房，他就是攀附其上的貪婪吸吮者，是永遠不知滿足的期望者。

值得深思的是，小說文本關於顧博士的傳奇人生及其價值評述，基本上是通過顧博士身邊的人，即趙志勇、俞非、姚麗絹、沈長明等教師的視角進行審視和敘述的。從表層上講，他們的愛情婚姻觀深受現代根深蒂固的浪漫主義影響，與顧博士的觀念格格不入。在他們看來，生命激情才是愛情的契約，因而愛的對象比愛的功能更為重要，因而對顧博士的擇偶觀念和行為先是頗為不解，後是不以為然。但從深層講，他們作為旁觀者，又與顧博士構成了“看”與“被看”的關係。在現代文化語境中，“看”與“被看”無疑隱含着一種主體觀念的價值等級關係；因而在這些居高臨下的旁觀者眼中，藏匿着隱秘好奇的窺視慾望。一方面他們凝視着顧博士這個慾望客體，以滿足自己觀看的快感與被壓抑的慾望；另一方面，這些隱匿於群體身份中的個體目光中，無意識地流露出社會心理的世俗功利困惑與時代的不適感。

上世紀九十年代以後，知識分子隨着啟蒙現代性的瓦解，喪失了內在的同一性。由於缺乏共同的思想基礎，因而他們至今也無力建構一種與自我身份相應的純粹而寬容的現代知識分子精神氣質，即使是現代知識分子聚集的大學，也是如此。部分大學知識分子不僅認同世俗的功利價值，而且內化為人格意志，付諸日常生活方式；就是在抵制習俗侵蝕的觀念中，也受制於個體經驗性的慾望壓抑支配。從顧博士的情感生活中不難發現，自從上個世紀初正式建立現代學堂制以來，中國大學從來沒有像今天這樣受到社會的關注，但也從來沒有像今天這般斯文掃地！

其次，大學敘事中的自我小說的知識分子愛情生活。這類大學敘事，主要是指具有自敘傳意味的情感小說，它們與《沉淪》和《莎菲女士的日記》具有家族式的相似性，着重敘述主人公視角中的愛情人生，有時超出具體的愛情範疇而轉向生命意義的範疇，並在文本之中形成一種瀰漫性的思緒。葛紅兵的《沙床》就以自敘傳的手法講述了一名青年教授和他的學生以及多名戀人之間複雜的情慾故事。小說以傷感的筆觸深入師生戀、派對戀等愛情關係，對當代知識分子的情感和精神狀況做了大膽披露。

小說有意將情愛提升為一種切己的生命要義，你可以質疑他的自我辯解，也可以不認同他的愛情觀念，但不能全然否認作品的文化含義，因為它傳達了一些年輕知識分子關於情感生活的感悟與困惑。小說寫道：

> 人是世界上惟一一種能體驗到不願死亡而又面臨死亡之痛苦和恐懼的動物，也正因此，人才更加珍惜眼前的一切，友誼、愛情才顯得彌足珍貴。人作為有限者的任務是什麼呢？在有限的範圍發現絕對價值，親近絕對價值，而不是相反，因為必須直面死亡便選擇放棄和逃避。[1]

1　葛紅兵：《沙床》，武漢：長江文藝出版社 2004 年版，第 150 頁。

從一般意義上講，現代人把生命的激情投向情感世界，或者說把情感作為生命意義的替代物，這原本就是現代社會信仰危機的表徵之一。對於現代人，尤其是缺乏神學文化背景的現代國人，大多業已喪失宗教信仰的能力，而曾經的傳統文化價值與革命信仰業已失去權威，因而與其把生命的激情投向遼遠、飄渺和虛妄的星空，不如轉向切己的身體與真切而幸福的愛情，以此填補生命的空寂並且獲取真實的人生意義。與此同時，相對傳統的鄉村宗法社會而言，現代都市是一個充滿陌生面孔與瘋狂追逐功利的慾望世界，所謂的事業人生也像《沙床》中主人公所處的大學人生一樣荒誕不經，因而個體"主觀性和內在性一下子變得比以往任何時候都更加豐富和發達，更加孤獨和身不由己"，人們似乎比任何時候都需要精神和心理的慰藉。[1] 由此，男女之間的切己的情感世界得以凸現。

儘管我們可以從個體生命的角度，寬容地理解現代愛情及其緣由，但是《沙床》關於情感生活的思想路徑，畢竟與傳統文化大相徑庭，也與現代社會的大眾文化相悖，很大程度上應該歸於另類的價值觀念。小說講述一個青年教師與數位女性的情感生活，主人公可以同時愛上兩個女性，還可以"為片刻的溫暖"與並不相愛的人做愛。為此，他一方面體驗到生命的虛無，並不斷地質詢自己；另一方面又為自己的情感生活辯解：可能是因為性別的差異，也可能是因為渴求生命交流，但最根本的緣由還是企圖以"夢的殘片"抵禦個體生命的有限性。[2] 對於這個自戀式的人物形象，你可以說他情感生活的不專一，也可以批駁他的辯解，但不能全然否定他的真誠和夢想。

小說主人公"我"的問題癥結在於，現代自由倫理已經將道德的立法權利交給了個體，讓個體遵從道德的良知去把握生活。於是，現代理性的道德良知演變成了感覺性的道德良知，"就是從自由意志到自由慾望的轉變——意志的向善成了感覺的自適"。[3] 這就是說，現代社會人的道德意識的內涵發

1 〔美〕馬歇爾・伯曼：《一切堅固的東西都煙消雲散了：現代性體驗》，第 6 頁。

2 同上，第 217 頁。

3 劉小楓：《沉重的肉身——現代性倫理的敘事緯語》，第 286 頁。

生了重大的悄然變化，生命的感性慾求在道德理性領域取得了合法地位。正如小說中的人物所說，個人的身體與社會都是慾望的載體，個人軀體聽從生命的慾求，而社會卻服從金錢和地位，“相比較而言，我寧可沿着身體當初給我的偉大指引前行，也不願沿着社會給我的誘惑攀爬”。[1] 因此，我們不能僅僅從傳統的道德維度去理解小說主人公的個人選擇，當然，這也並不代表我們認同主人公將感性的生命慾求作為生命意義的替代品。

最後，大學敘事中的現代寓言小說的愛情生活。傳統意義上的寓言小說，是指表面的故事包含着一個相關的意義；而現代寓言小說則是從思想觀念的角度敘述另一個故事，用傑姆遜的話說：“在一個新的層次上，所有的故事都成了思維的形式，當然這種思維不再是過去那種道德化的說教或寓意。”[2]《風雅頌》就是以現代寓言的方式，表現當代中國高校知識分子荒誕不經的生命狀態，以此顯現真實的精神現實。

《風雅頌》的主人公楊科是個生活在邊緣的清燕大學的副教授，耗費多年心血的研究成果無法引發學生的興趣，也得不到學校的認同，連他的妻子都嫌棄並背叛他。他與學生一道參加抗擊沙塵暴活動，結果卻是像一條邋遢狗一樣被校方領導踢出學校，送往精神病院。在精神病院，他給病人們講解《詩經》，竟然獲得在大學裏從未享受的熱烈反映，病人們掌聲雷動。楊科無力無能的邊緣化生存狀態，從某種意義上隱喻了當代文人知識分子的悲劇命運：在這個無序而惡俗的功利主義時代，知識分子安身立命的“詩經”文化及其價值意義被棄之如敝屣；失去文化根基的生活徒勞無益，他們的抗爭不但喪失了英雄氣概，甚至顯得荒唐怪誕。在這種無奈的情景下，楊科只好逃往故鄉，尋找初戀的情人；可是故鄉面目全非，往昔的情人也離開了人世。縣城“天堂街”裏的那些坐台小姐，成了他遇到的最求知的學生和知己。其實，真正的故鄉和純潔的愛情早已消失在逝去的時間裏，任何把留存在個人

---

1 葛紅兵：《沙床》，第 121 頁。

2 〔美〕杰姆遜：《後現代主義與文化理論》，北京：北京大學出版社 1997 年版，第 130 頁。

記憶中的浪漫想像變成生活現實的企圖，注定是要幻滅的。因而楊科的命運歸宿只能是與世隔絕，領着天堂街的小姐和一批專家逃向“詩經古城”，他們犬儒般地蜷縮在與世隔絕的“詩經”文化的廢墟之中。

楊科失敗的情感生活，顯然是小說荒誕喻旨的重要喻體。現代社會關於愛情的道德理性，在功利而堅硬的現實面前軟弱無力；傳統文化中郎才女貌式的情感記憶，不過是知識分子自戀式的心理補償。楊科在情感生活的遭遇，以直觀的形式圖解了加繆的觀念：“在一個突然被剝奪了幻覺和光明的宇宙中，人就感到自己是個局外人。這種放逐無可救藥，因為人被剝奪了對故鄉的回憶和對樂土的希望。這種人和生活的分離，演員和佈景的分離，正是荒誕感。”[1]

總之，大學敘事中的愛情人生和情感世界，呈現出空前的紛繁複雜的形態。知識分子的情感婚姻生活在現實人生層面形態不一，而且充滿着悖論：在現實生活層面，即使尋找到美好的愛情生活，也未必是理想的實現，很可能是生命的困境；在個體生命的層面，愛情可能昇華為存在意義的替代品，照射出精神人格的自我取向，但是未必能夠最終安頓一顆躁動的心靈；在人生寓言的層面則成為一種喻旨深遠的喻體，啟發讀者對現實人生和荒誕世界的認知。他們情感婚姻生活的狀態，固然表明了九十年代以來我國社會生活的現代性趨勢，即存在價值的個體化，個體生命意義的感覺化與肉身化，感覺經脈的私人化。[2] 應該說，這種現代性的多元愛情婚姻的形態，固然可以體現出當代社會情感人生和婚姻取向的多向選擇，昭示當代中國現代發展的複雜多元的文化狀態；更為重要的是，知識分子在情感婚姻生活的困境，往往與困頓人生、複雜人性和矛盾心靈緊緊糾纏在一起，構成複雜而迷惘的人生形態。面對複雜而迷惘的人生，我們既有的道德觀念體系擁有終極判定的權利嗎？

---

1 加繆：《西緒文集》，南京：譯林出版社 1999 年版，第 626 頁。

2 劉小楓：《沉重的肉身 ——現代性倫理的敘事緯語》，第 287 頁。

三、世俗功利：人性的迷失

恰如格非當年的預言，在當代中國精神廢墟上展現的將很可能是一面“慾望的旗幟”。果不其然，在新世紀的大學敘事裏面，大學校園不再是複雜社會中的寧靜綠洲，而同樣是人性慾望暗流洶湧的場所，《桃李》《大學紀事》和《所謂大學》等長篇小說，以在場的方式不同程度地披露小說中的“慾望”指涉情慾，卻隱喻了廣義的人性慾望。這是一批大學知識分子在精神堤壩潰決後，人慾橫流的景象及其深層緣由。

值得注意的是，二十一世紀大學知識分子的生存狀態發生了一些戲劇性的變化。因為大學的擴招，高校辦學規模迅速膨脹，大學的財政收入大幅度增加，基本上告別了以往計劃經濟時代捉襟見肘的窘況；與此同時，隨着國家經濟的快速發展，為了提高大學的研究能力和辦學水平，國家也加大了教育投入，特別是對於國家和社會急需的一些專業寄予厚望，通過種種渠道大力扶持，原本財經拮据的大學也開始顯得有些財大氣粗。在大學發展的過程中，大學教師的收入有所改善，尤其是一些與現代社會、市場經濟緊密相聯和國家關注專業的教師，收入有了較大的提升，因而在高校內部開始出現較大分化。在社會看來，原本清貧並受人們同情的大學教師，似乎一夜之間成為一種令人欽慕的“名利雙收”的職業。特別是一些直接與社會和市場直接接軌的專業教師，更是享受明星一般的待遇。《桃李》中的法學教授、博士生導師邵景文就被研究生們稱為“老闆”，這個詞語似乎可以視為折射世紀之交的大學景觀的一個關鍵詞語，有必要立此存照：

> 這個稱呼不知從何時開始的，無非有以下幾個理由。第一，把導師稱作老闆喊着踏實，叫着通俗，顯得導師有錢有勢；第二，老闆這稱呼在同學們心中已賦予了新的含意，老闆已不是生意人，也不是一般人理解的大款了。大款算什麼，大款只有幾個臭錢，而老闆不僅是大款也可能是大師、大家；第三，老闆這稱呼已根本上和一般公司經理區分開

了，同學們稱自己勤工助學打工所在的公司經理為老總。[1]

研究生將導師稱為“老闆”，大概始於上世紀九十年代初期，流行於世紀之交，而且顯然是受市場經濟的影響。這種稱謂把高校中的師生關係轉喻為市場社會的僱傭關係，固然是以偏概全，並且嚴重損害大學知識共同體的形象，但卻暗含了一個更令人憂慮的現象：社會和市場因素堂而皇之地進入大學的知識生產、流通和消費過程。一方面這與現代大學本身的使命和現代社會的發展趨勢相關。產品的科技含量可以直接提升產品在市場上的價值，而中國科技的主要人力資源還是在高校，這就促使了高校產生社會服務的職能，高校從事智力活動的職業者也越來越關注社會的經濟實踐。另一方面，也顯然與九十年代市場經濟的急劇轉型密切相關。儘管官方從來沒有正式承認教育產業化的說法，但是各級行政部門卻公開且積極地支持高校的知識生產轉化為社會產品、科研成果轉化為社會的科技產品，高校自身也鼓勵教師攜帶知識和科技產品進入市場，這樣既可以促進社會的現代經發展，履行高校服務社會的職能，也可以緩解大學擴招和擴建帶來的財政壓力。故此，本世紀以來的高校知識分子不再遠離喧囂的市場社會，而是紛紛走出象牙之塔，甚至一度趨之若鶩地攀附市場。

由於過度強調高校為社會實踐服務的職能，忽略學校培育人才和傳播文明的根本職能和神聖使命，一些與現實社會聯繫緊密的專業教師，儼然成為名副其實的“老闆”。《桃李》中的邵景文作為一個法學教授，熱衷於社會服務，奔走於各個公司，忙碌於各種案件，似乎兼職律師成為他的主要社會角色，而大學專職教師卻變成了一個業餘的行當，同時，他的研究生也成為他的“僱員”。邵景文的大學教師的職業道德，在這種專職與兼職的社會角色的錯位中逐漸沉淪，最終被市場金錢與美色的漩渦吞沒，死於非命。這個形象從一個側面表現出新世紀部分大學知識分子的人性被市場魔力嚴重腐

1 張者：《桃李》，北京：人民文學出版社 2002 年版，第 1 頁。

蝕的現象。

在當代中國大學的知識生產、流通和消費過程中，比市場要素更具危害性的則是行政權力要素。這種極具中國文化特質的權力要素，主要體現在行政化的大學管理和運營方式上，因而往往被指認為教育體制的問題。饒有意趣的是，大學體制這個問題早在現代小說《圍城》中就有所披露，直到如今，它不僅是沉渣泛起，而且越來越猖獗。對於這種弊端叢生的大學體制，不僅社會批評越來越尖銳，而且業已成為大學內部學人深惡痛絕的心役，幾乎所有大學敘事的批判鋒芒，無不指向這種教育體制的弊病。

這種體制的弊病是怎樣形成並且越來越引起社會關注的呢？大學擴招後，中國高等教育由精英教育轉化為大眾教育，而中國的高等教育對於高校的大眾教育缺乏辦學的經驗，因而辦學規模膨脹後高校的教學質量急劇下降，遭到整個社會的詬病。為了防止教學質量下滑，也為了提升大學的知識創造水平，更好地發揮服務社會的功能，各級教育部門加強了對高校的教學質量評估。在高校教育的評估中，各級教育管理部門引進了西方高等教育的競爭性的現代管理機制，制定出種種令人眼花繚亂的管理制度，而且所有的管理制度均體現為量化的“科學”形式。可是，這種制度性的評估結果卻事與願違：支撐學術自由與學術規範的良知和學理，在工具理性的精確換算中扭曲變形。人們發現，在強調外在利益驅動而忽視自主創造動力的學術流水綫上，不斷湧現出一些毫無創造意義和知識價值的學術贗品。

尤其值得注意的是，這種急功近利的大學管理制度，不僅阻礙了學術的自由選擇和知識創新，而且使大學變成了一個世俗的名利場，嚴重毒化了大學知識分子的生存環境，業已成為大學教師的心役，甚至是桎梏。因為大學科研資源的相對匱乏，決定了競爭的獲利者只能是少數的成功人士；而大學的行政化傾向，又決定了行政權力與成功人士千絲萬縷的聯繫。坦率地說，這倒不是說從西方引進的競爭性的教育機制有多大的問題，而是說這種機制與當代中國社會體制之間缺乏一種內在的自洽性，因此極具中國特色的行政權力要素，滲透進當代大學的整個知識生產、傳播和評價過程，以致昔日"學而優則仕"的陳腐觀念在清高的大學沉渣泛起，污染着大學的清風正氣。因為原本繁雜的行政職務不但沒有耽擱各類領導人的學術研究，降低他們的學術水平，反而因為他們擁有更加豐富的學術資源，製造出更多的科研成果，獲得更多的名利。因此，在高校從政遠遠勝過坐冷板凳。阿袁的中篇小說《子在川上》中的系主任陳子季就是這樣一類成功人士，從某種意義上講，這個人物形象就是新世紀以來大學體制化的一個符號，所以正直的教師蘇不漁對他頗有看法。

從現代教育理念出發，大學應該是學術性機構，具有辦學的獨立性和自主性，認同學術自由和民主精神。但是長期以來的高度集權的計劃經濟體制，使大學受制於政治化的大環境和行政化的小環境，儼然成為一個等級分明的行政組織，以致行政權力取代學術權力，佔據大學的主導地位。湯吉夫先生的《大學紀事》詳盡地描述了 H 大學行政化的管理和運營圖景。需要說明的是，湯吉夫先生大學畢業後一直在高校從事教學和管理工作，也曾擔任過大學校長，應該說對當代中國大學的規則爛熟於心。因此他這部小說裏塑造的校長何季洲，貼近社會現實而又富有人性深度。何季洲擔任校長後獨攬大權，在完成大學合併後躊躇滿志，不惜代價地建設豪華型教學大樓，不顧客觀條件地申報博士點，將學校推上朝着一流大學高速奔跑的快車道。然而，光鮮耀眼的教學大樓裏人心浮躁，神聖的學術殿堂卻公然弄虛作假，以致正常的教學和科研秩序受到嚴重衝擊，教學和科研的質量急劇下降。顯然，野心勃勃的何季洲校長並不是真正為了做強 H 大學，而是企圖通過權重如山的校長職務展現他的個人政績，從政治上實現自己往上爬的目的。

史生榮先生的《所謂大學》，則悉心審視了大學處長和院長這些中層精英的生存情境與心理世界。一方面，他們作為大學權力部門的精英階層，不由自主地捲入學術權力的尋租活動；另一方面，他們作為權力金字塔的中間階層，處於上層領導的壓力與下層教師的監督之中，再加上同階層的無序與無情的權力傾軋，心力交瘁。從這個階層知識分子的生存狀態可以發現，昔日"學而優則仕"的陳腐觀念正嚴重腐蝕着高校知識分子的人性，污染大學的清風正氣。

上述的分析表明，市場經濟的轉型和擴招後的大學行政化管理方式，為大學成功人士世俗功利的自我實現，提供了千載難逢的外在機緣。不過，任何外在的機緣，都是相對具有強烈內在需求的人而言的；只有那些具有強烈世俗功利慾望的人，才會千方百計地尋找機會鑽營機緣，逾越限度地利用機緣實現個人的慾望自我。因而，我們不僅要從外在的社會維度和大學行政管理方式批判腐敗的機制，還應從內在的人性維度檢視貪婪的跡象。

人性貪婪的源頭至今都是一個未知的謎。宗教把它稱為人類從伊甸園裏帶來的一件行李，即人類的原罪，也就是說，貪婪與隱秘的人性是曲徑通幽的。但是，這並不意味着對於具體的個人來說，貪婪的罪性無跡可尋。《大學紀事》中的校長何季洲對於權力的迷戀表明，貪婪首先源自匱乏。何季洲的爺爺是一個為了獲得權力甚至可以捨命的人，可是他生不逢時。這個打仗不要命的農民，曾憑軍功在國民黨軍隊做過下級軍官，可是眼看就要升任中級軍官的時候，部隊被解放軍包圍在東北的長春，他被派遣送回鄉重新務農。然而，對他來說，以攫取社會權力為終極人生目標，並以生命為人生賭注的生存之道從未消除，在自己實現人生目標的夢想化為泡影後，他決心把自己的人生夢想移植到孫子何季洲的身上，向孫子灌輸自己的人生夢想，而且要求嚴厲、手段暴戾，從而將權力慾望的種籽強行植入孫子的心田，使它逐漸成為蟄伏何季洲心靈的強烈內在需要。而且，時間越久，這種慾望也就越強烈。為了實現這種壓抑兩代人的權力夢想，何季洲在大學就學期間便放棄了包括愛情在內的所有美好人生的追求，傾力窺視和尋求晉升的機緣，終於如願地當上校長；為了繼續往上爬，又不顧一切地製造上級需求的業績。

張者《桃李》中的邵景文對於金錢與權勢的迷戀則表明，貪婪除了匱乏的壓抑還有仇恨的壓抑。邵景文的父親就是因為無錢無勢而備受欺凌，死於非命。“村裏根據上級指示搞‘村村通’工程，也就是每一個村都要通電，安電燈，結束了點油燈的歷史，這當然得到了農民的歡迎。為此上級還撥了專款，禁止向農民集資，增加農民負擔。可是村支書瞞着上頭已撥了專款的事實，還是向村裏的集資。”[1] 村裏有了電，農民歡天喜地地點上了電燈。可是不久他們便發現，電費太貴了。因為電費是全村平攤的，全村只有一個電表，這個電表就安在支書的家裏，而支書家中的電器齊全；村委會的燈也是長明燈，村幹部天天在那裏打麻將。這就是說，村支書和村幹部用的電都攤到了農民身上。苦不堪言的農民開始後悔村裏通電，他們以破壞的形式讓村子停電，邵景文的父親就是在割電綫時觸電身亡的。正在大學就讀的邵景文，為了替父復仇，也為了不再受權力的欺壓，放棄了自己喜愛的文學專業而改學法律，並且告別了純粹的初戀，接受可以為他泄憤的有權勢背景的婚姻，義無反顧地扎進金錢與政治的漩渦之中。

對於何季洲和邵景文來說，過去經歷的壓迫與貧困，業已轉換為內在的生命壓抑，而且壓抑越深，慾望越強，以致他們所有的人生努力都圍繞着權力與金錢的慾望軸心運轉。這是一個長期而殘酷的匱乏壓抑與慾望昇華的自我搏鬥，因而壓抑一旦尋求到宣泄的契機，便形成變本加厲的貪婪，很容易讓人由受損害者變成施害者，以致人性迷失而不自知，知識分子獨有的理性也無能為力。

脫胎於封建宗法文化的中國現代社會，依然習慣從血緣的角度觀察問題，於是便有“富二代”“窮二代”與“紅二代”的說法，但獨獨不見“知二代”的說法。難道說社會只是注重財富與權力的代際傳承與變異的關係，卻忽視知識分子精神氣質的薪火相傳問題嗎？這種提問包括兩個問題。一個問題是從血緣關係上講的代際傳承。知識的代際傳承與金錢和權力確實有所不同，金錢和權力的代際傳承較為直接，也更為明顯，而知識的代際傳承則更為困難，也更為複雜。因為財產的代際繼承受到顯形社會體制的保障，權力的代際傳承也可受到隱形社會規則或者說潛規則的暗中支持，只有知識的代際傳承必須接受種種競爭性選拔制度的考驗。因此便有“富二代”“窮二代”與“紅二代”的說法，而沒有“知二代”的稱謂。另一個問題則是更為

1 張者：《桃李》，第 38 頁。

廣闊的逾越血緣關係的代際傳承，比如說逾越血緣關係的知識分子精神的代際傳承。我們應該看到，九十年代以來，隨着啟蒙現代性的瓦解，知識分子群體的自我認同發生了分化，並且喪失了內在的同一性。由於知識分子缺乏共同的思想基礎，因而至今也無力建構一種與自我身份相應並且能夠獲得社會普遍認同的現代知識分子精神氣質。既然匱乏，如何傳承？當然，這種知識分子精神氣質的代際傳承，與社會的誘惑與知識分子的人性迷失也是緊密關聯的。我們應該承認，兩千多年儒家精神文化的薪火相傳，對於古代士人抵制社會誘惑和約束人性迷失還是有一定的道德作用。因此，當代知識分子共同體喪失了代際傳承的同一性精神氣質，容易隨波逐流地認同世俗社會崇拜的權力與金錢，也輕易地受制於個體經驗性的慾望壓抑的支配。

綜上所述，這一節主要是從大學精神、大學愛情和大學知識分子人性等三個方面切入，分析當代十部長篇小說以及阿袁的中短篇小說，全面論述九十年代以來的大學敘事。應該說，這三個層面的大學敘事分析和闡釋，較為系統地審視了大學知識分子的生存困境和精神危機，集中透視出新世紀知識分子的生存形態及其問題。

第二節

特定歷史背景和文化語境中的大學敘事及其問題

上一節我在十餘部長篇小說基礎上，論述了大學敘事中的三個問題。這一節則有兩個內容，一是集中論述丘華棟的《教授》和阿袁的《師母》這兩部長篇小說，二是在分析這兩部小說的基礎上，思考當代中國高等教育的一些問題，並從整體上思考新世紀大學敘事集中關注的高等教育問題。

一、丘華棟《教授》的大學敘事

我把丘華棟的長篇小說《教授》單獨拿出來進行分析，並不是說這部小說在整個大學敘事中擁有獨佔鰲頭的思想和藝術價值，而是認為它具有獨特的個性。這種特性主要在於，它以獨特的視角切入大學，從大學與社會的緊密聯繫的角度觀察和思考大學的變化，以及這種變化的社會文化影響；同時，它出版於 2010 年，相對而言問世較晚，對大學問題的社會影響看得更為清楚一些。

這部長篇小說主要採用寫實的方式，描繪新世紀中國的大學生活。小說主要有兩條情節綫索，一是描述小說主人公趙亮發跡和失敗的人生，二是講述小說敘事者段剛本人的困頓人生。這兩個人物形象均是 30 多歲的大學教師。他們曾在同一所國內重點大學就讀，獲得博士學位後又同在北京的大學任教，大學同學的關係使他們成為相互依賴的朋友，他們的人生故事構成了生動的新世紀中國的大學敘事。

先說趙亮跌宕起伏的人生故事。趙亮是位“海歸派”博士，在北京某大學經濟學院擔任教職，在短短十多年的時間裏，他晉升為教授、博士生導師、副院長，還是政協委員，儼然已是成功的社會專業人士。然而問題在於，他的成功更多的不是表現在他的專業領域，而是來自於這個傳媒時代的大眾社會。小說中寫到，段剛一天內竟在六種媒體上看到和聽到趙亮的言論：一是他在出租車上，聽到趙亮與交通台節目主持人大談“和諧社會”；二是他在辦公室裏，看到當天的報紙上刊登趙亮發表的一篇雄文，談的是“超級女聲”海選和民主制度之間的關係問題；三是他在網站上，見到趙亮在與網友現場對話，談論關於博客文化的問題；四是他在電視上，看到趙亮正在談論中產階級勃興的文化現象；五是他在雜誌上，讀到一篇趙亮與建築學家及建築設計者的對話式的文章，論述這個時代需要什麼樣的建築師；六是他在回家路上，見到街口上豎立的一個巨大的廣告牌，上面竟然是趙亮打扮入時的形象。作為大學教師的趙亮，竟然是大眾傳媒時代的公共人物，他在這個社會混得風生水起。

趙亮這位成功的社會專業人士，完全改變了人們對於大學知識分子的慣常思維路徑，這位教授不僅是個傳道授業解惑的教師，更是一個社會明星人物。這就是說，大學中的知名教授不再像人們想像的那樣，是個被大學圍牆封閉起來“兩耳不聞窗外事”的專業人士，而是在社會各個領域都能指點一二的公眾人物。

其實，趙亮剛回國的那幾年，也是把所有的精力都投入到教學與科研上面。他先後出版了數種厚厚的經濟學專著，如《經濟學原理》《微觀經濟學》等，在經濟學界確定了穩固的專業研究地位。他同時還出版了較為通俗的面向社會大眾的經濟學普及著作，如《掌握經濟學》《生活經濟學》等，在社會上引起較大反響。在社會改革的年代，經濟學成為顯學，也成為當政者需要的學問，趙亮的學術成就開始受到政府高層的注意，他被邀請參與一些國家經濟政策的制定和規劃，也被邀請為政府高層人士講課。他親身參與了中國房地產制度改革的設計、股市改革的設計和國有企業改制等重大的社會經濟變革事件。就這樣，他也很快被地方政府注意，一些省份和城市請他去做高參，為地方經濟發展出謀劃策。媒體也把他視作知名的專家學者，喜歡發表他的意見和建議。因此，他由一個大學的專家學者成為時代造就的時尚人物了。

趙亮從大學走向社會，正是這個時代大學變化的一個表徵。因為現代大學的功能原本除了教學和科研，還有服務社會的功能，只是這個服務社會的功能在社會從計劃經濟轉向市場經濟的歷史過程中被凸顯出來而已。大學知識分子服務社會，一方面是大學知識分子擁有專業知識，像趙亮這種經濟學專家，既掌握市場經濟的理論，又熟知西方市場經濟的社會實踐，在中國社會經濟改革期間，整個社會都缺乏市場經濟理論和實踐經驗，高校的經濟學專家便擁有毋庸置疑的話語權力；另一方面是大學教師具有獨特的知識分子身份，因為市場經濟的改革也是社會資源和個人利益重新分配的過程，相對於制定市場經濟政策法規的政府人員與參與市場競爭的企業家而言，高校知識分子更容易獲得公眾社會的信任，因為他們處於中立的社會立場，站在不偏不倚的客觀和理性的角度發言，也是代表社會的整體利益發言，故此媒體更重視並且喜歡向社會傳播知識分子的主張、意見和建議。這就是說，趙亮這種研究經濟的大學知識分子，在社會變革期間走向社會，恰逢其時。

然而，問題的關鍵之處在於，權力和金錢可以影響甚至操縱大學知識分子，因為具有獨特身份的大學知識分子也是具體的人，而且也是擁有七情六慾的個人。小說中寫到，趙亮在夢中變成一個野獸：

> 昨天晚上，在夢中，我真的看見我自己變成了一頭野獸。當然，一開始的時候，我還是一個人，可是，忽然，我發現，在我的胸前，就是這個地方，在我的胸骨突出的地方，非常憋悶，然後，這裏忽然就裂開了，從裏面鑽出來一個野獸的頭，長着這麼長的獠牙，吼叫着，咆哮着，從我的胸口出來了……我的胸口出來了一頭野獸，原來的我消失了，那個新我變成了一頭野獸，叫喚着的真正的野獸！然後，這個我向

一片遠方的玻璃城走了過去。後來，我衝進了那些玻璃牆構成的城市，我開始毀滅整個城市。[1]

當然，這是一個隱喻的表徵。趙亮作為一個具有獸性本能的人，肯定也會受到金錢、美女和支配的權力等慾望的誘惑，倘若沒有由內在精神底蘊構築的道德理性堤壩的防禦，那麼他很容易被外在的慾望誘惑俘獲，由教授變成“叫獸”。趙亮果然被慾望擒獲，為了滿足自己的利益慾望需要，不斷為政府和企業家站台，他提倡國企改制和工人下崗，主張拉大國民貧富差距，鼓吹提升樓市的價格，極力倡導提高股市價值，等等。最後，他深陷其中的南澳市政府出現塌方式腐敗，他也被中央紀委下派的調查組詢查。

比較而言，西方社會對於公共領域知識分子話語持有較為清醒的意識。比如，德國學者馬克斯·韋伯認為，人們對於現代專家與知識分子應該祛魅。他的“棄聖絕賢”的背後是深感知識分子的社會責任無地可依，悲嘆“專家沒有靈魂”。英國學者哈耶克認為現代知識分子唯科學主義的“理性自負”傾向，是製造二十世紀諸多浩劫的內在思想誘因。法國學者雷蒙·阿隆激烈地攻擊法國激進知識分子服膺的意識形態純屬“鴉片”，這些人對於民主制度的缺點毫不留情，對滔天大罪卻態度寬容。英國學者鮑曼則認為“後現代”知識分子已經從社會的“立法者”變成了“闡釋者”，他們雖然仍掌握着解釋價值的話語權，但已經失去了“立法者”的權威。美國學者托馬斯·索維爾認為知識分子應該對其思想言論的社會後果負責；社會為了約束知識分子的思想言論特權，應該建立思想言論的問責制。

本文前面已經說過，當代中國社會對於知識分子的尊重和信任有其歷史文化傳統。當然，《教授》還深刻地揭示出趙亮在市場經濟社會失身的個人原因。趙亮來自中部某省份的一座小城市，家境不太好，父母均是普通的職員，因情感問題而離異。他的父親較早逝世，全靠母親節衣縮食地供他上大

1 丘華棟：《教授》，北京：中國工人出版社 2010 年版，第 330–331 頁。

學。他從小便嚐到生活的艱辛，一直壓抑着往上爬的內在衝動。趙亮在大學原本是中文系的學生，但他深知“文學這東西是好，可是卻是相當無力的東西，對現實世界沒有力量”。[1] 因而他在大學一年級就轉學經濟學，而且靠着他愛人家的資助，繼續深造，唸完碩士研究生。碩士研究生畢業後，他被美國一所大學錄取為博士。九十年代後期，國內大學擴招，急需教師力量，他回國後立即被一所名牌大學聘為經濟學教師，經過他的刻苦奮鬥，很快就成為著名的經濟學家，終於實現了他所嚮往的功利人生。“現在的他已經名滿天下，志得意滿，渾身上下都散發着這個時代的成功人士的魅力和氣質，舉手投足，都顯示了一種他自己都無法察覺的派送：他是這個時代的弄潮兒，一個幸運兒。”[2] 這就是說，他所有的人生努力，都是為了在現實社會維度實現自我，滿足夢寐以求的個人功名需求。應該說，他的這種自我奮鬥並沒有錯，這個時代也為他提供了機遇，但是問題的關鍵在於，他的心靈因個體人生的曾經壓抑和現實社會的功名誘惑而扭曲，因而他所有的人生目標就是在社會上實現自我，並且為了實現個體功利的人生理想而不擇手段，為了達到自己的人生目的而放棄應有的學術規範和職業倫理道德，在成為成功人士的同時，也成為轉型社會具有饕餮慾望的人。

由於他過度關注自己的社會人生，就連正常的個人情感生活也圍繞着社會人生的自我實現這個軸心運轉，因而他的戀愛婚姻也是畸形的。他在大學期間，曾全力追求一位相貌平常而出身高貴的女生，因為“‘朝中有人好做官’，如果我今後從政的話，沒有背景和關係是相當困難的。而她的家族在政治資源和經濟能力方面，都是有着相當的力量的”。[3] 但這位女生看穿了他虛浮的功利心事，毅然拒絕了他。回國後，他與強勢的女律師曾莉結婚了，但是他們卻無法維繫理想的愛情，因為曾莉也是一位強烈地追求自我實現的現代女性，他們首先在生育孩子這個問題上就發生了分歧。趙亮希望生育孩

---

1 同上，第 67 頁。
2 同上，第 75 頁。
3 同上，第 69 頁。

子，構築家庭；而曾莉不想，因為她害怕生育和哺育孩子耽擱自己的事業。於是他們準備採用代孕的方式。烏梅是位剛剛畢業的大學生，迫於生計才為趙亮代孕，但她情感上不捨肚子裏的孩子，於是決計逃遁。代孕失敗後，趙亮與曾莉之間也就喪失了親密的情感聯繫，他們均在外面擁有自己的情人，最後這個家庭也就離散了。由於包養情婦的材料被趙亮的政敵掌握，並送到了學校紀委，趙亮因此被學校開除公職，身敗名裂。

趙亮經歷從成功人生到失敗人生的過程後，主動地隱匿起來了，並且開始反思自己的問題。他在留給好友的信中，承認社會對他的懲罰沒有錯，自己是咎由自取，因為自己沉溺於世俗世界的功利人生，喪失了內在精神源泉：

> 我想，當人們過分地注重追求物質的增加、金錢的獲得，結果我們贏得了世界，但是卻失去了心靈，人們被封閉在一種狹隘的民俗世界裏不能自拔，人類與廣闊的宇宙相隔絕，陷入了社會富裕而精神貧瘠的瘋狂旋渦。我們已經失落了生活的意義，每個人的精神生命來自宇宙的精神生命，它內在於我們，是我們生活中內在的本質，又是一種超自然的生命，因此，我現在要去尋找人的精神和內在的生命力，重新獲得繼續生活下去的勇氣。[1]

最後，趙亮將自己很大一部分財產交給好友，請他建立一個基金會，專門贊助中西部省份的貧困大學生。他將這種捐助，作為自我拯救和重新開始的標誌。

小說的另一條綫索，是圍繞着敘事者段剛展開的。一方面通過段剛的敘事視角講述趙亮的人生故事，因為段剛曾是趙亮的大學同學，也是值得趙亮信任的好友。另一方面，則是段剛本人講述自己的困頓人生。段剛博士畢業

---

1 同上，第 475 頁。

後一直在北京某大學從事中國古典文學專業的教學工作，作為一位大學教師，他深切體驗到中國高等教育存在的嚴重的問題，而且身陷其中難以逃脫。其中，最為迫切的問題就是高校師生在科研任務的逼迫下，前赴後繼地造假研究成果的學術腐敗現象。

由於我國高校評估和排名的標準統一，各個層次的高校為了提高學校的排名特別重視學校的科研水平，熱衷追逐高端的科研項目、學術論文和科研成果評獎，而且運用量化評估的方式，甚至脫離實際地制定出種種規章制度，逼迫教師和研究生加大科研工作的力度，讓他們把主要的時間和精力都投入科研工作中，而忽視高校的人才培養工作。一些中青年教師和研究生迫於現實壓力，千方百計地製造學術成果來獲得名利，甚至以造假、腐敗的方式應對上面佈置的學術指標。小說以段剛的視角講述了兩件高校師生學術造假的事件。

一是段剛的研究生沈臨帖發現師兄高強的學術論文抄襲後，告訴他的導師，隨後把相關的材料發到學校網絡的公共論壇上，並上交給學校學術委員會。論文抄襲事件曝光後，引起媒體的高度關注，這給學校領導造成重大壓力，也讓段剛處於孤苦無告的境地，最後沈臨帖不堪重負地自殺了，因為他實在無法忍受周圍人對他揭發行為的不屑態度。他在遺書中寫道：

> 我按照我內心的想法來做了，雖然抄襲的人受到了懲罰，但是，我卻莫名其妙地同樣遭到了懲罰：我身邊的同學，都認為我是叛徒，是猶大，我是告密者，我是一個真正的罪人！他們開始疏遠我，把我孤立起來了。他們認為我是瘋子、傻子……
>
> ……沒有人理我，我從此墜入了人性的黑暗，前所未有的黑暗，那種黑暗之黑，只有進去的人才知道。通過這件事情，我才知道了人性是那麼的複雜和黑暗，是那麼的勢利和多變。[1]

---

1 同上，第 235 頁。

沈臨帖因告發師兄論文造假而不堪負重最終自殺的事件表明，社會道德體系失落會造成嚴重後果。一般而言，雖然告發與告密包含相同涵義，都是指向權力部門和相關職能部門檢舉和揭發他人的違法違紀行為，但是二者還是具有差異的。告發是中性的詞語，是合法與合理的行為，不宜進行道德譴責；而告密則是多含貶義的詞語，可能合法但卻不合理，理應受到道德譴責。把沈臨帖告發師兄論文造假的行為視為告密，固然包含高校共同體對於學校量化要求的不滿，但卻混淆了合理與不合理的界限，給告發者帶來巨大的精神傷害，以致他以自殺的行動來抗議輿論的壓力，解脫無法承受的痛苦。

二是段剛本人揭發同事苗逢雨的學術造假事件。苗逢雨為了申報教授，用偽造書號和出版社的方式複印了他的《當代文學關鍵詞》書稿，並通過這本假書評上教授。段剛查明真相後向學校舉報，苗逢雨因此受到處罰，被調離學校，轉到市文聯研究室工作。苗逢雨離開學校前專門找到段剛，詢問段剛為什麼要做這種“損人不利已”的事情，他認為他們之間並沒有什麼恩怨。段剛回答說，他反對學術腐敗，厭惡學術造假，因為學術腐敗和學術造假“違反了基本的學術規則和學術道德”，違反了一個教師起碼的、基本的道德和師德的底綫。[1]

其實，小說敘事的重點並沒有停留在高校學術腐敗和學術造假事件本身，而是着重講述高校成員對於學術腐敗和學術造假事件的曖昧態度。高校成員容忍學術腐敗和學術造假，甚至蔑視學術道德的態度，深刻揭示出我國高等教育可能出現當代社會常常發生的一種“自我修復免疫力喪失”的症狀：身陷其中的人，明明知道行業出現問題，但他們不僅無力修正，反而被動地捲入其中。直到事情走到極端，造成嚴重後果並引發社會的怨聲載道後，才回歸正道。凡是患有“自我修復免疫力喪失”的行業，都要付出沉重的代價。我們可以發現，現在家庭經濟狀況較好的學生，紛紛選擇去歐美發

1 同上，第 417 頁。

達國家的學校就讀，而且出國留學的年齡在不斷下降。究其緣由，較為複雜，但是其中一個不可忽略的原因，就是我國高等教育質量下降造成的一種不信任的社會心理，或者說是高校自身“自我修復免疫力喪失”的社會後果。許多不能上一流大學的青年學子，便選擇出國深造，即使付出昂貴的經濟代價也不願進入國內一般高校就讀。要知道，國內一流大學的招生數量總歸是有限的，大多數高考的成功者也只能在一般的大學就讀，而離棄國內一般大學去國外留學，不僅造成我國高等教育的萎縮，而且還可能導致我國大量具有優良潛質的青年人才流失。

總之，丘華棟的《教授》通過大學教師趙亮和段剛的人生敘事，講述了特定歷史背景和文化語境下的大學中年知識分子的生存境況和焦慮緣由。趙亮由盛而衰的功利人生，揭示出大學知識分子在社會誘惑下自我放逐的人生，以及關於知識分子自我拯救的思考。段剛平凡的困境人生，既表現出普通高校教師的生存狀況和焦慮緣由，也透露出知識分子關於社會和大學失序的憂慮。

二、阿袁《師母》的大學敘事

阿袁的《師母》也是一部具有獨特個性的長篇小說，它 2019 年出版，可以說是晚近的大學敘事。阿袁本人就是一位大學教師，對大學生活爛熟於心。雖然她是一直專注大學敘事的當代女性作家，但這部小說還是有別於她以前的作品，其獨特的性質主要在於，它從“師母”這個獨特視角切入大學內部，並且通過“師母”這個群體的敘事來觀察和思考大學知識分子的學術生態和學術人格。

首先，阿袁的《師母》主要講述胡豐登、孟一桴和沈岱宗這三對大學中年教師家庭的故事，其中最吸引我的人物是胡豐登夫婦。胡豐登不僅是古代文學專業的教授、學校的十佳教師，而且還是中文系副主任和古典文獻研究中心主任。為了接替即將退休卸職的陳季子，升任中文系主任，他處心積慮地參與系裏的集體活動以表現自己。小說裏寫他為了中文系申請博士點，試圖拉攏中國社科院文學所所長杜愈之。為了達成目的，便讓他的妻子莊瑾瑜屈尊去孟一桴家，通過孟一桴與杜愈之的大學同學關係，邀請杜愈之來校講學。當然，這種熱心為集體辦事的表現背後還隱藏提升個人學術資源的私心。

為什麼作為大學教授的胡豐登，如此沉溺於一個仕途級別較低級的系主任呢？這一方面固然有“學而優則仕”的傳統文化的影響，這種官本位文化影響如此頑固，以致不僅在大眾社會侵入骨肉甚至滲入血液，而且在以清高著稱的高等學校也趨之若鶩。另一方面，更為重要的是大學的行政權力與成功人士之間的有機聯繫，中國大學的學術資源永遠是相對匱乏的，這就決定了競爭中的獲利者只能是少數的成功人士。中國高校的行政化傾向，讓兼任大學行政職務的教授更容易獲得學術資源，因此大學教授都願意付出時間和精力兼任行政職務，利用行政職務獲得更多的學術資源。這倒不是說新世紀盛行的競爭性的教育機制有多大的問題，而是說這種競爭性的機制與當代中國的社會體制之間缺乏一種內在的自洽性，因此極具中國特色的行政權力要素，強力滲透進當代大學的整個知識生產、傳播和評價過程，以致昔日“學而優則仕”的陳腐觀念在清高的大學裏沉渣泛起，污染大學的清風正氣。從某種意義上講，這種沉迷行政職務的人物形象，是新世紀以來大學體制化的一個鮮明的文化符號。

問題的關鍵是，這種滲透着行政化傾向的大學管理制度，不僅阻礙了學術的自由選擇和知識創新，而且使大學變成了一個世俗名利場，嚴重毒化了大學知識分子的生存環境，業已成為大學教師的心役，甚至是桎梏。阿袁這部小說擅長在日常生活裏鋪陳知識分子的人生，往往是將職業人生與日常生活混雜在一起。這讓我們意識到，當惡劣的外在職業境遇輕而易舉地逾越界限，滲透進個人的日常生活，嚴重地牽扯和干擾個體的自由人生追求，也就破壞了個體人生的生命內核，喪失了幸福人生的可能性。胡豐登作為一個兼任行政職務的教授，在學校混得如魚得水，從外在表層上講應該是個成功人士，但是這個戴上行政官員面具的教授，外事必須處處中規中矩，為人也得以身作則，因而即使是利用職權發泄個人恩怨和紓解個人情緒，也得在冠冕堂皇的理由下暗中操作。但是人格面具戴久了，就會長在臉上，因而胡豐登就顯得特別虛偽。然而，這種虛偽的品性，實質上在戕害他的人生，特別是他外在光鮮的愛情人生，卻內在隱含着嚴重的危機。胡豐登與妻子的性愛關係，就受制於胡豐登的事業人生，他只有在職業人生順利之際，才有做愛的衝動和心境。還有胡豐登暗戀學生呂小黛，但只能在暗中苦戀。愛情生活原本是個人生活領域的核心地帶，與社會和職業等公共領域有着明顯的界限，但是畸形規則的社會卻抹殺個人領域與公共領域的界限，公共領域的人生規則直接控制或者間接滲透個人的日常生活，有時就像粉末和迷霧一樣瀰漫於個人的生活空間，令人窒息並無法逃避。也就是說，胡豐登是個戴着職業人格面具生活的人，在日常生活上也受制於職業人生，必然遭受壓抑規則的戕害。

當然，個人擁有生活選擇的權利，像胡豐登的這種人生選擇或許也有他的個人理由，終歸屬於個人領域，而且他所損害的也只是他和他的家人，我們不認同他的虛偽人生，但卻沒有道德譴責的權利。但是，公共領域卻不同，倘若逾越公共領域倫理道德的底綫，它所損害的是社會和他人的利益，理應受到道德倫理的譴責。小說的結尾寫胡豐登藉機處理與他“唱對台戲”的沈岱宗的做法，是相當惡劣地損害他人利益的公共道德倫理問題。沈岱宗的講課被學生告密，受到相關部門的責難，而胡豐登作為基層負責人不但沒有為同事承擔壓力，化解矛盾，反而藉機公報私仇，把沈岱宗驅出講台趕進資料室。胡豐登與沈岱宗的不和原本是個人之間的矛盾，而胡豐登卻利用職權發泄個人的私人恩怨，這種公報私仇的做法是相當惡劣的道德品質問題。我們再進一步追問，為什麼像胡豐登這種道德品質極為低下的人，反而能成為人才濟濟的高校中的成功人士呢？哈耶克在《通向奴役的道路》一書中進行了較為透徹的分析，他認為這是社會體制中“精英淘汰制”所造成的現象。在他看來，目的可以使手段正確的社會，最終導致對一切道德規則的否定："哪裏存在着一個凌駕一切的共同目標，哪裏就沒有任何一般的道德或規則的容身之地。"[1]

阿袁的小說特別擅長描述和批判特定歷史情境和文化語境下高校知識分子的醜態。這部小說中的陳良生也是個值得關注的人物，他來自社會的底層，卻是個典型的"精緻的利己主義者"，既是個受虐者，也是個施虐者。先說他的受虐。他來自底層社會，家境清貧，卻有着強烈地往上爬的人生驅動力，可以說，他從來沒有中止擠入上層社會的功利人生目的，而且為了實現這個目的不擇手段。當他在大學就讀期間，為了畢業後獲得一個前程似錦的人生機遇，拋棄了已經與他同居的老鄉鄢紅，選擇了一個長相醜陋但出身顯貴的女同學蘇小扇，但最終被蘇小扇玩弄後無情地拋棄。後來他到一所普通中學任教，為了能夠考上研究生而過着清苦的禁慾生活，可是這所學校的校長卻想把女兒嫁給他，無論他如何不願意，甚至屢次委婉地推辭，但都無法拒絕這門婚事。為了考上研究生，他只得接受這個無愛的婚姻，娶了一個他並不喜歡的妻子。他作為一個來自底層社會的學人，夢想實現自己的理想人生和過上體面的生活，注定要付出沉重的人生代價，最終導致心靈的傷痕累累。

再說他的施虐。至少在陳良生的涉世之初，他是個已被馴服的社會弱者，就像一頭羊，可是這個人生的弱者站在比他還弱的人面前卻是個粗暴的強者，就像一頭狼。他運用哄騙的方式把中學同學鄢紅從家鄉哄到省城，利用她求知的慾望讓她做一個大學的旁聽生。儘管他並沒有真正去愛鄢紅，但卻強行地霸佔她，使她成為自己發泄慾望的工具。直到鄢紅成為孟一桴的妻子，還想侵犯她。

問題在於，陳良生並沒有從自己不幸的人生中接受切身的生活體驗，生發人類同情、憐憫和相助的人道主義情懷。我們無法想像，當這麼一個來自

1 〔英〕弗里德里希·馮·哈耶克：《通往奴役之路》，北京：中國社會科學出版社 1997 年版，第 143 頁。

社會底層而且傷痕累累的博士生，在一個走向無序競爭的社會，今後將會演繹怎樣的戲劇人生。對於這一類人物，我們的文學往往從外部世界着手，關注他們從社會底層通向社會上層的艱難人生，而忽視從個人內部世界探究艱難人生給他們造成的心靈壓抑，以及這種額外壓抑造成的畸形心靈，及其反向報復社會的危害。我們總是過度地從社會正義的角度闡釋和評價這類人物，而對他們因為人生挫折形成的幽暗人性視而不見，更對他們這種“精緻的利己主義”可能給這個世界造成的傷害不加思考和探究。正是從這種角度講，這部小說在陳良生這個形象上有所突破。

應該說，阿袁的這部小說在描述和思考高校知識分子的正面人物形象上，也是有所突破的，如小說中的教師孟一桴和沈岱宗等。孟一桴是中文系的古典文學專業教授，生性淡然，專注於專業。他畢業於名牌大學，清高但不迂腐，有所為也有所不為。當他得知業已成名的老同學杜愈之運用出差的機會，專程來校看望與其敘舊，而且學校為了申報博士點也希望杜愈之的到來，他表示歡迎。但當他得知學校的過分熱情和胡豐登的私心，把一次珍貴的朋友間的交往變成一樁世俗的利益交易時，又勸阻杜愈之的來訪。特別是在愛情人生上，孟一桴是個善良的男人，而且有着自己追求並勇於負責。他與前妻小北不是志同道合的夫婦，當小北選擇自己的人生追求而離開家庭時，他毅然接受；雖然鄢紅是個沒有學歷的私人書店的職員，但他發現彼此的生活品味相符時，也毅然接受她，使她成為夢寐以求的“師母”。

沈岱宗則是個我行我素的外國文學專業副教授。他生性活躍，執着追求人生的真諦，也敢於冒犯所謂的權威。雖然他的授課深受學生的歡迎，但因為他不屑鑽營，並沒有什麼名師頭銜，只能是一個副教授。作為一名高校教師，他最大的特點就是有着自己認同的教學風格，即使這種風格不符合學校的相關教學規則，但他有自己的原則和選擇。因此，當學生要求講授二十世紀後半期美國最有影響力的作家雷蒙德・卡佛時，他便呼應學生的求知訴求，修改教學計劃，因而遭到學校督導教師的批評，也受到系裏的處罰。特別是在特定的文化語境下，他仍然在課堂上談論自己的學術觀點，最終遭到學生告密，被胡豐登等人驅下講台，由教師變成了資料員。這種富有才華而且真正繼承高等教育靈魂的教師被逐離課堂，而資質平庸並規規矩矩聽話的教師卻成為最佳教師，深刻表現了中國高等教育教學質量滑坡的現實，揭示出中國高等教育病相的癥結。

當代文學批評界發現，近年來大學敘事一個不可迴避的問題，就是創作主體多以俯視的審美目光審視大學，大多數的創作都是針對大學的審美批判，對於大學知識分子缺乏理性和公正的評價，因而正面形象明顯偏弱。這裏存在着兩個問題。一個問題是何謂正面形象？在我看來，所謂的正面形象是創作從褒揚或者欣賞的角度刻畫的人物。正面人物明顯地有別於負面形象，不是那種心地陰暗、動機不純，或者為人狠毒、極端自私的人物。正面人物也不同於理想人物，這種人物形象並不是十全十美的人，也是過着平凡人生甚至是具有人性缺陷的人物形象。以往我們總是強調塑造理想人物，但是脫離現實的理想人物常常因為缺乏現實性而令人生厭。另一個問題是，有缺陷的正面人物形象更加貼近現實社會，但也因為缺乏傳奇色彩而難以描繪，不如那種大奸大惡的人物吸引讀者。特別是他們身上的人性缺陷或者平凡人生，往往讓讀者產生誤讀。正是從這種意義上講，我認為小說中的孟一桴和沈岱宗等人值得關注，他們是現實中的普通人物，但卻不乏人性光彩。

其次，小說集中描述了一個大學“師母”群體，包括鄢紅、朱周和莊瑾瑜，以及小北、沁園春等人。其中鄢紅較為突出，小說講述了她如何由一個旁聽生、打工妹到師母的人生過程。她原本是個鄉鎮裁縫的女兒，喜愛閱讀而且心性較高，不願像父母一樣過着終老鄉里的平庸人生，想成為一個城市的知識分子女性，但高考的失敗阻斷了她的人生夢想。當她考上大學的中學同學陳良生來信告訴她，大學裏也存在旁聽生，通過個人努力也可以實現自己的人生夢想，她毅然決然地懷揣追求知識的人生理想來到省城裏的師範大學旁聽。可是，嚴酷的社會現實很快就擊碎了她的青春夢想，她不但花光了帶來的生活費，而且很快成為陳良生的情人。在毫無希望的情境下，她痛苦地脫離了陳良生，來到一家“老樹”書店做職員。雖然書店老闆有些喜歡她，但他有妻有情人的現實是無法更改的。幸運的是她遇上了孟一桴，她以身為媒的機心獲得了孟一桴的認同，終於成為一個夢寐以求的大學"師母"。鄢紅不幸的卑微人生，蘊藏了作者似乎是不動聲色的當代女性意識，既對男權文化中心的社會進行了犀利批判，也對像鄢紅這種女性自身青春夢想的單純和幼稚進行深入剖析。

朱周和莊瑾瑜，則是兩位性格迥異的"師母"，她們代表了高校知識女性的兩個極端。朱周是個天生麗質的知識女性，她的父母就是高校教師，因而她是生於高校，長於高校，性格開朗、心直口快。她雖然也是外國語學院的畢業生，但卻不願操勞，心甘情願地做一個學校圖書館的資料員。她與丈夫沈岱宗是天生地設的一對，可以說，沈岱宗的純粹人生也有她的功勞。由於她的性情人生，所以特別瞧不起嬌嬈造作的莊瑾瑜。當然，莊瑾瑜的造作也有她的理由，因為她是擁有博士學位的女性教授，又是學校風雲人物胡豐登的妻子，所以她處處顯擺出一種知識女性的文化姿態，如每天傍晚挽着丈夫的手臂在校園散步，對沒有學歷但也被稱作"師母"的鄢紅不屑一顧。然而，莊瑾瑜的虛偽，卻與她的丈夫胡豐登是天然的一對。比如，她表面上對胡豐登的女性研究生十分大度，處處顯現出毫不在乎的模樣，但當她發現胡豐登電腦裏面隱藏着漂亮的碩士生呂小黛的照片，並且向曾經的導師推薦其去報考博士研究生時，因害怕呂小黛會取代自己的"師母"位置，便偷偷串通胡豐登的師母，使呂小黛在複試中被硬性刷下。此外，她還是胡豐登工作中的高參，為胡豐登坐穩副主任的位置和即將升任主任出謀劃策。因此她外表上富有知識女性的光鮮，而內在城府很深，並且充滿世俗的虛榮和機巧，因而顯得十分虛偽。

通過上述對"師母"群體的剖析，我們發現，阿袁畢竟是位當代女性作家，對於高校知識女性了然於胸，特別是對高校女性內心世界的剖析，深入而細膩。她對社會男權文化中心中的女性不幸，抱有同情和理解，而對她們在男權社會為了個人利益而呈現的虛榮和自私，又給予無情而犀利的批判。

最後，論及阿袁小說的知識分子敘事，不得不涉及她的敘事語言。其實，阿袁小說的敘事語言，一開始便頗具獨特風格，這種風格體現在這部小說當中，主要表現在兩個方面。一方面表現在她的知性敘事上。阿袁的小說基本上專注於大學敘事，因而她的小說敘事與表現對象密切聯繫。也就是說，既然她小說的表現對象是大學知識分子，因而小說的敘事語言便顯現出知性的特質。而且她的學術視野開闊，小說常常引經據典，對一些術語也追根溯源。比如，小說中經常提及中外文學名家和文學經典，倘若沒有一定的文學修養，肯定會感覺到行文的專業性。另一方面，小說的敘事語言機警幽默，饒有趣味，反諷和冷幽之中隱含褒貶。如創作主體時常忍不住地站出來，對其中的人物和事物進行點評式的干預敘事，反諷之中時見機警和犀利。

總之，《師母》是部風格獨特的大學敘事。它從“師母”這個獨特的視角切入大學世界，講述高校知識分子平凡而獨特的人生。它的講述，對於我們深入反思中國高等教育“自我修復免疫力”的下降，探究造成這種機體痼疾的深層緣由，思考特定環境中的大學人生及大學知識女性人生，均有裨益。

第三節

反諷語境中的大學敘事

發表在 2018 年《收穫》長篇專號秋季卷和冬季卷上的李洱的《應物兄》，一經問世，便引起批評界的廣泛關注；2018 年年底人民文學出版社出版單行本的《應物兄》後，這種關注在文學圈子中繼續發酵；2019 年這部小說榮獲第十屆茅盾文學獎後，《應物兄》似乎成為這個文學不景氣年代的一個文學事件，不僅是好評如潮，而且評價頗高，《應物兄》的封底寫道：

> 《應物兄》的出現，標誌着一代作家知識主體與技術手段的超越。李洱啟動了對歷史和知識的藝術想像，並將之妥帖地落實到每個敘事環節，於是那麼多的人物、知識、言談、細節，都化為一個個紛紜變幻的時代肖像，令人難以忘懷。
>
> 小說最終構成了一幅浩瀚的時代星圖，日月之行出於其中，星漢燦爛出於其裏。
>
> 對於漢語長篇小說藝術而言，《應物兄》已經悄然挪動了中國當代文學地圖的坐標。[1]

上述評述，一是關於小說內容的評價：表現出這個紛紜時代人們的希望和失敗，整體上描述了一幅時代的星圖。二是對於小說藝術的評價，是當代

---

1 李洱：《應物兄》，北京：人民文學出版社 2019 年版，封底。

文學地形圖的時代標識。簡言之，它標誌着一代作家知識主體與技術手段的超越。當然，也有不同的評價。下面，我們從文本出發，從內容與形式兩個方面梳理和分析這部小說。

一、反諷的敘事策略：知識分子群體與儒學文化

《應物兄》是部 2 卷本、85 萬字的長篇小說，但是核心情節較為簡單：主人公是哈佛大學東亞系教授、儒學大家程濟世先生，濟州人，他父親程會賢曾是國民黨元老，上世紀四十年代擔任濟州市市長，兼任濟州大學校長，在大陸“解放”前夕攜家逃往台灣。程濟世先生曾在濟州度過了童年和少年時代，臨近退休，曾多次表示晚年要落葉歸根，回歸大陸，弘揚儒學。濟州大學校長葛道宏得知這一消息後，積極運作，讓程濟世的訪學弟子、濟州大學教授應物兄聯繫他，並前去美國面邀程濟世先生回濟州大學任教。同時全力在濟州大學籌建儒學研究院，希望用這棵“梧桐樹”把程濟世這隻“金鳳凰”引來。整部小說就圍繞着這個核心綫索展開情節和鋪陳敘事，通過引進程先生過程中的種種糾葛，引出學、官、商三界人士，展示以高校為主體的知識分子的生存世相，為老中青三代知識分子“畫像”。

作為濟州大學校長的葛道宏，極力引進程濟世先生來濟州大學任教的直接動力，主要是為了提升濟州大學（下文簡稱濟大）在全國高校排名榜上的位置。因為最新的中國大學排行榜表明，濟大的排名由 73 位掉到了 84 位。為何會出現這種堪稱斷崖式的下降呢？“主要是排行榜加入了新的參數：畢業生當中的留學人數，教師出國進修的人數，從國外引進的專家人數。重新調整政策，鼓勵學生出國留學，重金引進國外的優秀教師，也就迫在眉睫了。”[1] 當然，葛道宏知道，鼓勵學生出國留學一事可以先放一放，因為高額的留學費用畢竟還得由學生家長掏腰包；而不惜血本引進人才，尤其是引進

1 同上，第 135 頁。

國外名師、享譽世界的大師，則是刻不容緩之事了。“建一個與國外相媲美的自然科學的實驗室，往往要花費巨資，所以人文領域的研究院可以先建一兩個。總而言之，有名師方為名校，名師為名校之本，堂堂濟大豈可無本？無本則如無轡之騎，無舵之舟也。”[1]

教師出身的校長葛道宏深知，從時代的角度講，這個時候引進程先生這樣的儒家大師正合時宜。因為程先生的專著《儒家新傳統與中國現代性》符合當代中國文化的發展方向。他說，經過這些年的反覆思索後得出一個結論，就是當代中國的思想傳統由三方面構成：儒家、西方現代啟蒙和馬列傳統，“一個良性的現代社會就取決於這三家傳統的相互作用。如果取三家精華進行勾兌，想想看，那該是一個多麼美好的社會形態”。[2] 程濟世多年之前就撰文表明二十一世紀中國最重要的目標就是建立和諧社會，而且“西方學界認為，中國後來就撰文表明提出的建立和諧社會的發展目標，就是受了程先生的影響”。[3] 因此，葛道宏明確表示：“搞馬列主義的，搞啟蒙思想的，我這裏有的是人才。我缺的是什麼？缺的就是程先生這樣的儒學大師。我盼程先生，如久旱盼甘霖。三足鼎立，缺一足，大鼎矣。”[4] 也就是說，葛道宏大力引進國學大師，弘揚傳統文化，契合當代中國政治文化的發展方向，也是迎合上意的行為。

程濟世先生在北京大學的講座《儒教與中國的“另一種現代性”》中，從國際關係的角度辨析了儒學的當代文化價值，他認為，經過海內外儒學家的共同努力，當代中國在國際社會中的身份也已發生變化，已經從冷戰時期的紅色中國，被重新定義為儒教中國。無論是亨廷頓“文明衝突中的文明劃分”還是貝克“當代文化空間分佈的構型假說”，都認為儒教就是中國在國際社會上的文化標籤。而且，隨着中國經濟在世界上的一枝獨秀，中國對其

1 同上，第 140 頁。
2 同上，第 132 頁。
3 同上，第 130 頁。
4 同上，第 133 頁。

自身價值的抒發成為可能，也成為必須，由此成為真正意義上的舉世矚目的“中國”。[1] 因此，學術精英群體從光大儒學的使命出發，應將儒學研究學科化、制度化。簡言之，學校量化管理方式和領導講政治的高校管理體制，促進葛道宏校長全力引進程濟世先生，實際上程濟世鍾情的傳統儒學與當代社會生活形成一種較為明顯的悖謬關係。正因為如此，圍繞着濟州大學引進程濟世先生事件而展開的現實生活，集中體現出當下中國高校管理和營行的種種弊端。

當然，葛道宏引進程濟世的計劃也得到省裏負責教育、衛生、科研、環保、城市管理和交通的副省長欒庭玉的大力支持，欒庭玉也是濟大校友，他明確表示支持引進程濟世先生，贊同應物兄從“三統”（政統、道統、學統）的角度評價程先生對儒家學說研究的歷史貢獻，並且稱讚程先生是“為天地立心為生民立命，為往聖繼絕學，為萬世開太平”的“帝師”。[2] 特別是聽到程濟世先生說，通過自己學生黃興的捐助在濟大建設儒學研究院，更是傾力支持。他想利用儒學研究院的建設，在濟州成立一個太和投資集團，共同參與濟州胡同區和舊城區的改造和重建，大肆拆遷舊城建新城；並與黃興的黃金海岸集團合作，在濟州建立一個全球最頂尖的安全套實驗室和數據庫，還試圖說服黃興，在濟州建設一個矽谷。也就是說，欒庭玉支持引進程濟世的行為，具體且形象地詮釋了當地政府“文化搭台，經濟唱戲”的施政策略。

最後，由於籌建儒學研究院與城區拆遷的問題，欒庭玉被“雙規”，葛道宏被調離濟大。通過校長葛道宏和副省長欒庭玉這兩位官員知識分子在引進程濟世與籌建儒學研究院的動機和行為中可以發現，他們費盡心思地引進程濟世，並不是真心為了招攬人才辦好濟大和宏揚儒學，而主要是為了彰顯自己的業績和政績，因而體現出一種言行相悖的反諷的敘事策略。

當然，小說集中表現的還是濟大在引進程濟世先生過程中的高校知識分

---

1 同上，第 326 頁。

2 同上，第 284 頁。

子群像。小說大致表現了三代高校知識分子形象。首先是老一代知識分子，以濟大最早的四位博士生導師為代表：中文專業的喬木先生、歷史學專業的姚鼐先生、經濟學專業的張子房先生、哲學專業的何為先生。這一代學者的最大特點就是將學術事業作為一生的志業，將個體生命融進自己的事業，祛除了世俗人生的污染；同時切身關愛自己的學生，他們的本色和真誠贏得後輩學生的由衷敬重。

何為教授是柏拉圖研究專家，從教一生，終身未嫁。晚年因病住院，當應物兄和文斯德去醫院看望她時，先是與應物兄相約："出院了，我們合開個會，不搞耶儒對話。耶穌與孔子又不是同代人，差着輩分呢。要搞就搞孔孟與蘇柏的對話。好不好？"[1] 接着她對自己的學生文德斯說，夢見他的專著出版，在夢中與他探討柏拉圖的善惡觀念："你說，柏拉圖反對惡。錯了。柏拉圖反對的不是惡，是反對把惡當成善。柏拉圖說，人總是追求善，選擇善。一個人，如果選擇了惡，那是他把惡當成了善。他缺乏善的知識。缺乏善的知識，就會在善的名義下追求惡，選擇惡。"[2] 當她向學生表達自己的觀點後："老太太渾濁的目光突然變得凌厲起來，有如排空的濁浪瞬間被凍結了，又碎了，變成了刀子。"[3] 然後，她又對應物兄講，從應物兄的書中看到了王陽明的善惡觀，她認為王陽明是反對程朱理學的。他開壇講學，傳授的觀念接近柏拉圖，也就是說，她認為柏拉圖與王陽明的思想有相通之處。她將自己抄寫的王陽明《傳習錄》交給文斯德，上面寫道："無善無惡心之本 / 有善有惡意之動 / 知善知惡是良知 / 為善去惡是格物。"[4] 並讓文斯德向應物兄請教王陽明學說。最後，她對應物兄說，她不同意應物兄說的孔子是最偉大導師的說法，她說："作為老師，蘇格拉底更偉大，因為蘇格拉底培養出了柏拉圖，而柏拉圖與蘇格拉底一樣偉大。孔子的門徒，沒有一個可以與孔

---

1 同上，第 268 頁。
2 同上，第 269 頁。
3 同上，第 270 頁。
4 同上，第 269 頁。

子相比。只有學生超過了老師，那個老師才是偉大的老師。”[1] 分別前，她要學生轉告張子房先生記住她的拜託：讓張子房給她致悼詞。其實，此時張子房已經瘋了。小說寫道，兩位學生在回去的路上很長時間都沒有說話。“文德斯坐在副駕駛位置上，一直看着後視鏡：它確認着他們離醫院越來越遠，離老太太越來越遠。而應物兄心裏，他知道這是自己最後一次見老太太了。傷感和惜別不斷從他的心底溢出。”[2] 這個小說場景形象生動地詮釋了老一代學者的精神魅力。

值得稱道的還有芸娘老師。雖然她曾是姚鼐先生的弟子，屬於上世紀八十年代初期畢業的研究生，並不能歸為老一代學者一類，但她畢竟擔任過應物兄他們的輔導員，在濟大也應被稱作老教師了。在她身上似乎凝聚着一代啟蒙知識分子的情懷。作為一個高校知識分子，她的可貴之處在於從不趨炎附勢，始終保持知識分子的獨立人格，對於甚囂塵上的儒學熱保持着清醒和懷疑的態度，並沒有熱衷地捲入引進程濟世的熱潮中。

簡言之，小說中的老一輩高校知識分子中還有一批以學術為志業，堅守教書育人的崗位並遠離喧囂的世俗社會，他們生存在世俗人間，但並沒有屈服於業已主宰世俗社會的權力和金錢，儘管他們或年事已高或離開人世，但他們的人格精神已贏得後輩的敬仰。

小說還擁有一個龐雜的中青年知識分子群像。其中，最有代表性的中年知識分子形象，就是應物兄了。這個人物貫穿小說始終，着墨最多。他參與並見證了濟大引進程濟世的整個過程，但是這個形象始終較為模糊也較為複雜。我們先從他的名字來分析這個人物。應物兄出身農家，在家族同輩中排行老五，因而原名為應小五，他的鄉村中學老師朱山將他的名字改為應物，借用魏晉玄學家王弼之言：“應物而無累於物。” 後來，書稿編輯誤將出版商的尊稱應物兄當作作者名字，填在書上，事後應物雖然不滿，但也只能將

---

1 同上，第 270 頁。
2 同上，第 273 頁。

錯就錯。

“應物而無累於物”，原本存在與時變遷的一面（“應物”）。在一個重新確立市場經濟的競爭時代，應物兄的“應物”是可以理解的：“與時遷移，應物變化，立俗施事，無所不宜，指約而易操，事少而功多。”[1] 小說描述了李澤厚先生在濟大講座的情景，生動詮釋這種時代的變遷。上世紀八十年代末期，李澤厚來到濟大講學，禮堂人滿為患。講座結束後，學生想拿到李先生的簽名，都向講台奔去，會場也就炸窩了。原本負責維持秩序的研究生會宣傳部部長郟象愚，也手持《美的歷程》爬上台，腰還沒有直起，就被別人擠下台，剛好摔在地面的一塊木板上，傷到了尾骨，被同學們背到校醫院。對於應物兄來說，那是一個放飛夢想的學術時代。新世紀後，“李澤厚又到上海某大學演講，李先生剛一露面，女生們就高呼上當了。他們誤把海報上的名字看成了李嘉誠先生的公子李澤楷”。[2] 這個當年風靡高校的思想界學術權威，在當下的大學生看來，遠不如一個成功的香港商人。也就是說，當下的高校不可能再是僅憑圍牆就可以隔離社會的“象牙之塔”，高校知識分子也不可能再是心安理得地蜷縮在“象牙之塔”之中的“桃花源”中人，高校及其知識分子為了順應時代潮流，不得不越來越多地與社會發生關係。

如果說應物兄的性格棱角是社會環境挫平的，那麼他的博士生導師喬木先生就是這種社會環境的人格化的象徵。小說寫道：“許多年來，每當回首往事，應物兄覺得對他影響最大的就是喬木先生。”[3] 在應物兄人生最困難的時候，喬木先生保護了他，後又招他做了博士生。博士畢業的時候，他本想到中國社科院工作，也是喬木先生把他留在濟大做教師，自己的獨生女喬姍姍也與其結為夫妻。喬先生對他的影響表現在各個方面，其中最重要的就是讓他改掉多嘴多舌的毛病。喬先生說：“記住，除了上課，要少說話。能講不算什麼本事。善講也不算什麼功夫。孔夫子最討厭哪些人？討厭的就是那

---

1 同上，第 673 頁。

2 同上，第 228 頁。

3 同上，第 5 頁。

些話多的人。”[1]

語言是思想的容器，不說話也就意味着停止思考。這是喬木先生這代知識分子最為獨特也最為淒涼的人生經驗。應物兄謹遵喬木先生的教誨，在分開場合盡量少說話，甚至不說話。為了避免不說話而影響思考的苦惱，他發明了一種獨特的方式，說話但不讓別人聽到，這樣說話思考兩不誤。小說寫道：

> 只有說出來，只有感受到語言在舌面上跳動，在唇齒間出入，他才能夠知道它的意思，他才能夠在這句話和那句話之間建立起語義和邏輯上的關係。他還進一步發現，周圍的人，那些原來把他當成刺頭的人，慢慢地認為他不僅慎言，而且慎思。但只有他自己知道，他一句話也沒有少說。[2]

在應物兄為自己的獨特發明而自鳴得意的時候，我們卻感覺到一種徹骨的悲哀：在現代社會，社會上最能思考的知識分子精英，為了個人利益的得失主動選擇了沉默，而且這種沉默的選擇有着悠長的歷史，甚至可以追溯到孔夫子那裏。這種現象深刻說明，為什麼我們這個社會缺乏理性精神。

“有常以執道為本，無常以應物為功。”當濟大決定引起程濟世先生後，應物兄便身不由己地陷入其中，因為他的專業就是古代文學，德高望重的喬木先生曾是他的博士生導師，而程濟世先生則是他赴美訪學時的導師，因而葛道宏校長命他負責儒學研究院的籌備工作。他先是奉命去美國，面邀程濟世先生來濟大主持儒學研究院；又陪同省校領導進京，會見正在北京大學講演的程先生；再是接待程先生派到濟大商談修建儒學院的黃興一行；最後則是參與修建濟大儒學研究院。應物兄在引進程先生和籌辦濟大儒學研究院的

1 同上，第 6 頁。

2 同上，第 7–8 頁。

過程中，與官、商、學等各界廣泛接觸，不停地周旋在日常生活世界，親眼目睹這個社會的物慾橫流，而且也身不由己地陷入其中。當然，對程濟世先生來說，這種時代的變換也許無關旨要。他是一個自信的學者，“在歷史上的任何一個時代，儒學研究從來都跟日常化的中國密切聯繫在一起，跟中國發生的變革密切聯繫在一起，儒學從來不是象牙塔裏的學問。儒學研究有如莊子所說的‘卮言’：就像杯子裏的水，從來都是隨物賦形。”[1] 因此他認為現在回國，正是研究儒學的大好時機。但是對於應物兄來說，可能則是另一種思維向度，他認為：

> 每一個對時代做出思考的人，都會與孔子相遇。孔子不同於那些識時務的小人，但他理解那些小人，並試圖影響他們⋯⋯孔子反對怪力亂神，他不相信奇跡，不依賴神靈。這說明他是一個有尊嚴的人，同時他又很謙卑。他的道德理想是在一個日常的、變動的社會中徐徐展開的，所以孔子是一個做實事的人，辦學，教書。他誰都教，有教無類。他不是一個凌空蹈虛的人。所以，我首先是對孔子感興趣。[2]

應物兄從他的角度理解孔夫子。在他看來，孔子也是理解變動時代隨物賦形的識時務者小人物的。

當然，“應物而無累於物”還有不受“物”的束縛而成為累贅的一面（“無累於物”）。雖然應物兄在各界人士之間盡力周旋調和，但有時他身邊的人對他還是不太滿意，老婆認為他有些酸腐，恩師對他有些失望，省長嫌他有些頑固。不過，最終他並沒有覆沒在世俗庸俗的權力與金錢的功利漩渦裏。例如他與郎月的婚外戀，雖然有過越界的肉體關係，但是他們並沒有沉溺其中，沒有深入到情感生活的深處而破壞雙方的家庭生活。當然，問題的關鍵

---

1 同上，第 414 頁。

2 同上，第 415 頁。

在於，應物兄沒有也不可能影響他周圍的人，只得在資本和權力下苟延殘喘，淪為利益和權力的價值文化符號。他的人生境況，從某種意義上表明傳統的儒學思想在當代的價值影響。應物兄的人生境況，讓我們想起小說中書商季宗慈的話：

> 從孔子開始，歷代思想家幾乎都在從事同一個工作，那就是試圖挽救中國人的道德頹勢。但是奇怪了，越是要挽救，我們在下坡路上就出溜得越快……世道越壞，孔子越好。世道越是臭不可聞，孔子越是香氣撲鼻，在當代，孔子的精神首先體現在誰的身上？不用問，首先體現在那些儒學家身上。在那些儒學家身上，積聚了這個時代的很多主題，或者說疑問。[1]

因此，他認為自己應該多出這些儒學家的書，既能賺錢，又有意義。問題是，像應物兄這樣的儒學家並沒有顯現出力挽狂瀾的道德意志，他自己都充滿困惑，連身邊的人都無法影響，怎能影響社會？恰如他的外國學生卡爾文對他的評價："應物兄還是比較忠厚的……但是……忠厚是無用的別名。"[2] 從這種意義上講，他與錢鍾書《圍城》中的方鴻漸有着家族的相似性。

小說裏中年知識分子群體中值得注意的還有兩位放棄自己的專業而轉向儒學的人，一是郟象愚，應物兄的研究生同學，原是濟大西方哲學專業何為教授的開山弟子，也是何門弟子中唯一沒有拿到學位的人。八十年代他曾是一位理想的激進主義者，在李澤厚先生的講座中為了獲得簽名而被擠下講台摔傷，為了爭取愛情攜喬姍姍南下私奔。他在香港聽了程濟世先生的講座後決意拜程先生為師。程先生收他為徒並贈名敬修己，程先生說："修己者，修身也。修己以敬，不遷怒於人。修己還是為了安人，讓別人，也讓老婆孩

---

1 同上，第 449 頁。

2 同上。

子，過上好日子。修己也為了安百姓，讓百姓過上好日子。”[1]

郟象愚身上有兩個明顯的特點，一是生性急躁，率性而為。他不對任何體制妥協，到了美國依舊憤世嫉俗，“美國的學院體制也被他罵得狗血噴頭”，“對報紙發火，對天氣發火，對汽車耗油量發火，雖然他從不開車”。[2] 二是言行相悖。郟象愚當年勇敢地與攜喬珊珊南下私奔，但當應物兄與喬珊珊結婚後才知道，喬珊珊還是個處女。郟象愚在眾人面前誇耀自己的性能力，因為他認同黑格爾“愛情就是在愛慕的異性那裏發現第二個自我”的觀點，[3] 正因如此，香港中年女富商彩虹才看上了他，可是他們不久就分手了，因為郟象愚真正喜歡的還是男人。其實，郟象愚情感行為上的矛盾是一種隱喻，對於一個儒學家來說，這種言行相悖是一種致命的缺陷。儒家學說畢竟是一種實踐理性，強調知行合一，但並不是所有的踐行者都能抵達這種境界。正因為如此，程先生發現給郟象愚改名也無濟於事，所以把他安排到黃興公司擔任一名儒學網刊的編輯。

二是吳鎮，他原是天津高校現代文學專業的教師，通過濟大常務副校長董松齡關係，擠進儒學研究院擔任副院長。對於他來濟大儒學院，鄭樹森在酒桌上有一段評價：

> 樹森也想效仿吳院長，從“魯研界”轉到儒學界。在“魯研界”待久了，常以為自己看透了世界的虛假，知道自己所面對的，就是一個無物之陣……魯迅說了，幻滅之來，多不在假中見真，而在真中見假。連真中都能看出假來，你還敢相信什麼？正是因為看了太多的魯迅，內心不由得荒涼得很，這荒涼又一天一天長大起來，如大毒蛇，纏住了我的心。但我不願意再跟無物之陣纏鬥了。一句話，樹森也想告別魯迅了，想撤出來了，也想投奔孔子了……還是信了孔子吧。算是聳身一

---

1 同上，第 306 頁。
2 同上，第 174 頁。
3 同上，第 298 頁。

搖，從泥土中挖一個小孔，好苟延殘喘。[1]

鄭樹森從學理層面分析吳鎮從魯迅研究界轉向儒學研究界的原因，說他缺乏信仰，既不敢直面真假難辨的世俗人生，不能無法抵禦內心的虛無，因而逃往儒學界。

其實，知識分子一旦拋棄了道德責任感的內在原則，就很容易喪失人格底綫。小說描述了吳鎮在德國杜塞爾多夫參加耶儒對話會議的情形，他主動擠進這個國際會議，拜見程先生，並以請客吃飯為由，結識幾位國內儒學的學者。飯後在路過紅燈區的時候，他不顧他人的婉拒，硬把兩位專家推向妓女，然後打開手機拍下一段視頻。回國後，他以視頻要挾這兩位專家，要人家聘請他為重點大學國學院的客座教授，邀請他參加學校主辦的儒學學術會議，並在會上做重點發言。以此確立他在儒學界的學術地位。在一個沒有羞恥感的輕浮社會裏，一個知識分子如果為了達到個人目的而不擇手段，沒有自我約束也沒有羞恥感，同樣很容易淪落為無恥之徒。

小說中以應物兄為代表的中年知識分子群體，從整體上講顯然不如他們的導師那一代。這種差異主要體現在他們與現實社會的關係上，他們無法祛除自己的生活慾望和忽視個人名利，很容易屈服於世俗社會權力和金錢的宰制。雖然他們是繼承和闡釋傳統文化的人文知識分子，但卻無法履行傳統文化知行合一的倫理原則，往往成為語言的巨人和行動的矮子，凸顯道德的虛偽，因而無法像傳統社會的文化人那樣成為社會民眾敬仰的道德文化精英，從而影響整個社會的道德風尚。

小說對於更年輕一代的知識分子形象表現得較少，因為他們還沒有資格參與到引進程先生的一系列主要活動中來，也沒有能力與上輩學者正式地進行學術交流。比較而言，小說裏涉筆稍多的是應物兄的研究生易藝藝。顧名思義，易藝藝從小熱愛藝術，學過鋼琴、唱歌、舞蹈、繪畫，她是應物兄所

---

1 同上，第 988 頁。

有弟子中家裏最有錢的一位，因為她父親是個養雞大王。通過網絡，她很快就成為程先生的兒媳珍妮的閨蜜，因為她想通過與程家的關係，進入儒學研究院。當程先生家人來到濟大，她果然成為程剛篤的情人，而且此事傳得滿城風雨。當濟大老師為她擔憂的時候，她的導師應物兄卻不以為然，因為他知道："易藝藝是不會太當回事的。要是當回事，反而好了。易藝藝是什麼人？這個丫頭，好像天生就是給別人當情婦的。道德感、羞恥心、貞操觀念，在她那裏都快成負數了。"[1]

當程濟世先生告訴應物兄，說易藝藝已經與他聯繫，說她已經懷上程剛篤的孩子，打聽生育情況的時候，應物兄不知如何回答，因為他知道，易藝藝懷的其實是現任校長董松齡的孩子。最後，因為程先生和董校長，應物兄冒着大雪開車前往程家老樓看望正在生育的易藝藝，在回家的路上出了車禍。這個結局意味深長。

張明亮是應物兄的博士生，讀博之前是遵義師院的老師。他家本在貴州遵義，妻子小荷是遵義一所中學的英語教師，家中父母年邁，而他又是獨生子，原本讀完博士就應回原單位上班，可是為了留在理想的地方工作，他不顧一切地爭取太和研究院的編制。先是自告奮勇地提出要給儒學研究院打雜，例如為黃興看護白馬，為程濟世照料蟈蟈，然後是不顧事實地逢迎程濟世的兒媳珍妮的論文，接着與同門易藝藝開始暗中較量，爭搶留校的編制，可惜他還是沒有成功。因為現實過於殘酷。應物兄考慮如果把他留下來，一得幫他買房，可是濟州的房價是水漲船高；二得把他媳婦也調過來，但是附中不是那麼容易進的；再者他的父母年事已高，要是把他留下，豈不是讓他違背人倫。雖然張明亮一心想着灑掃天下，一直說着男人要以事業為重，但還是被拒絕了。對他而言，一切知識都是理想編制的墊腳石。為了理想的編制他可以丟下父母、拋妻別子，可是就算他忍痛放棄再多，表現再優秀，也打動不了應物兄。因為與其他進入太和研究院的人相比，他沒有強大的社會

1　同上，第 853 頁。

背景。對於理想，張明亮是激進和瘋狂的，但面對現實也只能卑微和無奈。

通過上述對濟大三代學人形象譜系的梳理，當代高校知識分子似乎一代不如一代。老一輩的知識分子雖然有着別樣的風骨，但是正在或已撤離時代現場；中年知識分子們遭受慾望的奴役，忙着賺取名利，滿足自身無盡的慾望；青年知識分子們奉承着虛無主義，圍繞着個人利益的軸心瘋狂運轉。小說也藉助人物的語言，從學術的角度表達過同樣的意思。應物兄動員師弟費鳴來儒學研究院幫助他的工作時說："在八十年代學術是個夢想，在九十年代學術是個事業，到了二十一世紀學術就是個飯碗。但我們現在要搞的這個儒學研究院，既是夢想，又是事業，又是飯碗，金飯碗。"[1] 用程濟世先生的話說，就像詩歌的換韻一樣，每個時代的儒學闡釋都不盡相同。在我們這個時代，儒學研究既是個謀生的手段，也是寄託人生夢想的一種事業，這種表述固然沒有錯，因為在我們這個時代，儒學研究並不可能成為一種純粹的學術夢想，更不可能像傳統社會一樣，成為整個社會的道德指南。最為關鍵的問題在於，儒學原本就是一種實踐理性，倘若學術理性與倫理實踐相脫離，知與行相悖，那麼儒學也只能成為一個浮在空中的樓閣，無法在生活世界的大地生根，更無法滲透現實社會。小說中圍繞着程濟世的歸來而呈現的各種推崇儒學的活動，不過是知識分子群體為了迎合上意而展開的時尚性學術鬧劇，事實表明儒學這種原本為傳統社會的實踐理性，業已脫離我們的現實生活，這無疑體現出一種反諷式的敘事策略。

二、反諷的文體

這部作品在批評界引起如此大的反響，與它的文體與敘事模式密切相關。文學的生命在於創造，因而當代作家面臨着一個最為棘手的問題就是"影響的焦慮"，新文學歷史已經超過百年，新時期文學歷史也超過四十年，

1 同上，第 196 頁。

就小說文體與敘事模式而言，從寫實主義到後現代主義的文體和敘事模式都已在當代文壇表現過；同時，隨着科學技術和市場經濟的快速發展，如今每年出版的長篇小說已經達到三千多部，因此要實現小說的創新，無疑是一個難題。然而，也正是《應物兄》在小說文體與敘事模式上的獨特風貌，才獲得評論界的讚譽。

關於"文體"，無論是在中國文學還是在西方文學中都是一個古老的概念。就中國文學中的文體概念而言，童慶炳先生認為，中國古代文論關於文體的含義大致包括三個層次：體裁規範、語體創造和風格追求。這三個層面是相互聯繫的："體裁制約着一定的語體，語體發展一極致轉化為風格。"而且，它們融合構成一種整體性的氣脈。[1] 西方的文體概念主要是在語言學理論背景中來理解和闡釋的，如申丹認為："文體的廣狹兩義，狹義上的文體指文學文體，包括文學語言的藝術特徵（即有別於普通或實用語言的特徵）、作品的語言特色或表現風格、作者的語言習慣以及特定創作流派或文學發展階段的語言風格等。廣義上的文體指一種上語言中的各種語言變體……"[2] 我認為，對文體的界定並不能局限在語言學的範疇，正如童慶炳先生所說："文體是指一定的話語秩序所形成的文本體式，它折射出作家、批評家獨特的精神結構、體驗方式和其他社會歷史、文化精神。"[3] 當然，需要指出的是，這裏的"文體"是指小說的文體。從文體的角度講，《應物兄》顯然不是暢銷書，而是一部純文學作品，它的創新主要體現在以下幾個方面。

首先，現實生活化的敘事結構。這部小說的情節綫索比較簡單，就是講述濟州大學引進美國華裔教授程濟世先生的故事，但是小說敘事在展開的過程中，情節比較鬆散，敘事節奏相當緩慢，全書有 85 萬字，寫到最後，程先生還沒有真正來到濟大任教。小說圍繞着濟大引進程濟世先生的綫索，大

---

1 童慶炳：《文體與文體的創造》，昆明：雲南人民出版社 1994 年版，第 39 頁。

2 申丹：《敘述學與小說文體學研究》，北京：北京大學出版社 2001 年版，第 73 頁。

3 童慶炳：《文體與文體的創造》，第 1 頁。

量講述在引進程先生過程中濟大知識分子群體的人和事。

李洱在《後記》中說，這部小說寫了十三年："我常常以為很快就要寫完了，但它卻彷彿有着自己的意志，不斷地生長着。電腦顯示出的字數，一度竟達到二百萬字之多，讓人惶惑。"[1] 這話是可信的，因為敘事者主要是想描述現實中的高校知識分子的生存境況和精神困惑，不想把情節結構強加於現實生活之上，更不想以小說情節的因果律強行改變現實生活的真相，因而小說的節奏相對緩慢，因為情節過程充塞着生活場景。既然現實生活永不落幕，那麼敘事作品有何理由沾沾自喜於它的落幕如何精彩呢？

閱讀者都能感覺到，敘事者似乎信筆寫來，無意控制，圍繞着主幹情節綫索，不斷旁枝逸出，津津樂道地描述人物、場景、對話，大量引用儒家思想及其學術觀點，鋪陳和羅列動物、植物、生物現象。由於小說主要是圍繞着儒學研究院的人事展開，因而小說場景描述和人物對話涉及諸多古籍、儒學觀念以及哲學命題，而且小說竟然還像學術論文一樣，插入大量的註釋。這樣，小說的敘事節奏自然緩慢下來。當然，當代中國小說的敘事結構越來越淡化故事情節而貼近現實生活，李陀先生也曾敏銳地觀察到當代小說的這種敘事節奏變化的問題，而且從社會文化語境下分析這種文學敘事現象："把大話題磨碎，磨得粉碎，然後在一片瑣碎細密的小話題裏尋覓並得到快樂，或許，還有某種做反抗姿態的滿足。"[2]

其次，諧謔狂歡式的語言。諧謔是指調侃詼諧的語言，狂歡則是借用巴赫金的"狂歡化"理論的術語，狂歡節原本是指民間的一種節慶活動，它是一種全民參加的具有打破等級、消除貴賤的儀式性特徵的一種活動。巴赫金認為："狂歡式轉化為文學的語言，這就是我們所謂的狂歡化。我們正是從這一轉化的角度，來突出並研究狂歡體的某些因素和特點。"[3] 按照巴赫金的

---

1 同上，第 1042 頁。

2 李陀：〈《波動》修訂版序言〉，《現代中文學刊》2012 年第 4 期。

3 〔蘇〕巴赫金：《陀思妥耶夫斯基詩學問題》，北京：生活・讀書・新知三聯書店 1988 年版，第 175–176 頁。

說法，狂歡化決定着普通的即非狂歡生活的規矩和秩序的那些法令、禁令和限制，使人們與世界變得隨便而親昵。《應物兄》的場景和對話，充斥着以戲謔、調侃、反諷為主要手段，以俗對雅、以下犯上，以狂歡、笑謔來挑釁和解構乃至顛覆正統秩序的尊嚴為基本特徵的語體。

濟大以校長葛道宏為首的一群人到北京面見前來講學的程濟世先生，正在北京學習的副省長欒庭玉請他們吃飯，在飯桌上，欒庭玉說他詳細拜讀了應物兄的文章《程濟世先生與儒學"三統"》，他發現應物兄從政統、道統、學統三個角度討論程先生對儒學的歷史性貢獻，他說：

> 政統、道統、學統，你一會兒分開談。一會兒合着談。正談着政統呢，一眨眼工夫你又溜到道統那裏去了，一不留神你又跑到學統那裏去了。並且來說，這個統、那個統，統來統去的，把我的頭都搞大了。幸虧我是男的，還有一點哲學背景，大就大吧。要是個女的，你這樣捅來捅去的，人家受得了啊？受不了的！"說着，欒庭玉臉色一緊，"不過，我倒是完全同意應物兄對程先生的評價：為天地立心，為生民立命，為往聖繼絕學，為萬世開太平。帝師！這樣的人，放在以前，必是帝師。[1]

欒庭玉的身份是副省長，而且他在評論應物兄的一篇關於儒學的學術論文，這是相當嚴肅的話題，但是他講着講着，就扯到性愛話語上了，這顯然是狂歡的方式。巴赫金關於狂歡式的第四個範疇就是"粗鄙"："即狂歡式的冒瀆不敬，一整套降低格調、轉向平實的作法，與世上和人體生殖能力相關聯的不潔穢語，對神聖文字和箴言的摹仿譏諷，等等。"[2] 身為高級官員的欒庭玉這種嚴肅話題的粗鄙化，蘊含一種褻瀆和顛覆嚴肅性和等級性的意味。

鐵梳子是桃都山連鎖酒店老總，當她的寵物哈登在寵物醫院被喬木教授

1 李洱：《應物兄》，第 284 頁。

2 〔蘇〕巴赫金：《陀思妥耶夫斯基詩學問題》，第 177 頁。

的寵物木瓜咬傷後，要求賠償，但當得她知木瓜是喬木教授的寵物，而且出來調解的又是應物兄時，就出面請他們吃飯。在飯桌上，她開始向應物兄解釋：

> 當然還得從那個死丫頭罵起。完全是死丫頭生搬硬套。問題的實質是犯了“左”傾錯誤。我們既要反“左”，也要反右，但主要是反“左”……條例是指導性的，要靈活運用。我為什麼說她犯了“左”傾錯誤？問題就在這。我已經嚴肅批評了她，說她犯了“左”傾錯誤。她自己認錯態度比較好，說這相當於醫生拿錯了藥方，又忘掉了辯證施治。能認識到這一步，需要表揚。但是嚴格來說，這還是形而上學的問題。她終於想通了，說了一句話：“形而上學害死人，我該死。”[1]

鐵梳子是個民企老闆，原來在肉聯廠工作，職業為屠夫，並沒有什麼文化。人們之所以叫她鐵梳子，是因為她至今還用鐵梳子燙頭髮。可是她批評員工，張嘴就是政治話語。這也是巴赫金所認為的一種“狂歡式的生活”的範疇，這種“‘狂歡式的生活’，是脫離常軌的生活，在某種程度上是‘翻了個的生活’，是‘反面的生活’，這種生活取消了等級制”，“亦即由於人們不平等的社會地位等（包括年齡差異）所造成的一切現象”，從而縮短人與人之間的距離，產生“隨便而又親昵的接觸”的一種狂放範疇。[2] 當然，在日常生活的語境中，一位民間人士運用政治話語進行表達，也是對政治話語的一種解構。

最後，多聲部的對話。巴赫金認為：由於狂歡廣場上平等、親昵的交往關係，使得廣場上對話可以平等地進行，所以狂歡化“使人們可以建立一種

---

1 李洱：《應物兄》，第 90 頁。

2 〔蘇〕巴赫金：《陀思妥耶夫斯基詩學問題》，第 176 頁。

大型對話的開放性結構”。[1] 換言之，狂歡化往往意味着一種平等的交互，可以幫助人們建構無壓迫的對話關係。而在文學文本中，這種狂歡化的對話思維表現為各種語言材料平行地交織在一部作品中，讓小說文本成為開放的文本。這種對話形式克服了認識論上的唯我論，打破了唯一的獨白意識，表現出破除中心的顛覆性，使得小說語義更為豐富多元。在一次討論課中，應物兄與研究生一起討論珍妮的一篇論文，因為論文內容較雜，所以他讓學生集中討論論文的第二章，主要分析柳宗元《黔之驢》的文本，學生引經據典地探討了儒學。費鳴也參加了討論，他認為論文應該寫寫驢子和馬的關係：“驢子與馬通婚，生下了騾子，實行的是和親政策，促進了種族的融合，體現的是和諧精神。”[2]

儘管他們探討的是有關《黔之驢》的論文，但卻高談闊論，顧左右而言他，始終沒有真正切題。事實上，這篇論文原本的立論，是探討道家文化和儒家文化與驢子的關係，這本身就讓人感到荒誕不經，但各位研究生以及應物兄、費鳴都認真積極地投入到了這場討論中，而且問題越拉越遠，越辯越荒唐。從應物兄及其研究生們身上，我們可以總體窺見李洱筆下的知識分子形象，他們其實有足夠的自省意識去發現問題，去發現話語的荒誕和無力，但他們卻沉醉於用插科打諢的話語玩弄知識的遊戲，在真實的問題面前不斷地兜圈子，試圖遮掩真正關乎生存的實在問題。在對話方面，讀者可以看到小說中各個人物的對話，也可以看到人物和隱含敘事者之間的對話，甚至可以看到人物與作者之間的對話。在這裏，權威消失，所有敘述者、人物乃至作者都平等地參與到對話中，形成了狂歡化的對話關係。

總的來說，我們會發現，李洱小說中大多數知識分子都慣於使用插科打諢的話語，製造出一種荒誕、詼諧的氛圍。他們用各種各樣精心打扮的話語來包裝自身，這種話語和他們身份的錯位給人荒誕不經的感受。一方面，這

1〔蘇〕巴赫金：《巴赫金全集（第五卷）：詩學與訪談》，石家莊：河北教育出版社 1998 年版，第 238 頁。

2 李洱：《應物兄》，第 367 頁。

種錯位製造了一種詼諧的氛圍，使文本中充滿了狂歡化的笑；另一方面，這種插科打諢的俏皮話在與現實衝撞時，反而成為一種揭露力量，凸顯了狂歡化的兩重性：掩飾與揭露同體，讓人在發笑的同時深思人物荒唐的行為。

三、敘事模式及其敘事主體

小說的文體特徵與敘事模式及其敘事主體是密切相關的。所謂“敘事模式”，是指敘事作品中用於創造一個故事的傳達者（即敘述者）形象的一套技巧和文字手段。它主要探究敘述者與他所表現的虛構世界之間的關係。[1]《應物兄》的敘述者在表面上是第三人稱全知敘述，敘述者不是行動的人物，只是故事的傳達者，但是從實際的敘事情境來講，小說是從一個人物的觀察出發，用第三人稱引導的敘事。具體地說，小說全知敘述人以小說人物應物兄為敘事焦點來展開敘述。然而，小說敘事的關鍵特點在於，在具體的情節展開中，全知敘述人的敘述視點並不高於應物兄，就以應物兄的視點展開。雖然小說的敘述人是唯一高於應物兄的，例如可以提前知道應物兄所未知，經常使用“多天之後他才會意識到”“過後他才知道”等話語展開敘述，但實際上離開了應物兄的視點，敘述人並不比應物兄知道的更多。

正因為如此，黃平在《“自我”的多重辯證：思想史視野中的〈應物兄〉》一文中指出，《應物兄》在此顯示出敘事主體的雙重困境。第一重困境是共同體話語的困境。全知敘述人對應的是穩定的價值體系，而在《應物兄》的世界裏，這種價值體系分崩離析。為數不多有可能承擔起價值重心的人物，喬木先生、張子房先生等老一輩知識分子或者沉默或者歸隱，老一輩的雙林院士、二十世紀八十年代青年知識分子代表的文德能和芸娘又先後離世。共同體話語的缺席，意味着小說不能簡單地複製現實主義的寫法，以某種總體性視野來結構現實。

---

1 王先霈、王又平：《文學批評術語詞典》，上海：上海文藝出版社 1999 年版，第 298 頁。

《應物兄》顯示出第二重困境是主人公不佔有歷史性。狄更斯的小說世界同樣是充滿日常細節的諷刺性世界，但是狄更斯小說中的青年是正在成長的資產階級主體，主人公的成長對應於現代世界的展開，主人公生活的歷史性也即世界的歷史性。由此比照《應物兄》，應物兄不是小說世界中任何一片領地的主人，他是一個"中介性"的人物，用小說原文講是"具有潤滑油屬性"的人物，"在結構上，他只是一個多功能的樞紐、通道"，應物兄陷落在一個去歷史的空間裏，面對着一個利益固化的結構性的世界。[1]

共同體話語的缺席與主人公不佔有歷史性，這雙重困境很容易將敘事主體導向虛無。當然，涉及小說敘事主體的思想質地，最值得辨析的是儒學觀念，因為小說畢竟是以引進當代大儒程濟世為小說的主要情節綫索，而且程濟世的儒學理念籠罩全書。然而，雖然全書充滿大量儒學話語，但是小說中的人物只是以話語的幌子來攫取現實的利益。小說日常生活的書寫充滿反諷，這表明，敘事主體顯然意識到，傳統儒學的價值體系已經難以統攝現代社會的日常生活世界，顯然不足以成為現代社會唯一可靠的精神資源。而且，面對現代社會的轉型，儒學內部的也有不同的精神取向。小說就此描寫了另一個重要的人物，即程濟世兒子的母親譚淳，上世紀八十年代初濟州大學的學生，譚嗣同一族的後人。譚淳和芸娘的形象相似，但持有更為激進的啟蒙立場，1984 年譚淳在香港新亞學院的演講會上與程濟世第一次相遇，她藉助譚嗣同的《仁學》批駁程濟世尊卑有序的儒家和諧論。譚嗣同《仁學》的最偉大之處，就是思考傳統儒學的現代轉型，它主張破除千年"禮教"的枷鎖，恢復孔孟"仁愛"的真義，並賦予"仁"與時俱進的時代意義。1991 年程濟世再次去香港講學，又一次與帶着孩子的譚淳相遇，並再次捍衛譚嗣同的儒學思想。程先生認為："譚嗣同的激進主義，是另一種形式的虛無主義。"[2] 譚淳起初還是輕言細語，但隨後便激烈了起來，說，她以為先生身

---

1 黃平：〈"自我"的多重辯證：思想史視野中的《應物兄》〉，《文學評論》2020 年第 2 期。

2 李洱：《應物兄》，第 864 頁。

為海外名師，定有高論的，不想竟是人云亦云。又說，她有一言獻於先生："潛身縮首，苟圖衣食，本是人之常情，倒也無可指責；捨生求義，劍膽琴心，卻唯有英雄所為，豈是腐儒所能理解。"[1] 在儒家思想體系的內部，譚嗣同對傳統文化的現代性轉換的嘗試，較為接近上世紀八十年代啟蒙現代性的立場，但他的傳統文化的轉換形式並不符合程濟世的儒學理解。

當然，《應物兄》還提出了"第三自我"的說法，這是應物兄這一代知識分子的代表人物文德能臨終前生造的一個單詞，文德能將"第三"（Third）和"自我"(self) 兩個詞組合了起來，形成一個新的單詞：The Thirdxelf，第三自我。[2] 何謂"第三自我"，擁有"第三自我"的人是怎樣的新人？小說並沒有給出最終的答案，只是開闢出一個探索性的主體空間，小說寫道："文德能說完這個單詞之後，又清晰地說出了最後兩個字：逗號。"按芸娘的理解，他是說，題目就是這個詞，那篇文章他沒有寫完呢。"他寫的都是一些筆記。他好像談過，無論是在八十年代還是九十年代，我們的經驗都否定着理論，各種理論。它還沒有成為一種話語。他說過，對我們來說，希望是個秘密，痛苦是個秘聞，但都沒有形成文字。"[3] 小說明確寫道：

> 文德能說，他一直想寫書來着，他想寫的書就像一部"沙之書"。沙子，它曾經是高山上的岩石，現在它卻在你的指間流淌。這樣一部"沙之書"，既是在時間的縫隙中回憶，也是在空間的一隅流返；它包含着知識、故事和詩，同時又是弓手、箭和靶子；互相衝突又彼此和解，聚沙成塔又化漸無形；它是頌歌、輓詞與獻詞；裏面的人既是過客又是香客；西學進不去，為何進不去？中學回不來，為何回不來？[4]

---

1 同上，第 864–865 頁。

2 同上，第 878 頁。

3 同上，第 687 頁。

4 同上，第 880 頁。

顯然，這種“第三自我”是一個沒有完成的想像和建構中的精神圖式，是對應新人的共同體想像，在多重自我所展開的辯證法中，凝聚着當代中國的精神症候。因此，小說主體的中心地位絕對不等於原子化的自我，這個“自我”是敞開的，正如文德能的一則筆記所說：“個人必須在公共空間裏發揮作用，自我應該敞開着，可以讓風吹過自我。”[1] 很顯然，作品邀請我們來到當代文學的前沿，在歷史和現實的多重自我中，在思考、對話和想像中發掘作為現實主義靈魂的“新人”共同話語。

1 同上，第 688 頁。

小結

九十年代以來的大學敘事，全方位地描述了當代大學種種失序的景象，展現大學知識分子面臨世俗功利誘惑時的種種尷尬生存境況。尤其值得注意的是，它們揭示出特定的價值多元的文化語境下，大學知識分子的自我認同危機、道德理性困惑和人性迷失等問題。從某種意義上講，它們以具體形象的方式生動表明，為什麼隨着大學社會地位的提高，大學知識分子的公共形象卻反而下降的這個社會問題。

然而，必須指出的是，大學敘事本身也不同程度地存在着明顯的問題，其中最令人憂慮的，主要是它們以極致的方式凸顯大學的病相。坦率地說，當代大學敘事的大多數作品，僅僅停留在凝視大學病相的本身，無心也無力思索病態的癥結。《桃李》主要敘述大學知識分子在市場經濟的社會背景與多元化的文化語境下的自我迷失，並將敘述焦點放置在沉溺於金錢和色相的漩渦中不可自拔的教授身上，似乎大學知識分子在世俗功利的誘惑下潰不成軍。《所謂大學》主要描述權力對大學的腐蝕，似乎大學知識分子都是匍匐在世俗權力之下的精神侏儒。《風雅頌》則以隱喻的方式表現大學知識分子的失敗人生，特別是以誇張的方式描述大學知識分子的精神失態與生存失措。也就是說，它們主要在批判的視野下書寫大學，而對當下和將來的大學景觀與前途缺乏樂觀的估計和設想。

特別需要提及的是《教授橫飛》和《教授變形記》等作品，它們把大學當成一個正在緩慢死亡的世界，將大學知識分子視為社會舞台上一群面目可憎的人生小丑；而且筆觸也僅僅停留在大學亂象的表面，肆無忌憚地放大種種亂象，不願深入思索大學知識分子迷戀市場與臣服權力的複雜心態及其深層原因。在他們所謂的大學批判中，你能夠感受到敘述主體不可思議的幸災樂禍的心態和語調，以及這種心態和語調深處幽暗與隱秘的怨恨情緒。我們承認，九十年代以來的社會變化使大學知識分子的生存狀況和精神狀態發生了較大的變化，特別是社會轉型的初期，這種變化更為明顯地體現出他們與社會集體記憶中的知識分子差異上，但是大學總歸是存在的，這就決定了我們如何來認識大學知識分子的這種變化。

其次，他們還以調侃的敘事語調嘲弄大學及其知識分子。如果說九十年代的《裸體問題》還是一種激憤的情緒，《慾望的旗幟》深含憂慮的思緒；那麼新世紀以後的大學敘事，大多在審美距離上遠離敘述對象，似乎從根本上缺乏一種同情的理解。《桃李》以肆意的調侃語調描述大學師生的行狀，《教授變形記》則以漫畫式的形式嘲笑大學知識分子的荒唐人生，《教授橫飛》更以變形的方式隱喻大學知識分子的下流和無恥。在閱讀這些作品的過程中，我們總能感覺到，這些敘事主體具有莫明其妙的精神優勢與良好的自我感覺，他們居高臨下地俯視大學及其知識分子，並且把大學知識分子作為喜劇的對象加以嘲弄。這種末世情緒不但缺乏思想深度，反而顯現出反精英的民粹主義思想質地，以及一味迎合大眾社會的淺薄。

這使我自然聯想到魯迅先生的知識分子敘事。應該說，魯迅先生是社會現實和文化批判的大師，批判的鋒芒深刻而犀利，但是他關於知識分子敘事卻充滿一種深切的理解式同情。如《狂人日記》書寫狂人因為先知先覺而遭受世俗社會的極端排斥；《在酒樓上》的呂緯甫原本是一位激烈的反傳統文化的鬥士，由於現實社會的污濁和停滯而變得敷敷衍衍；《傷逝》中的涓生和子君在選擇自由戀愛和放棄自主婚姻過程中的欣喜與悔恨。魯迅充滿情緒地講述這些知識分子生存困境和精神痛苦，並對導致他們生存情境的社會現實表示強烈的不滿。通過魯迅知識分子敘事的比較，我們可以發現當代知識分子敘事的大學批判，顯然存在一種過度的輕浮。

這一章的第二節，集中論述丘華棟的《教授》和阿袁的《師母》這兩部長篇小說，在文本細讀的基礎上解析人物譜系，並從社會現實、歷史文化和人性角度體察和剖析人物形象，思考新世紀大學敘事集中關注的高等教育問題。應該指出的是，新世紀拆除了大學與社會隔閡的圍牆可能是禍福相依的，它一方面激活了大學隱含的創造潛力，為社會發展提供了有效動力；另一方面它又使大學的理想色彩日漸脫弱，大學知識分子也無奈地臣服在現實利益之下。

這一章的第三節集中論述了李洱的新作《應物兄》。我從反諷的角度切入這部小說的知識分子敘事，當然也關注到這部小說對於高校知識分子的批判，而且較為詳盡地分析了小說如何通過反諷的方式批判知識分子。但是，同時我也注意到，知識分子的問題，不僅與他們本身的問題有關，也很大程度上與他們所處的歷史情境和社會位置相關。在濟洲大學儒學研究院的籌備過程中，我們可以看到權力與資本下的高校運行機制，作為研究院的常務副院長應物兄，周旋在各種關係之中，屈從於官員與資本大鱷的傲慢與狂妄。他沒有獨立的精神與自由的選擇，因為權力邏輯和市場邏輯總是扭曲他的生活意志，就連他的情感生活也不由自主，他負責籌備的儒學研究院也無法抑制各方的勢力滲透，因而他的專著就叫《孔子是一條“喪家犬”》。由此，我們可以發現敘事者明確意識到高校知識分子萎頓的深層緣由。

需要說明的是，我並不是反對大學敘事的大學及其知識分子批判，而是反對缺乏同情理解的一味醜化和嘲弄大學及其知識分子的大學敘事。理由很簡單，一方面，迄今為止，大學及其知識分子都深深受制或者依賴於這個社會體制，並不完全具備真正意義上的獨立自主的性質，因而諸多大學的弊端不能完全歸咎大學及其知識分子自身。倘若忽視導致大學及其知識分子問題的歷史文化根源和社會情境，那麼大學知識分子很大程度上也就成了時代的替罪羊。另一方面，以民粹主義的思想批判大學知識分子，透露出大眾社會的反智傾向。真正具有人文使命的民族知識共同體，如果將自己的視綫僅僅停留在一幅只能看到自己麻木不仁和卑陋瑣屑的畫面上，而對關乎本民族未來命運的高等教育既徹底地喪失信心，也根本地缺乏思考與建構的能力，那麼這個民族的知識共同體還有希望的明天嗎？

第五章

烏托邦敘事中的知識分子

我們必須承認，上個世紀中國步入現代化進程以來，一直是個天然的革命烏托邦敘事的溫床。這顯然與中國現代社會發展的歷史形態與革命烏托邦在中國幾代人的思想傳播密切相關。從社會形態學的角度講，我們可以把革命烏托邦的敘事分為三種形態：一是關於新中國成立前的社會革命烏托邦。中國作為後起的現代化國家歷經周折，選擇了一條社會革命的現代化途徑，這是各種複雜社會因素與歷史文化交互作用的結果。二是新中國成立後的社會建設烏托邦。新中國成立後，急切踏上一條社會主義革命建設的道路，應該說，很大程度上是人為選擇的社會歷史結果。三是後烏托邦時代的想像烏托邦。社會現實與主流意識形態的特殊對應關係，激發了當代大眾社會對革命烏托邦的記憶與想像，同時也導致了現代社會價值觀念的撕裂。因此，現代中國的百年歷史現實構成了一個連續的烏托邦想像和踐行的過程，導致整個現代中國的社會現實與文化語境，甚至幾代人的思維方式和社會心理，都與烏托邦緊密相關。

上世紀九十年代後的文學創作，同樣與烏托邦的歷史和現實緊密相聯。而且十分有趣的是，由於歷史現實的發展變化，也由於文學知識分子話語的多元化，導致九十年代以來的烏托邦敘事呈現不同的景象。如果我們將當代中國的烏托邦敘事與現代中國的知識分子話題聯繫起來，分析九十年代以來烏托邦敘事知識分子形象，則可從某個側面探測當代中國文學知識分子對於烏托邦歷史和現實的思考，也可以從歷史縱深上理解當代中國社會現實的思想文化態勢。因為，最初接受和傳播革命烏托邦思想的先驅者，就是以李大釗、陳獨秀和瞿秋白等為代表的一批"五四"知識分子。經過將近一個世紀革命烏托邦的探尋、實踐和反思，現代中國的知識分子付出過沉重的人生代價。甚至可以說，九十年代以來的烏托邦敘事中的知識分子命運思考，也是這個過程的思想接續。

九十年代以來的烏托邦敘事大致經歷了兩個階段，一是以五十年代出生（包括個別的四十年代）為主的作家創作，這裏我以李銳的《舊址》、張煒的《家族》《柏慧》以及陳忠實的《白鹿原》為代表，闡釋這些烏托邦敘事中的知識分子命運。實質上，這些創作明顯地沿襲了上世紀八十年代關於烏托邦敘事的思考。二是以六十年代為主的作家創作，這裏我以格非系列長篇小說"江南三部曲"、艾偉的《風和日麗》和李洱的《花腔》為代表，探析這些烏托邦敘事中的知識分子命運。

我認為，通過代際來劃分作家及其創作，探討烏托邦敘事中的知識分子命運，是一種行之有效的分析方式。由於五十年代出生且有過"知青"經歷的作家，雖然受過革命思想的洗禮，也有過激情燃燒的歲月，但是當他們親身體驗和見證了烏托邦社會實踐的過程後，再通過這個社會實踐中的知識分子命運的闡釋，可以深入思考烏托邦社會實踐的理論和性質。六十年代出生的作家，接受過烏托邦思想的教育，也聆聽過烏托邦社會實踐的挫折，但畢竟沒有烏托邦社會實踐的親身體驗，通過對這個社會實踐中的知識分子命運來思考烏托邦的社會實踐，並從歷史縱深的角度理解當代中國的社會現實，均是大有裨益的。當然，這兩代作家的人生經歷及其生命體驗有着較大差異，這也決定了這兩代作家關於烏托邦的知識分子命運的反思有着較大的差異。

第一節

苦難歷程與精神定位：四五十年代出生作家的烏托邦敘事中的知識分子

人是善於記憶的動物，他們不但能夠運用語言使記憶凝固成歷史，而且可以通過語言進行思考，讓歷史經驗世代相傳。

二十世紀的中國是個天翻地覆的時代，面對舊的價值體系的瓦解，我們應該有勇氣承認，現代人迄今還沒有成熟到有能力為我們的生活世界提供某種具有普遍意義的信念體系。在這種境況下，我們只能回顧歷史世界進行審察，以助於瞭解自身和我們的生存處境，尋找新的意義世界的基礎。李銳正是懷着這種意向創作了長篇小說《舊址》，在"寒冷的冬天"與他的祖先進行了一次真誠地歷史對話。作家並不奢望在被時間沖刷得依稀難辯的歷史足跡中，獲取某種清晰的生活真諦，他在探尋歷史奧秘的同時，也守護着歷史的奧秘。故此，這部長篇家族小說所展示的歷史世界，不是一個由眾多性格和命運構成的統一有序的透明世界，而是任何一種現有的理性之光難以穿透的灰箱世界。它是由各種不相混合的獨立意識，各具完整人生意念的聲音組成的複調意味的對話小說。作家在意義的溝通之中逼近歷史本相，探求價值意向。

一、《舊址》對位式的死亡意識

誠如英國學者威廉斯所說："正如我們都非常清楚地看到，革命與悲劇之間最明顯的聯繫存在於真實的歷史事件之中。革命的年代顯然是暴力、變動以及普遍苦難的年代，在日常意義上把這看作悲劇是很自然的。"[1] 上世紀五十年代出生的中國作家，在經歷和體驗革命的苦難後也發現，革命與悲劇密切聯繫。李銳的《舊址》以深沉的筆觸描述了一個大家族在社會革命過程中的歷史命運，書寫了李家幾代人的人生故事和心靈軌跡，李銳先生在《後記》中承認，他看着筆下的人物一個個地死去，"難禁的悲哀深深地浸泡在時間的冷水中"。[2] 他的這種寒徹心脾的悲哀並不難理解，因為小說中的太多人物都在革命中死於非命，或虐殺或自殺。對於生活在避諱死亡的文化傳統中的中國人來說，也許沒有什麼比死記更具有獨特的心靈震撼。在此岸世界被毀滅的人物生命，可能提供了否定這個世界理性邏輯的合理性根據。值得注意的是，小說的思想意蘊尚沒有停留在這個層面上。作者十分關注人物死亡前的自我意識，並將人物的這種意識對位式地組合在一起進行比照。或許臨近死亡前的最後抉擇，都是他們對自己一生選擇的總結；他們傾其全力的最後一擲，熔鑄了他們在世的全部人生經驗與信念。

小說的第一章把李家兩個血腥場面精心地綴合在一起。一是 1951 年銀城鎮反運動的公審大會。大會槍決了 108 名反革命分子，這其中有 32 人姓李，"幾乎囊括了九思堂李氏家族三支子嗣當中所有的成年男子"，其中包括李氏家族掌門人李乃敬。"李氏家族中唯一的一個成年男子沒有面對行刑隊，他的名字叫李乃之，和被槍決的李乃敬以堂兄弟相稱。當年李乃之曾做過一任中共地下黨銀城市委書記，以後又提升任過省委書記。"[3]

二是 1927 年年底，銀城五縣農民暴動失敗，暴動總指揮趙伯儒與赤衛

1 〔英〕雷蒙・威廉斯：《現代悲劇》，南京：譯林出版社 2007 年版，第 56 頁。

2 李銳：《舊址》，上海：上海文藝出版社 1993 年版，第 246 頁。

3 同上，第 2–3 頁。

軍首領陳狗兒被斬首示眾的場面。原來的銀城中學校長溫文儒雅的趙伯儒，舉起戴着鐐銬的手，環指刑場眾人說道："'勞苦大眾是殺不完的！共產黨人是殺不完的！'接着，他舉起拳頭，在鎖鏈的叮噹聲中呼喊'試看將來的環球，必是赤旗的世界！'"[1]慷慨從容地就義。赤衛隊長陳狗兒在暴動期間功勳卓著，"除了斬盡殺絕分財分糧之外"，"在把屬於土豪老財的太太小姐們嚐了一遍之後，又把屬於貧農僱農的廚娘和女僕們也嚐了一遍"。但在抵抗鎮壓暴動的戰鬥中，陳狗兒的隊伍最為頑強，一直打到最後一個人倒下，他本人負傷被俘。死前還在不屈地呼喊："個老子夠本了，再過二十年老子又是一條好漢⋯⋯老子就是布爾克！老子就是蘇維埃！老子就是要造反！⋯⋯個老子張獻忠再世，轉世再來還是張獻忠，還是斬盡殺絕！⋯⋯"[2]

小說的第一章恣意鋪陳革命的血腥場面，顯然是為了突出銀城革命歷史的殘烈，同時這也是現代中國改朝換代付出過慘重生命代價的縮影。面對死亡，這裏有個對位式的人物表現。作為知識分子的趙伯儒，在理想的祭壇上莊嚴地奉上自己的生命，他的死超越了自然時間的肉體生死，其不朽凝結在創造未來的理想上，儘管其理想本身含有烏托邦的嚮往。而作為愚魯烈性農民的陳狗兒，是一個連蘇維埃革命與張獻忠造反都分不清的革命造反者，他的願望就是把等級社會再顛倒過來，從金字塔式的等級社會下層升躍上層，親自嚐嚐人上人的現世享受。他的死不過是一次命運賭博的結果。因此，這是一種"狂歡式"的對接，神聖同粗俗、崇高與卑下、偉大和渺小、明智跟愚昧混同一體，價值意義在二重悖離中消解。

小說中李乃之和白秋雲的死亡，同樣觸及人世間的"天問"。他們都是出身富裕的大家族，畢業於省立師範大學。許多年前，白秋雲拋棄家庭替她規劃的似錦前程和富貴人生，跟着自己所愛的李乃之漂泊他鄉創造幸福；而現在人們卻指責她應追求革命而不應追隨從事革命的男人。白秋雲的自殺是

1　同上，第 12 頁。

2　同上，第 10–11 頁。

對混濁曖昧及越來越陌生的世界感到絕望。她理解丈夫的冤屈，也不懷疑他臨別的安慰，但這都不能改變丈夫離開人世這個事實。她多年來無休止地被提醒和改造，以徹底背叛自己出身的家庭，但是無論她怎樣地虔誠，都無法改變自己作為接受教育的身份，以致連她自己也懷疑自己的忠誠。她覺得世界不應該是這個樣子，但她身處的生活世界偏偏就是這麼晦暗不清。她無法理解這個世界，導致她自我同一性的裂隙，於是開始懷疑自己的人生選擇。為了逃避無邊無際的生命痛苦，她只好了結這悲哀的人生。

我把李乃之的死亡看作是變相的自殺：他在思想絕望的處境中以酒澆愁，加速自己肉體的毀滅。李乃之在變相自殺之後留下一張報紙，上面所有的空白之處都填滿了"革命"一詞，他用近乎無言的形式透露內心深處的絕望。這不是對這個世界的絕望，而是對自己信念的絕望，即他對世界的所持態度開始發生變化。這一內心的精神事件表明，他對自己幾十年出生入死的最終憑據，對自身具有的世界作為整體的某種意義，已徹底喪失了忠信。因為"李乃之沒有想到，自己捨生忘死一生追求的理想，到頭來變成一件自己永遠無法證明的事情"。[1] 信念不僅僅是一個抽象的東西，它總是具體地表現在個體對世界的態度上，並通過意志力作用於個體的行為。對於一個為信念、理想和希望可以奉獻一切的人來說，信念就是整個生活的精神根基，而一旦個體意識到信念與希望的虛假性，想到以往所有的行為情感及犧牲都經不起生命意義的質詢時，生命就被拋入虛無的深淵。如果生命的情思在這深淵之中找不到超越或救度的路徑，生命自身的執情之火就會把生命焚毀。這正是李乃之在清醒之時感到一片空白，酒力在胸膛燃燒之時卻感到深入骨髓的快意的緣故。李乃之除了自我毀滅，別無選擇。

此外，還有兩對人物體現了對死亡不同的態度。一是九思堂掌門人李乃敬父子。李乃敬在刑場上心靜如水，渴求從死亡中求得解脫。因為他從入獄的那一天起，就意識到李氏家族在劫難逃，任何個人都無力回天。他為了這

---

1 同上，第 198 頁。

個家族的命運，長年累月地處於惶惶不安的極度緊張狀態，而滄桑巨變使他心安理得地放棄傳統文化給予宗法家族族長的使命重負。不過他兒子李雙喜面對死亡卻恐懼萬分，私下無數次為自己辯解，一心渴望活下去，總希望他人能以自己的辯解為認知背景。二是李之生與冬哥。他們的死亡雖然沒有形而上的意義，但對人們情感世界的衝擊是顯而易見的。李之生因為身上有李家的血統而被狂熱的革命世界拒絕。涉世未深的李之生對於不能進入正常的生活秩序而感到由衷地恐懼，最終懷着這種恐懼被人們拋出了人間。冬哥一生感恩於李家，他以殉難的方式履行在生保護李之生這孩子的承諾。一個是無辜遭受虐殺的孩子，一位是主動殉難的老人，他們的死亡展現了現代人身上猶存的罪惡淵藪，儘管這種殘忍有時偽飾着歷史發展中各種動人且理性的花環。

上述四組人物關於死亡的自我意識，大致可分四種類型：趙伯儒和冬哥的殉道型，白秋雲、李乃之與李乃敬的絕望型，還有李雙喜、李之生的恐懼型，陳狗兒的麻木型。從敘述文本的層面上講，作家把他們錯開，是順於事件的秩序；而從意義結構的深層上說可能是為了對位的雙雙比照。這幾種類型的人物死亡意識，價值不同但共處充分平等的地位，人物不僅是作家描述的對象客體，也是表現自己觀念的主體。作家不想以某種完整的體系結構或基本的意義範疇去統馭整合他們各自的觀念，而是把各自的自主意識平列地表現出來，讓他們的意識處於開放性和未完成性的狀態。作品的思想就在不同意識的聲音在相互交往的聯接點上得以產生。這種形式正如巴赫金所說：“思想就其本質來講是對話性的。”[1] 讀者從對位式的意識交鋒中進行判斷，並得到啟示，而意義就在判斷和啟迪中產生，在人物的死亡意識中，人們學會了怎樣生存。

不過，其中最值得關注的，是知識分子的殉道型和絕望型的死亡意識。中國革命最初是由現代知識分子發起的，小說中殉道型的人物趙伯儒就是其

1 〔蘇〕巴赫金：《陀思妥耶夫斯基詩學問題》，第 133 頁。

中的代表。他認為，舊有的社會制度是人類自身解放的桎梏，只有摧毀這個陳舊的社會制度和建構新型的社會制度才能通向人類幸福之路。他以殉道的方式踐行自己的社會理想。這個文學形象的典型意義在於，“它塑造了一個嶄新而絕對的人的形象”，“它把這種超驗的東西與一個理想的世界和人類社會聯繫了起來”。[1]

絕望型的代表則是白秋雲和李乃之，他們以自殺的方式拒絕異化的革命。英國學者威廉斯認為，革命有悲劇性的一面，這種悲劇源於革命的異化。革命的異化形式有若干種類，“在巨大的壓力下，革命目標本身也可能被抽象化，並且被置於真實的人之上。現在和將來的重要連接本來只可能在經驗和變化着的具體關係中發生，現在卻被遮掩和替換了。還有一種異化把真實的苦難和希望變成僅僅是策略上的‘革命形勢’。與之相關的一種做法是將革命的觀念強加於現實的男人和女人，並且說這樣做是為了他們。使革命成為抽象概念的綫性模式於是被強加於經驗之上，其中包括革命經驗本身”。[2] 在把革命理論抽象為概念，而把真實生活變成某種概念的思想材料時，就會無情地扭曲複雜的真實生活，甚至會把革命者也指認為敵人。儘管白秋雲和李乃之他們拒絕接受強加在他們身上的責難，但也無法理解這種苦難的真正緣由，因而以自殺的方式解脫自己精神的苦痛。總之，從殉道型的人物趙伯儒與絕望型的人物白秋雲、李乃之的死亡，我們可以發現中國革命的複雜性，也可發現現代中國知識分子在革命過程中付出的沉重代價。

二、張煒《家族》《柏慧》對現代知識分子命運的思考

張煒的《家族》與《柏慧》無疑是“孿生性”文本，它們不僅在出版時間上相近（《柏慧》是北京十月文藝出版社於 1994 年 12 月出版，《家族》

---

1 〔英〕雷蒙 · 威廉斯：《現代悲劇》，第 63 頁。

2 同上，第 74 頁。

是上海文藝出版社於 1995 年 9 月出版），而且小說情節上也互補互見，在語義層面和情感傾向上也是同質同源。兩部作品的差異僅僅在於，《家族》着重展現外在化世界的歷史和現實，與這種外在空間化相應的是再現式的講述方式；《柏慧》則是敘述者着重表現關於外在化世界的內心情感狀態，與內在化的回聲相應的是散文式的表現方式。由於兩者內容上的互見性，我把它們放在一起闡釋。

如果說我們從《九月寓言》中可以看出張煒對《古船》的超越或背離，而向他的早期審美傾向回溯並延伸的話，那麼從《家族》和《柏慧》中則能發覺他的創作又向《古船》回歸和拓展。這種回歸和拓展主要是指，這兩部長篇小說在正視歷史和現實的苦難上，在對人性和精神的冒險追問的態勢上，再次體現了張煒的特質，即悲天憫人的道德情懷。這兩部小說所關注的對象，主要是上個世紀中國知識分子的苦難命運，可以說從某個側面映射了他們艱難前行的身影及人格精神的變異。當然，小說在歷時性的辨析中貫注了敘事者的自我理解與自我救度。我們可以追隨小說中的三代知識分子的命運及其作者對這種命運的思考，來闡釋作品的內蘊。

首先是小說中不屈不撓的第一代知識分子。《家族》與《柏慧》的敘事表層以寧府和曲府這兩個具有血緣關聯的家族故事為主要情節，講述了這兩個家族幾代人的命運故事；敘事深層則蘊含着創作主體對上個世紀知識分子人格精神的承傳與變異的思索。在創作主體看來，對人的內在存在的思考不能停留在家族徽章的靜觀和撫摸中，因為人格精神必然隨着歷史背景和文化語境的變遷而變化，而人格精神的變化則歷時地呈現在人的外在生存領域。因此，《家族》與《柏慧》關於先輩生命蹤跡的追憶，實際上是敘述者通過先輩生命的客觀化來體認他們的內在存在。

當然，現時態的敘事者不可能純客觀地再現其先輩的生存狀態，他在鍥入歷史的深層結構時，總是帶着他的視角、他的詰問和他的語調。我認為，在這兩部小說敘述者的追述中，有關祖輩的殘簡斷片中最引人注目的精神，是以個體為本位的自由意識和憂患意識。曲予、寧周義憑據他們的身份、地位及財產，本應是衣食無虞，但他們似乎先天地為這塊土地上人們的生存狀態憂心如焚，道義深入他們的血液，社會參與與社會職責成為他們至關重要的生存意義。這就決定了他們不得不做出一個又一個艱難的人生選擇。正是這種有關生存憂患的自我判斷和抉擇，體現出從中世紀般的蒙昧之中走出來的第一代知識分子的精神風采。康德在界定啟蒙時說，啟蒙是人脫離自己所加之於自己的不成熟狀態。[1] 這就是說，作為有思想有理解力的個體，應擺脫種種精神依附，敢於懷疑包括傳統的文化權威和主流意識形態在內的所謂的精神教條，具有自我思考、自我選擇的果敢及承擔自身行為之責任的勇氣。曲予、寧周義極端厭惡種種精神的束縛和外在的強制，強調實踐中自我規範的意識能力。曲予不顧家長的阻撓，偕同閔葵離鄉出走；回歸故里之後又變賣田產，創建醫院。這表明他們在追求個人生活幸福上毅然同傳統的封建宗法觀念決裂。體現在政治行為上，他們堅決抵制政治派別的外在強制壓力。至於寧周義，他之所以拒絕殷弓他們的軟硬兼施，或許是因為他業已洞悉，作為一個價值判斷主體的個人一旦淪為他人實現目標的工具，生命的厄運便終究難免。雖然曲、寧二人的最後選擇大相徑庭，但在生死選擇面前堅持主體的自足、維護個人的尊嚴這一點上，他們是相同的。據此，或許可以把他們視為奉行自由主義的知識分子。

曲予、寧周義他們在尋求真理的同時，充分尊重他人探索和發現的權力。寧周義得知寧珂的政治思想與自己不同後，並沒有強制性地干預他的自由選擇。曲予和寧周義在確定最後選擇的前夕，都有一個猶豫不定的過程，他們都沒有把自己看成掌握必然規律的全知者或預知未來的先知者。不過，一旦定奪則義無返顧，要不惜獻出生命以承諾自己的抉擇。因此曲予、寧周義的死亡，似乎有雙重含義。其一，他們作為歷史性的存在，任何一種人生選擇都意味着把生命擲入生死無常的戰爭漩渦。在戰爭之中，交戰的雙方無

1 〔德〕康德：〈答覆這個問題："什麼是啟蒙運動"〉，載康德：《歷史理性批判文集》，北京：商務印書館 1996 年版，第 22 頁。

論勝負都可能付出生命，死亡在這非常態的歷史情境中不過是一種是正常的事實。其二，他們的死亡，標誌着具有啟蒙精神的第一代知識分子隨同有限的自由歷史空間的消逝而消逝。中國近代社會的轉折原本就是被動的，自由主義的文化語境從來就十分有限而且極不健全，獨立的自由主義在中國始終是薄弱的，從來沒有作為一種可以扭轉社會現實狀態的政治派別而穩定的存在，所以自由知識分子聽從自己的良知召喚而做出的行為選擇，客觀上往往把他們推向強勢政治的某一方。因為這種致命的被動性，常常使他們陷於兩難境地：一方面，他們必須把"知"落實到"行"中；另一方面，行動的結果又使他們最終成為附庸。自由的選擇變成了依附的選擇。所以選擇的結果是把自己的自由空間取消了，他們最有價值的精神魅力也就終結了。因此，《家族》與《柏慧》的敘述者在神往這一代知識分子的同時，又不得不為他們敬奉一曲悲壯而哀婉的輓歌。

其次，小說中充滿屈辱的第二代知識分子。從某種意義上說，曲予、寧周義他們的死亡是不幸中的萬幸，因為他們畢竟免受了像《柏慧》中口吃教授那樣的肉體折磨和精神侮辱，也不知他們子弟後來屈辱生存的慘狀。我想，如果地下死者真有在天之靈的話，曲予得知他所做的種種奉獻及以生命代價換取的人生抉擇，其實在殷弓他們心中並沒有絲毫的莊嚴地位，只不過轉換成勝利者的某種經驗，而且他們在陳述這種經驗時常常掩飾不住因為善於使用工具而生的得意感和自我滿足感，那麼該是怎樣的悲憤呢？

《家族》與《柏慧》的敘述者關於父輩的記憶，是個無法磨滅的噩夢，也是一種情感的折磨。這自然與張煒對寧珂這一代知識分子的理解有關。張煒認為，對於"譏諷和漫罵他自己不幸的父親"的時髦，頗有點"陌生和神秘"，他所關注的是這代知識分子的"只能不幸"。[1] 殷弓、飛腳他們的思維方式是，革命者應該自覺和始終不渝地追求他們所認定的目的，而且為了達到其目的可以不惜一切手段。如果說集體是個按目的運轉的巨大機器，那麼個

1 張煒：〈夜思〉，載蕭夏林：《憂憤的歸途》，北京：華藝出版社 1995 年版，第 133 頁。

人則是機器上的零件，也就是說個人是集體目的的工具。寧珂雖然對殷弓、飛腳他們一系列冷酷無情的手段，如槍焚小河狸、誘捕寧周義等，抱有懷疑的態度和相左的看法，直覺地感到目的的崇高並不能保證手段的正當合理，但客觀上也只能被動地默許。而這種有限的正義感和良知，恰恰被殷弓他們視為寧珂天生不能成為純粹革命者，很可能成為異類的佐證。不過，殷弓、飛腳他們的力量尚不足以支配社會時，便不得不容忍寧珂的懷疑，因為寧珂作為一個工具，有着他們組織中其他工具無法替代的使用功能。而當他們組織的力量已經強大到完全控制了整個社會，並把社會整合成一個龐大的社會機器後，寧珂喪失了脫離社會這個龐大機器的可能性，他的不可替代的功能也隨之消失，他就是可以被任意置換或遺棄的工具了，他們也就無須再容忍寧珂。

寧珂的悲劇在於，他根本不知道自己已經喪失了個人自由權利的這種時勢，還要追問小慧的下落，這就使他墜入由謊言綴成的神秘的歷史之網，開始了漫長的痛苦人生。而且他也根本不懂得，操縱整個龐大機器的人為了保障機器的有序運轉，必然會把是否安心於自身零件的位置作為對每一個人的道德律令，並且在必要時施用各種禁令和強制手段，“革命”可以用在反體制上，也可以用在維護體制上。也許，寧珂徹底泯滅自我意識和良知，裝愚守拙地屈從權威意識和權威人物是可以免遭橫禍的，但是，就知識分子的人格精神而言，這同樣是雖生猶死，只能不幸。

寧珂身上固然有其先輩善良、正直及自由意識的精神遺傳，與殷弓、飛腳冷酷狡黠的天性不一樣，但是，寧珂這代知識分子的浪漫激進和惟美傾向卻與殷弓他們的觀念有某種程度的親和。寧珂與殷弓他們的爭執，多體現在採取何種手段或方式上，而從不懷疑其手段或方式賴以依存的終極目的，即沒有從根本上懷疑所謂的人類歷史的必然性和因果教條的烏托邦性質。他分辨不出自然科學與社會科學、人文科學的本質差別。自然科學的知識必須以經驗、試驗及檢驗為基礎，而作為人類社會實踐範疇的歷史預言，無法有效地使用試驗和檢驗去論證，因而也無法滿足巨大的社會理想工程所需要的知識需要，或者說迄今為止人類歷史無法為巨大規模的人類社會工程提供十分可靠的知識保證。人的理性有限，科學的發生和發展並不意味着人的思想萬能，所以殷弓他們的終級目的本身就具有烏托邦的性質，是可以質疑的。既然他們神聖的歷史觀念不是絕對正確的價值體系，那他們所採取的種種手段就毫無價值根據，歷史上各種因手段造成的犧牲和苦難，不能以意識形態的理由加以合理化、制度化。從這種意義上講，寧珂他們有時還不如以生活常識和民間道義為價值取向的李鬍子、許予明，因為李鬍子在關鍵性的行為上把樸實的做人道義置於神聖的歷史目的之上。

由於寧珂這代人的浪漫激進和惟美思想，使他們的願望和殷弓他們認識論上的絕對自信具有一定程度的親和，也使寧珂他們把憂患意識與利他觀念輕易轉換到實踐參與之中，身不由己地遺忘了他們父輩一代以個體為本體的自由意識，而淪落為集體的工具，最終撞倒在自己參與建造的人生理想的碑石下。寧珂這代知識分子的主觀迷誤，是上個世紀留給後人的一宗沉痛的精神遺產。

最後，小說中拒絕與尋覓的第三代知識分子。《家族》與《柏慧》的敘述脈絡都是雙綫型的：一是現在時態的敘述者講述過去時態自己家族先輩的命運故事，二是現在時態的敘述者講述他本人現時的生存情狀，即自述從 03 所到雜誌社，再歸葡萄園的人生過程。敘述者的命運與他先輩的命運相互交織，實際上在小說中就形成現時與過去的對話。敘述者通過對歷史的追溯和審視，期望獲得對現時和未來的把握，為自我定位及理解自己提供參照。人畢竟是尚未定型的動物，他不斷伸向未來和要求超越自身，尤其是歷史佈景急劇更換之時，這種需求更為敏感、強烈和迷惑。

從歷史背景與文化語境的角度上講，敘述者與其父輩相比，顯得擁有一定的自由選擇的機遇。可是，他們這代人的生存境況在新的歷史語境裏又呈現出另一種形態的張力。敘述者在 03 所的遭遇，是知識分子在新的歷史背景與文化語境中的理性尷尬。瓷眼他們作為殷弓、飛腳的精神後裔，不再具有他們先輩固有的歷史決定論的信仰及為信仰抵押生命的膽量。既然作為具體手段存在依據的價值信仰已經名存實亡，那麼具體手段本身就是瓷眼他們最高的生存技巧了。他們可以輕鬆地放棄個人責任，心安理得地逢迎各層能決定他們個體人生前景的上級，也熟悉用種種堂皇的名義謀取個人私利的門道。從本質上說，手段不再是為信仰，而是變成以信仰為名義的巧取豪奪。站在其對立面與他們抗衡的則是小說敘述者與朱亞。

朱亞的有力武器是他的科學話語，儘管這種話語系統有不同學科類別，也有各自的界限和限度，但話語系統的基本特徵可以超出各個學科的限度和範疇。這種話語的基本特徵就是遵循理性原則，從不僭越理性的限度，按照經驗、檢驗和試驗的規則運行，運用確鑿的數據進行論證，並且捨棄一切獨斷、武斷和迷信。它的中性立場可以讓知識分子抵抗違反科學真理的權威性和盲從性，避免輕率的皈依和在膜拜名義下的卑劣的個人企圖。朱亞正是在科學話語的支撐下，在不能給予證明之處拒絕證明，以充分可靠的數據建立個人的觀點，成為瓷眼他們運用偽科學實現個人私利的障礙。雖然科學話語在社會科學和人文科學領域因方法的制約而受到限制，但其理性精神陶冶出的職業人格，同樣具有倫理意義。當然，在社會轉型的歷史背景與文化語境中，憑據職業人格抵制以技術為名義的政治權威，拒斥商品市場唯利是圖者的誘降，往往使真正的知識分子成為“不合時宜”的悲劇形象。朱亞為此犧牲了個人生活的幸福，敘述者也不得不離開 03 所，他們抗爭的勇氣以及悲劇性的結果，給正在尋求自身人生價值及社會位置的知識分子提供了清醒而嚴峻的昭示。

市場經濟在中國大陸興起之後，知識分子與市民大眾的關係重新調整，從另一個維度制約着知識分子自我角色的定位。在傳統的宗法制社會，士階層實際上從來沒有真正取得“為王者師”的身份，而是承擔依附皇權為“勞力者”之師的社會職責。即使在近代啟蒙時期，知識分子與市民大眾的關係體現在啟蒙話語的語義中，也是施予者與受施者的關係。上世紀九十年代以來的歷史背景與文化語境中的知識分子，已經無力扮演拯救者的社會角色。或許是中國社會市民階層的私人需求慾望壓抑得太深，所以它們一旦從無意識閾限下噴湧而出，便迅速蔓延，迅疾地滲透到社會的各個角落，其旺盛的生命力猶如一柄雙刃劍，消解組織性的政治社會結構及意識形態的同時，也瓦解着維繫人類社會結構所必需的精神價值體系。這種世俗慾望表現於大眾文化之中，就是把本能衝動、感官樂趣及輕鬆調侃視作真實生活加以肯定，蔑視意志和堅毅，無視緊張與感動。《柏慧》中敘述者所在的雜誌社，在大眾文化的經濟效益衝擊下很快潰敗，放棄知識分子的牛虻精神，拱手交出意義聖殿，使之成為大眾狂歡的喧鬧場所。敘述者不忍物慾對人類文明的褻瀆，不願放棄自主權，決然退離雜誌社。他充分意識到，真正的知識分子不承認經濟效益是社會文明的唯一基礎，世俗物慾也不是人的唯一需求，因為醉狂終究會消去，接着便是淒冷的清晨。

朱亞和敘述者所在的 03 所與雜誌社經受的物質與精神雙重擠壓的情境。他們以科學話語抵制所謂科學權威的壓力，以人文精神拒絕大眾文化話語中消解力的正義行為。然而，知識分子的這種抵抗和拒絕卻以逃離為代價，他們甚至得不到自己家庭的支持。他們尋找到自己存在的意義，卻找不到自身的社會位置。這種淒涼的孤獨大概不能完全歸結為他們身處的歷史背景與文化語境。敘述者悲憤地看到，知識分子群體之中，“並沒有太多知識分子 —— 真正的知識分子，他們在基本的，並不複雜的檢驗面前，很容易就暴露了自己的卑賤”。[1] 諸如 03 所的黃湘和雜誌社的柳萌們，他們心甘情願的“遺忘”和“背叛”，不僅自身泯滅了良知與人格精神，而且使真正的知識分子失去了應有的社會位置，連基本的生存權利都受到了威脅。

敘述者這一代知識分子明顯不同於他們的上一輩。作為具有強大慣性力的權威意識形態對於他們這代人已經喪失了吸引力，他們無論是對陌生的東西還是不曾重新認知的舊東西，統統加以質疑式地審視。他們確立了主體自我，本應學會拒絕，但這種主體自我在外界壓力的擠壓下卻顯得尤為懦弱和渺小，他們其中的許多人背叛了祖輩敢於以自足的主體抗爭外界的強悍人

---

1 張煒：《柏慧》，北京：北京十月文藝出版社 1994 年版，第 236 頁。

格，遺忘了喪失自我主體後的父輩淪為苦役者的經歷。只有朱亞，敘述者這類人從先輩命運中激發出生命的底蘊。作品中第三代知識分子的眾生相表明，對他們來說，至關重要的選擇也許不是拯救而是自救，也不是啟他人之蒙昧而是自我啟蒙；對他們真正構成的威脅或許不是主要來自外力，而是來自本身的遺忘與背叛。小說敘述者在歷史對話中的自我理解並很不深刻，但卻相當尖銳和激憤。

張煒《家族》和《柏慧》對現代以來三代知識分子命運歷程的追問，肯定不僅僅是為了重建歷史，而是希望在過去與現時不斷地交互調解中，使自身和他理解的對象都超越各自原有的視界，達到新的視界融合。比照張煒以前的代表作，從他小說的母題，即苦難與自救、漂流與棲息中，我們可以窺視張煒創作的新視野。

在《古船》中，隋抱樸曾獨守磨房，閉門冥思。他抱着一本《共產黨宣言》和一把算盤苦苦思索和運算。但政治經濟學和數學的迷思，無法彌合隋抱樸思想中歷史與價值的悖離，而只能使他懦弱地吞噬罪惡的欺凌，自虐式地贖罪。雖然他最後頓悟式地參與了拯救行動，但畢竟轉變得有些突兀。《九月寓言》有意識地模糊小村的歷時痕跡，生存的苦難與生命的歡愉混融一體，猶如夜與晝、影與光一般地不可離析。這種對於苦難知性認命式的超越，無疑是自形而上的啟迪。知識分子的命運同苦難結下不解之緣，儘管苦難體現在他們的具體人生上各有各的不幸。

《家族》和《柏慧》關於苦難的昭示，首先體現在否定歷史的絕對性上。以往，總是有人美化苦難，把苦難看作幸福的必需代價，其實，兩者根本不能對稱並舉。同樣，人們過去和現時的苦難，不能靠對未來幸福的預支來抵付，因為這種預支的幸福未來本身是否會成為人間的現實就值得懷疑。所以作為歷史認識，不能接受以歷史的名義將苦難合理化。歷史應該有它的道德實踐準則，這就是盡可能地減少現實中的人類苦難。這比所謂的增進人的最大幸福的允諾更合情理，也更為切實。

其次，上個世紀知識分子的苦難命運昭示，人類的有些苦難是人為造成的。倘若人的一些苦難並不是與生俱來或上帝的懲罰，那麼避免人為的不幸，則可稱為人的自我救度。小說敘述者關於苦難的記憶和訴說，很多程度上就是關涉人如何擺脫這種人為的痛苦，如何遠離黑暗與罪惡，如何自我救度。他的願望是建立在人的此在籌劃性，即此在的未來性上，而不是糾纏於歷史的恩怨，或以惡抗惡式的復仇性上。顯然，在作者看來，既然人類自身具有向善的願望和減少人為苦難的能力，那麼在人的主觀自律和客觀實踐中，就有自由選擇的力量，表現在個人的自由限度內，就是必須承擔起歷史後果的道德責任。如果人類輕易地自殘人性中的神性，輕易地放棄自身的道德責任，那麼他們將永遠處於苦難的輪迴之中。

值得注意的是，不再糾纏歷史的恩怨，並不意味着無限寬容或者毫無原則地遺忘。小說敘述者一再表明自己不寬恕的態度。也許他意識到，無限度地寬容和無原則地遺忘，必然導致寬容的消失，導致歷史苦難的重演。如果我們把寬容甚至擴大到那些不寬容者身上，那麼很可能使寬容者也落入苦海，寬容的社會也將遭受劫難，而寬容本身也將不復存在；如果我們無原則地遺忘，甚至把苦難的歷史粉飾成鶯歌燕舞的歷史，那麼苦難製造者的精神後裔很容易利用人們善良的寬容，為所欲為地重新製造苦難。

漂泊和棲息，是張煒小說反覆指涉的又一母題。《家族》和《柏慧》的敘述者從平原到山區再去城市，然後再回歸平原，在葡萄園安居，但是，肆意擴張的技術理性預示着敘述者必將繼續漂泊。就歷史現實的層面而言，敘述者的不斷遷徙，是他堅持抗爭和拒絕的結果，是與反抗不公正和邪惡聯繫在一起的，這個倔強而困頓的孤獨者從一個側面映射出上個世紀一部分知識分子不屈的人格精神。為了應答前方的召喚，他承載着精神的創傷和生命的苦痛孜孜前行。

不過，張煒小說中的漂泊者與魯迅筆下的“過客”不同，“過客”懷着穿透人類苦難命運的悲涼心態，從事着絕望的反抗，而張煒小說漂泊者的心靈世界始終有一個安身立命的葡萄園。這個葡萄園無疑象徵着敘述者詩意地建築在大地上的精神家園，它比《九月寓言》裏深情浸潤的小村更加純淨和神聖。這裏有善良淳樸的四哥夫婦和鼓額，有通達人性的斑虎。這些至情至性的人物、生物和溫柔靈性的大地親密地融為一體，它們使我不由自主地想起荷爾德林的詩歌："只要善良、純真與人心同在，/ 人將幸福地 / 用神性度量自身。/ 神是不可知的嗎？/ 神還是像天空一樣顯明？/ 我寧願信奉後者。/ 它本身是人的尺度。/ 充滿勞績，但人詩意地 / 居住在此大地上。"[1] 按海德格爾的闡釋，這種善良是召喚人們善良地生活，標誌着人用神性的尺度衡量自身，而生命神性的奧秘就寓於人和大地和諧歸一的樸實性之中。在這裏，我們可以領悟到張煒籲請人性復歸的心聲。當然，作者也清醒地意識到這種理想和心願的現實問題。葡萄園只要實存於現實世界，就要直面人生的悲劇。鼓額遭惡棍蹂躪，四哥受到生存的威脅，世俗塵囂步步逼進葡萄園，它幾乎成了一個岌岌可危的孤島，居住其中的人們又面臨着遷徙的焦慮，何處再覓一個安身立命的神聖純潔的精神家園呢？

如果把葡萄園上升至形而上的層面，則又是一個人類生存境遇的悖論。一方面從人的本性來講，人需要一個能夠維繫直接經驗正當性的心理容器，需要一個能夠包容世界、自然和人生同一性的心理框架，正如帕斯卡爾所說，我們燃燒着想要尋找一塊堅固的基地與一個持久的最後據點的願望，以期在上建立一座上升到無窮的高塔。[2] 另一方面，現代人的這種需求無法得到滿足。人類曾經有過心安理得的寧靜棲息地，在西方是宗教，在中國更多是"天人合一"，然而"上帝死了"，自然科學用技術理性剝去了自然中的精神意義，把人投影在自然上的象徵和人格全部抹去，自然成為中性的物質世界，成為異在於人的主觀的對象，從此人類步入了的精神荒原。

失去了精神家園的人，能否重新回歸宗教，或者重新恢復人與自然的親和關係，我們不得而知。然而，正是這種不得而知才使我們又一次站在探索的起點，又一次體驗跋涉和遷徙的慾求。毋庸贅說，漂泊與安居的思慮，是

1 轉引自〔德〕M. 海德格爾：〈"人詩意地居住……"〉，載〔德〕M. 海德格爾：《詩．語言．思》，北京：文化藝術出版社 1991 年版，第 185 頁。

2 〔法〕帕斯卡爾：《思想錄》，北京：商務印書館 1995 年版，第 33 頁。

我們這個時代的知識分子的思想難題，張煒回歸自然式的精神救度只是一種思路的提示。

三、文化記憶的歷史：《白鹿原》

陳忠實的《白鹿原》在如林的長篇小說之中卓然而立，引起了文學界甚至社會的普通關注，給無奈、疲憊的文學注入了一劑強心針般的轟動效應。陳忠實的優勢在於他對生活深層的人生體驗和感受，他創作的成功表明，生活型的作家有力量接受因文學史序列上的母題變異和形式規範上的寫作創新所帶來的嚴峻挑戰。

這部結構宏大、意蘊豐厚的家族小說，貼進原生態的民族生存本相，鍥進民族文化心理的底層，而且很大程度上回應了因現代城市文明疲勞症與精神困惑而產生的對精神自動協調的人文需求。應該承認，關於尋找深植於本民族傳統文化土壤的文學之根的自覺呼聲，來自八十年代中期的“尋根派”。不過，作為知青群體的“尋根派”並沒有與正宗淵源溝通的文化記憶。他們上山下鄉經歷過的那些偏遠山村的異域風情和人倫風俗，要麼像《爸爸爸》那樣，把民族生存的困境與精神危機，抽象為絕望的寓言；要麼像《棋王》那樣，以浪漫的審美理想超越現實的功利，替代理性的思辨。他們對傳統文化的接續方式也由此引發，或者持對精神文化的批判態度，主要體現為否定鄉村社會貧困與愚昧落後的生活樣態和精神現狀；或者持對精神文化的認同態度，一般是激活老莊與民間文化樸素而自由的精神活力，以非主流的文化傳統作為重構民族精神支撐的基礎。實際上，他們接續的文化之根是“五四”知識分子反傳統的文化之根，而不是本民族的歷史文化主根。“尋根派”最生動的證明，似乎恰恰就是民族文化之根已經斷裂。陳忠實則不同，他的“白鹿原”家族，文化表層上表現的是以儒學為主體的宗法倫常關係，深層上則是探尋以人倫道德為主體的精神人格。小說正面審視了儒家文化，這種曾經作為統治地位的意識形態文化，在充滿厄運災難的上半個世紀的社會動亂裏，展現了由自足、掙扎到變異、衰退的歷史過程。

首先，這部小說是現代中國社會轉型過程中宗法家族文化衰微的印證。位於渭河平原的白鹿原，是中國村落家族文化的活標本，而村落宗法家族文化則是中國傳統社會的基本特質。村落宗法家族文化決不限於農業社會這一寬泛的概念，因為世界大多數國家都曾歷經農業文明的歷史階段，但並非都有中國歷史上這種根深蒂固的宗法家族文化及其造就的家族精神。故此白鹿原的宗法家族文化的嬗變衰弱，從某個側面折射出現代中國歷史變遷的奧秘。小說的前六章，沒有全面演示白鹿原宗法家族組織在生存維護、保護延綿等方面的結構功能，而是總體上透視了它於辛亥革命之前淳樸和諧、敦宗睦族的影像：家族祠堂修葺一新，白天在裏面傳出本族子弟琅琅動聽的讀書聲，晚上則是莊稼漢們粗渾的背讀《鄉約》的聲音，從此逾規越矩之風頓然絕跡，粗鄙不良之事不再發生。白鹿村人連說話都纖細柔和，個個變得和顏可掬、文質彬彬，這種和樂融融的宗法社會理想景觀，顯示出宗法家族組織族化與教化的文化功能及效應。無疑，也包含着作家對這種家族文化一往情深地留連。

《鄉約》只是白鹿村鄉民行為規範的外在制約，而世風純正的本質內涵則由祠堂內另一塊豎碑昭示："仁義白鹿村"。"仁義"二字，諸如韓愈《原道》的"博愛之謂仁，行而宜之之謂義"只不過是語義闡釋，倘若把"仁義"置入儒家思想體系中考察，則是儒學的核心要旨，也是中國傳統文化主流的生命基因和要素。正因為如此，它才能在悠長的歷史中成為人們精神生活的支撐，決定着人們生命意義和人生的自我定位，從而具有普遍性的價值意義。這種在血緣基礎上形成的倫理思想從社會推擴到自然，形成"天人合一"的體系並有"天命"之力。白鹿原上最有聲望的文化人朱先生隻身赴乾州，勸退清兵二十萬，就是這種道德力量的印證。

白鹿原家族文化自辛亥革命之後，歷經幾十年政治狂風暴雨的反覆沖蝕，日趨沒落。小說第三十一章，白嘉軒把在家未逃的族人召集到祠堂，鄭重宣佈，除了大年初一敬奉祖宗的祭祀，不再理會任何族中之事。這位對儒家文化從未喪失過自信的族長至此深感無力回天，就連他自己的家庭也得依仗當保安團營長的兒子才能以保平安，宗法家族文化結構無法生成有效功能。當然，最能表明宗法家族文化瀕臨衰絕的還是朱先生與黑娃之死。

朱先生在小說中始終具有雙重涵義。一方面他是聖人般的布衣大儒，也是從傳統士人轉換而來的現代知識者，他極為成功地將入世與出世和諧地統一起來。在亂世之中，他獨善其身，拒絕與當局者同流合污，但他也從來沒有遺世獨行，一旦事關平民百性的生死與民族存亡，他便挺身而出。放糧賑災和請纓抗日就是他實踐倫理的具體體現。他一生的奇聞逸事，全都是與人為善的事，竟無一件損人利已的事。作品在他身上寄寓了崇高的人格理想和道義情懷，他是傳統儒家文化精華的象徵。另一方面他又是智者和預言家，甚至就是神靈的白鹿精魂。他的“天作孽，猶可違；人作孽，不可活”道德箴言及“折騰到何時為止”的讖語，[1] 既傳遞了他對社會歷史的判斷、勸戒與預測，又體現了一種更為廣闊的深沉的人生體悟，成為一種超於小說人物形象之外的價值尺度。就人物形象而言，朱先生從一位力可勸退二十萬清兵，敢於在門口拴狗咬走烏鴉兵司令的關學大儒，到無力刊印一部撰畢的方誌，並被縣長斥責攆走的迂執書生。這決不是個人命運的巨大落差，而是意味着他傳承的精神文化失去了普遍性的價值效應，他聖人般的完美及哲人般的睿智遭到這個世界的鄙視，因此他不得不離開此岸世界。他的辭世標示着一個高潔生命的終結，宣告他代表的人格理想與道德文化的歷史性淪落。

在遍佈關中朝野的朱門弟子當中，論學問才氣、涵養身世，黑娃自愧不如他人。他從江湖招安到官府，由俠匪皈依白鹿院，在朱先生點撥下，“學為好人”，被朱先生視為最得意的弟子。顯然，這是因為他身上的俠義之氣經理學陶鑄而上升為道義精神、俠義人文化倫理化的緣故。傳統知識分子人格理想中不可或缺的一部分，就是對俠義之心、慷慨好義和負氣任俠的嚮往。尤其是身處亂世的知識分子，往往把內心的不平及正義的需求設置在勇

---

1 陳忠實：《白鹿原》，北京：人民文學出版社 1993 年版，第 641 頁。

武的俠義之士身上。俠義既可以滿足他們剛烈不屈的精神想像，又可以補償他懦弱無力的心理缺憾。黑娃耿直正義的個性及曲折多難的命運，固然注定政治生活的前景黯淡，也難免在詭譎多變的政治風雲中落入陷阱。但更為重要的是，他作為傳統知識分子人生理想的虛構存在，必然連同傳統文化精神命運一起，在失去現實存在的時空條件下而不得不亡。

因此，我們有理由認為，朱先生和黑娃之死，從某種意義上講，是作家為白鹿原宗法家族文化的衰落所敬奉的一曲哀婉深情的輓歌，其悲怨的基調，是對歷史世界的清醒認知，也是對他所戀眷的傳統人格精神失落的喟嘆。需要說明的是，朱先生原本只是一個鄉村教師，是個從傳統社會的讀書人轉換而來的現代鄉土社會的知識分子。至於黑娃，從嚴格意義上講也不屬於現代社會的知識分子，他原本是個農民出身的底層社會的造反者，是在朱先生的教誨下才逐漸成為一個文化人。這就是說，朱先生和黑娃都是傳統中國向現代社會轉型時期的鄉村社會的文化人，也都是傳統宗法家族社會的最後一代讀書人。然而，在他們身上卻有一種傳統文化人的道義和精神，而這種道義和精神與現代社會知識分子的實踐道德和責任精神是密切關聯的。也許在作家看來，現代中國知識分子的道德和精神與傳統中國文化人的道義和精神有着相通之處，因此現代知識分子的道德和精神是傳統文化人的道義和精神的現代性轉換。

其次，小說揭示了現代歷史中的宗法家族共同體與宗法家族文化的歷史命運。中國自從步入近代以來，社會革命就像一頭失去控制的機器野獸，憑着慣性毫無節制地左衝右撞。白鹿原不由自主地捲入大動盪大分化的漩流，村落家族文化遭受到現代政治文化的強大衝擊，血緣家族權威注定要向行政權威轉變，無論這種轉變要付出多少代價。湯因比在論及文明的起源與發展規律時，提出了挑戰與應戰之說。他認為，挑戰和應戰並不是無條件和無限度的，最佳的挑戰應該是適度的，“足以發揮最大刺激能力的挑戰是在中間的一個點上，這一點是在強度不足和強度過分之間的某一個地方”。[1] 如果挑戰性失度，超出應戰的能力，那麼至少不會引發最佳的刺激能力。在我看來，對於白鹿原宗法家族文化來說，外部法理政治文化的挑戰強度無疑超乎了它所能承受的極限，衰落不可避免。

白嘉軒根本不曾預料自己是宗法家族制的末代族長，他憑藉自足的道德意志和人格精神，與現代性法理文化進行持久而不懈地抗衡。辛亥革命後不久，他發動一場“交農”事變，趕走了縣長並救出了入獄鄉民，他在初次較量中真正感受到這種陌生文化的力量。大革命失敗後，他率族人修復被砸碎的《鄉約》石碑，拒絕擔任鄉約行政職務，並以族長的身份為本族“作亂”之人代過。只要家族文化組織的功能猶存，白嘉軒就有能量把這種潛在的功效發揮出來。旱災之年伐神取水的壯舉，權責並驅除有傷風化的白孝文的大義滅親之舉，雖然體現出家族文化愚陋的文明殘餘，卻同時顯現白嘉軒為家族組織的維持、保護及教化效能而勇於自我犧牲的人格精神。不過，白嘉軒挺直的腰桿終於被折彎，如果說白嘉軒最後在白鹿原餘威尚存的話，那麼這並不是因為他曾經當過族長，也不因為他是現任族長白孝武的父親，而是因為他是縣長白孝文的父親。這位不屈的末代族長，為行將淪落的宗法家族文化增添了最後一抹悲涼的餘輝。他所有合理的投入也不能挽狂瀾於既倒。

當然，白嘉軒的頹敗並不是現代性法理文化對他精神人格的征服，而是外在性的政治文化組織強勢對他的逼迫，按朱先生的話說，白鹿原是諸種社會政治力量爭奪較量中一個“子”。倘若把白鹿原家族文化衰敗的過程，看作我們民族現代化歷史整體性苦難歷程的一個縮影的話，它顯然觸及到作為後起的現代民族所面臨的二律背反式的歷史，表現出歷史與價值的張力。正如艾愷指出的那樣，現代化是一個世界範圍的運動。[2] 從本質上說，現代化乃是一種理智化和效率化的過程，其效果則見於能有效地動員一個國家或地區

---

1 〔英〕阿諾德・湯因比：《歷史研究》（上），上海：上海人民出版社 1987 年版，第 174 頁。

2 〔美〕艾愷：《世界範圍內反現代化浪潮：論文化守成主義》，貴陽：貴州人民出版社 1991 年版，第 3 頁。

的人力物力，並在國家體制的有效管理及民族國家的理念催化下，強化這一國家和地區。由於現代化本身具有的擴張性質，所以現代化一旦在某一國家或地區出現，其他國家或地區針對先起現代化國家擴張侵佔力量所能做的最有效的自衛，就是盡快實現現代化。中國作為後起的現代化國家，現代化的動源不是發自內在而是迫於外勢，這種被動式的現代化過程就不可能像先起的現代化國家那樣，呈現文化啟蒙—體制革命—工業和技術發展的模式。事實上無論是"五四"啟蒙運動還是現代實業救國運動，在廣袤的農村影響力是有限的，但是社會體制變革滲透到社會底層的村落共同體，以致形成新的政權結構與家族文化組織交叉共存的狀態。完全可以想像，缺乏現代經濟和現代社會文化條件支援和保障的新政體制，在一切尚不曾變化的農村中會有多大的促進功能。白鹿原的倉與保障所（即後來的聯保所與保公所），除了無休止地徵稅抓丁和剿殺政敵，並不為村落共同體承擔任何公益責任。田福賢和鹿子霖他們的巧取豪奪無法，使他們在地方上建立令人信賴的威信，而實質上衍變成專制集權在社會低層的統治觸鬚，從而喪失了真正意義的現代民主政體的性質。因而一場人為的現代革命卻成了人為的社會災難，而且是比天災瘟疫更可怕的災禍。正如白嘉軒所說，饑饉和瘟疫還有時間限定，而這種人為的災難使人"根本看不到盡日哩"![1] 朱先生一紙"折騰到何日為止"的讖語，穿透了這個世紀的喧囂與迷狂。從歷史世界呈現的畸形態的鄉村現代化這個意義上看，陳忠實對家族文化的留戀及袒護性的思索，似乎不是沒有理由的。

單純憑據體制革命的手段強制摧毀鄉村宗法家族文化組織，固然不可導致鄉村現代化。村落宗法家族組織的歷史性轉換是一個系統的歷史過程，包括經濟上生存資源的逐步增加，打破單一的農耕性，資源渠道由自給性轉向市場性；又包括文化上的文明程度的提高，使其成員不聽天由命，對世界有理性與科學的態度；還包括社會調控的有條件滲透，調節手段由禮俗性轉向

---

1 陳忠實：《白鹿原》，第 611 頁。

法制性，組織結構由等級性轉向平等性，等等。所有的這些現代化動因都是針對宗法家族組織的歷史陳舊性的，因而宗法家族文化逐漸失去歷史的現時性，這是一個不可逆轉的必然趨勢，從這個意義上講，陳忠實的道德情結有些偏執。我認為，現代化不會因為中國鄉村的宗法家族文化而失去它的理智性、效率化及功利性的基質。

雖然白嘉軒不是嚴格意義上的傳統社會的讀書人，但是他卻崇拜傳統社會的讀書人朱先生，恪守“耕讀傳家”的祖訓，是鄉土社會傳統宗法家族文化的忠實而堅定的踐行者。從他由盛而衰的身影上，我們既可以發現鄉土社會傳統文化與宗法家族組織的親和性，也可以發現在現代社會和現代文化的衝擊下，宗法家族共同體與宗法家族文化的一去不復返。

再次，小說展現了宗法家族文化的負面性。《白鹿原》的人物行為方式和民情風俗，透露出作家對村落宗法家族文化熟稔精到的把握。他的藝術直覺通達人物內心文化世界，而且無論是大規模的祭祖、祈雨和歲時禮俗，還是婚喪慶弔的人生禮俗及飲食文化、住宅建築的日常生活文化，他都入乎其內地加以感知，整體性地營造出濃厚的文化氛圍。作家在展示宗法家族文化時，顯然不是為了炫耀他的人類學修養。這厚重的文化堆積是理性導引的藝術還原，滲透着作家對鄉土中國傳統文化的深入思考。

以西方近代啟蒙思想為價值參照的“五四”新文化運動，抨擊傳統宗法家族文化時使用得最為普遍也最有感染力的思想武器，是生命覺醒和個性解放。這種旨在把個人從倫理家族的束縛中掙脫出來的個性主義和人道主義話語又往往從愛情婚姻及女性生命意識上強調人的權利。《白鹿原》承襲了新文化的批判話語，從女性及其婚姻制度切中傳統宗法家族文化人倫道德規範的致命軟肋。小說的第一句話是：“白嘉軒後來引為豪壯的是一生裏娶過七房女人。”[1] 在白嘉軒對自己強勁生命力的得意中，從來沒有閃現過對六位女子生命青春的悔疚，在他眼中女人的全部價值就是延續宗族和繁衍後代的功

1 同上，第 3 頁。

能，納入婚姻倫理的女子僅定位在妻性角色上。同樣，他把持的宗法家族文化組織，將所有無助於生育功能的性愛統統視為反常行為而予以禁止。在這種男權中心的家族等級制下，女性不僅要無條件地默認自然天性的壓抑，還要承擔叛逆者和浪子因拒絕或放棄家庭責任而造成的全部後果，鹿兆鵬之妻守了一生的活寡，白孝文之妻被活活餓死。在家族倫理製造的家庭悲劇中，最大的被害者乃是女性。

宗法家族文化的人倫道德被奉為天理，天生麗質的感性生命就遭到漠視，這種道德禁慾主義表現在愛情婚姻上就導致禮教吃人的現象。《白鹿原》的田小娥極為悲慘的一生，展現了家族文化中陰暗的劣質。她的生命指控主要體現在兩個方面。其一，家族文化壓抑女性的自然生命。一般而言，女性生命體現為女兒性、母性及妻性。田小娥因家貧而被迫給一個七十歲的武舉人做妾，她在武舉人處純粹是個性虐待的工具，連完整的妻性也沒有獲得。她對黑娃的挑逗和真誠的愛，實際上是被壓抑的女性意識的自然流露。而她的愛情既不能見容於鹿三，也不能得到白嘉軒的認可，被家族文化認定是“非法”。田小娥對白孝文，從畸形的報復逐漸變為相悅，這種不顧社會習俗限制的相悅更多是出自對白孝文的同情和憐愛，也有自我歉疚的成分，自我需求之中包融着自我奉獻，其中很大程度上是被壓抑的女人本體中原始母愛的置換變形。田小娥對強加在她身上的不平命運不甘屈服，公然向壓抑着她的女性生命的世俗文化挑戰，必然遭到家族文化的忠誠衛士鹿三及白嘉軒的憤慨和懲罰。

其二，家族文化對女性生存空間的限制。白鹿原的女性只生活在家庭範圍內，在家從父出嫁從夫，男性那樣的外部生存空間她們不可企及，這就注定了她們對男性的依附性。被家族拒於門外的田小娥，在黑娃離家出逃後別無所依，因此她先是屈服了鹿子霖的乘火打劫，後又投靠白孝文。這些行為不能排除她自身的依附性，她要在孤苦無靠的白鹿原繼續生活下去，總得有個生活與情感的依靠。不幸的是，她的每一次被迫或真誠，都落入男性謀劃的世俗羅網。作家對這位被家族文化無情扼殺的弱女子，無疑給予同情。慘死在自己的親人手中的田小娥，化為黑色的飛娥盤桓在白鹿原。她附於鹿三的那場哭訴，無疑是憤怒而真誠的自白。降臨於白鹿原的恐怖瘟疫，是她對家族文化及男權中心的冷酷復仇，這種不屈的報復方式與田小娥抗爭命運及追求生命原慾的方式的如出一轍，均是以畸形的反撥回應人性的異化。

個體生命的需求是多層次的，既有向善、求知及利他的高尚追求，也有生存、功利及受尊重的普遍心理需求，而且有時相互滲合、難分彼此。以孔孟學說為基礎的理學是一種道德至上論，要人提升道德品格直至聖人境地，為了排除其他慾念對道德品性提升的妨礙，極力貶斥功利和拔除人的生物根性。這種德化理論用於個體人格的自我完善固然有其可取之處，而用它約束生活世界顯然過於苛嚴，尤其生逢亂世，它不但顯得脆弱無力，還會孳生出偽善者。像鹿子霖和白孝文，就是道德至上者不願看到但又不能不正視的人物。

正如作家本人所講，鹿子霖式的家長也是中國農民的一種。鹿子霖精明強幹而陰險狡詐，他不是靠血緣和道德而是憑財富和幹練與白嘉軒分庭抗禮。小說從鹿家“天下第一勺”的發家史及其後代從曾了卻祖上仕途正道的遺願，隱喻了鹿子霖的這類“暴發戶”心態，即強烈的出人頭地的慾望和功利的人生態度。這與白嘉軒恪守的“耕讀傳家”祖訓大相徑庭。傳統道德文化對這種功利主義抱有本能的厭惡，正統的意識形態也將它排斥在外。然而，無論人們的情感傾向怎樣，鹿子霖的功利之心有着道德至上文化難以扼制的生命活力並與現代文化暗通款曲。功利文化強調目的成果的評價，其注意力的中心自然而邏輯地從道德轉向認知判斷，至於某一行為是否本質為善就無關宏旨了，而是指歸行為的目的結果如何。故此，功利化有一種先天的道德價值局限，但也有促進知性判斷的趨向。西方啟蒙主義的功利主義逐漸遠離基督教精神而促進了西方現代化，而中國傳統道德文化一再無條件地排斥功利文化，即使道德在現實生活之中無能為力，也一味求德而棄利，從來不曾合理、主動地容納或規約功利文化。所以像鹿子霖這類由功利之心操縱的人，只好隱蔽地施展他的算計，而這種缺乏道德合理性的利已算計，最終使他不得善終，家破人亡。看來作家對這類功利主義暴發戶並沒有多大的好感。

以理學為內蘊的宗法家族文化，一味地推崇道德理想主義，必然衍生出人格分裂並偽善歹毒的白孝文之流。他成為族長，是靠其父的血緣、威儀等基業。白孝文沒有其父格致修平的抱負與獨善其身的人格修養，內心深處缺乏忠義的犧牲精神和誠信的道德自律，家庭生活中耳濡目染的道德熏陶和家族教育的理學信條，不足以形成抵制生命慾望的堅硬柵欄，而只是一層薄薄的自我防護膜。他的心理防護膜一旦被田小娥戳穿，禮教懲罰反而加速了他向善性的退化。當他的人生重新出現轉機，他的雙重人格也就成熟，一方面，他把道德文化精緻地外飾為彬彬有禮：回鄉祭祖掃墳，出入白鹿書院求教；另一方面內心根本沒有道德價值的位置，極端自私才是他的人生目的。槍殺上級與誣告黑娃，以他人生命作為取媚新政的祭獻，以崇高意義的名義掩飾殘忍狠毒的生存技巧。避免罪惡的倫理道德變異為認同罪惡的政治道德，這是對哺育他的道德價值極大的嘲弄。

綜上所述，鹿子霖、白孝文對道德至上的反動，決定了他們對新政的依附，而新政體系既沒有建立一套普遍意義的道德準則和可操作性的規範體系，也沒有健全相應的民主設施來制約行政權力，這就使得白孝文和鹿子霖他們或暗渡陳倉或赤裸裸地巧取豪奪，造就了白鹿原循環式的動亂和不安。雖然陳忠實道德情感戀舊，但這並沒有導致他沉溺於偏執的道德主義之中不可自拔。他把傳統的宗法家族文化置於理性與生命的天平上加以審視，衡量出宗法家族文化對女性生命的毀害及孽生偽善者，並從這種負面性中揭示出家族文化的文明程度。

最後，宗法家族文化正面價值的現時性思考。“頭上的星空和內心的道德法則”是人們愈經常和反覆地思考，就愈是令人讚嘆和敬畏的東西。任何一種社會，只有遵循某些倫理道德原則與規範，人們才能保證他們共同生活在一起，以維護生命，進行交往及解決社會問題。所有希望生活有質量的人，都企盼樹立慰藉內心和調節行為方式的道德主體，而不願生活在沒有目的的世界之中。這種企盼和願望在價值失範之時顯得更為迫切。陳忠實的《白鹿原》沉入本民族文化傳統中尋覓人的規定性，顯然具有為當代人尋求精神家園及道義回歸之路的思想。這主要體現在朱先生和白嘉軒身上。我認為，他在把傳統文化的正面價值作為現時道德資源的思索中，有得有失。

道德倫理學的理想、目的和責任是同存在的現實性相聯繫的，而不是脫離具體現實的，所以它不僅要體現一種理想的普遍性，還要有一種實踐的普適性。宗法傳統家族文化之所以在歷史中具有凝聚力和維繫功能，並造就出像朱先生這樣的具有完美德性的聖賢人格，是因為傳統的社會結構提供了現實基礎，因而它也確實在特定的歷史時空中佔據過主導地位，並成為當時社會道德規範的基石。

傳統中國社會是一個精英至上的君主體制的等級社會，社會規範實際上主要源自士大夫的精英道德。一般情況下，民眾不僅與政治權力無緣，與精神文化也有距離。民眾階層不是聖賢人格與精神問題，而主要是禮俗問題，靠君子之德敦風厲俗。所以在當時的社會條件下，一種由少數居上位的、文化精英分子信奉的、定向為自我成聖的人生追求，就能夠同時作為一種社會倫理規範的資源，起着上格君心下美民俗的道德作用。如今的中國現實社會，正向平等的大眾社會轉換，知識分子不可能像傳統社會的士大夫那樣位居大眾社會上，社會所需求的道德原則和規範不僅具有普遍性、社會性，還有一個平等化和適度化的問題，像傳統社會的讀書人朱先生那種內聖境界，只可作為個人選擇的自我追求，因為這種渾然與天地萬物為一體的人格境界近乎審美的自我人生境界，不是大眾社會中人們都願意追求並能夠達到的，所以他對社會倫理道德只能起一種間接滲透和感化作用，而面向整個社會和所有的人則失去可操作性。面對着歷史世界中的文化人朱先生，我們只能隔着時空的間距深情凝視，而無法將其召喚回歸到現時生活中來。

當然，傳統文化中的倫理道德凝固有民族共同生活的準則，這就決定了現時的道德原則和規範也不能完全割斷與傳統文化的臍帶。各民族之間的文化交流和影響中，科技、社會體制層面的東西可以引進吸收，但數千年的文化精神難以移植，唯一的出路也許就是在原有的精神資源的基礎上不斷地調整融合，以適合現代社會及個人。從這種意義上看，《白鹿原》的白嘉軒有獨立不倚的人格精神，他無論受到何種苦難和打擊，從不對自己的信念絕望，堅執自身的道德主體。他沒有朱先生那種篤學慕道的執着，也不窮究仁義的深奧學理，而是直覺地將"仁義"體現在日常生活中的生動人格。這種有志於道的意志及自我把握使他在變幻無常人慾横流的生活世界自主自強。當然，由於傳統宗法家族文化本身的負面性，他的自我堅執也常常被視為愚昧和固執。

其次，守諾"誠信"及一以貫之的"忠恕"。白嘉軒作為一個堂堂的宗族族長，其威儀固然有血緣與宗法等級制的先天保證，但更多的來自不移的"誠信"與"忠恕"的後天品性。他把"誠信"當作自己的立身之道，對家族成員中的違約者一視同仁，連親生兒子有違世風也逐出家門，對自身發乎本心而不欺己不欺心，始終保持着正直平穩的心態。在人與人的關係上重於"恕"，把扶助家族成員作為自己的義務。對於兩次打擊過他且使他致殘的黑娃也不例外，他仍然出外奔波營救在獄的黑娃。像"誠信""忠恕"這樣的道德規範，在通常情況下常人可為，但要在特殊境遇中堅執，就必須有一種發自內在的道德動源和人格精神。白嘉軒對於"信"和"恕"終身行之，亂世之中也沒有墮入卑鄙。總之，他內執德性人格不倚，外施仁義興建功業，他的道德修行與具體的致用聯繫在一起，其個人的價值意義投射在現實生活層面上，因而包含現代轉換的精神機制。

此外，需要說明的是，這裏主要是從小說的主要思想內容出發，論述傳統鄉土中國宗法家族文化的衰微。近代以來，我國經歷了從傳統鄉土社會向現代社會轉型的劇烈陣痛，小說中的白鹿原作為鄉土中國的一個縮影，深刻表現出這種千年未有的巨大歷史變化。而且，以白鹿原為代表的這種翻天覆地的歷史轉變，是在連續不斷的社會革命之中發生的，傳統的宗法家族文化遭受到前所未有的打擊，白嘉軒這個最後一代族長的悲劇命運，就是有力的歷史見證。因此，這裏我並沒有把筆墨單純地集中在小說中的知識分子身上，除了分析朱先生以及黑娃，還論述了白嘉軒等人。

其實，這部小說中的知識分子形象，還有從白鹿原走出來的共產黨員鹿兆鵬和白靈，他們是那個時代的精英，也是白鹿原的驕傲，為了踐行自己選擇的社會理想勇敢地獻出了自己珍貴的生命。由於本節主要是從文化的角度切入，論述艱難革命中的白鹿原，所以沒有涉及到他們。

第二節

歷史回溯與現實思考：六十年代出生作家的烏托邦敘事中的知識分子

一、格非“江南三部曲”的烏托邦敘事

新世紀以來，當代文學雖然在社會現實中逐漸邊緣化，但創作的數量卻在悄然增長。長篇小說湧現的原因並非只是文學本身繁榮的結果，還很大程度上得益於社會經濟的發展、印刷技術的革新和文化教育的提升，因而出類拔萃的精品並不多。在汗牛充棟的新世紀長篇小說中，格非的“江南三部曲”脫穎而出，被公認為新世紀中國文學的重要收穫，[1] 並於 2015 年 8 月榮獲第九屆茅盾文學獎。

在我看來，“江南三部曲”的三部長篇小說不僅文本形態差異較大，思想性和藝術性也不太均衡。就思想藝術質量而言，這三部作品恰似一支離弦之箭的運行軌跡。《人面桃花》宛如脫弦利箭，元氣充沛。它以辛亥革命為背景，書寫社會革命的烏托邦，對人性與革命關係的剖析遊刃有餘，而且意境淒迷，語言典雅。《山河入夢》就像一支運行途中的箭矢，平穩有度，充滿睿智。小說以新中國“大躍進”運動為背景，描述社會建設的烏托邦，將人性思索融入理想與現實的矛盾關係之中。《春盡江南》則像接近靶心的箭

1　格非的“江南三部曲”指格非新世紀以來創作的三部系列長篇小說：《人面桃花》（2004 年）、《山河入夢》（2007 年）和《春盡江南》（2011 年），共計 87 萬餘字。

矢，目標明確，貼近現實。小說聚焦世紀末我們置身其中的後烏托邦時代的社會現實，儘管它準確地表現出這個無序社會的浮躁之氣，深度切中我們時代的精神疼痛，但在情感價值上似乎過於沾滯現實，而在穿透現實的力度上顯得有些力不從心。也許，文學敘事越是貼近現實就越是難以超越現實，因而“江南三部曲”創作主體的思想力度和想像張力，總體上似乎與歷史距離成正比。

儘管如此，我還是認為，格非的“江南三部曲”整體而言在書寫百年中國歷史現實的厚度、人性思考的深度和藝術表現的審美高度上，實現了一次全面性的自我超越，達到了一個新的藝術峰值；而且毫不誇張地說，迄今為止的新世紀中國長篇小說也難出其右。特別值得強調的是，它圍繞着烏托邦這個中心展開的歷史梳理與現實思索，為我們提供了一個彌足珍貴的辨析、思考和闡釋烏托邦得失的文學空間。因為烏托邦的衝動想像和自信抱負根植於人性深處，“我們對那一抱負及助燃它的種種激情理解得越多，我們就越能更好地理解我們所處的時代和這個時代的需要，無論我們身處哪個國家、哪種文化”。[1] 下面，我主要從三個方面論述格非“江南三部曲”的烏托邦敘事。

第一，格非“江南三部曲”的烏托邦敘事的現實意義和文化價值。作為系列長篇小說，“江南三部曲”的敘事特點，是將一個家族三代人的命運故事，巧妙地鑲嵌在複雜而深邃的現代中國百年歷史現實的地形圖中。這三部小說中的主人公不僅血緣相承，更主要的是他們的烏托邦情結成為這個家族的精神遺傳。縱觀現代中國的百年歷史和現實，不難發現，現代中國社會一直是個天然的革命溫床，太多的歷史和現實因素，輕而易舉地激活我們現代革命的記憶、思考和想像。因而在這種歷史背景與現實語境下講述這個家族三代人的悲劇性命運，也是創作主體勘探現代中國歷史現實及其烏托邦問題的一次艱難的精神跋涉。這種歷史勘察和精神探尋既是一個世紀難題，也是

---

1 〔美〕馬克・里拉：《當知識分子遇到政治》，北京：新星出版社 2005 年版，第 2 頁。

現代中國文學知識分子義不容辭的責任和使命。

對於具有經典意識的作家來說，寫作始終是與作家命運密切相關的志業。從這個角度講，與其說是格非選擇了現代中國的烏托邦這個世紀難題，毋寧說這個難題選擇了格非，因為在表現和思考這個世紀難題上，格非具有獨特的創作優勢。

這種優勢一方面體現在格非的現代歷史敘事的創作經驗及其創作個性上。格非原本就是攜帶着現代歷史敘事的《迷舟》（1987 年）步入當代文壇的，創作生涯的開端便顯現出書寫現代歷史的偏愛。同時代的先鋒作家固然也在書寫現代歷史，但鮮有像他這樣執着的。特別是上世紀九十年代左右，他以旺盛的創造力集中書寫現代歷史敘事，如《大年》（1988 年）、《青黃》（1988 年）、《風琴》（1989 年），以及長篇小說《敵人》（1991 年），等等。特別是《敵人》，似乎他在以這種歷史敘事的書寫方式，告別新時期這個文學的黃金時代。儘管現代中國歷史在格非的小說中往往只是一個獨特的想像空間，他所關注的焦點多是個體在特定歷史情境中的命運及其存在問題，但是現代中國的歷史敘事畢竟是他先鋒小說的精神標識。同時，他還是一個對現實社會精神現象異常敏感的學院派作家，《慾望的旗幟》（1996 年）表現出他對當代知識分子精神潰敗的憂慮思緒及其形而上的探索。因此，從整體上表現和思索現代中國百年歷史現實及其烏托邦精神問題，格非擁有其他作家難以取代的創作優勢。

另一方面，格非作為 60 後作家，在現代歷史的情感價值上表現出這一代創作群體的某些家族相似性。60 後作家群體對現代中國革命的歷史具有一種特殊的生命聯繫，他們對現代社會革命懷有一種難以割捨的心理情結。可以說，社會革命的記憶和想像業已融入他們的血液，不管他們是否願意承認，革命的記憶和想像都像他們的身影一樣難以擺脫，也像夢魘一樣糾纏不休。因為在“文革”中成長的他們，畢竟處於這樣一個生命季節與社會環境之中：任何理想價值的種子播撒進蠻荒卻肥沃的精神處女地，都能蓬勃地生根發芽，而現代社會的革命記憶和浪漫想像則是當時唯一合法的精神價值。

需要說明的是，60 後作家群體關於現代社會革命的情感價值和理性判斷，與上一代作家相比，存在着較為明顯的差異，因為他們畢竟沒有上一代人那種曾經身陷其中而後又身受其害的刻骨銘心的生命落差體驗。知青一代的文學關於現代歷史及其社會革命的記憶與想像，多是《古船》《白鹿原》《陸犯焉識》式的苦難與罪感的責任記憶，超我的道德主要指向過去歷史的陰影，因為其中烙下他們真實的生命記憶；而 60 後一代作家多是理性審視與情感糾纏的想像記憶，超我道德則主要指向自由的未來，因為其中蘊含他們希望的元素。也就是說，60 後作家沒有感同身受的創傷性生命記憶，這就決定了他們對革命和建設烏托邦若離若即的精神狀態，因而他們對現代歷史及其社會革命的審視和勘探，相對來說祛除了個體記憶的偏見和極端的情緒，從而顯得相對理性而客觀，也更加富有深邃的歷史縱深感和思想啟迪性。不過，由於情感維度的牽繫和現實生活的刺激，致使他們的思考因為猶豫而顯得艱辛，也使他們的想像常常隱含難言的傷感。因此，他們"尋父""審父"和"弒父"過程顯得漫長而艱難，流溢出一種沉重而傷感的曖昧情緒。

從新世紀社會現實的角度講，一方面革命理念依然是合法性的主流話語，或者說主流意識形態的革命話語仍然主宰與掌控二十世紀現代中國的歷史敘事和社會現實。另一方面，我們業已置身計劃經濟向市場經濟艱難轉型的過程之中，社會各個階層和不同群體的利益格局在悄然變化，貧富差距日漸拉大，並且顯現出階層固化的趨勢；因為市場轉型引發的各種社會不平等現象也凸顯出來，主流形態的革命話語雖然難以有效地闡釋我們置身其中的社會改革實踐，但是卻能表達底層社會壓抑的不滿情緒。儘管我們現在還無法預測，這種主流話語與改革實踐之間的顯豁矛盾將會導致怎樣的社會後果，但是有一點卻是較為明確的，這就是以平等和正義為內核的革命烏托邦話語，作為一種合法性的思想資源和集體無意識，不但為現代歷史，也為潛藏民間社會的混沌的革命烏托邦衝動，提供了批判現實甚至抵制社會改革的合理性。我們只要關注網絡上頻繁出現的批判現實和發泄社會不滿情緒的文字，特別是自詡為社會代言人的激進主義的社會批評（這些言論常常貌似公正並且極具煽情意味），就不難發現這一點。從這種意義上講，革命烏托邦並沒有遠逝，依然存活於我們現實生活的土壤之中：顯形的是主流話語，隱形的則是一種混沌的社會心理衝動，此外還有播撒在各種社會思潮與文學思想的斷片之中。

然而，當我們真正試圖貼近革命和建設的烏托邦 —— 無論是革命和建設烏托邦的歷史真相還是革命和建設烏托邦的理論話語，卻發現它比我們想像的更為模糊、更為複雜也更為遙遠，有時真如魯迅先生所說："你不說我倒還明白，你越說我越糊塗。"[1] 當然，造成這種結果的緣由十分複雜，也難以道清，但有一個重要原因倒是十分清楚的，這就是隨着當代知識分子思想同一性的瓦解，即使是文化界在百年革命的歷史認識上都存在着較大分歧，更不用說價值多元的大眾社會了。這種思想分化導致對於同一種革命烏托邦或者建設烏托邦，往往因為審視主體思想立場和現實訴求的差異，呈現出不同的文本特質。

總之，從格非現代歷史敘事的創作個性、60 後作家群體的思想特徵，以及新世紀社會現實與文化語境的分析中可以發現，革命和建設烏托邦既根深蒂固地存在於現代中國的歷史與現實生活的想像之中，但其面目模糊並且真相複雜，顯得曖昧甚至詭秘。正因為如此，我們更應貼近革命烏托邦、建設烏托邦和想像烏托邦的本相，探究其深層緣由，理解不同歷史條件、社會背景和文化語境下的不同形態的烏托邦；也更應理性地梳理烏托邦的精神脈絡，淘洗出具有真正價值意義的現代思想資源。格非作為 60 後作家群體的代表作家，關於現代歷史與當下現實的沉重而感傷的記憶想像和審視批判，對於我們民族在歷史記憶和現實想像上形成普遍的價值共識，對於我們把握確切的現代性前景，以回應當下現實的烏托邦想像衝動，具有不可忽視的思想文化意義。

1　魯迅：〈文學和出汗〉，載魯迅：《魯迅全集》（第三卷），第 57 頁。

第二，格非“江南三部曲”的烏托邦敘事的歷史辨析與人性探尋。儘管“江南三部曲”講述的是一個家族三代人的命運史，但我還是將它視為格非站在新世紀的門檻上，對剛剛逝去的二十世紀中國歷史現實的一次漫長而艱辛的深情回眸和深入思辨。他從紛繁複雜的二十世紀中國歷史現實中大膽地抽出一條醒目的烏托邦想像和實踐的紅綫，進行反覆端詳、細緻梳理和悉心書寫；以舉重若輕的方式，完成了一次雄心勃勃並心智深邃的文學探險。我知道，在一個後烏托邦文化語境下論述烏托邦敘事，可能是吃力不討好的精神勞作，就像“江南三部曲”講述二十世紀中國歷史無法避免烏托邦想像和實踐這個世紀重大精神遺產一樣，我們闡述“江南三部曲”也無法迴避它的烏托邦敘事。

我們首先必須清理積澱在烏托邦這個術語上的教條式政治話語的污垢。其實，無論是英國十六世紀托馬斯·莫爾的《烏托邦》，還是中國魏晉時期陶淵明的《桃花源記》，它們都面臨一個相似的社會歷史背景，就是劇烈的社會動盪與維繫社會行為規範的傳統文化價值紐帶之間醒目的裂痕。它們不同凡響的地方在於，並沒有停留在一般的社會批判與自我痛苦的表現層面，而是試圖穿越社會與個人的苦難表層，從社會維度追尋造成這種歷史震盪與人生痛苦的終極根源，想像並建構一種一勞永逸地徹底解決這種人生苦難的社會理想藍圖。它們超越歷史時空的思想價值，顯然不僅僅是作品中想像和描述的和諧社會與安逸人生的理想王國，而且是隱含在理想具像後面的暗合人類內心深處的烏托邦情結及其願望：歷史進程將在社會的大災變中發生轉折，理想王國終將在人間社會實現。儘管這種既體現人類美好理想而又表現現實社會訴求的烏托邦想像，在客觀的現實世界中從來沒有真正實現，成為名符其實的“烏有之鄉”。然而，正是在這種絕望與希望並存的歷史現實情境中，深藏人類心靈的烏托邦想像和衝動一次又一次重現。

二十世紀中國以現代革命和現代建設的方式，倉促地應驗了李鴻章“三千年未有之大變局”的預言。這種前所未有的現代革命和現代建設的洶湧波濤，無情地席捲和淹沒了太多本應無法忘卻的東西及其沉痛代價背後的經驗教訓；也許只有文學，才會沉潛到社會的洶湧波濤之下，勘探激流底層堅硬的人性河床，揭示出烏托邦的虛妄性。"江南三部曲"深入發掘和思索的問題，就是隱含在二十世紀現代中國革命與建設中的人類烏托邦的想像衝動。《人面桃花》中的花家舍，就是革命烏托邦的社會縮影。花家舍原本是長江水域中的一個與世隔絕的湖心小島。清末年間士大夫王觀澄中年好道，遂生隱逸之念，在尋訪隱士遺跡的途中發現了這個湖心小島。他為了實現自己內心的理想王國，聚集了一幫江湖上的亡命之徒，苦心孤詣近二十年，建成了這個匠心獨具的人間桃花源。小說通過王觀澄的視角描述他的理想王國：

> 桑竹美池，涉步成趣；黃髮垂髫，怡然自樂；春陽召我以煙景，秋霜遺我以菊蟹。舟搖輕，風飄吹衣，天地圓融，四時無礙。夜不閉戶，路不拾遺，洵然有堯舜之風。就連家家戶戶所曬到的陽光都一樣多。每當春和景明，細雨如酥，桃李爭艷之時，連蜜蜂都會迷了路。[1]

就連被土匪強擄到花家舍的青年女子陸秀米也驚訝地發現，父親瘋狂的桃花源設想竟然在一個土匪窩裏成為現實。這裏的社會平等和諧，人們幸福安康，至少從表面上看像個人人嚮往的大同世界。然而，誰也不曾意料，王觀澄苦心經營二十載的花家舍，卻因土匪頭目被暗殺及土匪的相互殘殺而毀於一旦，精美的人間天堂很快就成為一堆廢墟瓦礫。恰如陸秀米感覺的那樣："王觀澄、表哥張季元，還有那個不知下落的父親似乎是同一個人。他們和各自的夢想都屬於那些在天上飄動的雲和煙，風一吹，就散了，不知所終。"[2]

當花家舍的土匪頭目們陷入詭秘的謀殺和相互殘殺時，不祥的恐怖籠罩着這裏。這些先後死去的土匪頭目，臨死都不知誰是真正的敵人，以致人人

---

1 格非：〈人面桃花〉，《當代》2005 年第 1 期，第 117 頁。

2 同上，第 124 頁。

自危，一個人間天國很快就變成了一個兄弟相殘的屠場，那些精美的屋宇化成一縷縷青煙，如畫的景色也荒草叢生。然而，親手製造這場人間慘劇的人物，卻是一個誰也想不到的一個卑微的年輕人 —— 五爺的馬弁，而且驅動他痛下殺手的不過是貪婪的人生慾望：權力、美女和金錢。當然，真正讓貪婪慾望支配下的卑微人物激發出超人的勇氣背叛主人，並最終徹底摧毀花家舍的幕後指使者，卻是被稱為小驢子的革命黨蜩蛄會成員周怡春。他為了聚集革命力量而勸說花家舍的土匪入夥，遭到拒絕和嘲弄後便採用收買的手段勸說和誘惑五爺的馬弁，親自策劃並導演了這場摧毀花家舍的慘劇。也就是說，花家舍烏托邦的終結，最終源自人性的慾望和人義。

人類很早以前就開始對人性問題進行思索，宗教將負面人性視為與生俱來的“原罪”，是從伊甸園裏帶出來的生命行李。這就是說，道德沉淪普遍地潛存於每個人身上，而不以人的地位高低和權力大小而有例外，就罪性而言可謂人人平等。五爺的馬弁是個卑微得連姓名都沒有的小人物，但他第一次看見秀米就暗中迷戀，見到金燦燦的元寶就心花怒放。可是為了獲得女色與金錢，他必須爭到土匪中的總攬把的位子，於是他斗膽投身一場以生命為賭注的人生豪賭，鋌而走險地謀殺土匪頭目。人性不僅具有生命與權力的粗陋慾望，而且還有殘忍的攻擊本能。花家舍土匪的大頭目被害後，頭目層便陷入相互猜疑和互相殘殺的漩渦：六爺慶生為了獨佔花家舍，殺了五爺慶壽一家 13 人。他還指使手下當着慶壽的面，折磨和羞辱慶壽心愛的姨太太，並且殘忍地用泥巴活活地憋死慶壽。至於慶生本人，也同樣死於非命。

如果說人性中的自私慾望基本上屬於殘留在人類身上的生物性的自然屬性，那麼人義的激情則甚為複雜，因為它同時包含人的自我屬性和社會屬性。《人面桃花》並沒有講述王觀澄怎樣由一個文質彬彬的士大夫變成佔島為王的土匪頭目，但講述了小驢子以革命名義顛覆花家舍的殘酷過程：先以權力、金錢和美色誘惑小馬弁，再通過小馬弁分別收買各位土匪頭目身邊的下人做內應，最後針對各位頭目的個性特點和生活特性制定相應的謀殺方案，或暗殺、或下毒、或施以反間計。總之，為了達到目的可以不擇手段。

從表面上看，小驢子是為了吞併花家舍的土匪隊伍和物質資源以壯大革命實力，但內心深處則潛藏着複雜的生命激情和復仇願望。當初他獨自上島遊說王觀澄，不但沒有成功，反而被土匪們羞辱一番。這種結局無疑激怒了自信的小驢子，於是他以革命的名義痛下殺手以施報復，而且謀殺的方式是無所不用其極。然而，後人卻用各種方式頌揚他的成功結果，無人追究他的必然或者相應的道德責任。小驢子這種非理性的激情，正是利用人們對正義與天堂的信仰釋放人性中的殘忍，似乎信仰忠誠的人可以擁有無惡不作的特權。其實，這種超我的激情很大一部分來自個體人性中的本我，用霍布斯的話說，是驕傲或者虛榮的人性："就是一種追求卓越的激情，一種要在眾目睽睽之下贏得生活競賽的慾望。驕傲的人對自己的能力抱有過分自信。"[1] 對於霍布斯而言，這是人性中一種追求榮耀的虛榮心，也是一種凌駕於他人之上的權力慾望。問題的關鍵在於，他們不僅要獲得成功，還要別人失敗；而且為了達到成功的目的，不惜採用任何卑鄙的手段。因此，這種激情便飄浮在昇華與沉淪之間，既可能幫助我們提升自我，也"可能將我們的靈魂輸送到卑微而痛苦的生活中，並連累他人一起經受磨難"。[2] 因此，為了目的而不擇手段的成功之道是條人性的不歸之路，無論"目的"多麼高尚，最終都可能會被"不擇手段"反噬。因為我們如何對待他人，他人就會如何對待我們，這就可能引發社會的衝突和戰爭，造成人間暴行的循環，這也是《人面桃花》中的堅定革命者少有善終的根本緣由。

這種人性的激情在《山河入夢》中則以另一種形態的兩種方式呈現出來。如果說革命烏托邦形態的激情可能孳生殘忍的暴行，那麼建設烏托邦形態的激情則可能導致偏執的愚純甚至專斷的暴政。

一種方式是譚功達式偏執愚純的人生激情。陸秀米的兒子譚功達在新中國成立後回到家鄉梅縣擔任縣長，憑藉狂熱的激情和自信的抱負實施大規模

---

1 轉引自〔美〕史蒂芬・B. 斯密什：《耶魯大學公開課：政治哲學》，北京：北京聯合出版社 2015 年版，第 174 頁。

2 〔美〕馬克・里拉：《當知識分子遇到政治》，第 4 頁。

的農村建設：鑿運河、造大壩、修公路、建工廠、建造沼氣池，同時息商賈、興公社，試圖帶領家鄉人民跑步進入共產主義社會。然而，這種狂熱理想的超我之中，同樣混雜着好大喜功的幽暗人性。他的致命失誤在於被激情沖昏了頭腦，忘記了基本的社會常識 —— 任何理想藍圖的實現，必須建立在切實可靠的歷史前提條件和現實基礎上。可是，即使是梅城縣民窮財盡，人民怨聲載道，甚至路有餓殍的悲慘現實，也無法消解譚功達的偏執激情，制止他的一意孤行。他根本沒有意識到，意識形態理論並不是現實中唯一正確的真理，精神世界的實踐理性不能替代或者僭越自然世界的純粹理性；即便是人類自信的知性也是有限的，我們只能在既有的認知基礎和現有條件下利用自然。因而他的建設烏托邦實踐，顯然具有馬克思主義者稱之為"空想"的特質，失敗是必然的。因為自然是無情的。我們如何對待自然，也就是如何對待自己，因為我們身處自然之中。正當譚功達沉醉在他的建設烏托邦的迷夢之中，特大的暴雨形成真正的洪水猛獸，不僅沖潰了普濟水庫大壩，淹沒了大量農田，甚至捲走了兩個村莊，天災最終釀成人禍。譚功達直到被撤職下放後，才對自己的無知無畏與急躁魯莽若有所思。

另一種方式是郭從年式的強權暴力的人生激情。如果說譚功達還只是社會建設的思想偏執，那麼花家舍人民公社社長郭從年則是社會政治的專制獨裁者。《山河入夢》中的花家舍變成了一個形態特異的人民公社。從表面上看，它與縣長譚功達曾經無數次設想的平等的桃花源一樣：

> 一律的粉牆黛瓦，一式的木門花窗，家家戶戶的門前都有一個竹籬圍成的庭院，籬笆上爬滿了滕蔓植物⋯⋯連庭院的大小和格局都一模一樣。一條磚木結構的風雨長廊不沿着山坡往上延伸，通往山頂的一座高大的煙囪。[1]

1　格非：〈山河入夢〉，《長篇小說選刊》2007 年第 2 期，第 97 頁。

然而，真正深入花家舍人民公社生活的譚功達卻發現，這裏的村民個個神情呆板，不苟言笑，完全喪失了人的個性和性情，透露出一種只有生活在封閉社會才有的憂慮和恐懼。村民的這種人格特徵和精神狀態，顯然源自花家舍人民公社的社會治理方式。軍人出身的公社社長郭從年從殘酷的戰爭法則中總結出一套自鳴得意的人治社會法則：一方面以嚴格禁慾的方式控制人類社會。他深知人的慾望根植於人性，追求個人慾望的競爭可能導致整個社會的失序，因此他決定：“我們必須進行嚴格的控制。我們寧要不公正，不要無秩序；寧要正而不足，不要邪而有餘。”[1] 也就是說，這個統治者為了社會的秩序和政治權力的穩定，不惜剝奪人們追求世俗人生幸福的權利，甚至強行扼殺人的天性。

郭從年還採用獎勵告密的方式強行鉗制村民的思想，甚至肆意干預個人的隱私。他在公社的每個交通要道都設立舉報信箱，每個人都可以檢舉揭發他人的過失、錯誤及至罪行。他認為人是最為兇殘的動物：“他們只會做一件事，就是相互撕咬。這些信件將人性的陰暗、自私、兇殘、卑鄙、無恥，全部暴露在光天化日之下。”[2] 也就是說，這個貌似烏托邦社會中的每個人，身心都處在無所不在的組織的嚴密監控下。人們小心翼翼地控制自己的言行，壓抑自己的慾望，甚至徹底泯滅自由人性，以符合這個社會的要求和規範。尤其值得注意的是，這裏的人們主動地窺視他人，並且迫不及待地出賣他人，以逃避和轉嫁自己對於生命的恐懼。告密行為盛行，固然有利於統治者主宰社會，但卻在毒害和瓦解社會的聚集力和人與人之間的基本道德規範，最終使這個社會人人自危，相互傷害。這一切表明，花家舍的社會統治是名符其實的現代極權主義暴政，它不是帶領人們通往理想的烏托邦社會，而是走上奴役之路的專制主義社會。

人類社會曾經迫於殘酷的現實，以理想主義名義迫不及待地發明烏托

1 同上，第 119–120 頁。

2 同上，第 118 頁。

邦，但迄今也沒有實現能夠根除人性幽暗的烏托邦社會。因為所有的烏托邦思想家都在人性認知上誤入歧途。他們將人僅僅界定為社會動物，認為人的缺陷只是社會環境造成的，只要清除了社會上的罪惡制度，便可消除幽暗的人性，人人都可以成為聖人和賢人。然而，所有的烏托邦實踐證明，被強行壓制的幽暗人性很可能逸出自我的閾限而潛入超我，並以神聖的名義與正義的激情大張惡行。歷史世界中的失敗烏托邦經驗教訓，足以警醒人們，如果個體的道德自我與理性自我不能控制自身的負面人性，那麼幽暗人性就可能侵蝕主體而畸變為墮落的精神；如果社會提供了釋放幽暗人性的環境條件，那麼負面人性就可能形成有害的社會激情，進而演化成嚴重的社會政治問題，從而導致滅絕人性的人道主義災難。

當然，這並不是說人類對於幽暗人性就束手無策並無能為力。儘管人類社會不能拔除自身的生物根性，因而迄今無力實現根除幽暗人性的烏托邦社會，但是獨立人格、自由思想、市場經濟、法治社會、民主政治等文明社會制度及其價值理念，都有效地制衡和疏導幽暗的人性，並且成為公認的防止負面人性演化為嚴重社會災難的制度與精神防綫。

第三，格非“江南三部曲”的後烏托邦時代的精神訴求。毋庸諱言，烏托邦思想是導致社會主義誕生的一個不可或缺的因素，因此關於烏托邦的討論始終伴隨着意識形態的論爭。這種爭論貫穿整個二十世紀，在世界各地此起彼伏，直至九十年代初期才在“意識形態終結論”的喧嘩聲中落下帷幕。從此，世界發達國家“激進主義以及作為其支撐的烏托邦精神已經不再是主要的政治力量，甚至也不再是主要的精神力量”，就連久負盛名的英國左派學者霍布斯鮑姆都宣稱“對所有的一切說再見”。[1] 因此從較為寬泛的意義上講，西方世界步入後烏托邦時代的精神標誌，就是“相信未來能夠超越現在的這種觀念，已經消失了”。[2]

---

1 〔美〕拉塞爾·雅各比：《烏托邦之死：冷漠時代的政治與文化》，北京：新星出版社 2007 年版，第 13 頁。

2 同上，第 1 頁。

然而，烏托邦思想在新時期以來的中國社會，卻有與西方社會不太相同的命運遭遇。烏托邦作為“烏有之鄉”的概念，原本就具有鮮明的兩面性：正面是和諧、美好和理想的社會；負面是空想、虛構和無法實現的社會。新時期文學更多地是反思二十世紀中國革命和建設烏托邦的負面性，如同格非的《人面桃花》和《山河入夢》，滲透着創作主體對烏托邦理想的幻滅感和悲觀情緒，因為二十世紀中國畢竟災難深重。然而，一旦九十年代以來中國社會真正發生歷史轉型，一部分人開始富了起來，社會重新出現了貧富差距；人們驀然發現自己業已身處陌生的市場社會，心理的嚴重不適應使我們有種難以言狀的沮喪：我們曾經滿懷激情地擁抱平等的未來，最終發現兩手空空。因此，新世紀文學開始將關注的焦點轉向現實，審視劇烈變動的社會生活及其茫然失措的社會心理，而且伴隨着強烈的社會批判意識與改善社會的願望。

應該說格非是較早感應到因市場經濟轉型而引發的社會心理嚴重失衡的敏感作家，他的《慾望的旗幟》展現了上個世紀末知識分子普遍的人格分裂：知性與信仰的分裂、理想與現實的分裂、話語與實踐的分裂；並且大膽預言，在精神廢墟上展現的將是一面“慾望的旗幟”。果不其然，新世紀的知識分子敘事，湧現了一大批描述知識分子精神堤壩潰決後人慾橫流的世紀末景象的作品，似乎應驗了格非當年的預感和判斷。儘管《春盡江南》接續《慾望的旗幟》，描述九十年代以來急劇變化的中國社會，但作為烏托邦敘事的三部曲之一，它不僅多層面與多視角地表現了新世紀尖銳的社會矛盾與難以遏制的道德潰敗，而且深刻揭示出後烏托邦時代的精神訴求。

花家舍是貫穿整個“江南三部曲”的一個江南水鄉，也是承載晚清以來國人寄予現代轉型的烏托邦理想的一個寓體。《春盡江南》中的花家舍發生了天翻地覆的變化，已經變成一個燈紅酒綠的富貴溫柔之鄉。關於如何建設花家舍，兩個開發商一開始就存在着激烈的爭論，譚端午異父同母的兄弟王元慶具有純粹的烏托邦精神遺傳，希望以“大庇天下寒士”重建花家舍人民公社，企圖重續現代社會的烏托邦理想；而張有德卻主張在花家舍開發娛樂業，試圖利用人的貪婪慾望把花家舍變成他個人的搖錢樹。結果是張有德競爭成功，並且借用黑白兩道的力量將王元慶投入監獄，逐出投資者行列，終於獨佔了這個江南水鄉，將花家舍建成一個合法而隱蔽的銷金窟。烏托邦的踐行者王元慶作為競爭的失敗者，只好將個人資金投向慈善事業，建造一個現代的精神療養院，可是他自己卻成了精神病患者，成為這個精神療養院的第一個顧客，在這裏繼續思索："濁其源而欲清其流，可得乎？腐其根而欲繁其枝，可得乎？"[1] 然而，就是這個精神療養院也無法與世隔絕，最終被無孔不入的資本逐出日漸繁華的地段。王元慶無處逃遁，只能重新回歸家庭。顯然，《春盡江南》中的上個世紀末的花家舍，實質上是個反諷式隱喻：被稱為"伊甸園"的花家舍作為摩登時代的銷金窟，其實是一個極端版的物慾橫流社會的縮影。理想社會的踐行者王元慶被銅牆鐵壁的現實社會迫害成精神病患者，則是一種價值的反轉：病態社會把清醒者視為不正常的人。因此，這個世界變得越來越詭異與陌生："資本家在讀馬克思，黑社會的老大感慨中國沒有法律⋯⋯被酒色掏空的一個人，卻在呼籲重建社會道德，滑稽不滑稽？"[2]

倘若從烏托邦思想的角度切入《春盡江南》，那麼最值得深入分析和闡釋的人物形象，無疑是小說中的主人公譚端午及其妻子李秀蓉。這兩個具有八十年代大學生背景的知識分子的生存狀態與思想蛻變，充分而深刻地表現出這個粗糲時代的功利主義特質。畢竟烏托邦理想的命運是同知識分子的命運緊密結合在一起的，最起碼也是直接相關的，"如果沒有知識分子，或者知識分子角色發生了轉變，烏托邦就會逐漸消失"。[3] 這裏知識分子的概念，並沒有自命不凡的社會精英含義，而是說真正意義上的知識分子往往與現實社會保有一定精神距離，具有相對獨立且清醒的思想能力，因而他們對自己所處的時代較為敏感，並擁有一定的洞察力。

1　格非：《春盡江南》，第 176 頁。

2　同上，第 236 頁。

3　〔美〕拉塞爾・雅各比：《烏托邦之死：冷漠時代的政治與文化》，第 158 頁。

先說譚端午。雖然他不由自主地成為體制知識分子，即地方政府方誌辦公室的普通職員，但一直是個業餘詩人，自我逃避地沉醉在歐陽修的《新五代史》裏。雖然他清醒意識到自己是這個亂世"多餘的人"，主動地自我放逐，心甘情願做個百無一用的書生；因為在這種特殊的生活情境中，只有先做一個無用的人，才有可能維護本真的自我。從這種意義上講，他多少有些願意追隨卡夫卡筆下的邊緣人："在生活中不能生氣勃勃地對付生活的那種人，需要用一隻手把他的絕望稍稍擋在命運之上 —— 這將是遠遠不夠的，但他用另一隻手可以將他在廢墟下之所見記錄下來，因為他之所以見異於並多於他人。他畢竟在有生之年已是死了的啊，而同時又是倖存者。這裏的先決條件是，他不需要將雙手和超過他所擁有的力量全部用來同絕望做鬥爭。"[1]

但是，荒誕甚至邪惡的現實社會對這個自甘邊緣的人卻步步緊逼，他幾乎運用全部的力量來與絕望做鬥爭。"他家在唐寧灣的房子被人佔⋯⋯其嚴重程度卻足以顛覆他四十年來全部的人生經驗。他像水母一樣軟弱無力。同時，他也悲哀地感覺到，自己與這個社會疏離到了什麼地步。"[2] 他並不認同世俗社會頂禮膜拜的金錢和權力，但在現實世界的金錢和權力卻擁有宰制社會及其人際關係，甚至是操縱人的行為動機的魔力；在銅牆鐵壁一般的社會現實面前，他們深感個人的無力、無能和無奈。當然，更為嚴重的是，世俗社會的功利主義以水銀瀉地的方式滲透進個人生活核心地帶的家庭，他妻子由崇拜他變成鄙視他；連正在讀小學的孩子都無從逃避功利主義污染的社會生活。社會競爭的壓力轉換成家庭生活的紛爭和暴戾，讓人窒息又無法逃遁："它像粉末和迷霧一樣瀰漫於所有的空間，讓人窒息，可又無法視而不見。"[3] 在這種極端的現實情境下，即使是甘居邊緣的潔身自好這樣消極意義的人生選擇，都被視為無能和失敗的人生表徵；即使僅想維持一種簡單而樸

---

1 〔奧〕弗蘭茨．卡夫卡：《卡夫卡隨筆集》，深圳：海天出版社 1993 年版，第 260 頁。

2 格非：《春盡江南》，第 9 頁。

3 同上，第 239 頁。

素的生活，也得付出沉重的人生代價。

再說李秀蓉。她是個爭強好強並追求完美的現代知識女性，這種個性似乎天生適應這個競爭的時代。大學畢業後她改名龐家玉，毅然放棄船舶工業專業而投身市場社會，逐浪前行。這意味着她徹底告別自己的過去，義無反顧地追求全新的社會生活。經過種種歷練，她最終選擇了律師職業，憑據自己的努力勤奮和精明強幹在這個行業中大放異彩，讓她變成新世紀社會的成功人士，也使她的家庭躋身中產階級行列。

這裏值得深思的關鍵問題是，龐家玉成為一個與傳統意義上的知識分子完全不同的"新人"。傳統知識分子甘守清貧也屈從苦難，彷彿社會的情感淨化和道德維繫，注定要以他們的苦難與犧牲來實現。誠如鮑曼所說，只有認同磨難、淨化和執着的命運，才能體現知識分子角色的社會合法性。[1] 可是"新人"卻不同，一方面他們在磨難人生中體驗到的不再是充實的自我確證，而是激憤和焦慮的負面情緒，因而他們理直氣壯地關注自身的生存情境，並試圖通過世俗人生價值的追求來體現自我價值。為了擺脫壓抑的清貧人生困境，維繫個人與社會的有機聯繫，他們寧願屈從世俗的市場和體制。另一方面，他們朝着功利主義人生道路奔跑的同時，棄置終極關懷，擱置道德理性和可能的詩性生活。龐家玉接受了二元論的人論觀念，把人分為兩類：活人與死人，或者成功者與失敗者。因此他們"朝不及夕，相時射利。這種人格，發展到最高境界，甚至會在毫不利己前提下，幹出專門害人的勾當。對於這樣的'新人'來說，再好的制度，再好的法律，也是形同虛設"。[2]

然而，人畢竟都是血肉之軀，在功利人生道路上瘋狂奔跑的龐家玉，由於生命的過度透支而身患絕症。她得知自己病情的真相後選擇了離家出走，為了維護最後的生命尊嚴，在醫院上吊自殺。值得欣慰的是，她並沒有徹底泯滅人性，在生命的盡頭終於意識到本真的自我，也領悟到了生命真諦：

---

1 〔英〕齊格蒙特．鮑曼：《立法者與闡釋者：論現代性、後現代性與知識分子》，第 16 頁。

2 格非：《春盡江南》，第 200 頁。

我曾經想把自己變成另一個人。陌生人。把隱身衣，換成刀槍不入的盔甲。一心要走到自己的對立面，去追趕別人的步調。除了生孩子，我所做的每一件事，都是自己厭惡的⋯⋯漸漸地就上了癮。自以為融入了這個社會。每天提醒自己不要掉隊，一步都不落下。直到有一天，醫院的化驗單溫柔地通知你出局。所有的人都會掉隊。不是嗎？不過是時間早晚而已。[1]

從小說的文本角度講，龐家玉的訴說固然是帶有濃厚存在主義意味的人物內心獨白。在海德格爾看來，人類往往會在自己的世界中迷失自我並遺忘死亡。人在平庸的生活世界隨波逐流，就是為了避免個體基本的存在問題及其責任。只有"真誠的向死而生"的極限生命情境，才能召喚迷失在他者世界中的自我，"還能召喚我們要做回我們自己：不要自欺欺人地、完全地承擔起我們作為有限的人的責任"。[2] 當然，我之所以拘文牽俗地引述作品中人物的這段話，是因為這裏的敘述者聲音既是一種可靠敘事，也與隱含作者在本書中的價值理念基本一致。或者說，龐家玉的自我懺悔多少有些暗示，隱約地表達出創作主體對現代知識分子"新人"惡俗一面的清醒認識與嚴峻批判。

當代西方後烏托邦時代知識分子的憂慮，是單向度思維的社會可能喪失推動社會改進的異質性價值參照，以及由此生發的關於社會進步的精神動力。誠如雅各比所說："隨着左派向理想的投降，自由主義也就迷失了方向；它變得軟弱無力、搖擺不定。"[3] 然而，當代中國烏托邦思想消逝的精神代價，卻遠遠超過西方世界，因為當代中國曾經長期過度壓抑的物質和精神的慾望，一旦逸出便因心態扭曲而忘恩負義，很可能異化為所羅門瓶子中的魔鬼。曼海姆曾經憂慮地指出："烏托邦的消失帶來事物的靜態，在靜

---

1 同上，第 343 頁。

2 〔美〕馬克・里拉：《當知識分子遇到政治》，第 25 頁。

3 〔美〕拉塞爾・雅各比：《烏托邦之死：冷漠時代的政治與文化》，第 13 頁。

態中，人本身變成了不過是物。於是我們將面臨可以想像的最大的自相矛盾的狀態，即：達到了理性支配存在的最高程度的人已沒有任何理想，變成了不過是有衝動的生物而已。”[1] 生物衝動僅僅是追求自在目的的滿足。如果人類像自在的生物一樣不加節制地盲目追求本能慾望，並且由此上癮而貪婪無度，那麼其後果就不僅是烏托邦精神被摒棄，“人便可能喪失其塑造歷史的意志，從而喪失其理解歷史的能力”，[2] 而最終的結果，可能是社會道德文明堤壩的徹底潰決。

當然，本文限於篇幅，僅僅是涉及《春盡江南》中表現的烏托邦思想喪失的精神代價，如果再考慮到作品中的社會現實與烏托邦思想的反常關係，問題可能更為複雜也更為嚴峻。從這部作品中描述的民營企業家陳守仁被暗害，以及各種振振有詞的仇富言行就不難發現這一點。從這種意義上講，我們現實中喪失的正是正面的烏托邦精神，而社會心理中殘存的恰恰是負面的烏托邦思想。負面的空想烏托邦思想，很可能成為一些在社會競爭中被無情淘汰的人的情感發泄，也可能成為一些居心叵測的人目無法紀和踐踏法治的暴戾行為與歇斯底里發作的託詞。我們應該有勇氣承認，當下意識形態的主流話語與社會現實嚴重脫節，以平等公正為名義的教條式主流話語，作為一種合法性的思想資源和集體無意識，不但為歷史世界也為潛藏於社會現實的混沌衝動，提供拒絕反思歷史教訓與抵制社會改革的合理性思想資源。

1799 年，英國詩人柯勒律治曾向好友華茲華斯提出如下的建議：“我希望你能夠用素體給如下這些人寫一首詩，由於對法國大革命的完全失望，他們已經拋棄了對人類改良的一切希望，正在墮入一種差不多是享樂主義的自私之中，在對家庭的依戀和對想像性哲學的蔑視這種軟弱的名號之下，掩蓋了同樣的享樂主義的自私。”[3] 兩百多年過去了，柯勒律治的憂慮和建議在新世紀中國並沒有完全過時。倘若從烏托邦的想像衝動角度講，那麼格非的

---

1 〔德〕卡爾．曼海姆：《意識形態與烏托邦》，北京：商務印書館 2002 年版，第 268 頁。

2 同上。

3 轉引自〔美〕拉塞爾．雅各比：《烏托邦之死：冷漠時代的政治與文化》第 3 頁。

《春盡江南》對於後烏托邦時代社會現實和精神現象的書寫和思考，有力地回應了新世紀關於未來希望的精神訴求。

二、艾偉《風和日麗》的烏托邦敘事

2010 年出版的艾偉的《風和日麗》，又是一部真正觸動我的長篇小說，它給我們留下一個難以釋懷的問題：現代革命究竟離我們有多遠？

這部小說將一個民間私生女尋找顯赫父親的生動故事，巧妙地鑲嵌在複雜曲折的新中國歷史地形圖中。小說中神秘而威嚴的將軍父親，顯然是個具有多層意蘊和複雜含義的能指符號，因而我把小說主人公楊小翼"尋父""審父"和"弒父"的過程，視為作家勘探新中國歷史及其革命起源性的一次艱難的精神跋涉。正是這種歷史勘察和精神尋根，成為本人連接這部作品的思想紐帶。

我們這一代"生在新社會，長在紅旗下"的人，與現代革命有一種特殊的生命聯繫，可以說，革命的記憶和想像業已融入身體的血液，不管你願意還是不願意，它都像自己的身影一樣難以擺脫，也像夢魘一樣糾纏不休。當年，我們畢竟是無法選擇地接受過理想的革命價值教育，這種理想的革命教育就像種子一樣埋藏在我們的精神沃土。如今，驚悸般的嚴酷生活體驗，又使我們近乎本能地貼近社會革命的真相，拒斥現實社會種種關於"陽光燦爛"或者"激情燃燒"式的廉價與飄渺的革命記憶和想像。

我們必須承認，近代以來中國社會一直是天然的革命溫床，太多的歷史和現實因素，輕而易舉地激活我們社會革命的記憶和想像。從歷史角度講，中國作為後起的現代化國家，歷經周折，選擇了一條革命的現代化途徑。雖然從革命發生學的角度講，我們可以把它分為兩個階段：新中國以前的革命是各種複雜社會因素交互作用的結果，新中國以後的革命則很大程度上是人為追求的結果，因而對這兩種革命的歷史評價，自然也就有所差異。但是我們還是應該看到，百年革命的歷史畢竟是個連續的過程，整個現代中國的社會實踐與文化語境，甚至幾代人的思維方式和社會心理，都與革命息息相關。

然而，當我們真正想貼近革命 —— 無論是革命的歷史真相還是革命的理論話語，卻發現它比我們想像的更為模糊，更為複雜，也更為遙遠。當然，其中的緣由十分複雜，也難以道清，但有一個重要原因倒是十分清楚的，這就是隨着知識分子思想同一性的瓦解，學界在百年革命的認識上存在着較大的分歧。這種思想分化導致同一種社會革命，往往因為審視主體在思想立場和利益訴求上的差異，呈現出不同的文本形態。以文學知識分子為例，知青文學中的新中國歷史及其革命起源性敘事，存在着極大的差異，老鬼的《血色黃昏》與梁曉聲的《這是一片神奇的土地》都是以“文革”為背景的知青文學，卻呈現了兩個截然不同的知青生活文本。

《風和日麗》則為我們提供了 60 後作家對共和國歷史及其革命起源性的一種理解，而且這種理解較充分地顯現出 60 後代際的思想特徵。具體地說，一方面在情感價值上，他們表現出家族的相似性；或者說，他們與上一代人一樣，對革命懷有一種難以割捨的情結。正如小說中寫道：

> 早已明白我和你密不可分，/ 你是我思想和行為的因，/ 你是我無意識中的主宰，我命定的限度。/ 甚至我的詩，全來自於你，/ 一點血腥，一點政治，一點哀傷，/ 就是我的美學，我詩歌的準則。[1]

另一方面在理性維度上，他們又表現出獨特的思想斷代性。60 後畢竟成長在“文革”與新時期的夾縫之間，革命的影響遠遠不像上一代人那樣深入骨髓。在他們看來，革命的路徑幽深曲折，顯示出複雜而神秘的奇異曖昧。誠如《風和日麗》在涉及 60 後對革命年代的記憶時寫道：

1　艾偉：《風和日麗》，北京：作家出版社 2010 年版，第 251 頁。

多年後，楊小翼回憶這段時光時意識到，她其實是成人世界的局外人⋯⋯那個成人世界的大門始終是向她關閉着的。那個世界不在陽光之下⋯⋯但成人世界卻是不成形的，抽象的，她知道它在那兒，但她看不見。它更像是事物長長的影子，是那個堅如磐石的世界的反面。它隨處存在，她卻不得步入其門。

然而這個世界也會偶露崢嶸，突然向她展示複雜而神秘的一角，彷彿驚鴻一瞥。這樣的展示讓那個成人世界顯得更加幽深曲折，顯示出奇異的曖昧來。[1]

知青文學關於共和國歷史及其革命起源性的追憶，要麼是《血色黃昏》式的苦難與罪感的責任記憶，要麼是《這是一片神奇的土地》式的苦難與理想的悲壯記憶，超我的道德主要指向曖昧的過去；而 60 後的超我道德主要指向自由的未來。他們對革命若即若離的精神狀態，決定了他們對新中國及其革命起源性的勘探和審視，祛除了個體記憶的偏見和極端的情緒，從而顯得更加客觀和理性，也更加富有深邃的歷史感和思想啟迪性。不過，由於情感維度的牽繫和現實生活的刺激，總使他們的勘探因猶豫而顯出艱辛，也使他們的想像常常隱含着傷感；因此，他們"尋父""審父"和"弒父"的過程，顯得異常漫長而艱難，可以說是一種沉重而傷感的告別。

總之，革命既存活於我們的生活之中，又離我們十分遙遠，顯得曖昧而詭秘。正因為如此，我們更應貼近革命歷史的本相，理解不同歷史條件、社會背景和文化語境下的不同形態的社會革命；也更應理性地梳理革命的精神脈絡，淘洗出真正的現代思想資源。60 後沉重而感傷的告別，對於我們民族在革命記憶和想像上形成普遍的道德共識，把握現代性的前景，具有不可忽視的思想文化意義。下面，我從兩個方面論述《風和日麗》的思想內容。

其一，革命的苦難與人性的幽暗。主流的革命話語從不諱言苦難，它視

1　同上，第 38 頁。

苦難為實現終極目的的必然代價，因而紅色經典編織的苦難敘事，形成悲壯的“畏”與“悅”的審美方式。然而問題在於，革命固然充滿苦難，但是並非所有的革命苦難都具有意義。如果人們在劇烈的社會革命中付出了沉重的代價，收穫的卻是一塊殘垣斷壁的烏托邦廢墟，那麼其中的苦難代價還有意義嗎？既然這種苦難的價值意義值得懷疑，那麼我們就應該追問苦難的緣由，因為一旦人類出現了公正與自由的普適價值，就不可能再忘卻這種無意義的苦難，“忘卻以往的苦難就是容忍而不是戰勝造成這種苦難的力量”，[1] 而這樣的容忍很可能再生產出不公正和奴役的再生產社會條件。

《風和日麗》講述了以楊小翼為中心的楊家四代人的苦難：外公、母親、丈夫、兒子。我們通過文本發現，使楊小翼身邊的親人一個又一個地陷入困境，甚至人生絕境的緣由，是一場接一場的政治運動。小說清晰地表明，新中國的歷史曾經是個不斷運動的歷史，而且一旦社會政治運動形成慣性之後，不要說楊小翼這種無權無勢的底層知識分子無法掌握自己的命運，就是聲名顯赫的社會上層成員，有時也自身難保。政治運動頻繁的社會不斷生產出“敵人”，誰也不能永遠地確保自己，所以恐懼的毒素漫延整個社會，自我逃避與人格淪喪成為普遍的精神現象，自虐和施虐的極端行為也被視為常態。不過，也正是因為持續的運動，被以“革命”為名義的組織確立為“敵人”的人越來越多，再加上封建宗法社會殘存變異的株連遺習，喪失平等權利的社會成員也就越來越多，最終導致極左政治基礎的坍塌。也許，這就是歷史的辯證法！誠如法國革命研究的權威 —— 勒龐在《革命心理學》中所說，宗教革命與政治革命的後果差異在於，宗教革命沒有任何經驗可向其教徒揭示他們是否受到欺騙，因為他們非得進入天堂才能驗證，“而在政治革命中，一種虛假教條的錯誤很快就會大白於天下，經驗迫使人們不得不拋棄它”。[2] 以平等和正義為名義的社會革命可以摧毀一個不合理的等級

1 〔美〕赫伯特 · 馬爾庫塞：《愛慾與文明》，上海：上海譯文出版社 2008 年版，第 171 頁。

2 〔法〕古斯塔夫 · 勒龐：《革命心理學》，第 14 頁。

社會，但無休止的政治運動卻不能建設一個真正平等和公正意義上的現代社會。

如何解釋這種無休止的社會政治運動呢？因為從中國革命倒溯到俄國革命再到法國革命，都出現過不斷革命的政治怪圈。中國極左話語從政治社會學角度出發，將政治革命作為推動社會歷史進步的根本動力，從而形成"無產階級革命專政下繼續革命"的理論。當然，歷史已經證明這是一種荒謬的政治理論。漢娜·阿倫特則從集權體制的特性來闡釋政治運動的奧秘，認為克理斯瑪式人物就是通過不斷的政治運動，來聚集社會人心和維持政治權威的，"運動的實際目的是盡可能多地組織民眾進入它的框架，推動和保持他們處於運動狀態"，從而"在生活的每一個領域裏都永久地統治每一個個人"，而運動本身實質上並沒有什麼目的。[1]

作為文學作品的《風和日麗》，則從參與者與受害者的人性切入，審視社會革命的心理世界，並將審視的觸角延伸到集體無意識中的快感、怨恨等幽暗角落，朝着孕育革命的土壤深處掘進。楊小翼的"尋父"和"審父"過程，充滿着神秘感、興奮感和神聖感，這恰恰隱喻着她個體深厚的革命情結，因為信仰與神秘感相關，而情感又與神聖感相關。為了援救父親，她挺身而出，為此付出了女性的忠誠和貞操的沉重代價，隱喻整整一代人因追求革命而付出的慘痛的青春代價。隨着楊小翼個人苦難的加深和將軍神秘感的褪色，她的革命激情也逐漸消退；然而，當她識別父親並終於告別父親，回歸並認同常態的社會生活之後，卻無法恢復個人的正常生活，因為政治運動已經奪去了她的丈夫和兒子。新中國一代人的苦難結局與他們當初浪漫的烏托邦想像，形成巨大的反差！

尤其值得注意的是，小說對革命時代的社會下層人物進行了深刻剖析。革命之於社會下層人，無疑是場盛大的節日。他們作為社會的弱勢階層，原本一無所有，在動盪的革命中失去只是束縛他們的社會法律和文化道德的鎖

1〔美〕漢娜·阿倫娜：《極權主義的起源》，第 423 頁。

鏈，而獲得的卻可能是全新的生活。但是，如果我們祛除民粹主義的道德情緒，還是應該清醒認識到，社會下層企盼革命的心理，既有正義的利益訴求，也融合着包括狂歡與顛覆在內的複雜的本能衝動，特別是無意識中的怨恨、復仇與攻擊本能的衝動。正如楊小翼在追究丈夫伍思岷全身心投入"文革"的深層動機時的分析："他所做的一切都來自他內心的仇恨，仇恨是多麼可怕，就像藉仇恨掀起的革命，仇恨有着驚人的力量。"[1]這表明，伍思岷內心的不平和激憤業已聚集並毒化為仇恨，消極的情緒已經畸變為持久的自我毒害的心態，並抓住任何可報復的機會向仇恨的對象施虐。在正常的社會形態下，這些幽暗的人性被法律和道德強制地壓抑在個人的無意識中，而社會革命恰恰為個體提供了將本我的攻擊本能轉向外部世界的契機。這種通過革命而發泄的幽暗人性的怨恨和報復，在性質上與將軍當年因情殺而走上反叛社會的道路，有着驚人的相似之處。

這裏令人深思的問題是，即使牢獄之災也無法壓制伍思岷義孤注一擲的人生選擇，因為他的攻擊本能已經從本我進化為超我，它以堂而皇之的名義選擇目標發起攻擊。也許，連他自己也不曾意識到，他革命行動的背後，有着充足的非理性的人性內在驅動力。社會革命試圖在革命的過程中教育與改造人，就像改造社會一樣以極端的方式改變人性，甚至希望把人性的生物本性連根拔除，可是結果卻往往是幽暗的人性常常從本我遁入超我，人性醜陋的本能隱藏在種種美好和合理的名義後面，變本加厲地爆發出來；而且一旦個人融入狂熱的群體呼嘯之中，往往身不由己，結果很可能成為政治運動的工具，甚至不幸地成為運動的獻祭。

小說中的呂維寧則是另一個貪婪的原型，在他身上，曾經的極度匱乏畸變為極度的貪婪，曾經的極度壓抑畸變為極度的放縱。這個形象無情戳穿了所謂貧窮即道德的傳說。其實，人類很早以前就開始對人性問題進行思索，宗教將負面的人性視為與生俱來的"原罪"，是從伊甸園裏帶出來的生命行

1 艾偉：《風和日麗》，第 293 頁。

李。人類社會也曾以理想主義名義迫不及待地發明烏托邦，但迄今也沒有實現能夠根除人性幽暗的烏托邦社會。這就足以警醒人們，如果個體的道德自我不能控制自身的負面人性，那麼負面人性就可能侵蝕主體而畸變為墮落的精神；如果社會提供了釋放幽暗人性的環境條件，那麼幽暗的人性就可能形成有害的社會因素，進而演化成社會的政治問題。

總之，小說中的革命是呼嘯而過的社會運動，隱含着異常複雜的人性內在的驅動力，因而革命與苦難緊緊相聯，而苦難又與人性密切相關。從這種意義上講，革命之所以成為人類社會的精神遺產，不僅因為它是歷史實踐的結晶，也包含了人性法則和心理因素。人們在平庸瑣碎的世俗人生和消沉黯淡的歲月中，常常從過去轟轟烈烈的社會革命中汲取希望的源泉，甚至有人還悔恨自己生不逢時，無緣幸遇那個“激情燃燒的歲月”，卻不知這種令人眩目的過去，是掩蓋血淚和抹去苦難的過去，是經過情緒過濾和人性升化的過去，說到底，也是祖先留在我們生命中的一種幻覺遺產。值得注意的是，楊小翼雖然也曾為革命傾心，崇拜和尋找革命的偶像，但在種種眩暈的政治運動面前，在苦難和誘惑中，不僅沒有喪失自我，而且越來越清醒地建立起自我認同，因為她堅持了一個知識分子應有的理性思維和人性底綫。

其二，愛情與革命的輕和重。這部小說再次涉及了中國現當代文學中的一個母題——“革命與愛情”。首先需要說明的是，在談及二十世紀文學的革命與愛情母題時，必須注意表現這個母題的歷史背景和文化語境，因為革命與愛情的書寫譜系在歷史中不斷變化。從晚清的“新小說”開始，人們就在講述英雄血和兒女情的故事；二十年代末的左翼文學，則正式提供了“革命加戀愛”的敘事模式。儘管“十七年”的革命歷史敘事中把愛情置於邊緣，但愛情還是以種種曖昧的方式表露出來；新時期文學中的革命與愛情也在不斷改寫，尤其是新歷史主義與先鋒小說，一度雄心勃勃地重新書寫政治與性愛的關係。從表層上看，革命與愛情的關係在中國現當代文學中不斷被描述與定義；但從深層講，每一次看似重複的母題，都企圖顯示新的特質以及新的互動關係，以此不斷地深化這個母題。

《風和日麗》講述了楊家三代人的革命與愛情故事，先說第一代人革命將軍與楊瀘的愛情。作品關於他們革命與愛情的書寫特質，主要體現在繼續探討了革命與愛情糾纏不休的複雜關係，而這種關係恰恰體現了中國知識分子在現代歷史轉型期間的分裂人格。一方面，革命與愛情原本就有相似之處，即為理想而異己的對象奉獻自我，體現美好的人性，因而出於自我滿足與自我實現的生命需求，革命和愛情都是他們追求的人生目的。另一方面，革命與愛情有着根本的差異：愛情的獻身對象是另一個偶在的有限個體，而革命則獻身於理想的集體和不朽的事業；前者追求個體生命的滿足，後者則是追求社會價值的自我實現。這種根本性的差異，決定了個人的愛情追求與集體的革命追求發生矛盾時，他們往往拋棄愛情而轉向革命，以此實現自我的社會價值，並克服個體生命的有限性，安頓那顆騷動不安的心靈。用將軍的話說：“對一個革命者而言，個人情感不值一提。”[1] 饒有意味的是，作為這個家族第三代的伍天安也經歷了由愛情向政治轉換的成人儀式，與他外公稍有不同的是，他的轉換不是主動的放棄，而是被動的失戀，可是這種轉換的性質並沒有什麼區別。

這裏值得深究的問題是，中國現代的革命者在價值差序上總是把革命置於愛情之上，因而每當革命與愛情抵牾之際，他們便毫不猶豫地選擇革命而放棄愛情。從精神分析學的角度講，愛情與革命都是生命本我的昇華 —— 性愛本能經由文化牽引昇華為愛情，攻擊本能則經由文化改善而昇華為革命。然而，無論是陷入愛情還是投身革命的個人，都有與生俱來的有限性，無法抵禦致命的時間威脅。浮士德式的願望是想超越時限，但魔鬼靡非斯特許諾他的只是美妙的時刻，而不是持久的幸福。愛情，則如馬爾庫塞所說，它“在追求永恆時冒犯了一些重大禁忌，因為這些禁忌只允許作為一種暫時的、受控制的狀況力比多快樂存在，而不允許把這些快樂作為人類生存的持

1　同上，第 372 頁。

久源泉”。[1] 然而，現代中國的革命者卻把革命視為超越時間的永恆事業。這裏的主要原因，我認為還是在於中國的傳統文化。因為本能衝動要經由文化的引導才能昇華為更高程度的力比多滿足，也就是說，昇華很大程度上取決於特定文化的價值取向和思維方式。中國傳統文化中的士人，向來以儒家文化為圭臬，有着強烈的明道救世的使命感，而且將這種使命感提升到形而上的高度，從而可以超越有限的個體肉身而獲得永恆的價值意義，因而在以天下為己任的士人眼裏，安邦濟世遠遠重於兒女情長。顯然，現代革命者的人格精神，遺傳了傳統士人的文化基因。他們生命本能的昇華方式，與傳統文化的價值取向和思維方式暗通款曲，因而在生命價值的天秤上，革命的砝碼顯然重於愛情的砝碼。劉小楓先生正是從這種意義出發，認為革命者應該是禁慾主義者，“否則難免使執着於愛慾的‘這一個’成為革命者的墊腳石”。[2]

再說第二代人楊小翼與伍思岷的愛情。他們的愛情書寫，一方面揭示出非常態的革命時代的畸形愛情。伍思岷是個狂熱的革命者，他的私人生活空間從生理到心理，全被公共空間的國家政治話語佔據，強烈的弒父衝動與復仇慾望幾乎掏空了他的全部生命活力，因而全然不顧楊小翼的情感生活，全身心地投入到政治運動之中。由此可見，真正的革命時代，本質上就是非常態的生活時代。尤其對於男性來說，用張愛玲的話說，這時作為攻擊本能派生物的權力，才是男人的春藥。一般地說，女性的情感需要原本比男性更為豐富和更加強烈，所以對於愛情，自然被女性所更為看重；而愛情之於男性，卻往往是生命要義的附麗，革命時代更是如此。

另一方面，楊小翼與伍思岷的愛情還揭示出常態生活中浪漫主義所導致的畸形愛情。中國現代愛情觀源自“五四”新文化，而“五四”宣揚的現代愛情，原本就包括摒棄世俗的浪漫主義愛情觀念元素。雖然這種現代愛情觀對於傳統的宗法文化，是一種價值的反撥，但它畢竟過於突出了男女雙方純

---

1 〔美〕赫伯特 · 馬爾庫塞：《愛慾與文明》，第 173 頁。

2 劉小楓：《這一代人的怕和愛》，北京：生活 · 讀書 · 新知三聯書店 1996 年版，第 59 頁。

粹的情感價值。這種情感崇拜固然純潔而美好，但是一旦遭遇世俗人生，便常常顯現出極端的脆弱性。楊小翼作為一個私生女，為了補償個體心理的缺憾，一開始便構築了一個愛情烏托邦。這個純淨的愛情世界，幾乎承擔了她情感想像的全部內容，而道德責任又是她情感想像的核心。但是問題在於，她的純潔愛情明顯是浪漫主義的愛情，一開始就具有虛幻的成分，或者說她把一種虛幻的愛情放置在一個具體的對象上，很難說她是愛這個男人還是愛她虛構的道德情感，因此她無法容忍伍思岷的人生取向。當她真正進入現實的婚姻生活後，才發現自己的幸福想像不過是幸福的奢望。

這部小說通過愛情揭示出革命時代個體生命的存在困境，顯然超出具體的愛情範疇，上升為生命意義範疇。愛情何以擔當此任呢？米蘭・昆德拉曾說，小說中的愛情是一道強烈的光束，它突然揭示了人性的本質，並概括了人的生存境況及其悖論。同時它還是一個焦點，凝聚着故事所有的主題，置下它最深奧的秘密。[1] 這段話在《風和日麗》中同樣適用，因為愛情是最切己的生命體驗，又是個體生命之間私密的相交空間，最能顯示出生命的本質和生活的本質；常態生活世界如此，非常態的革命世界也是如此。

三、李洱《花腔》的歷史追憶

新世紀之初，李洱的《花腔》問世（2002 年人民文學出版社），引發評論界的廣泛關注和好評。一方面是小說對革命歷史中的知識分子命運的追思，充滿一種複雜的情感體驗；另一方面則是小說集大成的敘事方式體現出敘事主體對於歷史與現實、真實與虛構、記憶與遺忘的關係思考，展現出當代文學的敘事智慧，也充分體現出六十年代出生的作家的烏托邦敘事。

《花腔》是一部現代歷史小說，以探尋資深革命家葛任的死亡之謎為結構核心，講述了一個知識分子革命者葛任的一生。它以追問葛任死亡為利

1　艾曉明編譯：《小說的智慧：認識米蘭・昆德拉》，第 145 頁。

刃，刺破籠罩革命歷史的冰山一角。我們這個民族是個重視歷史記憶的民族，但是關於革命歷史越來越讓我們發現，它在重重意識形態的遮蔽下遺留了太多謎團，正是這些曾經發生在我們前輩身上的謎團成為激發後人不斷探尋與思索的思想驅動。從新中國文學誕生之初，革命歷史題材就是一個重要的文學題材，因而紅色經典也就成為當代文學中一個不可忽略的創作重鎮。可是從新時期文學開始，當代文學發生轉折，作家開始重新審視和講述革命歷史，莫言的《紅高粱》就是其中的代表作品。九十年代則出現了新歷史小說，全面顛覆了紅色經典的宏大敘事模式。時值新世紀，六十年代出生的作家群體關於中國革命的烏托邦敘事似乎遇上一種天花板式的敘事困境：一方面，理想主義教育讓革命歷史記憶深入他們的血脈，而新時期以來革命歷史資料的重新發掘以及對於革命歷史的重新認識，使他們無法擺脱革命歷史的糾纏；另一方面，當代文化語境的變換與敘事模式的創新，如何認知與如何講述革命又讓他們感受到創作的焦慮。因此，批評家不難發現，《花腔》將此前新歷史小說和先鋒小說所採用的諸多敘事策略和所具有的新歷史理念融於一體，它既是對此前的新歷史小說和先鋒小說的全面總結，又是一個全新的突破。

小說以“花腔”命名，原本就含有寓意。“花腔”本屬於音樂藝術術語，是指一種詠嘆調。它的唱法是基本唱腔加花，成為一種特定的華彩腔調。由此引申出語言上的“言不逮意”之意，意味花言巧語。將“花腔”用於歷史敘事，則指歷史的言說也有許多“花腔”形式。敘事者洞悉歷史敘事，試圖擺脱“花腔”的革命歷史，貼近歷史本相。

我們還是先從這部小說的文本開始介紹吧。首先，《花腔》採用了別具一格的多角度敘事模式。前文已述，所謂“敘事模式”，是指敘事作品中用於創造一個故事的傳達者（即敘述者）形象的一套技巧和文字手段，主要探究敘述者與他所表現的虛構世界之間的關係。[1]

1 王先霈、王又平：《文學批評術語詞典》，第 298 頁。

這部小說的敘述由以 @ 符號之下的正本和 & 符號之下的各種引文構成的副本，其中 @ 符號下的正本包含着三個不同的敘述者：一是受邊區鋤奸科副科長田汗委派從延安去大荒山白陂鎮執行秘密使命的白聖韜醫生；二是曾打入國民黨軍統、後在“文革”時期成為勞改犯的趙耀慶，三是曾任國民黨軍統將軍、現為著名法學家的范繼槐；他們的身份、閱歷、講述的年代以及在整個事件中扮演的角色各不相同，因而他們的敘述各自烙上不同的腔調和色彩。這三個敘述主體都聲稱實話實說，不耍花腔，但實際上每一個敘述者都是處在特定情境下的講述，無疑受到敘述語境的影響，因而在講述人物命運、追憶往昔歲月時不可避免地要花腔，從而使歷史呈現出一種眾聲喧嘩、虛實相融的含混景象。& 符號下副本的敘述則是葛任的外孫對上述三人敘述的說明、補充和闡釋，它由 60 餘種各式引文組成。這些對葛任生平事跡、事件背景的補充和說明，構成了整個文本的另一個組成部分。

@ 符號之下的三個講述者都是葛任的老友和好友，也都是葛任死亡事件的親歷者和見證人，應該說他們的闡述具有很強的說服力和可靠性，具有一定的史學意義。但是小說明確告訴讀者：“請讀者注意，在故事講述的時間與講述故事的時間內，講述者本人的身份往往存在着前後的差異。”[1] 也就是說，這三位講述人的敘事語境完全不同：白聖韜醫生講述的時間是延安整風期間的 1943 年 3 月，已經成為國民黨俘虜的白聖韜向國民黨軍統將軍范繼槐交代自己從延安到白陂的經過，他的口頭禪是“有甚說甚”，白聖韜交代完再也沒有回到延安，而是留在了香港。趙耀慶講述的時間是“文革”期間的 1970 年 5 月，業已成為勞改犯的趙耀慶在勞改茶場面對調查組的問詢，回憶葛任的家世與他在白陂參與葛任事件的過程，他在陳述的過程中總是詢問：“我這樣說行麼？”趙耀慶交代完便投井自殺了。范繼槐講述的時間是 2000 年 6 月，已經成為法學界泰斗級的權威人物，在白陂參加希望小學剪彩期間接受白凌（白聖韜的孫女）的採訪，主要是回憶他與葛任的交往經

1　李洱：《花腔》，北京：人民文學出版社 2021 年版，第 3 頁。

歷以及他處理葛任事件的過程。由於年代已久，他的回憶總在過去與現在穿行，而且他清楚地知道："我們若不愛惜自己的羽毛，今天還有我們說話的餘地嗎？"[1] 這樣看來，這三個敘述人受時代環境以及現實利益的影響，在陳述歷史的過程中涉及到自己的地方，總是有意無意地洗白自己，但是所謂的歷史真相就是由他們的陳述構成的。

其實，自從美國用作家福克納《喧嘩與騷動》被譯介到中國後，《花腔》採用的多角度敘事方式在中國文壇並不陌生了。《喧嘩與騷動》共有四個章節，前三個章節讓三兄弟班吉、昆丁與傑生分別敘述，第四章節則用"全知視角"，讓迪爾西將剩下的故事講述完成。這部小說講述了北美南方小鎮裏一個曾經地位顯赫的家族逐漸走向沒落的故事，代表着一個時代的隕落，福克納在這裏為我們詠唱一首時代的輓歌。值得注意的是，這部小說多角度敘述的方法帶有明顯的複調性。複調是俄國學者巴赫金文論的關鍵詞，在文學理論中意指小說結構上的一種特徵。他認為陀思妥耶夫斯基的長篇小說是複調性長篇小說："有着眾多的各自獨立而不相融合的聲音和意識，由具有充分價值的不同聲音組成的真正複調 —— 這確實是陀思妥耶夫斯基長篇小說的基本特性。"[2] 從藝術思維角度講，複調是對"獨白性"的突破，其精神要旨是"不同主體間意識互動互識的對話性"，根源是"人類生活本身的對話性"。[3] 巴赫金認為，創作過程即主體對話的過程，意義只能在對話中產生。

不過，《花腔》的多角度敘事與《喧嘩與騷動》還是不同的。《喧嘩與騷動》的敘事者各自從自己的角度闡述同一個對象，突出了敘事者的對話性。而《花腔》中的三位敘事者，雖然都是講述葛任的死亡及其生平，敘述者的講述過程也是不斷地進行自我觀點的闡述，但是他們的敘事始終伴隨着故事的展開，而且各自敘述的重點不同：白聖韜作為葛任的好友和延安安排來的根據地的醫生，主要是講述他從延安來白陂的過程以及他眼中的葛任；趙耀

---

1 同上，第 253 頁。

2 趙一凡等主編：《西方文論關鍵詞》，北京：外國教學與研究出版社 2006 年版，第 146 頁。

3 同上，第 153 頁。

慶作為葛任家曾經的僕人和中共在軍統的臥底，主要講述葛任的家世、生平和他來白陂處理葛任事件的過程；范繼槐作為葛任的老同學和曾經的軍統將軍，主要講述他與葛任的交往和回憶處理葛任事件的過程。這三個敘事者都是葛任的舊友，都是在葛任的引薦和影響下先後加入革命隊伍的，也都是葛任在白陂犧牲的見證者，他們眼中的葛任拼合起來，構成一個完整的葛任形象。而且葛任在他們眼中是個真誠而堅定的革命者，是個近乎完美的值得信任的正人君子。正是因為如此，他們表示自己當時願意搭救葛任，幫助葛任逃出白陂。因此，儘管《花腔》是不同的敘事者講述同一個對象，也有複調的意味，但不是突出文本的對話性，而是注重文本的互補性。

其次，小說敘事的第二個特徵是互文性（intertextuality）。互文性也譯為文本間性，它是後現代批評的一個標誌性批評概念。互文性通常被用來指兩個或兩個以上文本間發生的互文關係。它包括：一，兩個具體或特殊文本之間的關係（一般稱為 transtextuality，即跨文本性）；二，某一文本通過記憶、重複、修正，向其他文本產生的擴散性影響（一般稱為 intertextuality，即文本間性）。後現代語境下的互文性，"實指一個話語空間…… 首先，互文性關係到一個文本與其他文本的對話，同時它也是一種吸收、戲仿和批評活動。其次，互文性表明文學所依賴的特殊手法與闡釋運作，都具有一定的人為性或欺騙性"。[1] 需要指出的是，後現代語境下的互文性，主要是一種文本策略，其特徵有：一是一部文學作品是多種文本的混合，作者似乎不再進行原創，只是重組和回收此前文本的材料。二是文學不再是給自然提供的鏡子，而是給其他文本和自己的文本提供的鏡子。三是讀者要在文本中讀出自己的意義，即從眾聲喧嘩中選擇一些聲音，同時加入自己的聲音。[2]

當然，中國古代文學批評也有互文的概念。但它主要是指修辭手法，《漢語大詞典》解釋這種修辭手法是"上下文義互相闡發，互相補充"。[3] 中國

---

1 同上，第 219 頁。

2 同上。

3 羅竹風主編：《漢語大詞典》（第一卷），第 489 頁，

古代互文的涵義，還有指錯綜使用同義詞以避免字面重複的修辭手法。如唐代王昌齡《從軍行・之三》中的"秦時明月漢時關"，清代沈德潛註："備胡築城，起於秦漢。明月屬秦，關屬漢，互文也。"古文互義也有指不同文本間的互相闡發、互相補充和互文見義。如《南史・儒林傳・司馬筠》："經傳互文，交相顯發。"其實，中國史傳敘事多採用這種方式，司馬遷《史記》中人物紀傳的不同文本各有交錯，卻又相互補足、交互見義。不過，中國古代文學批評中的這種互文現象，主要的作用是併合而豐滿，以達完整之意，這與西方文論的後現代語境下的解構之意大相徑庭。

小說中的互文性一方面是與中國古代文學批評中的互文現象相通，在塑造人物形象的過程中相互補足、交互見義，使形象完整豐滿。葛任的形象是在 @ 符號下的三位講述者的敘述中成形的，這三位敘述人曾經是葛任家的僕人、葛任的老同學和葛任的舊友。葛任的一生在他們的講述中，清晰地呈現在現代中國歷史的背景上。葛任出生於世家，他的父親葛存道就是清末維新派成員，父親被暗殺後，他由父親的好友送到日本避難求學，在日本與中共早期領導人陳獨秀、李大釗等均有交往。學成歸來的葛任原本在北平醫專教書，曾經積極參加"五四"運動，因通俄語而獲得去蘇聯採訪的機遇，從此走上革命的道路。從俄國歸來的葛任先是在上海大學任教，後進入江西蘇區。他從日本歸國後的這一段個人經歷與中共早期領導人瞿秋白的經歷幾乎完全相似。長征到達陝北後，葛任在馬列學院編譯室任譯員。同時，從這三個人的敘述中，還可發現葛任真誠的為人之道，因為葛任是這三個人革命上的引薦人和人生引導者，正是因為如此，所以當他在白陂處於危機之時，這三人都有讓他逃出白陂的動機。

更為重要的是，他們還是葛任悲劇的見證人。從白聖韜的講述中我們可以得知，葛任的悲劇起源於延安整風運動。1942 年，延安鋤奸科副科長田汗提議，組織上派遣葛任前往前綫，傳遞一份作戰情報。為何讓葛任這種缺乏戰鬥經驗的文弱書生前往危險重重的前綫？因為田汗清楚地知道，整風運動即將展開，葛任凶多吉少。一是葛任在日本留學期間就與陳獨秀有交往，而且他在延安從事馬列著作翻譯和研究時，公開表白托洛茨基曾是列寧的朋友，因而有托派分子的嫌疑。二是葛任與國統區的妻子冰瑩仍有書信往來，而冰瑩是個身份複雜的女人。因而不能排除特嫌的可能。據田汗本人回憶：“我的想法很簡單，借這個行動讓葛任暫時出去躲躲風頭。因為那時候，整風運動就要開始了。當然，最壞的結果我也考慮到了：葛任可能會死。對這個問題，我是這樣考慮的，就是死在日本人手裏，總比被自己人屈強⋯⋯沒想到後來真的如此。”[1] 然而，葛任的遭遇並沒有像田汗設想的那樣發生。葛任在二里崗戰鬥中負傷，然後潛逃到大荒山白陂鎮。為了聯繫妻子，他在香港報刊上刊登了一首舊詩《誰曾經是我》。正是這首詩歌暴露了他的行蹤，引起了國共兩黨的關注。國共兩黨都下達了置他於死地的命令。

當然，白聖韜講出這段秘密是深有其因的。白聖韜是葛任的老鄉，當年就是葛任介紹他到北平醫專求學，還帶他同去俄國採訪。也是因為葛任，白聖韜棄置上海的診所，前往延安參加抗日。可是在葛任離開延安後不久，就在他上繳的日記裏發現議論托洛茨基的記載，因而在整風運動中成為失足人員，被關進了拘留所。正是因為他和葛任的關係和醫生身份，田汗派他去大荒山，名義上是接葛任回延安，實際上是向中共在軍統的臥底傳遞信息。然而，聖韜在途中無意間發現了信息內容：組織上不僅要除掉葛任，還要將他滅口。因此他毫無重回延安之心，見到范繼槐將軍後，將自己所知毫無保留地全盤托出。范繼槐也將他留在了香港。從白聖韜的講述可以發現，小說的隱含作者並非歷史虛無主義者，他通過白聖韜的講述揭示歷史隱秘的一角，呈現革命歷史複雜而幽暗的一面。無論是歷史世界還是現實世界，活動的主體還是人，而人本身的複雜和幽暗就決定了歷史和現實的複雜和幽暗。例如田汗派遣葛任離開延安去前綫，既是出於公心，也暗藏私心。因為他是葛任的發小，一直與葛任保持着親密關係，他保護葛任免於整風運動的衝擊，實際上也是避免自己受到無辜的牽連。

---

1 李洱：《花腔》，第 23 頁。

小說在尊重歷史的同時，也在解構歷史。《花腔》擁有兩套話語體系，一是 @ 符號下的三位講述者，二是 & 符號下的引文、註釋和其他文類等；前者儼然是文學敘事，後者卻類似學術敘事。換言之，文本有些跨文體的模式。其實，& 符號下的引文、註釋和其他文類等，貌似跨文體，實際上也是作者的編撰。我認為這是一種後現代語境下的戲仿，而戲仿的效果顯然是為了解構宏大敘事模式。

"宏大敘事"是法國思想家利奧塔在《後現代狀況：關於知識的報告》中提出的一個概念。他從知識與敘事的關係出發，通過對知識合理性的考察，發現宏大敘事統合了科學知識和敘事之間的矛盾。他認為，歷來知識的合理性表現為兩種敘事：一種是政治的解放敘事（知識通過"自由"這個宏大敘事來確立其合理性），另一種是哲學的思辨敘事（把理性主體的人作為人自身建立的根據，規定了人的先在地位，因而作為主體話語的真理必然是自足的）。可以說，這兩類敘事是元敘事，是對其他敘事進行組織和解釋的敘事。同時，宏大敘事還常被看作一種以歷史事件、社會實踐為主要敘事對象，以相關的歷史意識和社會意識為敘事目的的敘事規範。在這種敘事模式中，敘事人以"上帝"或"代言人"的全知視覺形式出現，以群體抽象為基礎，強調意識形態。這類敘事在形式上往往追求題材的宏大、主體的一致和結構的完整，在內涵上側重表現總體性、普遍性、宏觀理論和共識。

利奧塔考察了後現代的知識狀況，認為由於社會關係發生了深刻變化，以解放和思辨為基調的宏大敘事失去了可信度，遭受嚴重質疑。他一方面用維特根斯坦的"語言遊戲"觀點證明兩種元敘事不可能證明知識總體的合理性；另一方面援引波普爾證偽的觀點，認為所有的宏大敘事就其本質而言都有一定的假定性，不能讓人無條件地接受。誠如有人所說，宏大敘事不過是一種文化或群體通過對微小敘事的壓抑和排斥來獲得合理性的主要方式。[1]

以往我們的宏大敘事按照科學思維方式追尋歷史規律。所謂的歷史有規

---

1 參見汪民安主編：《文化研究關鍵詞》，南京：江蘇人民出版社 2020 年版，第 107 頁，

律、可預測的說法，也就是波普爾所批評的歷史決定論。因為歷史決定論，導致有些人認為，如果我們發現了歷史發展的規律，歷史就是可控的。一些懷着烏托邦思想或者所謂“宏才大略”的人，便有了想要創造歷史的衝動。他們可能不顧現實去實施某項所謂偉大的計劃，盲目地臆想歷史是站在他們那一邊的。但是他們的追求，往往超出社會的現實，違反社會本身的演化邏輯，按照自認為的所謂的“偉大思想”所創造出來的一種模式，而這種模式幾乎都是沒有驗證過的。為了這種模式的追求，不惜一切代價，因為他們盲目地相信他們的道路或者計劃是唯一正確的。如同哈耶克（F. A. Hayek）在《通往奴役之路》（*The Road to Serfdom*）的開篇所引德國詩人荷爾德林（F. Hoelderlin）的話：“總是使得一個國家變成人間地獄的東西，恰恰是人們試圖將其變成天堂。”結果對國家和民族乃至無數的個體造成了巨大的悲劇。

尋求所謂的歷史規律，即相信歷史既然是按照某條道路或者某條綫索發展的，就會忽視了對具體情況的仔細分析。對一個國家和民族來講，每一個抉擇都應該分外小心，都必須按當時國家和社會的實際情況，對現實的各種因素仔細考量之後，才能做出決策。但是如果信奉歷史決定論，就會忽略甚至不顧當時的各種制約因素，而堅信自己走的是一條歷史選擇的道路，這可能是非常危險的思維方法。

對波普爾來說，歷史發展的軌道是完全可以改變的，所以是無法預言的。為了論證自己的觀點，波普爾總結了五個論題：（1）人類歷史的進程受人類知識增長的強烈影響；（2）不可能以合理的或科學的方法來預測科學知識的增長；（3）所以不可能預測人類歷史的未來進程；（4）必須摒棄歷史是社會科學的可能性，沒有一種科學可以作為預測歷史的工具；（5）所以歷史決定論的基本目的是錯誤的和不能成立的。

波普爾總結出這五條論綱的中心思想是：人類總是在不斷地獲得知識，然而知識的增長本身卻並無規律可循，所以預言就是不可能的。在這五條基本論綱中，第一條是常識，似乎可以接受。但是第二條是站不住腳的，不同意人類知識的進步是無法預言或預測。他認為由於第二條不成立，第三、四、五條便失去了基礎。

《花腔》通過跨文體的戲仿來顛覆宏大敘事。因為小說的情節綫索和核心結構是追尋葛任的死亡之跡，但是追尋的過程和結果卻發現這位資深的革命家並不是什麼民族英雄，不過誠如他姓名的諧音“個人”（葛任）而已。小說仿照學術研究的方式，大量引用現存的資料，如引用葛任同學黃炎的長篇回憶錄《百年夢回》：葛任殉難二里崗戰役。而且這種說法已經成為常識，有《中國現代文化名人錄》為證。但是小說 @ 符號下的三位講述者都可以證實，葛任只是在這次戰鬥中負傷，並且在負傷後脫離戰場潛入白陂，最後被害於白陂。葛任民族英雄的稱號是人為製造的歷史。

最後，小說敘事的第三個特徵是有意的敘事空缺。小說是個歷史敘事，主要是追尋葛任的死亡之謎，但是追尋的結果還是個疑案。原因很簡單，小說敘事是由葛任的外孫統合，葛任本人的敘事缺席。關於葛任的敘事，都是由他人講述和資料記載構成，小說中的葛任只留下他年輕時期撰寫的一首詩歌《誰曾經是我》：

> 誰曾經是我，/ 誰是我鏡中的一天，/ 是山中潺潺流淌的小溪，/ 還是溪邊濃蔭下的蠶豆花？
>
> 誰曾經是我，/ 誰是我鏡中的春天，是構巢於樹上的蜂兒，/ 還是樹下正唱歌的戀人？
>
> 誰曾經是我，/ 誰是我鏡中的一生，/ 是微風中的藍色的火苗，/ 還是黑暗中開放的野玫瑰？
>
> 誰於暗中叮囑我，/ 誰從人群中走向我，/ 誰讓鏡子碎成了一片片，/ 讓一個我變成了無數個我？[1]

---

1 李洱：《花腔》，第 54 頁。

這首詩歌原本是葛任年輕時期在北平獄中修改的詩作，是葛任對鏡中自我的一種感覺，誰知一語成讖，竟然成為後人解讀葛任的一種真實寫照。從敘事的角度講，歷史是由他者對對象材料的收集、整理、選擇與甄別來表現的，但對對象的心理世界卻缺乏認知，因而對於一些歷史結局很難判斷。如葛任為何在二里崗戰鬥負傷後逃往大荒山，小說中寫道：

> 現在看來，對葛任為何來到在荒山，至少有幾種看法：他"骨子裏是個文人，大概是為了安靜寫作，要不就是為了養病。他有肺病，需要南方的濕潤與陽光"（白聖韜）；"為了總結自己一生的革命經驗，為革命提供理論根據"（趙耀慶）；現在范老又假藉葛任之口提出，葛任來此，除了寫書，還為了尋找蠶豆及重溫"昔日的愛情"。他們誰的說法符合事實，我自然難以分辯。[1]

當然，最大的歷史疑問是葛任的死亡選擇。他明明知道白聖韜、趙耀慶的到來，都有營救他逃離大荒山白陂鎮的意圖，而且范繼槐明確告訴他投降當局的好處與拒絕投降只能是死亡的結果，可他還是主動選擇了留在大荒山接受死亡。由於小說摒棄了全知敘事方式，葛任本人敘事也缺席，因而小說留下了這個終極疑問。

其實，小說是把這個疑問交給讀者，由讀者尋求與回答這個疑問。在我看來，小說也為讀者留下了一些邏輯綫索。據范繼槐說："我聽見葛任說，人生有小休息，有大休息，睡覺是小休息，死亡是大休息。他現在就盼着大休息了。"[2] 葛任為何既不重返延安也不歸順當局而選擇死亡呢？人是被拋入到這個世界的，這是個人無法選擇的，但是如何結束自己生命，個人則是擁有決斷權利的，從某種意義上講，死亡的選擇恰恰體現出個人的自由意志。

---

1 同上，第 387 頁。

2 同上，第 391 頁。

葛任在死亡前夕曾說：“時至今日，我雖留戀生命，但對任何信仰都無所把握。” 同時還說：“我目標雖有，道路卻無，而所謂道路，便是猶豫。” [1] 葛任深知，國共兩黨都想置自己於死地，而且自己的身體已經病入膏肓，逃離流亡也很難存活；特別是失去了信仰這個精神支撐，現世便無留戀的價值。因而他選擇了消極的人生態度，生死由便而不強求。

綜上，葛任潛藏於大荒山白陂鎮和選擇死亡的緣由都因他本人敘事的缺席而永久留存。從某種意義上講，小說留下的的疑問也是作者的疑問，是作者關於烏托邦的想像和疑慮。因而葛任這個形象，相對於宏大敘事的英雄形象，則具有反英雄的特質。作品正是通過這種具有反英雄特質的形象，“對傳統價值觀念進行‘證偽’，標誌着個人主義思想的張揚、傳統道德價值體系的衰微和人們對理想信念的質疑”。[2]

我對《花腔》的敘事模式、互文特質主要人物敘事的空缺進行了較為詳細的解讀。旨在表明，小說形式往往不僅僅是形式，而是蘊含意義的表現方式。集新歷史小說和先鋒小說之大成的《花腔》的敘事形式，蘊藏豐碩的思想意義。

---

1 同上，第 370 頁。

2 趙一凡等主編：《西方文論關鍵詞》，第 103 頁。

小結

這一章我以作家的代際差異為綫索，論述了九十年代以來兩個階段的烏托邦敘事，探討烏托邦敘事中的知識分子形象。

一是以上世紀五十年代出生（包括個別的四十年代）為主的作家創作，選取了李銳的《舊址》、張煒的《家族》《柏慧》以及陳忠實的《白鹿原》為代表，闡釋這些烏托邦敘事中的知識分子命運。雖然這些創作沿襲了上個世紀烏托邦敘事的創作思潮，但是它們的創作視野更為開闊，不僅進一步地貼近了歷史真相，而且對於社會革命中的人性變化與傳統的宗法文化的衰微，以及社會革命中的知識分子悲劇命運等，均有深入思考。從這些代表作品的分析中可以發現，它們完全超越了新中國以來的革命歷史題材創作，在當代文學史上留下厚重的一筆。

二是以上世紀六十年代為主的作家創作，這裏我以格非的“江南三部曲”系列長篇小說、艾偉的《風和日麗》和李洱的《花腔》為代表。這代作家接續前代人的烏托邦敘事，探析烏托邦敘事中的知識分子命運。與上一代作家相比，他們對於剛剛逝去的革命歷史的判斷似乎更為寬容，對於其中知識分子命運的理解也似乎更為透徹，毫無疑問，這裏的理解和判斷都帶有他們這一代作家的生命痕跡。

我認為，通過作家的代際來劃分作家及其創作，探討烏托邦敘事及其知識分子命運，是一種行之有效的分析方式。從整體上講，雖然這兩代作家的年齡相隔不過十幾年，但這卻是一個可用時代來區分的歷史間隔。前面一代人曾經的革命激情與底層的人生體驗是後面一代人不曾有過的，而後面一代人較為完備的知識結構和比較冷靜的歷史認知也是前面一代人難以達到的，因此他們的烏托邦敘事及其知識分子命運，存在着明顯的差異。

需要說明的是，這一章烏托邦敘事中的知識分子論述不同於前面的章節，我沒有把筆墨完全集中在知識分子形象分析上，而在是把握作品思想內容的基礎上分析其中的知識分子形象。這一方面與論述的形式相關。這一章我是以作家作品分節的，因此需要對作品的思想內容做整體的論述，為此有時對其中不屬於知識分子身份的主要人物也進行了分析。另一方面，這也與論述的內容相關。因為這一章是論述烏托邦敘事中的知識分子，對於小說的烏托邦敘事做了較為深入的探討，而在知識分子形象在烏托邦敘事中畢竟只是一個部分。

第六章

新世紀海外華文文學的知識分子敘事

自上世紀九十年代開始，當代文壇的知識分子書寫出現了較大變化，其中較為突出的變化是創作主體對於知識分子的審視，有一種由平視到俯視、從同情到批判的自我矮化趨勢。曾經建立在集體記憶基座上的現代知識分子人格雕像，經由這些年市場經濟與功利主義文化的風雨剝蝕而面目模糊。從整體印象上講，現代知識分子形象似乎由受人尊重的受難使徒，淪為汲汲於世俗名利的功利主義者。當然，這種知識分子的自我矮化現象，與當代作家執着於沾滯當下現實生活密切相關。特別是新世紀以來的知識分子書寫，大多有意無意地疏離剛剛逝去的二十世紀中國社會現實，更多的是深切關注市場經濟轉型後知識分子的生存境況、精神惶惑和人性迷失，透露出一種難以掩飾的焦慮情緒。

在這種文化語境中，倒是一批當代海外華文作家的知識分子書寫，穿越當下世事浮沉，在縱深的歷史情境中理性審視現代中國的知識分子，揭示並思索他們獨特的生存情境與精神困境。僅是中國小說學會年度小說排行榜的上榜作品中就有嚴歌苓的《陸犯焉識》（2011 年）、薛憶溈的《一段被虛構掩蓋的家史》（2014 年）、范遷的《錦瑟》（2017 年），還有虹影的《K》等。這些小說無論是貼近歷史真相還是表現人性深度，抑或剖析生活肌理和思索歷史人生的價值向度，都具有當代文學史的超越意義。從某種意義講，它們彌補了當代文壇知識分子敘事的某種價值缺憾。

第一節

民國時期的愛情想像

也許是海外生活經歷的緣故，虹影作為 60 後女性作家的創作顯然不同於國內同輩的女性書寫。雖然她也寫個人成長小說，如《飢餓的女兒》，但不同於自敘傳成長小說的“私語化寫作”的是，她的創傷性記憶和書寫緊緊貼在清晰的苦難歷史的背景上，具有明顯的歷史責任感和藝術使命性。2002 年出版的長篇小說《K》則是悲劇性的婚外戀小說，虹影在小說中展開了她對民國時期東西方知識分子的愛情想像。

一、朱利安的中國人生經驗

據虹影所說，這是一部依據文獻史料寫成的小說，她說：“我為此書做了半年的研究，所有有關的文獻我全找來看了，鄭重其事。”同時又說：“但我的小說不依文獻，而是實事加我的實情。”至於虛實的比例，“沒法以簡單的方式打百分比”。[1] 這就是說，小說的內容並非空穴來風。她還說：“移居英國後，我常去倫敦大學東方學院圖書館，那學校就在布魯姆斯勃里區，每次經過戈登廣場，眼光掠過房子牆上許多‘名人曾住’的藍牌，心便一動，好像踩在朱利安的腳印上。”[2]

---

1 虹影：〈在西方，做一個中文作家〉，載虹影：《K》，石家莊：花山文藝出版社 2002 年版，第 2 頁。

2 虹影：〈我為愛寫作〉，載虹影：《K》，第 5 頁。

這部小說講述上世紀三十年代中期，朱利安・貝爾在中國追求愛情與嚮往革命的獨特人生經歷和體驗。朱利安曾是劍橋國王學院的高材生，布魯姆斯勃里的"第二代詩人"，也是英國著名作家弗吉尼亞・伍爾芙的姪子。朱利安繼承了他們家族自由主義的思想精神和放蕩不羈的生活習性，他對二戰前歐洲的沉悶感到失望，決定來中國尋找革命。於是，他寫好遺書，接受了武漢大學的聘請來到了中國。然而，剛剛來到武漢大學，他就被系主任的夫人林所吸引。兩個人之間萌生出了一種強烈的愛情，但是林始終不願意和朱利安發生關係。正當朱利安感到失望的時候，林夫人忽然邀請他去北京。到了北京之後，林完全展現出了她的另一面：一個帶有濃郁而古老的東方美的女性。他們在北京度過了一個美好的寒假。回到武漢後，雖然朱利安與林依然還在偷情，但他們迷茫於不知讓愛情停止在什麼程度，因而他們的愛情產生了裂痕。

這種的愛情已經讓朱利安厭倦，因而他決定實施來中國時的計劃，他找到一個學生當嚮導，去四川尋找紅軍。然而，就在紅軍與政府軍對峙的地方，儘管沒有找到紅軍隊伍，卻遇上一些紅軍的戰俘，當他與戰俘談話後發現："戰爭就是戰爭，革命就是革命，殺人有什麼好殺法的？從一離開武漢，他一直在祈禱上帝，讓他順利找到長征的紅軍，加入革命。可只看到一點點革命的痕跡，他身體本能地抗拒，丟臉透了。" 特別是他看到政府軍屠殺戰俘後，他徹底明白，中國現實的革命與他想像的革命完全不同："不行，朱利安想，這不是我的革命。我不會贊同這種靠煽動階級仇恨，互相屠殺來進行的革命。中國農民很窮，工人也很窮，但還沒有到想革命的程度。即使真的要革命，又有什麼必要這麼血腥？有什麼必要靠加深仇恨失去革命？"[1] 朱利安對於中國革命的想像確實過於簡單，他知道自己不能成為一個中國革命的角色，這個夏天清晨的殺人場景，讓他這個英國式的自由主義的社會主義者真正看到中國革命的殘忍和恐怖，他不能接受這種現實的考驗，

---

1 虹影：《K》，第 195 頁。

因而徹底泯滅了參加中國革命的理想。同時也讓他真正發現，在中國只有他與林的愛情才是珍貴的。

回到武漢的朱利安，繼續重複他與林的偷情生活，直到被林的丈夫程教授當場發現。朱利平靜地對憤怒的程教授說：“我向你表示最深的道歉，我承擔全部責任，並且，我現在就提出辭職，離開中國。”[1] 在愛情上無路可走的朱利安，只有離開中國：

> 不能回想，他對自己警告。他自認為是個世界主義者，結果只是在東方獵奇。他只能回到西方文化中鬧戀愛，鬧革命。此時，他突然想起，K，是“神州古國”，中國古稱 Cathay 的詞源 Kitai，他命中注定無法跨越的一個字母。[2]

回到歐洲的朱利安，不顧家人的反對，到西班牙加入了國際縱隊參戰，最後死在西班牙的戰場上。他留給這個世界的最後聲音是：“我一生想兩件事：有個最美麗的情婦，上戰場。都做到了，我很滿足。”[3]

二、朱利安與林教授愛情悲劇原因的探究

虹影承認，為了寫好這個作品，她做了大量的功課，採訪和研究當時的中英關係，但是寫這本書，依然是對她的想像力的一個考驗。“其實這個小說並不僅僅是個愛情小說，我的出發點在於：當時中國和西方在文化上是怎麼樣的關係？中西愛情觀怎樣不同？”[4] 也就是說，虹影並不僅僅是想表述這個東西方知識分子婚外戀的愛情悲劇，還想從文化理念的角度探討朱利安與

---

1 同上，第 208 頁。
2 同上，第 210 頁。
3 同上，第 5 頁。
4 同上，第 271 頁。

林這個美好愛情失敗的癥結。因而，雖然小說是第三人稱敘事，但是它以朱利安作為視點人物，通過這個人物的中國經驗描述中國，檢視他與林的思想觀念上的抵牾，細膩地表現他們愛情悲劇的根本原因。

朱利安是英國布魯姆斯勃里的"第二代詩人"，他曾給林講述他的家事："在他母親懷着他時，他的父親克萊夫·貝爾就和弗吉妮婭阿姨有事；母親和羅傑成為情人，並鼓勵父親去追求她的女友。父親大部分時間在巴黎、倫敦的這個那個情婦那裏，但母親在家裏始終為他留有一臥室書房和起居間，滿是母親的壁畫。他們相互關心，還是一對夫妻。母親的終身男友鄧肯·格郎特是個雙性戀，男朋友來時，他就和男朋友睡，男朋友不來時就和母親睡。他的弟弟昆丁、妹妹安吉莉卡，但安吉莉卡卻是母親和鄧肯的孩子。"[1] 這就是說，朱利安的家庭具有強烈反對維多利亞道德主義的背景，他們家庭自由無忌的性關係非同一般。因而朱利安在愛情上極度自由，不考慮一般意義上道德和婚姻關係的束縛。

林教授出身於中國世家，她的父親有九個妻妾，母親是第四房，比父親小二十五歲。她具有雙重人格，一方面她接受現代文化的影響，由於父親是個"改革派"，不希望女兒跟不上時代進步，從小把她送到外國人辦的昂貴的女子住宿學校就讀，並以女兒成為新派作家而自豪。另一方面，她又受母親的影響，學會了道家的基本修養，修習房中術。雖然她與程教授是自由戀愛，但他倆"房事不僅少，而且似乎走過場。她只能用習房中術自我修身養性，得到性滿足。但按新文化標準，他的婚姻是成功的——文學教授與小說家的結合，算是佳話。她若與任何人談她的不幸，別人都會認為她瘋了"。[2]

因此在林教授的身上，新文化和中國的古老傳統交疊在一起，一個新文化的女性保守自持，一個古老傳統的東方女性大膽開放。因此她接受了朱利

---

1 同上，第 33 頁。
2 同上，第 83 頁。

安的愛情進攻。同時，林教授這種幾乎是雙重性格的存在更進一步誘惑着朱利安，他不由自主地迷戀上林，儘管他比林小八歲。他們沉溺在愛河之中，因此小說充滿了官能的美感。

問題是愛上以後，他們觀念上的差異便開始導致愛的裂痕。在朱利安看來，性愛可以等同愛情：

> 這個在他懷裏快樂地蜷縮成一團的肉體，明顯只是喜歡他的性，拿他做性工具，沒有複雜的連帶問題。純然的性，這個女人需要的盡情地採陽補陰，保持青春的美貌。這不壞。正中下懷。看來不會剝奪他的自由，簡直太完美了！
>
> 他一直害怕愛情，有了愛情，脫身麻煩。他注意到，林始終沒有談到愛情二字，無論英文或是中文，甚至高潮來到時，也沒問他："愛，不愛我？" 雖然這是每個女人都會虛榮地過一道的公式語言。林避而不說，不太自然，也沒有必要。有性就行，有性就去。如果愛情不來為難他，他也不願打擾愛情。[1]

然而，朱利安卻沒有真正理解林教授，林教授一直採用守宮術拒絕懷孕，因為她恪守中國文化的道德觀念："先結婚，再有孩子。"[2] 她認為，只要倆人真正相愛，總歸有個解決的辦法：

> 林直截了當地提出私奔，去香港、去英國、去美國，她有足夠的錢不會存在經濟上的困難，到中國（內地）之外世界任何一個角落都行。她受不了這種偷偷摸摸，受不了一個小時的歡娛，她要更多小時。
>
> 要的不過是時間，但實質上要的是他整個人。[3]

---

1 同上，第 89 頁。
2 同上，第 144 頁。
3 同上，第 145 頁。

但是這種愛情觀念對於朱利安來說是無法接受的，他母親就給朱利安取了"破心人"的綽號，在他看來：

> 理由很簡單，因為他們的婚姻不會快樂，他從不認為婚姻，任何婚姻本身是值得的，在四十歲之前，如果他能活到四十歲，他絕不想考慮這個問題，而不結婚的私奔，對她沒用。[1]

朱利安只想要愛情而不想要婚姻，即使是林教授用了自殺的說法來威脅他也不管用，而只能讓他暴怒。"朱利安抱怨，憂傷地想，沒有一個中國女人，會真正具有布魯姆斯勃里自由女性的精神，像她母親一樣，結了婚的只當朋友，只能當朋友的反如結婚一樣，兩者都成長久。"[2]

其實，朱利安以他的愛情烏托邦想像要求林教授的愛情追求，是一廂情願的文化想像。應該說，民國時期的林教授已經是個女性主義者的先驅，雖然文化教養與社會地位把她的生活強行納入某種人生軌道，但她敢於在適當的時機聽眾生命的召喚，發揚自己的個性。甚至打算為了實現個人的生命追求敢於放棄已有的一切，而且在那個主張自由的英國人落荒而逃後，獨自承受一切自我選擇的代價。

其實，虹影把朱利安與林教授婚外戀的失敗僅僅歸咎於東西方的文化差異，固然有一定的道理，但也許不太準確。在我看來，他們這種婚外戀的失敗已經涉及到西方現代倫理觀難解的欠缺，個人生命的真諦在於獨特的自我，而真正的愛情則要求深入對方自我的內核。個人為了愛情放棄部分自我，但又不能完全放棄自我，如果完全放棄自我也就失去了個人獨特性和個人權利。朱利安不能因為對林教授的愛而徹底放棄自己的自由，完全失去自我。林教授則認為，自己讓對方深入自我，而對方卻不能讓自己深入，這就

---

1 同上。

2 同上，第 147 頁。

是不平等，也會產生愛情的裂痕。因為自己為了愛情，放棄了自我（即使是部分），但對方卻出現背叛，那麼就會形成傷害。因而，當林教授聽到朱利安在向程教授道歉並且離開後，林教授發出了像一隻被射倒的野獸一般的嚎叫。她是這樣想的：

> 對於他們的無奈結局，她也不是沒有責任的：她就是不肯僅僅做他的情婦，因為她愛過他，仍然愛他，甚至一天比一天都更真實地愛着他，這是她做人的權利，愛的權利，她就是不肯被他那麼不公正地對待：偷偷摸摸，不敢理直氣壯地愛她。她不能讓他把她當作平等的人對待。
>
> 在那個致命的上午，她的眼光就把他看穿：他實際上擺脫不了種族主義，不過比其他西方人更不瞭解自己而已。他的靈魂深處藏着對中國人的輕視，哪怕對方是他最心愛的女人。在林和程面前，他的決斷絕情，說到底，還是西方人的傲慢。[1]

從這種角度來講，他們的婚外戀，注定是一場難以完滿的結局，這不僅僅是中西文化差異的原因，還是現代倫理難以解決的人生難題。因為，就像我們不能把林教授的房中術的道家文化作為現代中國女性的文化代表一樣，朱利安的布魯姆斯勃里家族的婚姻愛情也不能完全代表英國人的文化。因此，虹影的《K》關於民國愛情的想像，不僅涉及到中西文化的差異問題，也涉及現代倫理的難題。

---

1 同上，第 210 頁。

三、《K》的性愛敘事

既然虹影這部小說以講述朱利安和林教授的婚外情故事為主體，那麼描述他們倆的性愛關係就是一個難以迴避的問題，而且虹影原本就是一個不願迴避性慾書寫的女性作家。我們應該承認，這部小說具有較大社會反響，也與小說的性愛敘事有關。

其實，現代文學初期就開始討論慾望的書寫問題，周作人先生在評論郁達夫《沉淪》時說：

> 他的價值在於非意識的展覽自己，藝術地寫出昇華的色情，這也就是真摯與普遍的所在。[1]

周作人的批評主要是駁斥那些把郁達夫小說看作是"肉麻文學"的批評。當然，對於一個擁有把文學視為"經國之大業，不朽之盛事"的文化傳統的國家來說，要承認文學可以堂而皇之地表現普通人的生命慾望，並不是一件容易的事情。

事實上，直到新時期文學後，人們才開始承認只有人才有超出種族繁衍需要的情慾，從而正視普通人的生命慾望，開始接受文學表現普通人的生命慾望。九十年代以後女性主義文學崛起，自敘傳成長小說熱衷書寫個體的生命慾望和表現自我意識，也不避諱身體書寫，因而重新提出生命慾望的書寫問題。

虹影首先講述了朱利安與林教授婚外戀的開始，朱利安主動地發動進攻，林教授刻意地保持距離，以及他們複雜的心理。

其次，林教授利用寒假去北京看望父親的機會，邀請朱利安來北京相會。他們在北京旅館發生了驚心動魄的性愛。因為這是一場類似乾柴烈火的

1 周作人：〈沉淪〉，載周作人：《自己的園地》，長沙：岳麓書社 1987 年版，第 62 頁。

焦灼渴望，他們沉醉在性愛的過程中，愛在沉醉中昇華。為何虹影的性愛敘事充滿官能的美感，也迥異於其他女性作家？趙毅衡先生的評價說，情慾是無目的的目的，它與另外兩個迥異於生物界的特點 —— 自我意識，以及敘事本能結合在一起，三位一體，才可能構成人性的最高表現形式：

> 敘述本能把情節串結成意義鏈，自我意識則把性愛變成生存方式。這三者的共同要素，則是想像力。沒有想像力的性，無所謂“慾”。沒有想像力的自我，不成意識；沒有想像力的敘述，只是一連串事件記錄。虹影的小說，用想像力把這三者融合成現代中國人的人性基礎。[1]

也就是說，虹影在性愛敘事中，把性慾與自我意識和敘事方式密切結合在一起，並用想像力將這三者融合在一起，從而充分體現出性愛的人性特徵。

特別是虹影在性愛敘事中插入林教授從母親那裏獲得的“採陽補陰”房中術，讓那位來自性開放的自由主義家境的朱利安陷入窘境。以此凸顯倆人的中西方文化的衝突。而且林教授把朱利安帶到鴉片館，在吸毒中性愛，讓他體驗欲仙欲死的快樂。這種特異性文化差異的比較深刻地表明，東方不是西方性慾及其征服的對象，而是理解合作的夥伴。

他們從北京回到武漢後，沒有自由相愛的條件，只有偷偷摸摸的偷情，這種苦澀的偷情，逼迫他們思考以後的選擇。但是他們的選擇無法達成一致，直到被程教授現場抓姦，才真正結束了一場不可能有完滿結局的共同設想。儘管在朱利安和林教授的婚外戀悲劇的原因上，我並不認同虹影從文化差異方面尋找終極緣由，但是我還是認為，她在《K》中對民國知識分子的愛情想像和性愛書寫，獨具特色。

1　同上，第 226 頁。

第二節

“大時代”知識分子的苦難人生和悲劇命運

二十世紀中國的歷史世界曾經是新時期文學最為喧鬧的時空，因為新時期的作家不再滿足主流話語對於現代中國歷史的專斷性敘事，他們從自己的審美視角切入這個並不久遠的歷史世界，營造自己的歷史敘事，掀開這個歷史冰山的一角。其中影響最大的作品莫過於莫言的《紅高粱》，它以抗日戰爭時期山東高密為生活背景，塑造了以余佔鰲為首的集正義與和邪惡於一身的土匪英雄，講述抗戰時期為生存而奮起反抗的民間抗爭故事，充滿着既離經叛道又擁有無限生氣的酒神氣息。

大約從上世紀八十年代中期的先鋒作家群體開始，大多關於二十世紀的歷史敘事，與其說是表現過去世界人的生活與命運，不如說是創作主體展現人性想像或者現實隱喻的世界，是關於暴力、慾望和非理性的歷史敘事。如蘇童的《米》表現為了擺脫飢餓而進城的鄉村農民極其強悍而又畸形的生命慾望；格非的《敵人》主要揭示人幾乎原罪一般的深藏內心的猜疑與攻擊本能。當然，這種歷史敘事的方式與特定的時代相關，也與敘事主體刻意顛覆主流話語編造的宏大歷史敘事相關。應該說，他們的歷史敘事固然具有歷史的合理性，因為他們高度關注的是歷史世界的人性問題，也是現實世界的問題。但是，這種歷史敘事的負面效應在於，當代作家不願正視和貼近真實的歷史現實，也不願認真思考和探詢歷史現實中存在並且影響至今的一些社會問題。因此，新時期先鋒作家的歷史敘事似乎離歷史世界的社會生活越來越遠，作家關注的歷史世界的問題也越來越虛。

然而，新世紀海外華文文學的知識分子歷史敘事卻試圖回歸真實的歷史世界與社會人生，描述二十世紀“大時代”主人公特定的人生軌跡，並且通過精緻的細節描寫和細膩的人物內心活動，生動表現現代知識分子在不曾預料的歷史重壓下從自我抗爭到無奈妥協再至痛苦掙扎的人格變化過程，探尋他們喪失自我的外在壓力與內在緣由。無論是從現代歷史敘事的角度上講，還是從知識分子的人物譜系上講，這種歷史的回溯都顯得意味深長。

本文選擇了新世紀中國小說學會年度小說排行榜的三部上榜作品：嚴歌苓的《陸犯焉識》（2011 年）、薛憶溈的《一段被虛構掩蓋的家史》（2014 年）和范遷的《錦瑟》（2017 年）等。概括地說，這三部作品書寫了現代中國兩代知識分子的悲劇命運。一是《陸犯焉識》的陸焉識與《一段被虛構掩蓋的家史》中 X 的外公的父親，他們均是後“五四”時期有過留學經歷的知識分子，生逢大時代的動盪社會，應然的理想人生與這個大時代的運勢格格不入，因而不可避免地遭受厄運，以悲劇的形式完成了自己的人生。二是《錦瑟》中的“他”和《一段被虛構掩蓋的家史》中 X 的外公，在風雨飄搖的民國時期完成學業，又在新中國連綿不斷的政治運動擠壓下遭受厄運，喪失自我，成為惶惶不安的社會邊緣者。雖然他們小心翼翼地生活，但卻不由自主地被捲入大時代的漩渦，在無所適從的精神惶恐中度過苦難的一生，以卑微的生存狀態完成了自己的悲劇人生。當然，在這兩代知識分子悲劇人生之中，最為典型的還是《陸犯焉識》中的陸焉識與《錦瑟》中的“他”。

一、嚴歌苓《陸犯焉識》：陸焉識的悲劇命運

嚴歌苓是享譽世界文壇的華文作家。她十幾歲考入成都軍區文工團，成為一名舞蹈文藝兵。七十年代末參加對越自衛反擊戰，成為一名戰地記者，戰爭與死亡的特殊生命體驗喚醒了嚴歌苓的創作慾望，她發表了首部小說《七個戰士和一個零》。此後她勤奮創作，還曾在魯迅文學院作家研究生班、哥倫比亞大學藝術學院文學寫作系就讀，是中文、英文雙語創作的作家。她

的代表作品有《小姨多鶴》《第九個寡婦》《金陵十三釵》《芳華》《赴宴者》《扶桑》《天浴》《霜降》《少女小漁》，等等，其作品被翻譯為法、西、日等多國文字。而且，她的作品還多次被改編成電影和電視劇，因而她是大陸大眾社會熟悉的作家。

嚴歌苓的祖父嚴恩春是一個神童，十六歲上大學，二十五歲讀博士。在美國獲得博士學位後回國，曾在廈門大學教書，是托馬斯·哈代的《德伯家的苔絲》的首位中文譯者。嚴恩春有着長達二十餘年的大西北監獄生涯，在對時局的失望中自盡身亡。嚴歌苓的小說《陸犯焉識》跟她祖父的經歷有着密切聯繫，小說最真實的部分來源於她祖父的苦難經歷。這部小說也因被改編成電影《歸來》而獲得社會的廣泛關注。

《陸犯焉識》主人公陸焉識的苦難命運，固然與二十世紀中國動盪而嚴酷的歷史現實緊密相連，但這種歷史現實又凸顯出他身上最為可貴的知識分子獨立精神與正直善良的人格秉性。這位出身上海錦衣玉食之家並留學美國的語言學教授，雖然聰慧過人卻不諳世事，從來不知順從大時代的運勢，既不迎合握有實權的體制知識分子凌博士，也憤然指責革命知識分子大衛·韋，成為一個堅守學術和良知卻遊離體制之外的學者。1942 年，國民黨公然干預大學教育期間，他不僅抵制大學的教案審查運動，還公開發表文章嘲諷這種違背大學學術獨立的做法，因而被秘密逮捕，遭受牢獄之災。在女友的努力營救下，他才在兩年後帶着一身疾病出獄。當局為了防止他在大學裏“灌輸危險思想”，便把他逐出高校，他也變為一個無業遊民。

新中國成立後，他重新回歸大學任教，但他不知接受經驗教訓，還是拒絕接受大衛·韋的批判警告，堅持認為“知識分子的生命在於接受知識、分析知識、傳播知識，甚至懷疑知識、否定知識，在他接受和分析的時候，他不該受到是非的仲裁。知識分子還應該享有最後的自由，精神的自由”。[1] 為此他在“肅反”運動中被捕。由於他的迂腐書生氣，他的刑期一再改判，直

1 嚴歌苓：《陸犯焉識》，北京：作家出版社 2011 年版，第 267 頁。

至無期，在西北荒漠上改造了二十多年。

西北荒漠上的監獄是個物質極度匱乏與精神絕對嚴苛的生存絕地。繁重的體力勞動和飢餓將人折磨得猥瑣卑賤。這裏的大部分犯人“都懷有一個惡毒夢想：揭發別人的罪過，就是體現了自己的進步，而減刑是每一份惡毒夢想的唯一誘惑”，[1] 因而這裏的人很容易變成相互撕咬的動物。儘管陸焉識深切感受到個人在極端生存情境中的無力和無奈，他身上的知識分子尊嚴蕩然無存，桀驁不馴的個性也近乎消失，甚至為了遠害全身而裝聾賣啞，幾近失語，但他還是盡量堅守正直和善良的人格秉性，從不參與犯人之間的殘忍撕咬，而且冒着生命危險幫助其他犯人。

陸焉識歷經苦難後才發現，自己對不起妻子馮婉喻。因為當年他的繼母年輕無嗣，為了通過他來鞏固自己在大家族的地位，軟硬兼施地把自己的姪女馮婉喻許配給他，沒有愛情的他心安理得地過着隨心所欲的自由生活，直到鋃鐺入獄。當他在監獄觀看科教片時認出了自己的女兒，想到馮婉喻的不離不棄，才確認自己內心對馮婉喻的深愛，所以精心策劃了逃跑的計劃：“要當面告訴婉喻，他什麼都記得，正因為記得，他現在知道那麼多年他自己誤了自己，也誤了婉喻。他要婉喻原諒，他最好的年華沒有給她。”[2] 當他冒險逃出了西北農場，在上海偷見到自己日思夜想的妻子以及家人，遂了自己心願，又不忍妨礙家人的生活，於是回到西寧自首。這種情感的回歸，可以說是陸焉識良心上的自我發現。

陸焉識歷經苦難，勞改釋放後重回上海，但他本性難移，又陷入平庸人生的家庭困境。作為他苦難人生情感支撐的妻子因失憶而相見不相識，並且一改以往端莊和隱忍的性情而變得焦躁不安；被世俗社會馴服的兒子是個庸俗的小市民，不僅怨恨父親給他帶來的政治牽連，還無法容忍父親習慣性的社會批判精神；才貌俱佳卻一直未婚的女兒也因婚姻的緣故，無法接納父

1 同上，第 56 頁。

2 同上，第 100 頁。

親。最終陸焉識帶上妻子的骨灰，回到了大西北勞改的地方，以享精神的自由。陸焉識的人生情形在這裏出現了奇異的反轉，曾經囚禁他的肉身之地，變成了他最終的精神自由之所。

一直疼愛陸焉識的繼母恩娘雖然沒有文化，卻能洞察這個正直而且一身本事的兒子在現實社會的“無用”：“做學問做三分，做人做七分……你不懂這個學問，你在中國就是個沒用場的人。”雖然她知道這種“無用”的人“心底裏不齷齪，人做得清爽”，而社會上“太有用場的人都是有點下作的”，但也為他的人生感到憂慮。[1] 因為這種有本事且清高的人，總是生活在自己的精神世界，以為他可憑據自己的專業知識在社會獲得尊重，“但是他們從來不懂，他們的本事孤立起來很少派上用場，本事被榨乾也沒人會饒過他們，不知如何自身已陷入一堆卑瑣，已經參與了勾結和紛爭，失去了他們最看重的獨立自由”。[2]

其實，古代中國就有“文人無用”的說法，因為僅憑儒家“道統”抗爭專制王權“政統”的古代中國士人，從來就不可避免為專制王權殘酷碾壓的悲劇命運。現代中國知識分子雖然接受精神獨立和思想自由等現代性理念，但現實社會從來沒有建構起法治化的制度和制度化的社會組織，因而現代知識分子堅守的應然社會理想與實然的現實社會上存在着無法彌合的裂痕。倘若他們不像凌博士或者大衛．韋那樣成為有機知識分子，而像陸焉識那樣自以為是地遊離於體制化社會，必然在現實社會的銅牆鐵壁面前碰得頭破血流，這就是二十世紀理想知識分子悲劇人生的緣由。故此，恩娘對陸焉識“無用”的洞悉一語成讖，洞穿了現代中國知識分子的悲劇命運。但從另一個角度講，小說正是將知識分子陸焉識放置在這個多事之秋的大時代，將他堅執自由的人生鋪展在這塊浸染傳統政治文化的底布上活動，檢視殘酷歲月裏自由生命可能遭受的厄運，也拷問一個知識分子良心在極端的情

---

1 同上，第 208 頁。

2 同上，第 413 頁。

境中可能達到的高度。

二、范遷《錦瑟》：“他”的苦難人生

范遷出生上海，從事美術和雕塑。八十年代初期留學美國，碩士畢業於舊金山藝術學院，曾在歐洲游歷。九十年代寫小說，長期為海外各大媒體撰稿。為數眾多的中短篇小說、散文及詩歌等發表在《世界日報》等北美主要出版媒體上。出版的長篇小說有《錯敲天堂門》《古玩街》《桃子》《丁托雷托莊園》《風吹草動》《失眠者俱樂部》，中短篇小說集《舊金山之吻》。現住加州柏克萊。

長篇小說《錦瑟》描述的是新中國成立前後上海一個普通知識分子的艱難人生。小說主人公“他”原本是揚州一個家道中落的世家子弟，抗戰結束後考入上海聖約翰大學就讀，但因社會動盪、家遭變故而輟學，在失敗愛情和黯淡前景的情境下隨波逐流地投身革命，參加了人民解放軍。正當他在革命隊伍裏獲得人生轉機之時，因為愛上一個不該愛的有夫之婦，遭到組織貶謫。新中國成立後他作為新政權的成員重返上海，雖然追求到心儀已久的愛人，但因妻子的複雜身份而再次遭到組織的降職降薪處分。人生失意期間，當年無意結交的女人及其孩子為了求生也來上海投靠他，從而陷入雜亂如麻的人生苦惱之中。他愛情上的屢次挫折，再加上難以掩飾的書生氣質和不願屈尊的個性，終於沒能逃脫政治運動的羅網，被補劃為“右派”，行政級別降到最低點。特別是人到中年，他摯愛的妻子不幸病逝，他從而失去了人生路標，最終沒能熬過“文革”而油乾燈盡。顯然，小說的主人公是個生不逢時的悲劇人物。雖然小說的敘事重點主要落在主人公的個人生活領域，但他不斷下滑的個體人生軌跡與大時代的社會情境息息相關。因而可以說，小說描述了大時代中一個卑微知識分子的苦難人生。

這部小說以主人公的慾望人生為情節綫索：在人生上升期被湍急險惡的命運河流捲入漩渦的緣由是愛情人生，而在人生谷底裏給他帶來了幾許生命

希望的還是愛情人生，因此在動盪年代的苦難境遇中，他的命運隨着愛情抉擇幾度沉浮。雖然他家道衰落後，為人孤僻而不合群，但畢竟出身名校，“中英文俱佳”且多才多藝，面相俊朗而為人單純，因而他的生活中總是不乏喜愛他的女性。在他的曲折人生過程中，先後幸遇三個女性。他的第一次人生上升期是在華東軍區司令部任職時期，他因棋藝頗佳結識了軍區司令員，開始得到組織的重視，可在此時卻遇上了軍區文工團副團長惲韻。這是一場逾越禁忌的姐弟戀，因為惲韻是有夫之婦，而且她的丈夫是個老資格的領導幹部，因而這場愛情最終釀成悲劇，他因此被貶謫回鹽城專區，成為一個不受重視的一般幹部，而惲韻離婚不成導致精神分裂。他們為愛所困，並不知道革命作為社會性的行為，具有整體化、秩序化和規範化的要求，而愛情作為個體性行為應該服從組織的要求；倘若個人愛情選擇違背組織秩序和紀律規範，便會遭到革命組織的無情懲戒。

他的第二次人生上升期是在他剛返上海的初期，他因專業能力強而獲得組織信任，可就在這時他又遇上夢寐以求的梅玨馨。對於玨兒，他初次會面就被她溫婉的美貌和嫻靜的氣質迷倒，現在為了這個業已成為“反革命家屬”的遺孀，竟全然不顧組織告誡和朋友勸說，明知這可能是個斷送自己政治前途的婚姻，還是堅持到底。果然，因為這次抵制組織勸告的婚姻選擇，他被降職與降薪。他原本認為，雖然失去了實現自我的社會人生前景，但可以擁有一個自足的個人生活的情感世界。然而他並不知道，社會革命必然改變以往的社會生活模式及其深層的人際關係和情感結構，特別是在一個高度體制化的社會，公共領域的權力必然強行地侵入個人生活領域。因為大時代把抽象的階級觀念強加於現實中的男人和女人身上，真實的生活被扭曲成了無情的思想材料，“敵人”無處不在，形成一種瀰漫性的緊張生活氛圍，最終毒化社會與扭曲人性。也就是說，他政治上抵制組織的愛情抉擇，幾乎將他從生活世界裏連根拔起，不但斷絕了個人在社會實現自我價值的路徑，還不可避免地惡化個人的社會人際關係和情感結構。因此小說主人公對於任何社會政治運動都失去了免疫能力，政治人生不斷下滑。儘管他一再退縮和妥協，認命地接受隨時可能出現的屈辱，但厄運還是不斷追隨他，他越來越感覺到自己的無力和無助。就在他屢遭打擊的艱難時期，玨兒病逝，他從此失去了人生意義，並且一蹶不振。

在他的人生低谷期間，昔日鄰居阿香便成為他生活世界的僅有依靠。應該說，他對阿香從來沒有愛情的念想，年輕時代僅僅因為生存焦慮與生理焦渴而一時佔有了阿香，可是過後不再思量。但他沒想到的是，這一時衝動竟然欠上一筆沉重的人生孽債。十年後阿香母子為了逃生從鄉下來到上海投靠他，自我和任性的他不得不吞嚥自己一時衝動的苦果，特別是面對無辜的兒子，他意識到自己負有不可推卸的人生責任。然而，儘管他接納了阿香母子，但對阿香還是無法激發愛的情感，只有隨着生活積累而不斷深化的特殊親情。也正是這種特殊的親情支撐着他苟且地活着，尤其是"文革"時期，如果沒有阿香，他無法面對這個不可理喻的世界。

當然，在他的愛情人生中還有過艾茉莉和畢嬅。雖然她們喜愛他，但都無緣與他終成眷屬。在他與她們的交往過程，她們一直秉持愛心地善待他、呵護他。正是上述這些善良女性的幫助和照料，他才能在這個動盪險惡的世界捱過難關而艱難活着。從某種意義上講，她們似乎是本然地堅守善良和抵制邪惡，彷彿是這塊貧瘠土地上仁厚的地母，湍急河水下堅硬的河床。固然，這種情感人生與傳統通俗小說的書生美女故事有些家族相似性，如果再聯繫到他思想行為中的一些傳統文人氣質，那麼我們可以發現，小說愛情敘事的結構深層，與傳統文化確有某種同源性的意義關聯。

由此看來，這部小說主要書寫個人的愛情生活，但又遠遠不止於愛情人生。在革命洪流勢不可擋的大時代，個體生命微不足道，彷彿唯有愛情人生能夠聚集他的個體生命能量，形成抵禦滔天濁浪的寧靜小島，從而避免隨波逐流地喪失自我。從這種意義上講，大時代的真誠愛情往往是抵抗社會走向無序熱寂的有力負熵。然而，在高度體制化的社會，抵制和忽視組織規約的愛情選擇，必然遭到體制社會及其人際關係的懲誡和疏離，從而難以規避社會人生的風險。也就是說，在特定的歷史背景和文化語境下，原本屬於公共空間的政治人生，可以輕而易舉地侵入私人空間的愛情人生，破壞個人生活的核心地帶，損害個人的內心情感世界。因此只要個人的政治人生出現問題，個人的日常生活也可能由此損毀。從這部小說的愛情書寫中，我們不僅發現二十世紀社會轉型時期普通知識分子的苦難境況及其悲劇緣由，還有他們在社會交替時代不斷自我退縮直至自我喪失的內在變化及其深層緣由。當然，還有他們身上彷彿與天俱來的脆弱人格和人性弱點，以及大時代裏中國女性堅韌善良的人性本色。米蘭·昆德拉曾說，愛情的場景可以產生一道強光，"它突然揭示了人物的本質並概括了他們的生活境況"，它甚至成為一個焦點，"其中凝聚着故事所有的主題，置下它最深奧的秘密"。[1] 我認為，用此話闡釋小說《錦瑟》，不但適用，而且十分妥帖。從這種意義上講，小說的個人愛情書寫，表現出大時代下中國社會最具代表性也最為深刻的悲劇人生形態。

總之，《陸犯焉識》和《錦瑟》表現了大時代下兩代知識分子的悲劇人生。比較而言，《陸犯焉識》更多地描述陸焉識與外在歷史情境的矛盾，具有悲劇的意味。雖然主人公不屈從的結果最終使他遭遇近乎毀滅性的打擊，表明在特定歷史情境中個人抗爭的極端脆弱性。但是，無論環境多麼惡劣，他內心知識分子的自由精神與人格秉性不曾泯滅，而且一旦生機轉換便死灰復燃，因為他從來沒有真正屈服於外部世界強暴的邏輯，也沒有改變自己內在的精神自我。因此每當外部世界發生變化，社會政治環境有所改善，他的個人命運也就隨之變化，儘管他及家人為此已經付出了昂貴的生活代價。

《錦瑟》側重講述"他"個人生活中的愛情故事，表現不合時宜的愛情選擇給他帶來的人生厄運，以及他在苦難中逐漸喪失自我的過程。這部小說很少從正面講述主人公與社會的政治衝突，而是擅長在日常生活裏鋪陳主人公的個體苦難人生。這讓我們意識到，當惡劣的外在歷史境遇強行滲透進個

---

1 〔捷〕米蘭·昆德拉：〈《笑忘書》英文版後記〉，載艾曉明編譯：《小說的智慧：認識米蘭·昆德拉》，第 145 頁。

人的日常生活，也就破壞了個體人生的生活內核，個體人生的苦難也就無從逃遁。當然，這兩代知識分子精神質地的不同，這與他們生活經歷和歷史環境的差異有着密切的關係。

第三節

"大時代"知識分子書寫模式及其文學史意義

一、大時代知識分子書寫的敘事模式

海外華文文學的知識分子歷史敘事的鮮明識別度，不僅僅在於小說題材上的大時代及其現代知識分子的悲劇命運，還在於如何表述大時代及其現代知識分子命運的敘事模式上。對於他們敘事模式的辨析，因為沒有缺乏內容的敘事模式，顯然有益於我們更加深刻地理解創作主體關於大時代知識分子命運的追問。

一般而言，敘事模式主要是指"敘述者與他所表現的虛構世界之間的關係"。[1] 這三部小說的敘述者與他表現的對象之間的審美距離和主觀態度各不相同：《陸犯焉識》主要是第一人稱敘述，敘述者是陸焉識的孫女馮學峰，她以祖父陸焉識的日記等文獻為依據，講述並闡釋他的坎坷一生，以及他與家人的奇異感情糾葛。《錦瑟》是第三人稱敘述，敘述者似乎不動聲色地展現主人公在大時代的沉浮人生，以冷靜而細膩的筆觸描述這個人物日常生活的生存和精神困境，並將敘述焦點時常放置在主人公的內心世界，讓"他"感受和體驗自己的苦難人生。《一段被虛構掩蓋的家史》則要複雜一些，雖然主要是第一人稱敘述，但敘述者不斷變換：先是敘述者講述朋友 X 託他潤色自己的家族史，再是 X 講述自己的家族史，而且 X 的講述源自他外公關

1　王先霈、王又平：《文學批評術語詞典》，第 298 頁。

於自己的敘述，因而小說以雙重間隔的敘事方式講述一個家族的歷史。這就是說，這三部小說運用不同的敘事方式表現大時代知識分子的歷史故事，從敘述者與他所表現的藝術世界的審美距離上講，一個比一個遠。然而，也正是不同的敘事方式，蘊含着創作主體對於大時代知識分子苦難人生的不同的思維向度與生命感悟。

首先是嚴歌苓的《陸犯焉識》，敘述者把極具個性的陸焉識置於劇烈動盪的歷史情境中進行審視，在極端的社會情境中表現人物性格，從而產生戲劇性的大悲大喜的審美效果。值得注意的是，也許與陸焉識本人在家族中受寵的地位和他在美國所接受的自己主義教育相關，他具有較強的自我意識，總是我行和素，按照自己的認知和個性行事，因而經常莫名其妙地陷入人生陷阱，而且無法理解這種荒謬的人生情境。例如抗戰時期，他輾轉來到重慶的大學任教，面對教育部門強行審查教案，他公然表示拒絕接受審查。因為他認為，政府部門無權審查大學教師的教案。為此他被秘密逮捕，在監獄被折磨得九死一生。新中國成立初期，他被傾心相助的老同學污告，被判處 15 年有期徒刑，他不知其因還在申訴，因而他的徒刑被增兩次，一直加到死刑，又減成無期。

與此同時，小說還在逼真的生活場景與生活細節中演繹陸焉識戲劇性的命運悲劇。一方面是嚴酷的社會現實容不得陸焉識的特立獨行，現實輕而易舉地將他拋入西北荒漠，徹底碾碎了他所有的華貴和自尊。我們只能說，這個曾經留學國外並且精通四國語言的書生生不逢世，空有卓越才華卻終究成為一個“沒用場的人”。另一方面則是深厚溫柔的宗法家族文化，使他成為一個聰慧倜儻而又不諳人情世故的大學教授，他總是按照理論思維來思考人生，而不是依照現實情境處理人事。在極端的生活情境中，還是家族親情和個人愛情，成為他在生命絕地苟活下去的精神支撐。簡而言之，小說以人物與社會環境衝突的方式，講述這一代知識分子如何成為現代中國艱難轉型的祭品，並以追問的方式重新辨析知識分子的精神歷程，以思索知識分子的集體認同。當然，《陸犯焉識》寫實性的敘事方式，顯然暗合當代中國廣大讀者以真為美的期待視界。敘述者與其表現的對象陸焉識之間有種血緣親情關係，她可接近表現的對象及其親屬，徵用主人公的原始記載和歷史回憶進行敘事。這種敘述者的特殊身份，讓讀者更加容易接受她的講述。

這部小說因被改編搬上銀幕而在國內廣為人知。雖然由於時代的關係，電影只是截取了小說中的部分情節進行改編，但從小說迅速改編成電影便可發現，這部小說擁有從語言符號轉換成圖像符號的敘事因素，其中最主要的因素，便是戲劇性的故事情節。這種曲折的敘事情節，就是由於陸焉識的個性與外在的歷史情境衝突而導致的戲劇性的曲折人生。

其次是范遷的《錦瑟》，它貌似寫實的敘事方式蘊含耐人尋味的新質。這篇小說並不關注重大的歷史事件，整個翻天覆地的時代變革都隱退為主人公生活的歷史背景，只能說是主人公人生變化的潛在緣由。小說深切關注大時代現實中普通而具體人物的苦難命運，而且通過世俗人生體悟芸芸眾生的真實生存境況，因為他們才是大時代苦難的承受者與感受者，描述他們世俗人生的苦難才能辨析動盪年代的生活肌理。從文本角度講，小說集中筆墨描述主人公在新舊交替時代的人生軌跡，其獨特之處在於以主人公的慾望人生為情節綫索，通過“他”的愛情人生展現他所經歷的磨難和屈辱，以及性格蛻變。

愛情人生原本是個人生活領域的核心地帶，與國家、政治和社會等公共領域有着明顯的界限，但是集權體制下的社會卻抹殺個人領域與公共領域的界限，政治權力直接控制或者間接滲透個人的日常生活，有時就像粉末和迷霧一樣瀰漫於個人的生活空間之中，令人窒息卻又無法逃避。“他”不顧政治社會的禁忌執意愛上不該愛的人，以致受貶、降職降薪並被戴上“右派”的帽子，原本親近和同情“他”的人也漸漸疏離，“他”的生活之根被政治風暴連根拔起，所謂幸福的個人愛情追求最終演變成“他”人生沉淪的原因。

日常生活是個體人生的生存底色。小說耐心地描述“他”不斷沉淪的世俗人生，以及伴隨人生下沉而日益蜷縮的內心，因此精緻的細節描寫和細膩的人物內心活動也就成為這部小說的另一個特徵。它將敘事焦點投射在

"他"的身上，由外而內地表現出一個生性敏感和懦弱的書生，在難以預料的生活重壓下，從自我抗爭到無奈妥協再至痛苦掙扎的心理變化過程，揭示他喪失自我的深層緣由。小說的結尾寫"他"與棋友夏先生下棋，連輸十二局，夏先生說："儂棋路老早是蠻兇的，現在怎麼變軟了？"[1] 顯然這是個隱喻，自負而狷介的"他"在不斷的生活挫折下變得越來越畏縮，最後成為一個沒有人生路標和生活情趣的人。

文本的敘述者似乎是站在客觀的立場展示生活，為了克制和壓抑自己的主觀情緒，敘述者採用限制敘事的方式，即使是闡釋人物心境也不動聲色。如講述"他"與文工團副團長惲韻相愛的緣由："女人本是柳絮般的心性，活潑浪漫，卻無奈嫁了耄耋老頭，早已旱成乾柴烈火。而他本是天性狷介孤僻，又在情竇初開之際被女子拒絕，壓抑多年，身心受創。今日終得女子青睞，一泄鬱悶。"[2] 這裏的敘述者純粹以旁觀者的身份敘述，不僅沒有同情，還透露出一些調侃的意味。這表明創作主體為了防止干預性敘事進入文本，有意地壓抑主體的價值情感。這倒不是說，文本的敘事沒有價值情感，而是文本極力排斥干預性敘事，讓人物的悲劇命運本身承載其意義。

最後是薛憶溈的《一段被虛構掩蓋的家史》。這是一部慘痛的"家史"，講述 X 的外公及其父親的苦難命運，表現革命歷史情境下現代中國兩代知識分子的悲劇宿命。不過，薛憶溈作為六十年代生人，試圖超越主流話語總體性的歷史規則，從更為具體的社會人生層面辨析和領悟這個知識分子家族的悲劇緣由。他不像上述兩部作品，讓人物形象本身的悲劇承擔價值意義，而是直接進入作品，探討人物悲劇的緣由。當然，這種歷史追尋的方式，是通過文學敘事的模式表現出來的。

X 的外公是文本敘述者之一，他作為歷史親歷者不斷地探尋家族歷史苦難的緣由。"我外公說土地和語言是我們家庭悲劇的根源。他說土地太重

---

1 范遷：〈錦瑟〉，《收穫・長篇專號》2017 年秋卷，第 139 頁。

2 同上，第 76 頁。

了，人永遠也背不動它；而語言太輕了，人從來就抓不住它。他說這最重的和最輕的東西都是魔鬼的鴉片。它們蒙蔽人的感覺。它們麻醉人的神經。它們讓人看不到潛伏在歷史中的威脅。"[1]X 的外公的父親也曾留學日本，但他留戀故國的鄉土，回國後也執守鄉村生活。直到抗戰期間宅院被毀，他也沒有離開鄉土，而是在抗戰勝利後重建宅院。這種選擇顯然不僅僅是為了滿足養尊處優的個體人生需求，還包括個體生命對於宗法社會鄉村生活及其文化價值宿命般的體認和依戀。當革命風暴席捲而來時，心存僥倖的他，還是不願離開故土，終在土改的疾風暴雨中被折磨而死。他作為傳統宗法社會的最後一代鄉紳，用自己的全部生命為鍾愛的鄉土人生及其文化價值書寫了一曲悲淒的輓歌，所以說土地是這個家族的悲劇根源之一。

X 的外公則是個暴風驟雨運動的倖存者，但也是個受傷至深的倖存者。他之所以能逃過革命一劫，是他領悟了革命的癥結，並將恐懼的對象明確指向了語言。因而當革命風暴來臨時，面對所有粗暴地強加於他的不實之詞，他均不做辯解，似乎默認一切。親身感受到語言暴力傷害的他，為了遠禍全身只有選擇沉默，套用維特根斯坦的話說，在無法言說的情境下只有保持沉默。而且，當他逃離故土生活在異鄉，還是沉默寡言，從不坦露自己的真實內心。當然，X 的外公的無奈選擇也付出了沉重代價，從此他在生活世界徹底喪失了真實自我。因此說語言也是這個家族的悲劇根源之一。小說似乎並不沾滯歷史事件的本相，而是試圖超越生活世界的表象，從土地和語言的維度透視"絕對過去"的歷史世界，揭示歷史世界中個體生命的生活境況及其存在的可能性，這種表述的方式別具一格。

然而，值得注意的是，這個文本實際上有三位敘事者：X 的外公（敘述者）、X（轉述者）和"我"（歷史敘述的整理者），每段轉述的過程都是一層歷史理解的間隔，因而文本具有較強的複調意味，隱含着數代人關於大時代

---

1 薛憶溈：〈一段被虛構掩蓋的家史〉，載中國小說學會編：《2014 年中國小說學會排行榜》，南昌：二十一世紀出版社 2015 年版，第 28 頁。

的人生體驗、追憶和思考。小說正文的敘述者是 X 的外公，他不僅講述了悲慘的家史，還把兩代知識分子的悲劇緣由歸結於“土地”和“語言”：他父親因為眷戀鄉土而放棄了自己逃離悲劇的選擇，死於非命；他本人為了生存而改變身份逃亡外地，因為恐懼語言而沉默寡言，從此生活在用語言虛構的人生之中。從表層上看，X 的外公是敘述者，但是他所講述的都是通過 X 轉述者的，這就形成一層離間，因此我們並不知道 X 這位轉述者，是否完全真實地轉述了敘述者的家族敘事。

家族敘事的整理者“我”則對大時代有種特殊的複雜心情。他以相互照應的方式，在文本的開始和結尾提及自己在天氣不好時左腿時常疼痛，以隱喻他與革命歷史的關係：一方面是真實的革命歷史時常糾纏他，因為“人類生活與人類歷史的分離經常令我感到困惑”，因而無法拒絕歷史；另一方面他又想告別革命的歷史：“人們對歷史已經沒有什麼興趣了”，而且“歷史本身也的確非常陰暗”，因而不想再糾纏歷史。這種想像革命與告別革命的複雜心態，如同他時常疼痛的左腿，“疼得最厲害的時候，我真想把整條腿都給鋸掉”，[1] 這種關於大時代的曖昧情態，道出創作主體對於大時代的複雜心理。這又形成一層離間，因為我們並不知道這位家族敘事的整理者，是否完全真實地轉述了 X 交給他的家族敘事，也不知道他是如何整理 X 交給他的家族敘事的。

文本由上述三位敘述者講述，形成了兩層的敘事的離間，這都讓讀者感到家族歷史的真實性問題。但是，敘事者就是通過這種獨特的方式啟示讀者，真實的歷史生活原本已經消逝在時間和空間裏面，流傳下來的歷史都是人們的記憶，而且這種記憶可能因人而異。因此，由於時空的關係，人們無法徹底還原歷史的真相，反而倒是可以通過重要的歷史事實，尋找歷史悲劇的原因。因此，X 的外公通過土地和語言來重新建構悲劇的歷史，也是尋求歷史真諦的一種方式。當然，不同的話語有不同的追問歷史的方式，由此也

---

1 同上，第 30 頁。

就可能存在多重的歷史追問的方式。

綜上，《陸犯焉識》以戲劇性的敘事方式講述一代知識分子的悲劇人生，《錦瑟》是通過日常生活敘事展示一代知識分子的卑微人生，而《一段被虛構掩蓋的家史》則是以複調的方式講述和追問兩代知識分子的悲劇及其緣由。這些大時代知識分子苦難命運的敘事模式的差異，固然體現創作主體對於知識分子苦難人生的側重點的關注有所不同，或者說它們對於大時代知識分子苦難人生的理解有所差異，但是他們在現實人生的參照下反思歷史與關注現代中國知識分子命運方面，最終還是歸於一途的。

二、"大時代"知識分子書寫的文學史意義

現代以來的中國文學史，常常以"時代"來命名某個文學歷史階段，如新時期文學、新世紀文學，等等。當然，也有特殊時期，如抗戰時期文學史就以空間劃分文學：國統區文學、延安文學和淪陷區文學。但總體而言，在國家領土完整的期間以時代來命名文學階段也有一定的道理，因為現代就是與時間相關的概念。同時，中國現代以來的文學往往與時代緊扣，因而一個時代有一個時代的文學。

關於"大時代"的說法源自魯迅先生，出自魯迅 1927 年 12 月為黎錦明的中篇小說《塵影》寫的序言。這部小說描述國共兩黨決裂時期南方一個縣城的景況。魯迅先生在文中斷言：

> 在我自己，覺得中國現在是一個進向大時代的時代。但這所謂大，並不一定指可以由此得生，而也可以由此得死。
>
> 許多為愛的獻身者，已經由此得死。在其先，玩着意中而且意外的血的遊戲，以愉快和滿意，以及單是好看和熱鬧，贈給身在局內而旁觀的人們；但同時也給若干人以重壓。

這重壓除去的時候，不是死，就是生。這才是大時代。[1]

魯迅先生顯然意識到，即將到來的革命時代將是現代中國社會動盪最為劇烈的時代，捲入這場“血的遊戲”的人生死難測。雖然這場社會動盪的結果不得而知，但它卻關乎現代中國社會轉型的根本方向。這就是說，魯迅不僅從普遍的革命理論，而且從中國歷史和個體生活的經驗出發，預測即將到來的這場聲勢浩大的社會革命。魯迅先生畢竟經歷過辛亥革命，見證過革命的生死考驗。因而這個“大時代”的命名，蘊含着魯迅對這個時代重大性、殘酷性和複雜性的預想。後來現代中國社會革命的現實也印證了魯迅的預想，即使是沒有直接參與這場“血的遊戲”的無辜者，也有可能因種種緣由捲入其中。當然，魯迅先生可能不曾料想的是，“大時代”不僅要摧毀一個舊社會，還要建設一個新社會，“大時代”的革命和“大時代”的建設幾乎貫穿二十世紀的大半個世紀，直至新時期才出現新的歷史轉折。因此確切地說，這裏的“大時代”意指二十世紀二十年代初期至七十年代末期。

與世俗浮華的“小時代”相比，“大時代”總是顯得那麼沉重而且意味深長。不過，我們應該有勇氣承認，關於大時代的歷史我們所得甚多而認知太淺。從社會革命與個人命運的關係上講，我們思想觀念上的歷史意義與生活本身的經驗事實總是脫節。革命時代的個人命運悲劇確定無疑地存在於人們的生活經驗之中，但它卻沒有在理論觀念上獲得合理的闡釋。從個體人生角度講，革命時代是個新舊交替的劇烈動盪時代：“顯然是暴力、變動以及普遍苦難的年代，在日常意義上把這看作悲劇是很自然的。”而從現代民族國家的角度講，這又是一個鳳凰涅槃的時代：“革命歷史與悲劇之間最明顯的聯繫存在於真實的歷史事件之中……事件一旦成為歷史，人們對它的看法就完全改變了。許多國家把自己歷史上的革命當作最有價值的、創造生命

1　魯迅：〈《塵影》題辭〉，載魯迅：《魯迅全集》（第三卷），第 547 頁。

的時代加以回顧。我們可以說，成功的革命不是悲劇，而是史詩。”[1]

由此，便出現兩種大相徑庭的歷史敘事：一是史詩性的宏大敘事，它關注重大的歷史事件及其相關的偉人，並且通過英雄偉人的事跡印證歷史事件的價值，以此建構並且傳播革命的歷史合理性及其政治合法性。因而即使是確切的歷史苦難，也因為它所包含的道德理想因素而獲得記述和讚頌。二是悲劇性的個人敘事，它深情關注歷史現實中普通而具體的個人悲劇命運，辨析動盪年代社會生活的肌理，體悟芸芸眾生的真實生存境況，因為他們才是大時代的真切感受者，也是歷史苦難的承受者。毫無疑問，以《陸犯焉識》《一段被虛構掩蓋的家史》和《錦瑟》這三部作品為代表的海外華文文學代表作，屬於個人悲劇敘事。它們至少在小說表層上講不太關注重大的歷史事件及其歷史演變的規律，只是把整個翻天覆地的時代變革作為個人命運及其生活模式改變的外界緣由，作品着重描述新舊交替時代現代知識分子所經歷的磨難、屈辱和不公，以及人格蛻變的人生軌跡。

其實，從魯迅的小說開始，知識分子書寫就是現代小說的一個重要題材，但這個題材在新中國文學中卻被束之高閣，它在當代文學中重新興起，則是從新時期文學開始的。不過，新時期文學的知識分子形象基本呈現出兩種極致化的文學現象，一種是“歸來者”筆下的苦難使徒。所謂的“歸來者”是指新時期以後重新復出的、新中國歷次政治運動中遭受冤屈的作家，他們的作品中表現的知識分子形象如同苦難的使徒，如張賢亮、王蒙等為代表的作家創作的作品。苦難使徒固然揭示出新中國知識分子艱難的生存特質，但作為敘事主體的“歸來者”，很大程度上卻將他們的人生苦難視為成功者的榮耀傷疤，有意無意地遮蔽新中國知識分子普遍被苦難征服並產生人格蛻變的歷史現實。最有趣的比喻說法是：“國家猶如母親，母親責怪兒女，即使是責怪錯了，兒女怎會清算母親的錯誤呢？”意思是國家對個人也會犯錯，但這種錯誤如同母親責怪錯了兒女，因而個人不應向國家清算。但是，這種

1 〔英〕雷蒙．威廉斯：《現代悲劇》，第 56 頁。

比喻的說法有兩層錯誤：一層是具體的國家統治者不能代替國家，具體的國家統治者犯了錯誤可以問責，因而不能把向具體的統治者問責，當成向國家問責。另一層錯誤是以母親比喻國家，這只是一種比喻的說法，不能在任何的語境下用喻體替代本體，就是說不能把國家犯的錯誤，說成是母親犯了錯誤。

另一種極致化的現象是先鋒作家筆下知識分子表現出的精神侏儒現象。這就是說，先鋒作家為了“審父”甚至“弒父”，將筆下的父輩描述成精神的侏儒，表達他們沒有給下一輩留下可得性的精神遺產。如陳染、余華等人的作品。其實，精神侏儒深刻表現出新中國知識分子文化傳統的無根性及其精神匱乏，特別是與這種無根性和精神匱乏相伴的精神懦弱，導致他們無法也不敢傳承精神遺產。但是，我們也應該看到，作為敘事主體的先鋒者卻沉溺於“審父”甚至“弒父”的快意之中，不同程度地無視新中國知識分子的內心掙扎和精神痛苦，也沒有深究父輩精神匱乏和精神懦弱的終極緣由，因而他們的解構總是顯得刻薄和無情。

我認為，無論是新時期文學的苦難使徒與精神侏儒，還是新世紀文學的惶恐者，大都揭示出大時代知識分子的某種生存狀況與精神特質，但是因為創作主體或者對上一代知識分子缺乏足夠的歷史距離，或者囿於價值情感與倫理意圖而做出的片面性判斷。此外，九十年代以來的知識分子書寫，則把敘事焦點主要投射在市場經濟轉型下的知識分子的生存境況與精神形態，瀰漫着世紀末的焦慮情緒，惶惑似乎成為這個時代知識分子形象的精神徽章。因此相對而言，海外華文作家的現代知識分子書寫，在真實的歷史背景下客觀而深刻地揭示出現代知識分子的悲劇命運和精神困境，超越了以往片面性的審美判斷，無論是生活肌理還是人性深度抑或審美視野，都顯現出不同於前人的思考和表述。從這種意義上講，它們無疑具有文學史的意義，值得我們細加辨析。

當然，這種大時代的現代知識分子敘事，與這些海外華文作家的特殊身份與自由心態密切相關。這些作家擁有豐富的海外生活經歷、獨特的漂泊人生體驗和開放的文化觀念，因而祛除了大陸作家難以避免的因為沾滯當下現實生活而引發的焦慮情緒，也不用像大陸作家那樣小心翼翼地規避主流話語設置的敏感區域，而是帶着真實的情感客觀梳理他們的苦難，思考導致苦難的緣由，分析苦難造成的影響。需要說明的是，他們的創作未必有意在所謂的敏感領域觸犯禁忌，只是在深入特定年代考察和思索知識分子卑微人生與人格蛻變的過程中，思路開闊並且心無禁忌而已。因此，問題的關鍵還是他們擁有獨特的自由精神、開闊的文化視野和適度的審美距離。

值得一提的是，這三部作品的創作主體與作品的人物或多或少具有家族史的生命關聯。根據作者的訪談可以得知，《陸犯焉識》的主人公陸焉識的原型中有嚴歌苓祖父嚴恩春的身影，[1]《錦瑟》的主人公同樣含有范遷父輩的"錦瑟"年華，[2] 從某種意義上說，創作主體都是追尋和辨析他們父輩或者祖輩的艱難人生。一般而言，每個時代的作家都念念不忘他們之前時代的先輩，通過歷史書寫和追述先人，他們自身也成為生生不息的文化鏈上的一環，這是中國傳統文學的一種常見現象。不過，對於擁有中國傳統文化血脈的當代海外華文作家來說，也許還有更為複雜和隱秘的衝動，這不僅是創作動機和作品永恆的問題，還有某種文化分離和自我身份認同的心理補償等深層問題。

應該指出的是，從當代文學史的角度講，新時期移民海外的這批作家，比上一代的張愛玲等海外華文作家更為幸運。因為，張愛玲那一代的海外華文作家，由於當時東西方的冷戰關係而隔絕海外，對國內的生活存在隔膜，也懷有一種意識形態的偏見；而像嚴歌苓和范遷等上世紀八十年代出國的五十年代生人，他們擁有刻骨銘心的故國生活體驗，並往返於故國與定居國，對當代中國擁有全面而深刻的理解，因而不用像張愛玲那樣僅僅將生命記憶封閉在與當代中國隔絕的特定時空，並在封閉的生命記憶中尋找創作素材。

1　梁寧：〈嚴歌苓：《陸犯焉識》源自祖父經歷，是浪子回頭的故事〉，《大河報》2014 年 5 月 22 日。

2　范遷：〈此情可等待成追憶，父輩的"錦瑟"年華〉，《文匯報》2018 年 8 月 1 月 17 日。

同時，開放時代和暢通的信息讓他們與當代中國的社會現實緊密相連，他們深扎故國母體的生命根系可以源源不斷地汲取現實生活的雨露，向着大地深處延伸。因此，這一代海外華文作家的創作與當代中國的歷史現實緊密相聯。事實上，他們的許多創作就是以漢語創作，並在國內發表和出版，也獲得國內讀者的廣泛認同。

總之，《陸犯焉識》《錦瑟》《一段被虛構掩蓋的家史》這三部作品的相似之處在於，它們表現了大時代歷史情境下現代知識分子的生存困境和精神變異，透露出深邃的歷史反思與人性體悟。從當代文學史的角度講，它們接續了上世紀八十年代文學關於現代中國知識分子命運的歷史書寫，但又有所超越；而且這種超越與他們的身份和心態密切相關。因此他們對大時代知識分子的書寫更加客觀和理性，歷史思維的價值向度更為開放，文學敘事的方式也更加豐富。尤其值得提及的是，他們的作品運用不同的敘事模式，從不同的層面或者不同的角度，真實講述了大時代知識分子的悲劇命運，並且追尋這種悲劇的外在緣由、人性變異和歷史影響。在這些海外華文文學知識分子歷史敘事的深層，蘊含着頑強而隱秘的當代文學發展的內在邏輯。因此，我們可以大膽預測，海外華文文學會因此在將來的當代中國文學史裏佔有一席之地。

這三部作品關於大時代知識分子命運的書寫，讓我想到費希特《論學者的使命 人的使命》中的一段話。他認為學者在社會擁有特殊的使命，應當代表他的時代可能達到的道德發展的最高水平，因而引用基督教創始人對其門徒的囑咐來勉勵學者："你們都是最優秀的分子；如果最優秀的分子喪失了自己的力量，那又用什麼去感召呢？如果出類拔萃的人都腐化了，那還到哪裏去尋找道德善良呢？"[1] 雖然我知道，學者只是知識分子中的一部分，而且也知道用如此的道德高度來衡量現代轉型時期的中國知識分子，實在是一種烏托邦式的職業奢求，但是費希特的這段話對於我們理解大時代知識分子

---

1 〔德〕費希特：《論學者的使命　人的使命》，北京：商務印書館 1997 年版，第 45 頁。

的苦難命運與大時代本身的悲劇結果之間的邏輯關係，倒是大有裨益的。知識分子在當代中國相當一段時期的理性缺位，既是悲劇歷史的原因，也是歷史悲劇的結果。曾經的歷史如此，現實的將來還是如此嗎？

小結

這一章我對新世紀海外華文文學的現代知識分子書寫進行梳理、分析和闡釋。我選取了新世紀中國小說學會年度小說排行榜的三個上榜作品：嚴歌苓的《陸犯焉識》（2011 年）、薛憶溈的《一段被虛構掩蓋的家史》（2014 年）和范遷的《錦瑟》（2017 年），此外還選擇了虹影的《K》。這四部小說在貼近歷史真相、剖析生活肌理、表現人性深度和思索歷史人生的價值向度上，都有獨到之處，具有當代文學史的超越意義。從某種意義上講，它們彌補了當代文壇知識分子敘事的某種價值缺憾。

首先，闡述虹影的長篇小說《K》。這是作者在收集大量資料和訪問諸多中英關係的專家的基礎上完成的民國時期知識分子愛情悲劇敘事。小說最為突出之處在於，它以朱利安為視點人物，着重從中外文化差異中探尋愛情悲劇的原因。當然，文化差異固然是一個不可忽視的問題焦點，但並不是全部原因，因為就像林教授特有的房中術的道家文化不能代表現代中國女性文化一樣，朱利安的布魯姆斯勃里家族婚姻的愛情生活習性也不能代表整個英國人的愛情生活習性。其實，他們婚外戀的悲劇性，表現出現代倫理的致命欠缺。他們都持個人主義的價值倫理觀念，都不願在愛情中完全喪失核心的自我，包括個人自由與個人佔有 —— 朱利安想要愛情而不想要婚姻，林教授既要愛情也要婚姻，於是不得不分道揚鑣。

其次，我專節論述了《陸犯焉識》中的陸焉識和《錦瑟》中的“他”，着重分析他們的性格肌理與人生起伏，透視他們遭遇厄運的外在社會原因與內在個性緣由。從他們的悲劇命運和苦難人生中，我們可以理解現代知識分子與新中國知識分子的生存困境與精神危機，發掘蘊含在知識分子不幸人生中的社會與人生問題。

值得注意的是，儘管從個人命運的角度講，他們都是人生的失敗者，厄運不僅折斷了他們的人生傲骨，而且幾乎消磨了他們的人生脊樑骨。因為他們的人生厄運讓他們喪失了發揮自己一技之長的人生機遇，在壓抑人生甚至牢獄生涯中蹉跎生命，而且特定的歷史背景和文化語境使他們的不幸人生直接或間接地牽連和影響了家人，留下難以彌補的人生缺憾。但是，倘若我們細加分析就能發現，他們作為現代知識分子不僅具有專業上的特長，而且都有一種獨特的倔強個性。這種個性還不完全是一般意義上的剛強不屈的性格可以解釋的，因為它是一種建立在他們理性判斷基礎上的精神支撐。正是這種倔強讓他們勇於抵禦外部世界強加的專斷，我行我素地踐行自己的人生選擇，從而橫遭厄運。當然，他們之後的知識分子更多的是關注他們的厄運，而忽略他們的倔強個性，因而變得越來越"聰明"，也越來越乖巧。

再次，這一章還分析了新世紀海外華文文學知識分子書寫的敘事模式。《陸犯焉識》《錦瑟》《一段被虛構掩蓋的家史》這三個文本的敘事模式，從不同的敘事視角出發，講述現代和當代知識分子的不幸人生，豐富了歷史敘事的模式。當然，敘事模式的差異，最主要的還是體現創作主體對於現代和當代知識分子厄運的理解和把握上，無論是戲劇性的衝突還是日常生活的描述，抑或複調式的追問，都蘊含着創作主體思考知識分子苦難人生和悲劇命運的價值向度。

最後，這一章還闡釋了新世紀海外華文文學知識分子書寫的文學史意義。從當代文學史的角度講，新世紀海外華文文學的知識分子敘事，固然接續了上世紀八十年代文學關於現代中國知識分子命運的歷史書寫，但又有所超越，在這些海外華文文學知識分子歷史敘事的深層，蘊含着頑強而隱秘的當代文學發展的內在邏輯。從這種意義上講，它們無疑具有文學史的意義。

因此，我們可以大膽預測，海外華文文學將會因此在將來的當代中國文學史裏佔有一席之地。

第七章

知識分子敘事模式研究

從文學史的角度講，上世紀九十年代以來的中國小說敘事與八十年代比較，發生了顯著的變化。八十年代的小說敘事，基本上可以用諸種小說創作思潮串連起來：傷痕文學、反思文學和改革文學——在新的時代背景下，文學面向外在社會現實，在探求社會的同時不斷挖掘自身的潛能；尋根文學——是在現代文化壓力激增的情況下，向傳統文化和民間社會延伸探求的觸角；先鋒文學——以激進的姿態轉身文學自身，尋求語言、敘事的可能空間；新寫實——在經歷了現實主義的宏大和先鋒文學的虛空後，突入日常生活的沉悶滯重層面；新歷史主義文學——重新遁入歷史世界，用虛構和想像激發被遮蔽的歷史冰山一角。

上述略作梳理就可發現，新時期的當代文學似乎在短暫的十來年時間內追趕西方近百年的文學歷史。而且，八十年代的每個創作思潮都成為當時社會文化的聚光點，都可以成為當時文學的代表性成就。如果把這些創作思潮串連起來，就是八十年代的文學史。九十年代以後，這種以創作思潮為發展綫索的文學現象消失了，就連集聚作家、批評家共同關注的文學焦點也喪失了，文學地形圖由聚焦透視變成了散點透視。即使批評界也曾試圖製造文學創作思潮，但也不能激發文學界的共同興趣，當然也不能引發社會的足夠關注。

從小說敘事的意義上講，九十年代文學的這種變化，給當代小說創作帶來巨大的"影響焦慮"，因為八十年代小說幾乎嘗試了西方從現實主義到後現代主義的各種敘事方式，似乎現有的所有小說敘事方式都在八十年代的小說創作思潮運用過了，而小說又是以打破常規並推崇獨創性的文學形式，恰如瓦特所說："小說是一種文化的合乎邏輯的文學工具，它給予了獨創性、新穎性以前所未有的重視，它也因此而定名。”[1]（小說，原文為 novel，這個詞原意為“新穎的、新奇的”）再說，作為知識分子敘事，前面還有現代文學的高峰，從魯迅到錢鍾書、從丁玲到楊沫，他們都用自己獨特的目光和筆觸，描述現代轉型歷史中的知識分子形象。

然而，梳理九十年代以來的知識分子敘事的文本可以發現，整體而言，九十年代以來知識分子敘事並沒有形成有影響的文學史思潮，創造出全新的敘事形式，它們只是根據文本的需求，部分接受了八十年代各種小說思潮的影響，文本有機地融合了前者敘事創新的饋贈。也許，創作主體認為，九十年代中國知識分子敘事更為獨特的是他們筆下的人物身處一個獨特的時代，敘事中的人物和他們活動的舞台本身就處在一種新的文學全視圖中，由他們構成的審美圖式原本就有一種獨特的審美特徵。或者說，小說本身對一個時代變化下的個體人物的關心遠遠勝過於其他文學形式的創新。

而且必須指出的是，隨着八十年代現代性的深入，九十年代的知識分子敘事不再以抽象的主流話語統馭現實人生，取而代之的是通過知覺獲得個人對現實人生領悟的信念，創作主體運用個人經驗和洞見取代按照主流話語敘事的集體主義文學傳統，並且作為現實生活的見證者或者權威仲裁者的趨勢日益增長，這種轉變深刻影響着九十年代知識分子敘事模式的轉變。儘管由於敘事主體的人生觀念各異，形成散點式的知識分子敘事，無法構成創作思潮，但是知識分子敘事還是極大豐富了小說表現新世紀的思想內容，深化了當代現實主義的表現形式。

---

1 〔美〕伊恩 · P. 瓦特：《小說的興起》，北京：生活 · 讀書 · 新知三聯書店 1992 年版，第 6 頁。

第一節

現實主義敘事模式

一、現實主義敘事方式契合當代讀者的審美圖式

九十年代以來的知識分子敘事，以現實主義敘事方式為主的小說收穫較大，不僅引起當時社會的較大反響，而且在當代文學史上也留下濃厚的一筆，如賈平凹的《廢都》、閻真的《滄浪之水》，還有何頓、丘華棟和韓東等人的小說創作。以賈平凹、閻真等為代表的成功知識分子的知識分子敘事，敏銳發現作為成功人士的知識分子輕易逾越道德人格底綫，與追逐慾望的自我實現和不擇手段地達到個人目的的人慾橫流同流合污，並為知識分子的這種精神潰敗所帶來的精神危機和社會後果感到憂心忡忡，也把他們的精神迷失與社會道德的失序有機地聯繫起來。以何頓、丘華棟以及韓東等為代表的貼近社會現實的書寫，生動表現出特定時代底層知識分子人格分裂式的精神惶惑，凸顯出一個時代的躁動。

值得注意的問題是，現實主義敘事模式作為一種審美圖式，從魯迅開始在現代文學中就一直是小說創作的主流，而且在當代中國也長盛不衰，甚至在大眾社會形成“以真為美”的審美觀念，前些年“非虛構寫作”興起就是一個有力的證明。也就是說，現實主義敘事模式的流行與當代中國社會讀者的接受和需求密切相關。八十年代中期以後，一方面是文學界所推崇的先鋒文學，實際上是小眾化的精英文學，並不為大眾社會所接受；另一方面是大眾文學湧進社會，電子媒體（電視）開始進入社會，引進大眾社會的關注。

因此八十年代後期，精英文學開始遭遇社會的冷落，“文學失去了轟動效應”。在擁有更多的文化消費產品供大眾社會選擇的時代，讀者沒有義務為閱讀而消費更多的心智。八十年代上半期整個社會仰視文學的現象一去不復返了。

時至九十年代，市場經濟的崛起，使功利主義與個人主義重新獲得社會的認同，關注普通人日常生活的現實主義文學重新抬頭，因為“小說對普通人日常生活的密切關注，似乎依賴兩個重要的基本條件——社會必須高度重視每一個人的價值，由此將其視為嚴肅文學的合適的主體；普通人的信念和行為必須有足夠充分的多樣性，對其所作的詳細解釋應能引起另一些普通人——小說的讀者——的興趣”。[1] 因而就連先鋒作家也重歸現實，如余華連續出版《活着》（1993 年）、《許三觀賣血記》（1998 年），引起強烈的社會反響。因此這個時候的知識分子敘事，為了獲得更多的讀者，大多選擇了現實主義的敘事模式。

應該指出的是，現實主義敘事方式能夠贏得當代中國讀者的一個重要原因在於，當代文學中的現實主義繼承了現代文學對現實主義的理解。現實主義原本承諾，忠實而真實地再現社會生活，既不誇大也不貶低生活，按照生活的本來面目描述生活，而生活的真諦就存在於社會的外在生活之中。因此現實主義敘事是一面生活的鏡子。但是現代文學從魯迅開始，就把寫實文學理解為批判現實主義文學，認為現實主義敘事應該揭示現實問題，批判社會弊端，“引起療救者的注意”。新時期文學是從傷痕文學和反思文學開始的，而這兩種文學思潮伴隨着新啟蒙思想，也把“文革”以其之前的極左運動作為封建主義的產物來批判，這就客觀上強化了現實主義敘事的社會批判性。與此同時，當代中國仍然是一體化的社會體制，所有的媒體都是體制內的單位，對於社會現象和問題的報道與分析，具有明確的規範，因而新聞媒體對於社會弊端和生活問題一貫較為慎重，甚至諱莫如深，因而大眾社會往往把

---

1 〔美〕伊恩 · P. 瓦特：《小說的興起》，第 62 頁。

原本對於新聞媒體的期待，轉移到文學特別是現實主義文學上，這也是形成現實主義蘊含現實批判性的“以真為美”審美圖式的一個不可忽視的原因。《廢都》是批判知識分子在時代轉型期，竟然輕而易舉地放棄文化道義，投身於大眾社會的人慾橫流，與其同流合污；《滄浪之水》則是批判知識分子為了個人利益而放棄個體人格精神，崇拜官本位的思想。因而引發社會較大反響。

二、現實主義敘事模式

現實主義作為一種基本的文學創作精神和方法，是“指作品對生活的忠實再現。現實主義相信對能觀察到的現象可以做出真實的描述”。[1] 現實主義起源於十九世紀歐洲，二十世紀傳入現代中國後很快就形成一種創作思潮，引起不可忽視的社會影響，因而在現代中國，它一直是一種主流的文學方式。當然，“如果把現實主義看作是創作精神與方法，那麼可以說，它在我國古代文學中也是源遠流長的。以往有的論者就試圖論說古代文學中的現實主義和現代文學中現實主義在精神和方法上一脈相承的必然聯繫”。[2] 因此，溫儒敏認為“最好把現實主義放在十九世紀文藝運動這一環境中來理解”，[3] 從這種意義上講，現實主義還是一種文藝思潮。

現實主義的敘事模式，首先是忠實地再現生活，按照生活的本來面目來描寫生活。“他們常認為現實主義創作藝術是一面鏡子，相信如果他們能準確地反映生活的外表，那麼就能忠實地揭示生活，他們還相信，真實是存在於事物表面的、能感覺到的東西，永恆真理可能離開物質世界而存在於上帝的大腦之中，或柏拉圖的理想之中，或別人的精神結構之中，但是，它們又

1 林驤華主編：《西方文學批評術語辭典》，上海：上海社會科學院出版社 1989 年版，第 395 頁。

2 溫儒敏：《新文學現實主義的流變》，北京：北京大學出版社 1996 年版，第 2 頁。

3 林驤華主編：《西方文學批評術語辭典》，第 395 頁。

顯然表現於到處可見的具體物質之中。”[1] 因此，現實主義敘事模式將知識分子作為現實社會普通環境中的普通人物進行描述。“現實主義敘事強調普通人、普通環境和普通事件，認為特殊的人物和偶爾發生的事件沒有代表性，它們只能作為日常生活的襯托，不能讓特殊事物揭示生活。常來表現現代中國的非真實性。”[2]

在中國古代傳統的等級社會中，讀書人或者士應該屬於社會的精英階層，特別是取得功名之後就有望步入特權階層。但在當代中國社會，這種身份意識被嚴酷的現實徹底摧毀，他們無緣置身於權力與金錢的特權社會，而且在一個並不存在健全公共空間的社會，實際上喪失了話語權力。如果說八十年代知識分子自視為社會的啟蒙者，還存在一些精神上的自我優越感，並且可以獲得整個社會的認同，像《人到中年》中的陸文婷雖然忍辱負重，但還是贏得整個社會的尊重和敬佩；但是九十年代以後，隨着市場經濟的興起，人文精神沒落和虛無主義盛行，這種精神上的優越感也蕩然無存，人們不再用仰視的目光注視他們。特別是身處社會下層的知識分子，在社會轉型時期感到一種徹骨的無力感，體驗到刻骨銘心的人生惶惑，因為他們清醒地意識到自己與大眾社會認同的權力和金錢無緣。何頓的小說就多表現這類下層知識分子。中篇小說《告別自己》中的中學教師雷鐵和妻子歐陽懿，他們一方面過着清貧的生活。作為人到中年的教師，卻窮得連一台彩色電視機都買不起，雷鐵只得希望通過畫連環畫的兼職來補貼生活。另一方面則面對着毫無尊嚴的職業人生。雷鐵到了評職稱的年限，但因為不會巴結領導，又在輔科任教，始終不能晉升中教一級，就連他的妻子都瞧不起他。另一部中篇小說《無所謂》則以悲劇的敘事方式，講述經濟轉型時代一個普通知識分子不斷掙扎並不斷失敗，最後死於非命的悲哀人生。主人公李建國在大學時代就是一個讀書的好苗子，視野開闊，博學多才，獲得所有同學的由衷敬佩。

---

1 同上。

2 同上，第 396 頁。

然而他卻身處一個根本不屬於他的社會急劇轉型時代，他從大學老師退為中學教師，可是由於他性情正直而一再受領導的欺壓，最後不得不脫離桎梏般的體制社會，到菜市場做個販魚和賣魚的個體戶。他不斷調整自己以適應這個時代，一直退到無處可退的境地，完全是一個生不逢時的悲劇小人物。何頓小說中的下層知識分子，都是轉型社會的普通人物。

不過，雖然他們都是身處底層社會的普通人物，但畢竟是識文斷字的文化人，因而與同樣身處底層的其他以出賣體力為職業的勞動者相比，他們擁有自己的思考，而且懷有不甘於現狀的焦慮，具有向上的慾求和希望。這就形成了他們特別糾結的人生。閻真的《滄浪之水》中的池大為最初也懷有自己的為人原則，他與他的父親一樣，敢講真話，為人直率。為此被貶到清靜的中醫學會，一待就是四五年。個體的清貧人生還可以承受，可是他的家庭也跟着受累：妻子的單位離家較遠，早出晚歸，可就是調動不了；兒子該上幼兒園了，本想進省政府幼兒園，可想盡了辦法都進不去。嚴酷的現實使他只得屈服，於是一步步靠近領導，唯馬首是瞻。在獲得領導的信任後，個人與家庭的問題迎刃而解。可是就在他步步高升的同時，也身不由已地陷入腐敗的泥淖。這個過程中，他內心如人格分裂般不斷地為自己辯解，雖然這種心理辯解的過程是為自己開脫而不是懺悔，但卻是可以理解的心理活動。

當然，也有一些高級知識分子，如賈平凹《廢都》中的莊之蝶，是西京文化名人，但是他卻有普通人的心理特徵。他不斷逾越道德底綫地追求異性和不知羞恥地追求慾望滿足的過程，也是普通人都可以想像的白日夢人生。這些普通人能夠理解的心理和想像，構成了知識分子日常生活的真實性。還有《應物兄》中的應物兄，謹記導師的教誨，謹言慎行，少說多做，混跡於學界、官場、商界，交會於三教九流人物，由一個學者變成日常生活中的模糊人物。

其次，現實主義敘事的一個重要特徵，就是擅長刻畫人物性格。與傳統小說重視小說情節不同的是，現實主義敘事即使有精心構思的情節，也是為了服從人物個性的塑造。現實主義敘事通過現實生活中準確觀察到的生活細節和人物內心微妙活動的呈現，來取得逼真的再現效果。賈平凹的《廢都》通過塑造西京文化名人莊之蝶，描述社會轉型時期知識分子的沉淪。莊之蝶不再像傳統知識分子一樣具有使徒般的人文情懷與社會責任，而且放棄知識分子的人格底綫，不斷地追逐女性，沉溺於色情不可自拔。小說擅長鋪陳生活細節和細膩描述人物內心活動，如莊之蝶勾引唐宛兒的過程繪聲繪色，從人物外貌、活動、場景到人物對話、心理活動，等等，一應俱全。也正是如此的全面與細膩，以致遭到一些批評家的道德指斥。

與此同時，當代現實主義敘事，傾向於揭示人物性格的內心活動，特別是知識分子敘事的表現對象原本就是文化人，他們擁有較為深沉的自我意識與豐富的個人情感，內心世界較為豐盈，更加適合採用內視角的敘事方式對人物進行心理剖析。如《滄浪之水》的主人化池大為，原本希望像父親那樣活着，具有責任意識的正義感，但是沉重的生活代價與嚴酷現實讓他醒悟，為了個人的事業追求和家人的世俗幸福，他決定告別從前的自己，選擇一條庸俗的現世主義人生。但是這種告別真實自己的過程是異常痛苦和糾結的，他的內心在激烈掙扎：

> 我想，生存成為生存的唯一依據，這太可憐也太可悲了。人不是豬狗，人需要到自我生存之外去尋找活着的依據。可今天，當人們把自己當作意義之源，他就切斷了自己通向無限的可能性。醒了的人是可悲的，他承受着殘忍的悲哀，橫下心剪斷了對世界的任何念想，捨棄了道義人格和良知，順從了可親可近可悲可鄙的現世主義……人這一輩子，最現實的就是鼻子底下的那一點東西，人其實就是這麼可憐、可悲。但只有在可憐可悲之中，才可能與現實發生有效聯繫，才可能萌生出一點點希望的萌芽。[1]

1 閻真：《滄浪之水》，第 263–264 頁。

池大為按照理想生活原則處世卻屢遭挫折，體驗到一種無力和無能的生活感受，為了個人利益和家人生活幸福，他決心改變自己。但在改變之前，他極力說服自己，於是形成一個人格分裂的當代知識分子形象。

最後是現實主義敘事模式的敘事視角。經歷過八十年代先鋒文學和新寫實主義洗禮後的當代文學的小說敘事，多用限制敘事。這種敘事視角的特徵在於，敘事者知道的和人物一樣多，人物不知道的事，敘事者也無權敘說。"特定敘述角度把敘述者對故事的感知經驗局限於某一個局部主體意識，從而把整個敘述置於這個局部主體意識的能力範圍之內。"[1] 敘事者可以是第一人稱，如何頓的《無所謂》和閻真的《滄浪之水》；也可以是第三人稱，如李洱的《應物兄》。何頓的《無所謂》主要是講述下層知識分子的人生困頓，敘事者羅平主要講述他的大學同學李建國的故事。羅平原在市里一個偏遠中學教書，後辭職與妻子開了一間書店。李建國原本在外地一所大學任教，而家卻在市內，羅平從回家探親的李建國口中得知他在外地的困頓，也見證李建國調動過程的不順以及他一退再退的窘況和無奈，最後聽說李建國辭職做了一個菜販子並無辜地死在菜市場裏。在敘事事者羅平眼中，李建國是個與時代格格不入的人，他從一個品學兼優的學人沉淪為芸芸眾生中的一個普通勞動者。李建國的不幸折射出這個轉型時代下層知識分子付出的沉重代價。

閻真的《滄浪之水》也是採用第一人稱敘事，主人公池大為作為小說敘事者，講述自己在權力與金錢的誘惑下，如何從一個正直的知識分子蛻變為"勝利的失敗者"和"儒雅的俗人"的過程。他的講述基本上限於自己所知道、所經歷和所推斷的事物內。當然，小說以第一人物敘事，又是一個知識分子，所以小說的重點在於表現人物的內心世界，特別是表達人物的內心困惑和掙扎。

雖然這種敘事角度是有限的，主要是從小說人物的眼中（如《無所謂》）或者人物自身的經歷（如《滄浪之水》）來講述故事和刻畫人物，流露思想

1　趙毅衡：《當說者被說的時候：比較敘述學導論》，北京：中國人民大學出版社 1998 年版，第 119 頁。

情感。這種敘事者在場性的敘事，棄置全知敘事的無所不知，容易達到真實性的效果。比較而言，在敘事主體意識的表現上，小說人物眼中的故事比人物自身經歷的講述限制性更為嚴格一些。

三、敘事主體的價值意識

與敘事模式密切關聯的是敘事者的主體意識。雖然現實主義敘事主體的價值取向各異，但從表現形式來講，一般而言，作者的年齡可能是一種觀察點。年齡偏高一些的作家，如生於五十年代以前的作家，他們的敘事價值取向更為明晰一些，如閻真的《滄浪之水》和湯吉夫的《大學紀事》；而生於六十年代以後的作家，他們的敘事價值取向更為隱晦和模糊一些，甚至除了忠實地描述生活和批判現實外，價值世界近乎虛無，如何頓的《無所謂》和李洱的《應物兄》。

閻真的《滄浪之水》採用第一人稱敘事，敘事者在文本中並沒有多少干預敘事或者指點敘事，而是通過人物自白和內心自我對話來塑造人物形象，同時顯現隱含敘事者的價值理念和生活觀念。如小說的開頭，寫池大為與父親的關係，講述他父親的逝世，還有剛上大學時對父親一生的思考，小說寫道：

> 在那些歲月裏我心中充滿了放眼天下的激情，無論如何都不能滿足於那種把日子當作日子，把自己當作終極的生活，也不能設想把視野局限於以自我為中心以私利為半徑的那個小小圓圈之中。那種平庸人哲學輕如鴻毛，我覺得實在很可笑，實在不屑一顧……似乎有一種神秘的聲音，從靈魂深處生長出來的聲音提醒着我，我注定是要為天下，而不只是為自己活着的，這就是我的宿命，我別無選擇。[1]

---

1 閻真：《滄浪之水》，第 9 頁。

然而，小說的結尾，同樣是池大為回到老家，這個時候已經身為省衛生廳長的池大為站在父親的墳墓前面與父親對話，他理解父親對世界的浪漫崇高的理解，敬佩父親知其不可為而為之的人生姿態，並且告訴父親：

> 你的兒子，卻在大勢所趨別無選擇的口實之中，隨波逐流地走上另一條道路。那裏有鮮花，有掌聲。有虛擬的尊嚴和真實的利益。於是我失去了信念。放棄了堅守，成為一個被迫的虛無主義者。我的心中也有隱痛，用瀟脫掩飾起來的隱痛，無法與別人交流的隱痛，這是一個時代的苦悶。請原諒我沒有力量拒絕，兒子是俗骨凡胎，也不可能以下地獄的決心去追求那些被時間規定了不可能的東西。[1]

池大為跪在父親的墓前，燒掉父親留下的珍貴遺物《中國歷代文化名人素描》，因為他沒有足夠的心理承受能力，以此書為價值參照去審視自己的靈魂。上述小說的開頭與結尾，都是敘事者池大為的內心獨白，但卻呈現出兩種截然不同的價值取向。同一個人物，這種前後的差異，分化得越大，越能體會到這個時代的問題。雖然他最後天良未滅，還能坦誠地表達內心的矛盾，但也已經不再是當年純真的池大為了。這既表明敘事者在世俗社會的現實面前已經發生變化，塑造出當代社會那種對於世俗社會既不認同也不拒絕的知識分子形象，也通過池大為的變化，傳達出隱含敘事者的主體批判精神。

湯吉夫先生的《大學紀事》是一部近距離再現當代中國高校生活的作品。雖然它是第三人稱敘事，但是並沒有多少內容直接表現出敘事者對所表現的敘事內容進行評論干預，隱含作者只是通過人物形象的塑造和故事情節的衍化來表現自己的見解。如小說中着力塑造的一個人物是校長何季洲，他更像一個官員而不是學者。小說在講述何季洲的生命成長過程時注意到，他

---

1 同上，第 522 頁。

出身一個農民家庭，父親早逝，母親再嫁，由祖父培養長大。而他的祖父原本是個不成功的軍人，為了拉扯這個孫子竟然自宮。在準軍事化的成人過程中，長大做官的人生目標就像種子一樣進入何季洲的內心。“他從爺爺那兒繼承了發狠的基因，他明白，要想達到目，就必須有所捨棄，他下定決心，從年輕開始，就必須斬斷幾乎人人都有的貪財和好色的慾念。”[1] 因此他做事為人的根本動力就是職務上的升遷。雖然文本的敘事人沒有干預式評論，但從何季洲的性格特徵上可以窺視敘事人的價值觀念，他從人物性格上隱喻出我們這個社會“官本位”特徵及其文化基因。

一般而言，下一代的作家，在文本上很少透露自己的價值理念。何頓《無所謂》的敘事人是文本中的人物羅平，他冷靜地觀察李建國的悲劇人生，雖然他從同學和好友的身份出發，對李建國的坎坷人生充滿同情，但除此之外，對於這個正在轉型的社會，對於橫行的權力和無所不能的金錢誘惑，並沒有更多理性認知或者價值闡述。從文本形態的角度講，這種文本敘事接近十九世紀批判現實主義的敘事方式。

李洱的《應物兄》採用第三人稱敘事，但是小說的敘事焦點放在人物應物兄身上，雖然在具體的情節展開中，全知敘述人以應物兄的視點展開，但其價值取向上並不高於應物兄。哪怕小說的隱含敘述者的視點高於應物兄，也僅僅體現在提前知道應物兄所未知，經常使用“多天之後他才會意識到”“過後他才知道”等語句展開敘述，但實際上離開了應物兄的視點，敘述人並不比應物兄知道的更多。可以說，他參與了引進程濟世的整個過程，也清楚儒學研究院的建設情況，但他似乎謹記導師的勸告，事事聽從校長、導師的安排，謹言慎行。讀者只能從事件的發展過程，人物的性格塑造和場面上人物的各種對話中進行自我判斷。

也許，我們可以從另一個角度進行分析。像湯吉夫、閻真等一代作家身上可以發現，他們對自己所描述的世界擁有自己的感覺和判斷，運用現實主

1　湯吉夫：《大學紀事》，石家莊：花山文藝出版社 2007 年版，第 19 頁。

義的敘事方式進行描述，從情節講述與人物塑造中流露自己的價值判斷。而在何頓、李洱這代 60 後的作家身上則可發覺，他們對自己所處的時代與社會，即使擁有自己的感覺和情感，也並沒有清晰的價值判斷。雖然他們也運用現實主義的敘事方式進行描述，但是幾乎沒有干預性敘述，並且敘事中也很少表露自己關於外在世界和內心自我的主體價值判斷，從另外一個角度講，也許前輩們深信不疑的價值世界，原本就是因為他們的精神匱乏。

第二節

自敘傳成長小說敘事模式

一、自敘傳成長小說的歷史與現實

成長小說作為一種文學樣式，最早源於十八世紀末的德國，“指重點放在描寫主人公的成長過程的一種教育小說”。[1] 西方成長小說以人物內在覺醒為標誌，通過敘事主人公的思想性格的發展，展現不同的遭遇和經歷。如盧梭的《新愛洛綺絲》呈現了以成長為主題的最初範型，歌德的《少年維特之煩惱》展現了主人公在成長歷程中所經歷的精神危機。

“五四”時期浪漫主義與現代主義傳播到中國，自敘傳成長小說成為一種深度契合時代讀者審美心理的小說體式。先是以郁達夫為代表的創造社成員的自敘傳成長小說風靡文壇。《沉淪》坦露一個留學生的內心世界，講述一個身處歷史轉型時期的主人公，深陷自我提升與自我沉淪的內心糾結，最後在不堪承受中跳海自殺。其後，一批女性作家的自敘傳體抒情小說，書寫理想人生與殘酷現實的巨大反差，以大膽表達內心的苦悶而獲得強烈的社會反響。如廬隱的《海淀故人》，以細膩感傷的筆觸描述露莎等五位青年女性的浪漫想像，其中以露莎人生追求的不幸與生命哀怨的抒發最為動人。丁玲《莎菲女士的日記》則是又一個時代的悲音，與上代女性形象不同的是，莎菲擁有自由選擇的權利，但她尋覓不到理想的追求對象，只有在失望的情境

1 林驤華主編：《西方文學批評術語辭典》，第 49 頁。

中又一次出走。

左翼文學興起後，“五四”時期的女性自敘傳成長小說開始衰落，儘管丁玲在延安時期的創作有意重溫個體女性意識，但很快遭受政治批判。因為無論是自敘傳成長小說的個人主義思想質地，還是女性主義的生命意識，與集體主義和社會意識都是格格不入的。因此個人主義和女性主義的自敘傳成長小說開始匯入集體主義與社會主義的成長小說，個人成長小說也被謹慎地編織到革命的宏大敘事之中，如楊沫的《青春之歌》。

新時期文學以新啟蒙思想支撐文學思潮，個人主義與女性意識都開始復甦，特別是在一些女性自敘傳小說中，如張潔的《愛，是不能忘記的》、王安憶的“三戀”（即《小城之戀》《荒山之戀》和《錦繡谷之戀》）、鐵凝的《玫瑰門》，等等，都開始書寫個人的成長之痛與生命意識。張潔《愛，是不能忘記的》中寫道：

> 人在年輕的時候，並不一定瞭解自己追求的、需要的是什麼，甚至別人的起鬨也會促成一樁婚姻。等到你再長大一些、更成熟一些的時候，你才會明白你真正需要的是什麼。可那時，你已經幹了許多悔恨得讓你感到錐心的蠢事。你巴不得付出任何代價，只求重新生活一遍才好，那你就變得比較聰明了。人說“知足者常樂”，我卻享受不到這樣的快樂。

小說開始把人物主體的成長經驗與個體情感歷程緊密聯繫起來，並從女性獨有的心靈體悟去提煉個體成長的獨特性。但是由於各種原因，這批女性最終沒有衝破自我的樊籬，連接“五四”自敘傳成長小說的成長書寫。然而，她們的文本實踐不自覺地為新一代新型自敘傳自我抒情小說的崛起，營造了先期的創作環境，肩負了一個承先啟後的過渡作用。

九十年代的中國社會發生重大變化，文學場景急劇變換，純文學開始退出社會舞台的中心，大眾文化和消費主義重新風靡。在這個特定的社會轉型年代，以陳染、林白為代表的 60 後女性作家和衛慧、棉棉為代表的 70 後年輕女性作家的自敘傳抒情小說卻很快引起社會的關注，她們的小說以"私人化寫作"標籤進入社會之時，恰好契合現代社會奇特的審美圖式，因為這是一個社會轉型的時代，無論是作家還是讀者，"既然在人們的心中，沒有一種佔主導地位的一致感或共同的標準，於是產生了一種在感情上把握和理解的強烈的願望，而這種願望的滿足只能仰仗於人際關係的隱私的揭示"。[1] 而文化商業化的社會機制也為她們的創作帶來千載難逢的機遇，使她們的創作成為這個時代引人注目的文學景觀 ，也是知識分子寫作的一道奇特景觀。

需要說明的是，我們是從個人覺醒與小說敘事模式轉變的角度，連接"五四"自敘傳抒情小說與九十年代以來女性自敘傳成長小說，但是實際上，並沒有多少證據直接證明當代女性作家在創作上自覺承接"五四"女性作家的思想恩惠和敘事啟迪。應該說，是新時期以來社會轉型的思想特質，以及九十年代的時代文化語境，催生這批年輕的女性作家。

二、自敘傳成長小說的文體特徵和敘事語言

自敘傳成長小說最主要的敘事特徵，是敘事者充滿主觀感受和個人想像的個人往事書寫。這類小說通常對外在世界的事件不感興趣，也不擅長講述與自己無關的外部世界的故事，她們認為，最真實的敘事不是可以觀察到的外在表象世界的真實現實，而個人內在世界的個人生活經驗和生命情感，因此往往運用第一人稱的敘事方式，講述個人的生活經歷和情感體驗。正如陳染所說：

> 此刻，這種回憶使我勞累和疲倦，我並不喜歡敘述事件，當我寫到事件本身時，我感到筆墨生澀而鈍拙；然而，當我寫到由事件而引發的

1〔美〕伊恩 · P. 瓦特：《小說的興起》，第 208 頁。

情感和思想時，我就會妙筆生花得心應手興味十足……我喜歡在訴說情感和表達思想的地方駐足流連，無盡無休地梳理口味。

所謂的自我成長是指自然人的個體在生理發育層面的成熟，更是指社會人的個體在心理與精神層面的成熟，個體在較為明確的自我意識引導下協調個人意願與社會規範之間的關係，協調個人與他人的關係，在社會層面上實現個體的自我價值。九十年代以後的自我成長小說，多是個體成長過程中的個人與社會、個人與他人之間的衝突，鋪陳個人成長的創傷性記憶。陳染的代表作《私人生活》講述了倪拗拗從幼年到成年的成長過程，這不僅是女性的生理成長史，也是女性心靈的成長秘史，它敞開了一直為人們所忽略的女性生存、女性境遇的悲涼性，並由此構成對已有的生存體制、性別體制和社會體制的一種全方位的反思與質疑。林白的長篇小說《一個人的戰爭》無疑是林白小說中最為豐富多元因素的女性敘事作品。小說敘事者講述林多米的成長經歷，通過以"當時的我"與"現時的我"構成的雙向視角，來檢視過去歲月的希望與虛妄，自剖年少的輕狂與虛榮，並由此展開更成熟的女性視野。關於女人成長史、女性隱秘心理及其性感體驗的大膽書寫，還由於它所引起的巨大的爭議對整個菲勒斯審美體系的極大的衝擊。

不過，70 後的女性作家稍有不同，她們不再強調個人的抵抗，而是向生活本身逃遁，正如衛慧所說："我害怕這種尖銳的矛盾，介於個人與整個社會之間的對抗總是有點歇斯底里的，如果這個世界樣樣不合你的心意，那麼你的存在就是個錯誤，你的生活就是個悲劇。覺得自己年輕並充滿敵意就可以改變生活（哪怕是一丁點的末子），那是個地地道道的蠢夢。人改變不了什麼，甚至改變不了自己。人只能做一件事 —— 打開靈魂的窗戶，是的，打開窗戶，接受生活的所有饋贈，接受痛苦接受欺騙接受慾望接受毀滅。人惟一的創造只是在於面對命運的態度，哭哭啼啼，還是心花怒放。"[1]

---

1 衛慧 :〈像衛慧那樣瘋狂〉，載衛慧 :《衛慧精品文集》，吉林：時代文藝出版社 2000 年版，第 500 頁。

其實，70 後自敘傳成長小說的敘事者面對社會掉頭而去的姿態，表明她們與社會的距離更加疏遠。她們只是關注自己，書寫自我。

然而，從文體和敘事的角度講，60 後與 70 後女性自敘傳成長小說的敘事形態基本相同。這種個人敘事的內容往往是個人生命的回憶。正如瓦特所說："描繪內心生活的主要問題，本質上是個時間尺度的問題。個人每天的經驗是由思想、感情和感覺的不斷流動組成的；但大多數文學形式 —— 例如傳記甚至自傳 —— 都是粗疏的時間之網，無盡保留內心的真實；因此，其大部分只是回憶。而正是這種每分鐘的意識的內容，才構成了個人的個性並支配着他與別人的關係，一個讀者只有與這種意識相接觸，才能完全地置身於虛構人物的生活之中。"[1] 如林白在《一個人的戰爭》中回憶自己成長過程中的一刻：

> 多年以後我回想這一階段，我看到這一切既沒有老師的指點，也沒有家長的引導，一切都是自發的。遙望 B 鎮的那個少女，她穿着藍色衣褲，在 B 鎮鋼藍色的天空下縱向一跳，她堅定地以從高處往低處跳的姿態訓練自己的膽量和意志。

這是敘事者回憶自己少年成長的體驗。而且，這種個人化的敘事包含大量傾訴性的獨白，這種關於個人成長的獨語化敘述，與敘事者回憶時的心境密切關聯，呈現出極大的開放性和自由度。這時作者、隱含作者、敘事者、主人公重疊在一起，理性與感性相融合，記憶與想像混合在一起，敘事者在絕密的空間自我言說，自我傾聽。文本意義的確定與實現也有賴於讀者與文本之間的交流。如陳染《與往事乾杯》：

> 後來，隨着歲月的流逝，連這種夢境也一去不復返了，遺忘了，消

1 〔美〕伊恩 · P. 瓦特：《小說的興起》，第 215 頁。

失了。

接下來的幾年中又有過好幾年的“春天”在我面前駐足，然後是掠過。然而這個季節的魔力有如過眼煙雲，滾湧而來，又悄然消失，都沒有在我心中永久扎根。我領略了這一切之後，終於知道，我內心深處溫馨而絢麗的真正的春天，與流動的季節並無多大關聯，與顫動不定的陽光也沒有多大關聯。那個真正的春天在我內心膨脹，又如此姍姍來遲。

許多的日日夜夜流逝過去，尼姑庵裏的男人也隨着歲月流淌過去。

記憶其實並不是真的歲月在延續中退縮，那些令人疲倦的振奮之情，終究是使人有些羞愧難言。因此，保持自我的最好的方式就是將它們遺忘，遺忘，再遺忘。

在敘事者看來，在個人成長的歲月中，似乎是刻上個體生命重要痕跡的時間才有意義，值得記憶，否則就是無關緊要的季節流動，是遺忘的對象。這完全是一種生命感覺的捕捉。

在這種自我生命的回憶中，敘事者對生命本相有所領悟。她們在對生命碎片的辨析過程中，擁有自己的自我認識、人生感悟和生活體驗，而且自我認識、個人感悟和生活體驗之中充滿人生的哲理。如棉棉的《糖》:

我們到底是為了自由而失控的，還是我們的自由本身就是一種失控？

我知道有一種境界我始終無法抵達。真理是什麼？真理是一種空氣，我感覺到它的到來，我可以聞到真理的氣息，但我抓不住它。歲月過去人事匆匆，有多少次我和真理擦肩而過！

我天生敏感，但不智慧；我天生反叛，但不堅強。我想這是我原問題。我用身體檢閱男人，用皮膚思考，我相信確確實實的身體感受，我曾經對自己說什麼叫飛？就是飛到最飛的時候繼續飛，度過了才知道這些統統不能令我得以解放。

衛慧也有自己的生活領悟，她在《像衛慧那樣瘋狂》中說：

> 所以我們的生活哲學由此而得以體現，那就是簡簡單單的物質消費，無拘無束的精神遊戲，任何時候都相信內心衝動，服從靈魂深處的燃燒，對即興的瘋狂不作抵抗，對各種慾望頂禮膜拜，盡情地交流生命狂喜包括性高潮的奧秘，同時對媚俗膚淺、小市民、地痞作風敬而遠之。

當然，這種獨白式的自我傾訴，更多是充滿困惑和自我懷疑，從而烙下重重的自我成長的痕跡，如林白《一個人的戰爭》：

> 這使我想到一個嚴重的問題，當初我是不是真正愛過？我愛的是不是他？我想我根本沒有愛他，我愛的其實是自己的愛情，在長期平淡單調的生活中，我的愛情是一些來自自身的虛擬的火焰，我愛的正是這些火焰。

陳染《私人生活》對於愛情的挫折也有自己充斥困惑的記憶：

> 那一天，與尹楠分手後，我至少有一個小時的時間渲浸在某種從未有過的對於一個年輕男子的幻想裏，由於它的具體和貼近，使得我心裏亂七八糟，堆得滿滿的，思緒紛亂，彷彿我胸口晨裝着一隻烏鴉籠子，嘰嘰喳喳，四面撲打，我只覺得驚喜、迷惑和不安。

這種個人主體傾訴性的獨白，蘊含着敘事者豐盈的情感，具有個體內心感受的獨特質地，而且有時含混、糾纏、延宕、多義，這讓自敘性成長小說的語言呈現出獨有的內在生命特質。

最後，自敘傳成長小說的敘事語言擁有一種詩化的特質。林白是先從事詩歌寫作之後轉入小說寫作的，因此她的小說中這種語言風格的形成帶有作者獨特的創作意識。在《同心愛者不同分手》文本中我們可知，林白在寫作時會本能且情不自禁地美化經過其筆端的一切事物，讓筆下的事物脫離日常生活的無趣狀態而帶有激情和力度。正是由於這種獨特的審美創作傾向，造就了林白小說敘事語言的詩化。在分析其詩意化特徵時，可以先從修辭手法入手。她的小說中運用了大量的比喻和通感，而這兩種修辭手法是小說也是詩歌中用以突出語言魅力的兩種重要修辭手法。比喻是文本書寫中運用最為廣泛的修辭手法之一，它將表達的內容以生動和具體的形式令人印象深刻。小說《說吧，房間》的開篇就採用了比喻的修辭手法用來描述林多米在解聘後的心裏感受：

> 那中午是一塊銳利無比的大石頭，它一下擊中了我的胸口，而我的胸口在這幾年時間裏已經從肉變成了玻璃，哐噹一聲被砸壞了。[1]

作者在這裏把中午比喻成石頭，給人一種陌生感但仔細一琢磨又覺得無比貼切，將石頭陰冷、黑暗、堅硬和冷酷的特點都加於這個中午，形象而又冷酷地指出這個中午對林多米的打擊和其內心的絕望。好比女性的生存境地，在現實生活中是不斷受到壓迫和不平等待遇，女性對於現實生活就好像玻璃對於巨石，所呈現的是女性的無助和脆弱，表達女性在生存中缺乏自我保護的能力，最終難逃碎裂的命運。

《一個人的戰爭》中，林白把女孩多米比喻成一個青澀而又堅硬的番石榴，番石榴的青澀堅硬是多米外在可以看到的形象特徵，但是其內心卻敏感而豐富，暗示着多米的內心柔軟豐富，情感細膩。她的命運就是在樹枝頭簡單而風光的一生。通過大膽巧妙的比喻，使文本中的語言更加形象生動，更深層次地闡發了女性的悲慘命運。在語言技巧的運用方面，通感的修辭手法

1　林白：《說吧，房間》，瀋陽：春風文藝出版社 2004 年版，第 56 頁。

也廣受女性作家的青睞，她們善於把所有的感官都調動起來，運用精彩的想像力來寫感覺，給人一定的閱讀障礙同時加深了意義的傳達。如《一個人的戰爭》在形容內心的隱秘時，寫道：

> 我在同窗們的身影中秘密地嗅着那個霧中山頭的秘密，這個秘密散發着隱隱的霧氣。[1]

作者運用嗅覺來表達視覺，透過通感這一藝術表現手法，創造聲色俱佳的詩化語言，使小說在語言上別具一番詩的情趣。當然，語言的詩意化不單單表現在修辭方式上，還體現在文本中時空設置上，通常採用較為鬆散書寫而不注重故事情節，行文散漫自由，趨向詩歌化和散文化等。用從女性主義話語的角度講，不管是爭奪話語權的女性語言，還是獨具女性特色的詩化特點，都是作者力圖營造的一種熱烈而又激情的女性個人經驗世界。她們粉碎着男性審視視角建構起來的美學框架，消解着中心主義和語言的正規性，開始了女性自身的話語建構。林白的《回廊之椅》《說吧，房間》《同心愛者不能分手》、海男的《我的情人們》《蝴蝶》和陳染的《子彈穿過蘋果》《與往事乾杯》等，文本中都存在着語言的獨特性，她們用女性獨特的生命體驗或是身體感覺，在凸顯語言的魅力同時詮釋出各種特殊的女性視角和女性心理，以彰顯身體寫作話語的獨特性。

三、自敘傳成長小說的空間敘事與鏡子意象

自從上世紀四十年代美國學者弗蘭克提出小說空間形式的理論後，空間敘事理論得到了長足發展。空間敘事淡化小說的敘事綫索，轉而將關注點更多地集中於小說的空間場景的營造。空間意象在此時並不是脫離了人物和社

---

1 林白：《一個人的戰爭》，武漢：長江文藝出版社 1999 年版，第 30 頁。

會而獨立存在的藝術形式，而是與人物內心意識和外在現實緊密相連。在女性自敘傳成長小說中，街道、酒家、家宅、浴缸等反覆出現，承載着作家主體在個體成長中孤寂、焦慮、幽閉、沉鬱的經驗感悟。

> 佈置完了的浴室，簡直是另一個世界。
>
> 白中泛青的光綫射在安靜簡約的不大的浴室空間中，什麼時間走進去，比如陽光高照、沸騰喧嘩的中午，都會使覺得已經到了萬物沉寂的夜晚，所有的人都已安睡，世界已經安息，我感到格外的安全。
>
> …………
>
> 無論什麼時候的營造，只要我向浴室裏邊望上一眼，立刻就會覺得自己剛剛完成一次遙遠的旅程，喘息未定，身心倦怠，爭需鑽進暖流低徊的浴缸中，光裸的肢體鰻魚一般靜臥在沙沙的水流裏，感受到僅在的摩挲的溫暖。
>
> 浴室裏的景致非常富於格式、秩序和安全。[1]

倪拗拗對自己家的浴缸情有獨鍾，彷彿家中的浴缸特別溫馨，能夠溫暖主人公，並提供安全。一個孤寂和焦慮的現代女性，彷彿只有躺在家庭溫暖的浴缸，才能感覺到徹底的安全和放鬆。

還有她對自己家庭的描述：

> 我轉回身，打量自己的房間，牆壁底部的淡藍色發如同安祥的目光回望我，門廳、廚房、衛生間和臥室，全都告訴我這是一個可以安憩的家，早年那種雜居的嘈雜已經一逝不返，房間裏的家具、牆壁與牆壁之間的關係，再也不會因為穿梭其間的人物，而發生緊張和混亂。
>
> 我一直渴望着單獨的住宅，因為這是一個人可以安心生活的前提。

1　陳染：《私人生活》，第 269–270 頁。

作為一個具有獨立意識的現代女性來說，對完整意義的家宅具有強烈的需求。因為她們認為，一個人身處一個破碎的外部世界中，倘若沒有一個屬於自己的安憩之地，不能及時調整自己內在的和諧與完整，她們就會和外部世界一同走向崩潰，自己也會支離破碎。雖然從物理維度看，她們小說中的空間通常以狹窄、封閉的意象來表達，但是這些逼窄的空間卻能承受主體內心世界的寬廣性。封閉性的空間是縮影化的世界，這種想像性的空間建構與內心渴望和生活情感混同在一起，在生命存在的維度上具有無限的廣延性意義和價值。因此巴什拉指出："縮影化的想像力是一種自然的想像力，出現在任何年齡人的身上，出生在天生的夢想者的夢想中，他說，我越是善於把世界縮影化，我就越是能佔有世界。"[1]

陳染《私人生活》這樣描述郊外的旅館：

> 我獨自在郊外的一處幽僻的小旅店住下來，房間簡陋而幽暗，但清靜寂寥。一條長滿旺草和鮮艷野花的小徑通往車站，幾聲淒然的汽笛就是這裏的音樂，悠揚地在晚霞中迴盪。令人心曠神怡的傍晚的小風拂肩而過，薰衣草的馨香從遠處瀰漫過來，薔薇、草莓以及一叢叢灌木，把這郊外顯得荒涼的旅店掩映得色彩紛呈。
>
> 幾叢低矮的綠色藩籬隨便一圍，就是一個小公園在，我坐在無人打擾的石凳上，披一件外衣，彷彿在等待什麼人，其實我無人可等，但我一點也不覺得孤寂，我的身體內部，正享受着虛構的快樂。[2]

雖然這個郊外小旅店簡陋而幽暗，但它相當寂寥與清靜，沒有城市的人滿為患與喧鬧，因而深得主人公的青睞，因為主人公認為："在人群裏活着太勞累了，也太危險。中國的人際簡直是一座龐大的迷宮，走通這座迷宮憑

---

1 〔法〕加斯東・巴什拉：《空間的詩學》，上海：上海譯文出版社 2009 年版，第 162 頁。

2 陳染：《私人生活》，第 135 頁。

的不是知識、才華和智力這些東西，而是別的，我無能為力。”[1] 因而她在這個清靜的環境感到安全、舒適和愜意。

衛慧與棉棉的作品大多以上海為空間背景構建女性的生存空間，極具代表性的是帶有濃厚消費主義色彩的酒吧空間書寫。酒吧作為大都市物慾橫流與快節奏生活的象徵，它本身就充滿着誘惑。它是黑夜裏內心情感的宣泄之所，是排解白天無法正視的內心孤獨的天堂。人們在酒吧裏無畏縱情，也可以名正言順地拋棄那必須遵循的社會規則和自我支撐的精神框架，身體脫離了既定秩序的束縛，從而在迷離的燈光和酒精的作用下釋放身體的慾望。一切都可以褻瀆、嘲弄、貶低與戲仿，沒有人在意你內心真正的感受，隱藏在自由之下的是無盡的虛偽。《糖》中“我”與賽寧是在酒吧中認識的，“我”開始沉淪於與賽寧的相愛之中，但誰能說這一切不是騙局呢！直至最後，賽寧也一直在說：“你是一流的演員和騙子，你一直在騙我，也許騙着騙着你自己都信了，你喜歡假的東西。”[2] 看似刻骨銘心的愛情，也只是人生道路上的一個故事，真假虛偽中是無盡的痛苦。《蝴蝶的尖叫》中朱迪與小魚也是在酒吧中認識的，酒吧承載着他們愛情的同時，也孕育着傷悲，這二者是相輔相成的。以致到最後，女性們都走上了酗酒迷失的道路，開始沉淪墮落。

意象是古代文學批評中的重要術語。劉勰在《文心雕龍・神思》中指出：“然後使玄解之宰，尋聲律而定墨；獨照之匠，窺意象而運斤。”[3] 意象這裏指的是作品中包含着作家意念和情感的客體或者具體形象，它帶有作者獨特的主觀情感。作家在敘述時選擇什麼來表達自己的內在情感是有所偏向的，比如在古代的“柳樹”代表着留戀，送別友人的詩歌中經常出現柳樹這一意象，寓情於景、以景託情、情景交融等表達方式就是在意象的作用下產生的。作者在敘述某個故事時，對於自己的獨特情感體驗，為增加其藝術感往往不直接宣泄情感，或者當情感難以宣泄時，便會將情感寄託在一個所選

---

1 陳染：《私人生活》，第 190 頁。

2 棉棉：《糖》，北京：中國戲劇出版社 2000 年版，第 268 頁。

3 趙仲邑譯註：《文心雕龍譯註》，桂林：灕江出版社 1982 年版，第 248 頁。

定的具體事物中，讓這個客體融入敘事者或是作者自己內心的某種情感色彩。這樣客體也即作者選擇的意象，在它的幫助下，文本營造出一個特定的藝術審美天地，讀者則根據這個意象所表達的審美性進行再創作，在部分還原敘事者或作者情感的基礎上加入自己的情感思考。自敘傳成長小說的女性作家們在書寫身體感受時，亦會藉助一些具體的客觀物像來表達內在情感。為了突破男性中心話語的控制以及製造更好的審美意境，女性作家常用意象來摒棄男性，例如在“太陽”和“月亮”，“陽”和“陰”等之外，努力思索自己偏愛的帶有女性獨特性的意象。

自敘傳成長小說的女性作家筆下最獨特的意象就是鏡子。鏡像敘事起源於拉康的鏡像理論，指的是兒童的認識自我的體驗。他認為兒童意識的確認階段為鏡像階段，然後以嬰兒認識鏡子中的自己為契機，把嬰兒本身稱之為“真”鏡子中的自己稱為“虛”，進而把一切混淆了真實與虛幻的情景體驗稱為鏡像體驗。文本中的鏡像敘事，則是一個真實的自我和一個虛幻的自我在同一時期的敘述。在西蘇理論中闡述女性與其身體時就運用了拉康鏡像理論：“小姑娘們和她們沒有規矩的身體被幽禁、被妥善保管着，完整如初的冷藏於她們自己的鏡中。”[1] 鏡子裏是我們另一個身體的所在之處，我們通過鏡子來找尋那個完整如初的身體。“身體寫作”文本中的女作家們，在表達身體的完整時也採取了鏡像概念，基本表現為女性形象對於鏡子情有獨鍾，在凝視中投射出尋找自我，還有自愛與自戀的情緒。

林白作品中的鏡子作為真實與虛幻的連接點，指引真實的“我”進入虛幻的意念世界而逃離這無望的現實。在《一個人的戰爭》中，梅琚與朱涼的故事都離不開鏡子的點綴，鏡子在人物性格的塑造上起着舉足輕重的作用。在對梅琚的房間的描述中，我們可以看到房間裏的各類鏡子，有在牆上的大鏡子、落地的穿衣鏡、梳妝鏡、牆角裏的長條鏡，等等。而且用鏡子來表

---

1 〔法〕埃萊娜·西蘇《美杜莎的笑聲》，載張京媛主編：《當代女性主義文學批評》，北京：北京大學出版社 1992 年版，第 191 頁。

達自己的情感，一個小圓鏡成了虛幻中的圓形的口，好像在等待着奇特的契機，召喚所有的往事與逝去的情感。《迴廊之椅》中朱涼的房間，也同樣散發着鏡子所帶來的神秘與幽深的氣息。海男的《我的情人們》中，蘇修亦是在鏡子之中找尋自身，她的情人昊每每沉浸於鏡面之中，文本中的蘇修亦在鏡子面前觀看着鏡子之中的形象。“我看到了一種人體模型變成真的，具有一種人體的芬芳的氣息的流溢，鏡子是預言家，是遙遠過去的明亮的一個點。”[1] 鏡子裏的形象變成了一個真實的我，而鏡子外面的“我”卻成了人體模型，一種不言而喻的恐懼於虛偽，而我也慢慢變得離不開鏡子，它開始讓我正視自己的身體。同時，鏡子也照亮着昊的雙眼，補充着一位青年人的夢想，給予內心種種隱秘以勇氣。棉棉在《糖》中的“我”則是在鏡子裏看到了陌生的慾望。文本中的這些女性形象都是身陷於生命的孤獨之中並進行着無言的“一個人的戰爭”。梅琚雖然美麗動人，但在經歷了種種之後，最後卻終身未嫁；朱涼是受盡寵愛的姨太太，在遭受改革後也只有七葉與她相依為命，在紅樓裏為她獨守一生；蘇修一生都在追求愛情，卻永遠只是離她而去的情人。而那所謂的真實的“我”，在現實的生命中找尋不到宣泄情感的方式，只能通過那鏡中虛幻的自我聊以自慰，也是帶着充滿自戀的愛意和愛而不得的的自虐之心。正如林白《一個人的戰爭》的首頁題記所言：“一個人的戰爭意味着一個巴掌自己拍自己，一面牆自己擋住自己，一朵花自己毀滅自己。一個人的戰爭意味着一個女人自己嫁給自己。”[2] 女性的歷史和命運充斥着真實與虛幻的詭異，在時間的河流裏，她們陷入自己一個人的虛實戰爭中。

陳染的《私人敘事》主人公也是從鏡子中窺視到自己的美麗模樣和神態，小說寫道：

---

1 海男：《我的情人們》，北京：中國文聯出版社 1994 年版，第 10 頁。

2 林白：《一個人的戰爭》，第 1 頁。

浴缸的對面是一扇大鏡子，從鏡子中我看見一個年輕的女子正側臥在一隻搖盪的小白船上，我望着她，她臉上的綫條十分柔和，皮膚光潔而細膩，一頭鬆軟的頭髮蓬在後頸上方，像是飄浮在水池裏的一簇濃艷渾圓的花朵，芬芳四散，身體的輪廓掩埋在水波一般的綢而被子裏纖纖的一束，輕盈而溫馨。

我第一次看到自己躺着的樣子，我從來不知道躺着的時候嶺倦怠和柔軟會使人如此美麗和動心。[1]

鏡子中的自己是如此美麗動人，連她自己也為自己躺着的模樣感到動心，透露一種自憐和自戀的意緒。

總之，女作家們通過鏡子意象的敘事，細膩地表達出女性豐富的身體經驗和虛實的情感表達，體現女性在生命中存在的自我認同與鬥爭的精神困境。女性作家們在寫作時也只是將希望寄託於虛幻之中，在通過鏡像構建的虛幻世界裏試圖尋求救贖與自我超越，以求得到心靈的寬慰，使得文本中的人物形象更具有深度和虛實結合的神秘色彩。

1 陳染：《私人生活》，第 262 頁。

第三節

現代的現實主義敘事模式

一、關於現實主義的思考

前文業已闡述，自從中國現代文學以魯迅為代表的現實主義敘事出現後，它就成為中國現代文學的創作主流。然而，我們同時也發現，現實主義從來就不是一種教條式的、固定不變的創作方式，而是一種開放性的、不斷檀變的創作方式。中國現代文學發展史表明，寫實主義之後有新寫實，現實主義之後還有革命現實主義、社會主義現實主義，還有革命浪漫與革命現實主義相結合，等等，也就是說，現實主義本身也在伴隨社會現實的變化和因文學形式的豐富而發生變化。

恩格斯的《致瑪·哈克奈斯》的信，在馬克思主義文藝思想中佔有重要的位置。它通過對哈克奈斯的中篇小說《城市姑娘》和巴爾扎克的評論，闡述了他對現實主義的見解。他在信中提出了現實主義文學的真實性和典型性，作家的生活實踐、世界觀和創作的關係等問題。他在信中指出，儘管巴爾扎克是個政治上的正統派，但他看清了貴族階級必然崩潰的命運，所以毫不掩飾地讚賞上升的資產階級：

> 這樣，巴爾扎克就不得不違反自己的階級同情和政治偏見；他看到了他心愛的貴族們的滅亡的必然性，從而把他們描寫成不配有更好命運的人；他在當時唯一能找到未來的真正的人的地方看到了這樣的

人——這一切我認為是現實主義的偉大勝利之一，是老巴爾扎克最重大的特點之一。[1]

恩格斯這段著名的話表明，作家的思想觀念和創作觀念之間存在着分離和矛盾的現象。

列寧也注意到俄國現實主義作家的這種矛盾現象，他在《列夫·托爾斯泰是俄國革命的鏡子》中闡述了托爾斯泰的矛盾：

> 一方面，無情地批判資本主義的剝削，揭露政府的暴虐以及法庭和國家管理機關的滑稽劇，暴露了財富的增加和文明的成就同工人群眾的貧困、野蠻和痛苦的加劇之間極深刻的矛盾；另一方面，狂信地鼓吹"不用暴力抵抗邪惡"。一方面，是最清醒的現實主義，撕下一切假面具；另一方面，鼓吹世界上最卑鄙齷齪的東西之一，即宗教，力求讓有道德信念的僧侶代替有官職的僧侶，這就是說，培養一種最精巧的因而是特別惡劣的僧侶主義。[2]

這就是說，恩格斯和列寧在論及巴爾扎克和托爾斯泰的思想觀念與創作觀念的矛盾關係時，儘管不贊同他們的思想理念，但是都認同他們堅執現實主義理念的創作觀念，而且贊同他們真實描述了他們所處的現實生活和社會問題。

進入二十世紀後，現實主義開始變化，人們對於現實主義的理解更加寬容了。作家的創作也在不斷超越傳統現實主義的邊界。德國思想家阿爾多諾在《被迫的調和——評格奧格·盧卡奇〈反對被誤解的現實主義〉》一文中說：

---

1 紀懷民、陸貴山、周忠厚編著：《馬克思主義文藝論著選講》，北京：中國人民出版社 1982 年版，第 270 頁。

2 同上，第 354 頁。

藝術對現實的認識並非通過對現實作照像式或"透視式"的摹寫，而是遵循自身的獨特規律，通過表現被現實的經驗圖像所掩蓋了的東西來實現的，盧卡奇喋喋不休地批評某些作家如艾略特和喬伊斯把世界描繪成無法認識的。然而，這種不可認識性恰恰是他們對世界的一種認識，即關於這個令人恐懼的、無法把握的物化的世界以及人在它面前無能為力、無可奈何的認識。[1]

而且，他們還在質疑傳統現實主義的理念，因為文學敘事的虛構和想像同樣具有文學的合法性和合理性。羅伯·格里耶曾說：

我們看到"逼真"和"符合典型人物"已經遠遠不能夠作為衡量作品的標準了，而且，眼下正在發生的一切都似乎表明"虛假"—— 包括可能的、不可能的、假設、謊言 —— 已經成為現代小說特有的敘事方式主題之一，由此產生了一種全新的敘述者：他不僅僅是一個描寫他所觀察到的事物的人，而且同時還是在其周圍創造事物且能看到他創造的事物的人。[2]

而且，他還指出，這種超越傳統現實主義的創新做法，具有文學的合理性：

當一種寫作形式失去了它最初的活力、氣魄和衝擊力，而成為一種平庸的方法和主義 —— 它的後繼者為習慣和惰性所左右，根本不考慮遵行這一主義的必要性 —— 時，對現實的回歸意味着否定僵死的形式和探索繼往開來的新形式，而對現實的挖掘只有在揚棄舊有形式之後

---

1 柳鳴九主編：《二十世紀現實主義》，北京：中國社會科學出版社 1992 年版，第 299 頁。

2 同上，第 324 頁。

才能繼續深入下去。只有我們不認為對這個世界的探索已經窮盡（在這種情況下，最明智的舉動就是完全停止寫作），我們只會希求把探索向前推進一些。問題並不於“做得更好”，而是要在未知的道路上探索，這樣就必須創造新的寫作形式。[1]

事實上，上世紀九十年代以來的中國當代文學的現實主義創作，也不再僅僅滿足於傳統現實主義對現實生活的忠實摹仿和真實透視、創造典型環境中的人物等方法，而是悉心吸收當代文學與外國文學的創作養料，不斷拓展其邊界。這裏主要有兩種情況，一種是原本的先鋒作家，在回歸現實主義後，創作中依然滲透先鋒敘事的方式，如格非和李洱等九十年代後的“反諷現實主義”創作；另一種是原本的現實主義的作家，在本世紀的創作中發生敘事形變，如閻連科的“魔幻現實主義”。

其實，當代作家運用自己的創作方式，表達自己對現實世界的認識，這也符合藝術規律的現象，正如阿爾多諾所說：“藝術作品作為一種特殊的認識，與科學認識的本質區別恰恰在於，沒有什麼經驗之物在藝術中能保持其本來面目，一切事物只有與主觀的意向融。”[2] 那種運用教條主義的尺度來衡量現實主義創作的做法，拋棄一切不是表現“現實”的東西，恰恰是縮小和閹割現實主義。現實主義敘事方式與其他的藝術表現方式一樣，只有在創新中才能得以發展。或者說，現實主義的生命力並不能在墨守陳規的一勞永逸之中等到保證，而只能在不斷重視新的現實和創造新的表現方式的探索下，才能繼續存在下去。

---

1 同上，第 321 頁。

2 同上，第 299 頁。

二、反諷現實主義的敘事模式

（一）何謂反諷敘事

反諷這個術語源於古希臘喜劇，“指一個善於運用掩飾性語言，並習慣於用潛台詞式的語言來表達思想”。在“反諷”這個術語的種種批評用法中，“大多仍保留着掩飾的原義，或指表面斷言與實際情況之間產生存在的意義差別”。[1] 在敘事研究中，“反諷”也是一個重要的概念。“布斯指出，如果敘述者同‘作者的聲音’不一致，讀者的理解同敘述者或人物有差異，都可能構成反諷⋯⋯布斯引用蕭勒爾的話說：‘在每一點上我們都被迫發出疑問：“我們怎能相信他呢？他的觀點一定是錯誤的觀點。”我們感到事物所具有的特性，與那個為我們描述這個事件的敘述者所具有的特性這兩者之間的不一致，[2] 就是基本的反諷。”[3]

當然，隨着文學的發展，反諷的邊界也在不斷擴展，除了詞語反諷，還有結構反諷、戲劇性反諷、天命反諷、浪漫反諷，等等。這就說明，反諷肯定不僅僅是一個語言修飾問題，也是一個思想觀念的問題，是指面對文本時的方法或態度，它時刻“質疑能指對所指的從屬，質疑語言對現實的臣服”。[4] 其實，有人認為，歐美原本也具有兩種不同的反諷解釋：現代英美批評與現代歐洲大陸批評。現代英美批評常常傾向於捍衛笛卡爾式的“我思”，是某種趨向於揭示作者意圖的解釋學，因此反諷常被視為“言此意反”之類的比喻。與此相反，現代大陸的批評家，與其對西方形而上學傳統的批判相呼應，則將反諷視為一個哲學立場。比喻性反諷維護目的論的辯證法式思考，而其立足的二元論傳統正為現代歐洲大陸批評理論所力詆。[5] 哈桑就以一種無定向、無原則的反諷來概括後現代主義的特徵：“這種反諷以不確定

---

1 林驤華主編：《西方文學批評術語辭典》，第 89 頁。

2 趙一凡主編：《西方文論關鍵詞》，第 91 頁。

3 王先霈、王又平：《文學批評術語詞典》，第 208 頁。

4 趙一凡主編：《西方文論關鍵詞》，第 91 頁。

5 同上。

性和多義性為先決條件”，“它們表達了探求真理過程中不可避免的心靈反映，真理不斷地躲避心靈，只給它留下自我意識的一種富於諷刺意味的增加或過剩”。[1] 因此九十年代以來的現實主義反諷，既有詞語的“言此意反”，也有思想觀念的不確定性和多義性的表現。

其實，中國當代文學在八十年代的王蒙小說，就有大量的反諷語言，而八十年代後期出現的王朔小說，更是典型的調侃和反諷小說，他的作品中充斥着大量嚴肅的政治術語，但是在特定的語境中，這些政治術語卻表達出另一種與政治完全不相關的生活語義，讓讀者忍俊不禁，而政治性的神聖性和莊嚴性便在笑聲中轟然坍塌。還有王小波小說的反諷敘事，一反常態地祛除傷痕文學、反思文學對“文革”控訴的情感宣泄，而是運用反諷敘事的方式表現“文革”非理性的荒誕世界，在充滿睿智的反諷敘事中，解構和顛覆“文革”的苦難世界。例如《黃金時代》中下放醫生陳清揚，無辜地被人誣衊為“破鞋”，她氣憤地找到知青王二，試圖澄清還自己的清白，但是王二以一套極為荒謬的話語戲說陳清揚，讓其放棄這種想法，還引誘陳清揚乾脆成為人們所說的“破鞋”。其後、余華、劉震雲和莫言的小說都廣泛使用反諷敘事。九十年代後，晚生代作家頻率使用反諷敘事，因此反諷敘事成為現實主義敘事模式中常見的敘事方式。所謂的反諷現實主義敘事，在這裏是指在現實主義敘事中明確運用反諷手法的作品。

（二）何頓和徐坤：從詞語反諷到結構反諷

知識分子敘事中的反諷敘事，可能要從九十年代的何頓與徐坤小說創作講起。何頓的小說生動表現了市場經濟崛起年代，下層知識分子的生存困頓。中小學教師在制度鉗制和經濟拮据的生存情境中百無聊賴地生活着，他們在堅守與脫離的矛盾糾結中無所適從。《告別自己》就描述了這種生活。雷鐵與歐陽懿這對年輕夫婦是一所中學的教師，這天由於他們吃了老鼠肉，渾身奇癢；同時老師對於學校制訂的嚴苛工作制度感到強烈不滿，暗中串連

---

1 王先霈、王又平：《文學批評術語詞典》，209 頁。

準備抗爭。這對夫婦正在家中燒水洗澡，小說中描述這對夫妻的對話：

> 水燒開後，雷鐵把艾草塞進一隻白鐵桶裏，又把一壺開水倒進桶子，這才走進屋裏看着妻子穿衣服。妻子穿上睡衣，折着頭望着丈夫：“你莫和他們混在一起搞啊，你還沒評一級的。”
>
> “沒評一級又怎麼樣？”雷鐵說，“我不那麼在乎。如今我的生活就像演戲……”他什麼都不在乎的樣子，唱起來，望了眼她，“說着言不由衷的話戴着偽善的面具……”他停信唱歌，瞥着妻子，“你一副恨我的樣子看着我幹什麼？”
>
> “你只曉得唱，”她盯着他，“活活一個腦膜炎，腦殼不想一點事。”
>
> “想那麼多事幹什麼！我情願是個腦膜炎。”雷鐵說，“你不懂我的心，唱歌可以消除煩惱。”他隨便撿起中間的一句唱道“他說風雨中這點疼算什麼……”
>
> “你好蠢的，”她說：“我撿了你一百個煩躁。”
>
> “我就是靠唱歌來忘記煩躁的。”他說。走進廚房洗澡了。他出來進歐陽懿仍坐在少發上，不過正在那裏用指甲刀剪指甲。“抓緊時間睡覺，”他說，“慢點又會癢的。”
>
> “我不放心你咧，”她說，用那種眼神盯着他，“你有什麼用羅？錢沒錢，地位沒撈個地位，還讓我替你擔驚受怕。我真的看不起你。”
>
> 這句話傷了他的自尊心，“長大以後為了理想而努力，理想卻把我狠狠拋棄……”他斜睨着她，編着歌詞唱道，“如今我又被你看不起，看來我是一個沒有用的東西……”[1]

這對夫婦對話就是一種反諷。妻子在認真訓導丈夫，而丈夫卻在用唱歌答非所問地回答妻子。其實，不是丈夫不懂妻子講的話，而是他實在無法直

1 何頓：《太陽很好》，第 290–291 頁。

面這些生活中的一地雞毛。按理說，他應該被評職稱，但就是輪不上他；學校的規章制度不合理，但他們就是得生活在這種不合理的制度之中；他們的薪水低微，但只得接受這種低微。他無法改變生活中的這一切，過着一種卑微的生活。因此，他在這種生活無法安穩，這就像小說中的隱喻，吃了老鼠肉身上發癢一樣。然而，妻子還在勸他屈從這種無法承受的卑微人生和數落他的無能，他除了用唱歌來回答妻子，以忘記自己的生活煩惱，還能怎樣？

徐坤小說的反諷則不僅是詞語的反諷，而是結構反諷，即一種持續性的反諷。一種常用的手法便是塑造一個較為天真的主人公，他的單純或者天真總是導致不斷地對各種事物做出某種簡單的或者錯誤的理解，而讀者看得出來作者在這人物後面暗示的觀點，因而文本維持碰上雙重意義的結構形式。她的《熱狗》講述了一個知識分子陳維高的故事，主要是描述男性知識精英可憐的虛榮和慾望，揭示男性精英知識分子在不堪負重的人生情境中透露出來的致命性的人性弱點。陳維高是個快五十歲的研究所的研究人員，他這一輩子活得很不容易，民國生活在個飢餓的年代，新中國成立後好不容易大學畢業，分在社科院研究所卻碰上"文革"，在幹校裏受盡折磨。新時期十年點燈熬油的惡補，"累得差點得了腦溢血"，後來終於在學界闖出了一塊立足之地，站穩了腳根，並且破格晉升為研究員。應該說，他比室主任老洪幸運。因為老洪是剛剛評上研究員，還未來得及享受隨之而來的待遇，便在一個凌晨坐在書桌前溘然長逝。他在評論劇作的過程中結識年輕演員小鵝，終於控制不住自己，成為小鵝的情人。肌膚相親後，他感覺到："過了大半輩子了，可是怎麼稀裏糊塗過來的呢？土埋半身了，才剛找到一絲自主做人的感覺。"[1] 可是，好景不長，他的待遇房子一直落實不下來，更為反諷的是，這個書生與小鵝的關係竟然成了反腐的對象，雖然他與小鵝分手了，但他的夫人不依不饒，不但惡語相向，而且把他的書稿也撕毀了，他在搶稿子過程中發病倒下。這個書生辛苦了一輩子，終於擺脫了卑瑣人生。然而，就在他

1　徐坤：《熱狗》，北京：中國華僑出版社 1996 年版，第 200 頁。

尋找到真正做人感覺的時候，並沒有意識到自己無法應對這種生命慾望的誘惑，最後無力地倒下。

小說運用反諷的語調講述陳維高卑瑣而掙扎、困厄而無奈的知識分子人生。一方面講述刻苦自勵的陳維高獲得意外轉機時的驚喜人生，另一方面也闡述了無法抵禦生命衝動的陳維高在慾望誘惑下也不能把握自己的無奈人生。一個原本純粹的知識分子在時代和命運的撥弄下悲喜交加的人生。

徐坤的《先鋒》則以反諷的語調刻畫出八十年代成為社會圖騰的文藝先鋒，在九十年代急劇沉淪甚至無法逃遁的悲劇命運。1985 年藝術家撒旦和他的"廢墟畫派"陶醉在偉大的敘事幻覺中，他們信以為真地以為藝術足以改變生活，藝術家及知識分子足以扭轉乾坤。小說寫道：

> 不管怎麼說，1985 年都是藝術和藝術家大放異彩領盡風騷的一個年份。撒旦領着兒子小旦坐在 1990 年的高空纜車上，追憶起 1985 年文藝復興氣象時，淚水甚至幾次都差一點打濕他的眼眶。1985 年的情形基本上就是這樣，什麼都主義又都主不了義，什麼都先鋒又都先不了鋒，什麼都存在又都不存在，什麼都錯了位都變了形，什麼都看得懂又都不懂。人們都瞪大了白色的眼睛在尋找黑色的光明。[1]

小說記述了那個文藝蓬勃的朝代，但也窺視出這個時代注定短暫的內在問題，因而小說寫道：

> 在那個藝術的暫短的迴光返照時代，藝術家又一次成了公眾的圖騰。圖騰也不是說全部都能圖得了騰，那些連包皮也沒剩下，給割得不具形態的，就沒法成為圖騰了，就時不時地發一些牢騷，講一些怪話，有些在時代車輪滾滾下流離失所的悲愴。有人失落，就有人上升，藝術

1 同上，第 289 頁。

是藝術家的事，誰也管不着，氣死老百姓⋯⋯他們開始故意把老百姓摒棄到藝術之外，要一老百姓扯開一段距離了。[1]

到了 1995 年，撒旦們在跌倒後再度出現，卻是一個被利用的商業性的文化資源，因為與一個媒體的明星"東方美婦人"的官司而引人矚目。其實，此時藝術家才意識到何謂"藝術的廢墟"，他們開始重新尋找人生：

1990 年到來的標誌，就是藝術家髒兮兮的長髮一夜之間全換成了油乎乎的禿頭。鋥光瓦亮的禿頭不分黑夜地在大街小巷裏盡情地照耀，夜與晝的界限頃刻間模糊了⋯⋯一腦袋禿瓢才適合安裝最新最美的假髮，才能化裝成商人、官人、頭人、鳥人、閒人、聾人，擠進黃道紅道黑道白道綠道上去裝模作樣地混事兒。[2]

當撒旦再度走紅時，卻最終結束了生命。他留下一個完美無缺的畫框，它的內側邊緣刻下兩行小字："我要以我斷代的形式，撰寫一部美術的編年史。"撒旦試圖以自己的敘事馴服歷史，將他自己的斷代變成合法的歷史敘事。但是特別具有反諷意味的是，這個畫框卻被人撿去做了一個電器的托架，成為他人敘事的小歷史。

總之，我們從何頓、徐坤的知識分子敘事中發覺他們的反諷現實主義敘事，儘管他們的創作也是表現現實，記述時代轉換時期知識分子的困頓人生和精神困惑，但是敘事者的敘事模式開始發生變化。比較而言，何頓的反諷敘事多為詞語反諷，而且更多的是以反諷的敘事方式表現當時知識分子的精神困惑，有時可以說就是知識分子的自嘲。而徐坤則多為結構的反諷，有時敘事者以居高臨下的精神優勢俯視知識分子卑微人生，揭示他們的卑瑣，嘲

1 同上，第 289–290 頁。

2 同上，第 296 頁。

笑他的他們的自以為是，因為迎面而來是世俗社會的人生潮流，與權力和金錢無緣的知識分子即使是擁有精神優勢，但在世俗社會也不能吸引社會舞台的燈光。

（三）格非和李洱：反諷的文本

德國浪漫主義批評家曾經提出所謂命運的反諷，指“作者把上帝、命運或宇宙運轉描繪成似乎在操縱事態的發展，使主人化產生虛假的希望，然後挫敗和嘲笑他們”。[1] 這種反諷背後表現生活中每一個人或多或少地是反諷的受害者，而在反諷背後藏着持反諷態度、反覆無常、性情乖戾、充滿敵意上帝或命運。“人對自己周圍的世界、他人及自己的錯誤認識而遭到命運的捉弄，是造成反諷的根本原因之一。神秘可怕的力量阻擋了人們的視綫，使人猶如瞎子地在世界上行走，最終落入由自己一手編織的毀滅之網。這是命運反諷的根本原因之二。”[2] 它由上帝、命運或者宇宙進程有意識操縱着人物的事件，導致產生虛假的希望，然後使主人公灰心失望，使他受到嘲弄。其實，在我看來，如果我們祛除其中形而上的神學因素，將這種反諷看成是文本性的和整體性的，可以命名為反諷的文本。因此以此命名格非和李洱的創作。

1996 年出版的格非《慾望的旗幟》，就是一部整體性反諷文本。小說敏銳地覺察到九十年代初期社會轉型給知識分子帶來的巨大思想衝擊，描述高校知識分子普遍的自我認同危機以及知識分子的思想分化。小說也在促使人們思考：如果說高校將成為思想的廢墟，那麼這種思想的潰敗究竟達到何程度，如何抵禦這場精神的危機？

小說圍繞着上海某個高校的學術會議進行敘事，這個國際性的哲學年會在特定的年代舉行，因而牽動着整個學術界的神經。正如小說寫的那樣：

---

1 王先霈、王又平：《文學批評術語詞典》，第 211 頁。

2 同上。

你知道，目前的現實，對我們來說，形同一場噩夢。一方面，我們所面臨的是普遍而深刻的道德淪喪和精神危險，另一方面，作為社會精神支柱的知識分子卻對它熟視無睹。因此，我們設想，在這大會上發起一個“精神拯救”的大討論，從而改變會議的基本義題。並由此推向全國……

小說的中心人物是哲學系的賈蘭坡教授，小說寫道：“賈蘭坡教授是一個生活在過去時代的人，他的很多想法都已不合當下的潮流。這些年來，他一直在與校方進行着一場他注定不能獲勝的戰爭。”[1] 因為社會轉型後學校也在變化，哲學系已經連續三年招生不滿，學校希望壓縮甚至取消哲學系，但賈蘭坡教授堅決反對，因為他堅持認為：“倘若沒有哲學，人與豬何異？況且豬也未必就不懂哲學。”[2]

賈蘭坡教授也與他的學生有思想的分歧，他的學生發現：“賈蘭坡教授的思想以及他夢想中建立的哲學體系在晚年出現了難以調和的矛盾。他一生中貫穿始終的許多重要命題都面臨着被瓦解與分裂的矛盾。當他閱讀了弟子曾山撰寫的《陰暗時代的哲學問題》後極為不滿：“按照賈蘭坡教授的解釋，當今人文哲學的當務之急在於處於轉型期的社會建立新的價值範疇，而不是像曾山文章所做的那樣，徒勞無益地宣告這個世界行將崩潰的消息。哲學重在闡述，而不是簡單的啟示或佈道，假如像你所說，這個世界注定要完蛋的話，我不知道你的論文有什麼價值。沒有對於永恆的確信，道德亦將不復存在。”[3]

生活中的賈蘭坡教授也出現了矛盾，他執意將一名三十歲的紡織女工調入哲學系資料室，並立即鬧出了桃色緋聞。也就是說，他雖是個清高的教授，但也不能抵禦慾望的誘惑，成為生活中的好色之徒。

---

1 格非：《慾望的旗幟》，第 32 頁。
2 同上，第 33 頁。
3 同上，第 44 頁。

雖然小說並沒有明確透露賈蘭坡教授為什麼選擇在會議即將召開的前夕自殺，但是我們可以推斷，理性與信仰的分裂造成自我完整性的瓦解，而缺乏信念支撐的道德理性則無法抵擋世俗慾望的侵襲，自我沉淪最終導致了自我絕望。他以自殺的方式結束自己絕望而導致的精神痛苦，以從充滿矛盾和悖論的世界中解脫出來。

賈蘭坡教授的弟子們也處於各種精神與生活的困境裏面。他的弟子子衿博士的精神困境，是話語意識與實踐意識的分裂，即"知"與"行"的分裂。在賈蘭坡另一位弟子曾山博士身上體現的，則是理性世界與現實世界的嚴重分裂。他試圖用理性主體支撐自己的人格和支配自己的人生，可是生活的結果總是令他沮喪地陷入自我懷疑和無所適從之中。哲學和愛情曾經是曾山自我救贖的希望與靈魂棲居的家園，但最終還是春夢破滅。

小說人物的處處矛盾和悖論，構成小說文本反諷的基礎，因而文本整體性呈現一種反諷的敘事。例如，曾山雖是哲學專業的博士，卻不認同哲學的價值：

> 曾山對哲學的前途似乎也沒有多少信心，撕碎的論文就是一個很好的說明。他常常這樣對張末說，哲學對於通常意義上的生活並無任何助益，相反，它只是一種障礙。我們藉助於它的光芒，只能更確切地感受到絕望或廢墟的性質，它是一個陷阱。縱然你看到了絕望，你也沒有什麼理由將它通知給世上的每一個人。因為至少從表面上看來，哲學所照亮的東西也正是人們試圖遺忘的東西。[1]

這段話語充滿張力：一方面哲學是人類智慧的體現，另一方面我們卻身處一個不需要這種智慧的世俗社會；一方面哲學給人提供認知的光芒，另一方面這種光芒卻照出了這個時代的精神廢墟；一方面這個時代亟需重構為這

---

1 同上，第 266 頁。

個社會提供精神資源的價值體系，另一方面從事建構精神資源的知識分子卻對哲學失去信心。從敘事的角度講，敘事者似乎只是一幅反諷的知識分子生存畫面，而無力為我們提供一個可靠的認知視覺。因此，我將它看成是一部反諷現實主義敘事。

格非在新世紀出版的“江南三部曲”，在二十世紀中國歷史的背景下深入思考烏托邦現象，仍然具有深厚的反諷意味，特別是第三部描述新世紀中國社會生活的《春盡江南》更是如此，也屬於整體性的反諷敘事。小說主人公譚端午原本是一位詩人，為了過着一種清潔的生活，一退再退，心甘情願地蜷縮在清淨的地方誌辦公。然而社會還是步步緊逼，直到他家的房產證被竊，房子被人強佔，才知道自己離社會有多遙遠。而且，這種社會生活嚴重污染了個人的家庭生活，他的妻子龐家玉很快適應社會的變化，由崇拜他的人變成鄙視他的人，把這種追求高潔人生的選擇當成承認人生失敗的選擇，以致整個家庭都成為爭論的漩渦，嚴重影響個人的生活。

譚端午同父異母的兄弟王元慶，繼承了父親的聰慧和沉默寡言，依靠倒賣鋼材起家，在梅縣擁有了自己的成衣公司和酒店，並且涉足印刷業和水泥業，但他也熱心慈善事業。後來，他與人合夥買下花家舍，打算它建成一個與世隔絕的烏托邦。然而在開發花家舍的規劃上與合夥人產生分歧，被合夥人污陷，身陷囹圄。他只好另闢蹊徑，集中資金與政府合作建立一所現代化的精神病院，但是令他沒有想到的是，自己倒成為這所醫院的第一個病人。後來隨着社會的迅速發展，這所醫院的所在地成為風水寶地，他被迫搬遷。這就是說，一個關注社會進步與醉心公益事業的生意人，在這個世界竟然沒有生存之地。在日新月異的社會發展過程中，貧富懸殊，物慾橫流。小說以反諷的筆調寫道：

> 你看哦，資本家在讀馬克思，黑社會老大感慨中國沒有法律，吉士呢，恨不得天下的美女供我片刻賞樂。被酒色掏空的一個人，卻在呼籲重建社會道德，滑稽不滑稽？難怪我們的詩人一言不發呢。

這種反諷的話語，從社會的貧富關係、法律建設和道德維繫等方面揭示社會的不公和混亂。

李洱的《應物兄》則是晚近的一部代表性的反諷現實主義敘事，小說圍繞着儒學展開諸多命題。但是反諷的是，儒學作為國粹原本是傳統的道德觀念體系，是傳統的中國整個社會的道德維繫；然而，現代中國社會已經不再是農業文明國家，封建宗法社會的道德體系已經無法維繫整個社會的道德。近代仁人志士就曾思考過這個問題，開始探索將儒學創造性地融入現代性的觀念體系。小說中的譚淳就在研究譚嗣同的《仁學》，而程濟世顯然不能認同這種創造性的傳統轉換，他認為，譚嗣同抨擊中國的傳統政治，"惟大盜利用鄉愿，惟鄉愿工媚大盜"的說法是置中國文化於死地的激進主義。而且他只承認儒學五倫中的"朋友"一倫，將其餘四倫都拋棄的做法是虛無主義。儘管他們的討論還在繼續，但這種討論也只是停留在學術的層面上，事實上原教旨主義的儒學文化在現代社會作為道德維繫已經難以為繼了。這就形成了小說反諷的基本思想條件。

因此，小說出現了諸多令人啼笑皆非的場景和反諷話語。程濟世先生的媳婦寫了一篇的論文，應物兄讓他的研究生一起討論，雖然大家知道這是一篇胡扯的文章，但還是在認真討論。小說寫道：

> 耶穌當年進入耶路撒冷，騎的就是一頭驢子，旁邊還跟着一頭母驢。那驢駒子以前還從來沒有被人騎過，母驢似乎有點不放心，一路上還要傳道授業。[1]

這時費鳴來了，費鳴不知這是珍妮的文章，因此插嘴：

> 他會給作者提建議的：應該補上一筆，寫寫驢子與馬的關係。驢子

1 李洱：《應物兄》，第 367 頁。

與馬通婚，生下了騾子，實行的是和親政策，促進了種族的融合，體現的是和諧精神。程先生不是說了，“和諧”二字就是中國文化對世界的最大貢獻。這種貢獻，就集中體現在騾子身上。[1]

原本是個學術討論，但是討論者為了應景，過度闡釋。因此，一場認真的學術討論，變成了一個毫無學術性的反諷場景。

在小說的個人話語中，我們也不難看出反諷的特質。如副省長欒庭玉在日常生活場景中，往往是主流話語與私人話語混合在一起，運用豪言壯語的話語方式表達個人話語的意思。如欒庭玉膝下無子，很想生個兒子，因而在北京學習的時候，找了一位江湖人士石斧來掐算：

欒庭玉至今膝下無子。他們有一次在一起喝酒，偶然提到此事，欒庭玉說了三個字：“有點煩”。他看得出，那不是有點煩，而是真煩，煩透了。倒不僅僅是因為老母催促，欒庭玉其實是在人類進化史層面上對自己提出了要求。所以欒庭玉的“煩透了”是用豪言壯語的形式表現出來的：“人類從猿猴走到今天，爬雪山，過草地，不容易啊！到了我這裏，突然不向前走了？不行！人類可持續發展問題，不抓不行。必須把這項事業推向前進。”[2]

這原本是個家庭的生育問題，但是欒庭玉卻用主流話語表達，為了強調這個問題的重大性，便以慣用的豪言壯語方式表達，以致提高到一項“事業”的高度，納入到“人類可持續性發展”的宏大敘事。這種表達方式便是主流話語的特質，也是官員話語的特質。把個人的生活內容縫合進敘事，顯現出一種反諷的意味。

---

1 同上。
2 同上，第 289 頁。

三、閻連科的“神實主義”

閻連科是獲得中外文學界廣泛關注的當代中國一綫實力作家，也是一位頗有爭議的作家。

他原本是個現實主義作家，中途才發生形變，成為“神實主義”作家，因而他在《受活》的扉頁上題詞：“現實主義——我的兄弟姐妹哦，請你離我再近些。現實主義——我的墓地哦，請你離我再遠些。”這種題詞表明，作為一個曾經的懷有社會使命感的現實主義作家，與現實主義糾纏不清的特殊感情。

就在批評界為他命名甚至是貼標籤的時候，他給自己命名為“神實主義”。關於“神實主義”，閻連科的界定是：

> 神實主義，我想應該有個簡單的說法。即：在創作中摒棄固有真實生活的表面邏輯關係，去探求一種“不存在”的真實，看不見的真實，被真實掩蓋的真實。神實主義疏遠於通行的現實主義。它與現實的聯繫不是生活的直接因果，而更多地仰仗於靈神（包括民間文化和巫文化）、精神（現實內部關係與人的靈魂）和創作者在現實基礎上的特殊意思。有一說一。不是它抵達真實和現實的橋樑。在現實土壤上的想像、寓言、神話、傳說、夢境、幻想、魔變、自然人植，等等，都是神實主義通向真實和現實的手法與渠道。
>
> 神實主義決不排斥現實主義，但它努力創造現實和超越現實主義。
>
> 神實主義既汲取二十世紀世界文學的現代創作經驗，又努力獨立於二十世紀文學的種種主義之外，立足於本民族的文化土壤生根和成長。[1]

為什麼選擇“神實主義”，閻連科表述，其一，“神實主義創作不但要描

1 閻連科、張學昕：《我的現實，我的主義》，北京：中國人民大學出版社 2011 年版，第 206 頁。

述現實，而且還要憑藉神靈、精神，以及作家的想像思考探索和思考現實。然而，注重描摹現實的現實主義無法達到深入探求這個豐富複雜而怪誕荒謬現實的這種創作境界，它只能停留在一部分可以感知的世界上，而那些無法感知的存在的荒謬與奇異，現實主義無法探求與探知。他寫道：

> 今天作家所遇到的前所未有的社會現實，是作家創作的最好時期。每一個瞭解中國現實的人，大約都會承認，今天中國現實中未曾有過的複雜性、豐富性和荒謬性。簡單地說“人心不古”，根本無法理解今天“人”在現實生活面前的境遇……今天現實生活的豐富與複雜，怪誕與奇異，遠遠在於當代文學作品中的複雜與荒誕。誰都在抱怨，我們沒有無愧於時代的大作品和偉大作家，可我們忽略了一個“神實主義”問題，就是長期以來，我們的文學注重於描摹現實，而不注重於探求現實。[1]

其二，在中國當代寫作環境中，每位作家在寫作中必須面對約束，而無法抵達社會現實的最內部，抵達人最真實的內心。在這種文化語境中，每個作家的內心也就有一種自我與現實的隔離屏障，養成自我的寫作管理和本能的寫作審閱。閻連科認為：

> 一邊是豐富、複雜的社會現實和人心世界，另一邊是阻攔作家抵達這種豐富、複雜的社會屏障和作家寫作的本能約束。我相信，每個作家都在這種矛盾和猶豫中寫作，都明白，當代文學創作中描摹現實的現實主義無法抵達我們理想中現實主義的深度和廣度。[2]

---

1 同上，第 207 頁。
2 同上，第 209 頁。

因此，如果從“神實主義”的角度去對照現實生活的高壓，可以超越舊有的現實主義的規範，突破當下現實主義創作的相對封閉性和現實生活的無限開放性所構成的矛盾。

其實，隨着中國的現代化進程，現代文學中較早就有現代派文學敘事，如上世紀三十年代初期的“新感覺派小說”。但是由於民族矛盾的尖銳激烈，中國現代性文學敘事被迫中斷。八十年代後現代派文學重新崛起，如劉索拉、徐星等人的現代派小說，特別是其後的先鋒派文學，開始小說敘事形式的探索，形成了一種先鋒敘事的創作思潮。當然，當代中國畢竟不是原發性和純粹的現代化國家，先鋒文學思潮難以為繼。但是，儘管先鋒敘事的作家先後回歸現實主義創作，那些曾經沉溺於先鋒敘事的作家，即使是重歸現實主義創作，也在現實描摹中滲透着先鋒敘事的痕跡，如余華、格非、莫言。閻連科的“神實主義”與前衛現代派小說、先鋒小說的差異在於，他的“神實主義”創作深深扎根當代中國的土壤，正視前現代、現代、後現代混雜而矛盾的社會現實，複雜而怪異的荒誕人生。

（一）“神實主義”視閾下《風雅頌》的敘事模式

《風雅頌》這部小說與其他描述當代中國高等教育的創作相同之處在於，它們都具有一種批判的理性精神。不過，這部小說批判的重點不是高校本身，而是高校知識分子。當有人對閻連科說：“閻連科，你朝中國當代知識分子光亮的臉上吐了一口惡痰，朝他們醜陋的褲襠狠命地踹了一腳。”閻連科回答說：“我只是寫我。我只是描寫了我自己飄浮的內心；只是對自己做人的無能與無力，常常會感到一種來自心底的噁心。”[1]雖然作者自認為還不算是一個知識分子，但是自己身上也有當下知識分子的缺陷，他是帶着一種自審的意識來批判知識分子：

> 我明白，我不算知識分子。可我懦弱、浮誇、崇拜權力，很少承

---

1 閻連科：《風雅頌》，南京：江蘇人民出版社 2008 年版，第 327 頁。

擔，躲閃落下的災難，逃避就有的責任，甚至對生活中那些敢作敢為的嫖客和盜賊，都懷有一份敬畏之心。我知道，和我熟悉的那些同行、朋友，還有那些博學而常有來往的知識分子相比，他們的缺點我有，他們沒有的缺點，我照樣有。我和他們的不同之處，就是我從心裏相信，自己是一個無能無用的人，閒餘多餘的人。[1]

我相信，凡是閱讀過這部小說的人，都能感覺到它對知識分子批判的深刻，而這種令人難以接受的知識分子批判，顯然與它的敘事方式密切聯繫。

小說的敘事方式的特徵，首先是荒誕性。所謂的荒誕，"意指現代人存在於一個與最初宗教和玄學本源相割裂的宇宙之中，在一個異化的世界裏，無意義的、孤獨的生存着。雖然荒誕派的文學作品採用了許多表現主義和超現實主義的表現手法，但其哲學基礎是存在主義，把人類生活看成是從虛無中來，經歷痛苦與荒誕的存在之後又在虛無中結束的過程；認為的所生存的世界中，無法建立一種人與人之間、人與社會環境之間的有意義的關係。極端形式的非邏輯必性、不協調的夢魔幻想是體現這種觀念的文學作品所採用的典型表現手法。"[2]

小說的主人公楊科原本是清燕大學中文系副教授，兩次被清燕大學領導們採用舉手表決的方式，送進學校的附屬精神病院。第一次是因為他與學生一道參加了抗擊沙塵暴事件。這次事件被媒體廣泛報道。然而，此時正是國際大學教育聯合會要在全世界評出十所高校授予國際教學質量一流獎的時候，教育部原計劃推薦清燕大學，但是由於這次抗擊沙塵暴的師生上了街，學校沒有進行有效的阻止，讓國外再次關注中國因為改革開放給環境帶來的污染和破壞，這可能在國際上造成負面影響，因而教育部想改薦華夏大學了。學校決定以楊科的名義給國家有關部門寫信承認錯誤，同時把楊科安排

1 同上，第 327 頁。

2 林驤華：《西方文學批評術語辭典》，第 150 頁。

到學校附屬的精神病院去住院，表明這次抗風拒沙事件只是一個精神病人引發的偶然事件。因此，楊科被迫成為一個精神病人而離開清燕大學。第二次是楊科再次回到清燕大學，向領導彙報他在中原人煙稀罕的黃河岸邊，發現了一座類似意大利龐貝古城的詩經古城，希望學校組織力量去該地挖掘整理。但是學校領導卻以楊科在精神病院講授《詩經》且效果很好為由，把楊科正式調往精神病院做文化心理教授，學校領導也一致舉手表示同意。

荒誕的敘事方式就是以非理性的方式去感知和表現世界，以此展示敘事文學最深刻的內涵。小說中集體舉手表決的方式，本來是民主制度的一種手段，可是在這個毫無民主可言的學校裏，卻成了學校領導侵凌甚至迫害老師的一種方式。而且教師沒有任何法律可以保障自己免受欺凌，於是楊科只能離開學校回鄉漂泊。這種荒謬的敘事方式，既揭示出現實的不合理，表現知識分子的人生困境，實質上也透露了高校知識分子懦弱和崇拜權力的根本原因，以及楊科這樣的普通教師在高校永遠處於無可奈何的絕望之中。

楊科作為一個大學教師，在不同場合的教學效果也是荒誕的。在大學講課時，由於學校下了文，“文科學生必須把《詩經解讀》當作古典文學的金中之金，重中之重，必須做到有課必聽，有修必學。而理科的學生們，必須把它當成必要的選修，做到有課必修，有修必學。並且在那文件的末尾，規定了三條學生們參加聽課與不參加聽課的獎懲措施”，[1] 因而一間二百人的大教室座無虛席。楊科使出渾身解數講授，但在他把課講到一半時，學生卻走了一半。課講完時，教室也只剩下十幾個同學。為了表示感謝，楊科還掏錢請這些學生看電影。

然而，楊科在精神病院給病人上課時，“五十分鐘，我講了一堂垃圾和廢話”，“台下一片安靜”，“不用說，病人們無一能懂”。[2] 可是他的課程講完後，“台下卻猛然地響起不約而同的鼓掌聲。那掌聲瘋狂草率，山呼海嘯，

1 閻連科：《風雅頌》，第 41 頁。

2 同上，第 95 頁。

如同二月春來時，滾過天空的驚蟄雷。”他在清燕大學盡心盡力講了十幾年的課，學生們沒有一次為他鼓過掌，而他在精神病院只講了一節課，“他們的掌聲地像一個季節都吹不停的風”。“我在黑板上有意寫錯字，還不停地要喝水上廁所，然而那課堂上無論我如何犯上作亂，弄鬼裝神，台下卻依舊鴉雀無聲，掌聲不斷，彷彿我的講課，果真和一場場精彩的演出一樣。”[1] 於是課堂從教室改到小禮堂，聽眾人山人海，水泄不通。

這裏的荒謬顯然是一種價值反轉：大學原本是講究理性、追求真理和傳播精神文明的純潔世界；而精神病院則是排斥理性、棄置真理和抵制精神文明的場所，是個被社會剝奪了話語權利的地方。可是一位講授國粹《詩經》的大學教師在大學受到冷落，但是卻在精神病院大受歡迎，這足以表明這個世界業已混亂到大學厭棄精神文化而精神病院尊敬精神文化的境地。

還有楊科回鄉後，他的初戀愛人珍玲自殺身亡，女兒孫小敏結婚。就在小敏新婚晚上，楊科闖入洞房，掐死她的新婚丈夫李木匠。小說描述了楊科行兇時的瘋狂心態：

> 有一股腥甜的肉香令人噁心地從他們身上朝着床外瀰漫和鋪散，伴隨着下半夜潮濕的夜氣，在洞房沉甸甸地流動和凝結，像冬天裏火的冰氣息和寒扛着肩膀樣。我就站在那床前邊，悲憤交加，嫉火如燒，盯着床上人的景色像抓到一對通姦的淫夫和蕩婦，像抓到了那個蓄謀已久要強姦我的女兒、我的妻子、我的情人的夜畜牧（我想到了趙茹萍和李廣智在我家床上的景況和景象）。我目光冷厲，嘴角發抖，被我的牙齒咬緊的下嘴唇，又熱又燙，麻木疼痛，彷彿被門縫擠着的一根手指頭。[2]

而且楊科在行兇後還在嘟囔：“誰要以為教授、專家、知識分子好欺

---

1 同上。
2 同上，第 263 頁。

負，想在知識分子頭上拉屎拉尿就是這結果。”[1] 顯然，楊科的瘋狂殺人，是一種性格的反轉：他原本是個懦弱的書生，妻子被校長強佔，自己被學校驅逐出到精神病院，初戀愛人被迫自殺，他一直忍氣吞聲地活着，無力抗衡。但是這種被侵凌的生存狀態內化進心靈世界，也是一種向內性的自我殘害，當這種被害的心靈再次遭遇外部世界的刺激，很可能就會激活他的非理性的報復動機，使他喪失理性地做出瘋狂的報復行為，而且為自己非理性的行為進行自我辯護。故此，一個懦弱的書生也可能反轉為一個瘋狂的兇手。小說以荒誕方式塑造病態、醜陋的形象，讓喪失理性自我的人來探索自我。也許，在這些瘋狂的主人公的意識裏，活着與死亡的界限是模糊的，死亡並不是生命的完結，它因為復仇而新生，這也是他本人生命意志的延續。因此，他可能從容地走向死亡，悲壯甚至喜悅地貢獻自己的身體，這裏面實質包含了自嘲、無奈和反抗。

其次，小說的敘事結構的特徵。在《風雅頌》中，主人公楊科的“逃離”不僅在章節設置的“外結構”上與《詩經》的“風、雅、頌”一一對應，更主要的是在情節發展的“內結構”上，伴隨着主人公楊科的經歷，從頭至尾貫穿着一條《詩經》“逃亡—回家—逃亡”的綫索。小說以楊科提着剛剛完成的《詩經》研究書稿回家，卻在家中遭遇到一對偷情男女拉開序幕，象徵着《詩經》和楊科有着同樣的幻滅命運。在大學裏，楊科寫的關於《詩經》的研究專著得不到出版，他講的關於《詩經》的課聽者寥寥；然而，楊科在精神病院講解《詩經》，病人們反響無比強烈，掌聲雷動 —— 這是《詩經》的第一次“回家”。不久，楊科逃離精神病院，回到耙耬山深處的老家寺村，初戀情人玲珍在苦苦等待他。除夕之夜，“天堂街”的坐台小姐們在賓館裏聽他講解《詩經》，一個個竟然聽得如醉如癡，成為楊科最求知的學生、最熱忱的知己 —— 這是《詩經》又一次“回家”。可是，就在此刻，楊科的初戀情人玲珍卻死了，他又狂熱地愛上了付玲珍的女兒小敏。在小敏和

1 同上。

李木匠的新婚之夜，他竟然掐死了新郎，成為殺人犯。楊科在逃亡中，他發現了“詩經古城”，便趕緊回到清燕大學，急於要將這一重大發現公諸於世。可是他的《風雅之頌》已經改頭換面，成了妻子趙茹萍的《家園之詩》，趙茹萍不僅因此登上學術寶座，而且公開和李光智同居，並且要和楊科離婚。正當楊科要徹底揭穿他們時，又一次糊裏糊塗地被學校送往精神病院。楊科又一次帶着《詩經》逃離清燕大學，領着“天堂街”的小姐和一批失意的專家、教授逃向“詩經古城”，繼續朝着被孔子刪掉的冥冥之中存在的《詩經》遺篇逃亡。其實，小說“逃亡—回家—逃亡”的敘事結構，也是一種隱喻。

閻連科在小說的後記中寫道，他離家外出闖蕩人生三十年，“除了收穫有一身的疲憊和疾病，其餘一無所獲，只剩下那些從來就招惹非議的文字”。因此他有一種強烈的回家休養生息的願望：“最近的年月，我腦子裏不斷地產生要離開北京回到老家打發餘生的念頭。我知道，‘回家’只是一種內心飄浮過久的想法，以我怯弱、猶豫的個性，離真正回家還有天地之距，可‘回家’這樣的意願，卻年年月月地在我心中生根開花。”[1] 作家清醒地意識到，儘管他一直心存“回家”的意願，但這只是一種尋找心靈安頓的意願。家鄉能否安頓自己的心靈呢？顯然不能。因為這裏的家鄉不再僅僅是指物理空間中的某個位置，而是作家記憶和想像的精神家園，浸染着創作主體生命情感的地方，現實世界的家鄉與這個心靈的精神家園存在着巨大的差異，因此即使是回鄉，也回不到心中的那個盼望的精神家園。如同楊科回家一樣，曾經的戀人不在了，紅塵滾滾的現實已經污染了心中那個寧靜的港灣，因此那裏不再是可以安靜心靈的精神家園。故此，這裏的回家只是一種精神家園的象徵或者隱喻。

值得注意的是，楊科從精神病院逃往家鄉耙耬山脈，這裏大學與鄉村連在一起了。作者顯然也注意到這種聯繫，他的後記中寫道：

---

1 同上，第 328 頁。

我在《風雅頌》中寫的是“我的大學”，“我的鄉村”。但我的鄉村，不是大家說的底層敘事中的鄉村；這個鄉村，也連接着大學背後的偉大傳統。我在這個傳統或者承載了傳統的典籍中想像着大學。我的“鄉村”和“大學”，由此不倫不類。[1]

楊科從耙耬山脈的前寺村考進京城著名的清燕大學，由於他的努力學習，獲得博士學位並留在大學任教，還娶了老師的女兒趙茹萍為妻。這在耙耬山脈成為美好的傳說，所以他回家鄉後，家鄉人都讓他為孩子摸頂，希望孩子都能像他那樣考出山區，然後到城裏工作。其實，傳統社會連接鄉村與城市的科舉制度早就崩潰，“讀書當官”的人生上升道途早就失去了制度保障，楊科這樣的知識分子不過是社會的邊緣人物；而連接鄉村和大學的傳統精神文化也因社會的轉型而發生形變，如果對於社會的轉型視而不見，固守失去價值意義的精神傳統，那麼除了像楊科那樣不斷“逃離”，還有什麼更好的選擇呢？小說敘事結構揭示的鄉村與大學的關係，值得深思。

最後是敘事視角及其敘事話語方面的特徵。《風雅頌》採用第一人稱有限視角展開敘述的，大部分篇幅是楊科作為敘述主體與其他角色處於無法溝通的狀態，即使有溝通，也僅僅停留在世俗層面，楊科精神上十分孤獨、焦慮、惶然。文本採用無交流的傾訴式敘述來強化主人公惶惑、迷惘和孤獨的精神狀態，這在一定程度上疏離了閻連科慣常的話語風格。

文本還將精神文化危機和生命失重的嚴肅主題置換為猥褻、調侃意味的話語，呈現出敘事者失落、孤獨、迷惘、壓抑的話語狂歡。最能體現猥褻、調侃、狂躁話語特徵的敘述是楊科被指認為精神病後極度無奈的發泄，小說寫道：

把一本《詩經全譯》從屋裏撕到病房的過道晨，天女散花般，把那

1 同上，第 327 頁。

些詩歌扔在五號病房門口和七號病房裏，讓那些詩句像蚊子、蒼蠅、死老鼠樣落在這兒和那兒，然後把走廊上的垃圾桶和痰盂一腳踢翻，讓白痰黃水在詩句上江河汪洋，然後就站在門口上，咯咯哈哈地笑上一陣，再把頭仰到半空中，連天扯地地把自己的嗓子扯成一片一段地吼。

還有楊科在殺人時狂妄的臆想、噁心的感覺以及復仇的快感，混合在一起，構成一種極為瘋狂的臆語。

總而言之，言而總之，那一刻我感到了從沒有過的發泄和快活（彷彿我一生憋在身上的怨恨，都在瞬間高潮一樣），感到了渾身的舒坦和輕鬆，感到了我一生憋在身上的怨恨，都在一瞬間被我甩掉了（像憋在心裏的濃血被我擠了出去樣）。我說什麼他媽的愛情，什麼他媽的學問，什麼他媽的面子，你們都給我去死吧 —— 我喚着掐着，罵着撞着……[1]

總之，閻連科《風雅頌》“神實主義”的敘事模式，實際上就是融合現代主義的現實主義敘事模式。敘事中的荒誕話語深刻揭示出當代高校知識分子邊緣化的生存狀況和焦慮無奈的精神困頓，“逃離—回家—逃離”的敘事結構也隱喻知識分子在現實與理想的矛盾，第一人稱的敘事視角和狂歡式的話語表現出知識分子惶惑、迷惘和孤獨的精神狀態。

1　同上，第 264 頁。

小結

這一章，我對九十年代以來的敘事模式進行了梳理和辨析。主要闡述了三種敘事模式：一是現實主義敘事模式；二是自敘傳成長小說敘事模式；三是現代的現實主義敘事模式。

首先是現實主義敘事模式。這種敘事形態主張真實地描述外在的社會人生和細膩表現人物內在世界，把塑造人物作為敘事重心，並且通過再現生活和塑造人物形象，表達敘事者的價值觀念。我們應該承認，現實主義敘事模式依然是當代文壇主流的敘事模式，這是在於作者的創作與讀者的閱讀的深層契約中形成的，因此，九十年代以來的知識分子敘事大部分都是現實主義敘事模式。如我們專門分析和評述的賈平凹和閻真的小說。當然，隨着時間的推移，60 後的作家以及更年輕的作家，開始在小說中滲透先鋒小說敘事模式，如何頓、格非等人的創作，他們不但開始大量運用反諷敘事，而且更加信任讀者，他們創作的價值理念也變得更為隱晦和多義。

其次是自敘傳成長小說的敘事模式，這主要表現在九十年代的女性主義創作中。她們的小說敘事不再着重外部生活世界的描述，而是着重表現人物的內心世界，甚至是隱秘的內在自我。即使是第三人稱敘事，也有焦點人物，而且敘事的焦點通常置於人物的內心世界；重視空間敘事和建立意象。特別是敘事語言，夾雜着大量的個人主體傾訴性的獨白，蘊含着敘事者豐盈的情感，具有個體內心感受的獨特質地，而且多用感性的言語，含混、糾纏、延宕、多義，這讓自敘性成長小說的語言呈現出獨有的內在生命特質。

最後，是現代的現實主義。這裏我主要闡述了兩種形式：一是以格非、徐坤為代表的反諷敘事，特別是李洱的《應物兄》；二是以閻連科《風雅頌》為代表的神實主義。較為深入地分析了反諷敘事與神實主義的敘事方式，以及它們方法上的價值蘊藏與創新精神。這裏，我沒有使用“現代主義敘事模式”這個術語，主要是因為他們的創作以表現知識分子的現實人生和內在精神的特質為主，無論是反諷敘事還是神實主義，都是以某種敘事方法，突出創作主體想要表達的生活理念和價值精神。或者說，是在現實主義敘事的基礎上參照現代主義的敘事模式，因此我在此使用了現代的現實主義的稱謂。

後記

在電腦中存儲數年的書稿即將付梓，感慨良多。

十年前我憑藉數篇關於知識分子創作的評論，獲批一項國家社科基金項目。五年前我以結題成果為基礎，形成一部專著。可是，書稿在中國內地輾轉數個出版社，未有結果。我知道，就在書稿的成型過程，我正好遇上一個文化語境變換的時代，原本為學術問題的研究專題卻成為所謂的敏感問題專題。最終在江西師大文學院的資助與香港三聯書店的接納下，這本專著才得以問世，在此表達由衷的謝意！

本書緊緊抓住近三十年中國社會劇烈轉型的文化語境，採用了點、綫、面結合的方式，較為全面梳理和盡力深入論述近三十年知識分子敘事。着重檢視高校知識分子、體制知識分子、女性知識分子、烏托邦敘事中的知識分子、海外華文文學的知識分子等，並且對於其中的重點作品進行了較為深入的闡釋和論述。當然，我清醒意識到，本書還有諸多不足之處，對於近三十年知識分子敘事也不夠全面。這一方面是自己的閱讀視野有限，一些應該關注的作品卻沒有納入。另一方面限於篇幅，對於一些難以歸類的作品忍痛捨棄，如潘婧的《抒情年代》。這是我深深喜愛的一部才華橫溢的作品，雖然它從個體角度追述自己獨特而艱難的成長歷程，但卻折射出知青一代人的成長不幸，一代人艱辛坎坷和無奈迷惘的心路歷程。

需要說明的是，在當下這個獨特文化語境下論述知識分子敘事，籲請鮑曼在《知識分子的原型與烏托邦》中提及的“知識分子理性與普遍道德法則"，似乎顯得有些奢侈。眾所周知，自從上世紀九十年代後，人們集體記憶中的知識分子人格雕像，在市場經濟與集權政治的風雨剝蝕下業已模糊不清。一方面是知識分子概念發生了較大變化。改革開放之初重新恢復高考制度時期，中國高等教育尚屬於精英教育，每年招生數量是二十多萬人；如今中國高等教育業已進入大眾教育時期，每年招生數量已達一千萬人以上。受過高等教育的人幾乎滲透社會各個階層，如果僅從身份維度界定，那麼作為精英階層的知識分子概念理應重新梳理。

另一方面，作為知識分子共識的理性和普遍道德法則也比較模糊。這個問題在上世紀九十年代初期"人文精神討論"中已經顯現，可是三十年過去了，社會關於理性和普遍道德法則的具體內涵再也沒有認真和詳盡地討論。特別是當下社會犬儒主義氾濫，不認同地接受與無奈地屈從幾乎已經成為一種社會職業習慣。以高校知識分子為例，借用李洱《應物兄》人物的話說："在八十年代學術是個夢想，在九十年代學術是個事業，到了二十一世紀學術就是個飯碗。"我想，飯碗、事業和理想並不在同一個價值層面，但也不是完全隔離的三個領域。我們不能把學術僅僅視為飯碗，而應把學術研究看作一個既是謀生手段，也是個體人生事業，更是寄託人生夢想的一種事業；在我看來，貫穿這三者的紅綫便是以理性和普遍道德法則為共識的知識分子職業倫理精神。

從表面上講，是我選擇了"當代文學中的知識分子敘事"課題，但從深層講，我覺得也是這個課題選擇了我。我記得 2006 年我的博士導師潘旭瀾先生身患沉疴，我去上海探望，潘先生坐在病床上看着我說："你哦，讀書晚了一些！"然後將目光移向窗外，"當然，這也不能全怪你。"先生是理解我的，這次最後的聊天永遠鐫刻在我內心。按照朦朧派詩人多多的說法，我們是誤生的一代人，"在誤解人生的地點停留"（多多《教誨》）。我小學期間便遭遇"文革"，足有幾年動盪不安。我們語文課程沒有課本，使用活頁文獻，基本上都是政治文獻，如《江西省革命委員會成立給毛主席的致敬電》、毛澤東的"老三篇"（《紀念白求恩》《為人民服務》《愚公移山》），等等，老師則是連常用字都會讀錯的“工宣隊”工人。我糊裏糊塗地被送入中學。雖然我初中畢業碰上恢復高中，在鄧小平重新出山的調整時期規範地學了一些課程，但不久便是“反擊右傾翻案風”政治運動。在“讀書無用論”的社會語境下高中畢業，下鄉插隊當知青，然後是進城做搬運工人。應該說，我們是知識匱乏的一代人。

在我人生的迷惘時期，我國恢復了高考制度，我幸運地躋身大學，搭上了最後一班命運列車，此時已經 25 歲。也許是匱乏後的補償心理，我們這代大學生異常勤奮，在追求知識與探求真理的求學精神上，可以說空前絕後。不過進入大學後，我雖然感奮但依然困惑不已。改革開放初期，我國大學制度尚處恢復時期，教材思想陳舊，我至今還記得我們現代文學史的教材是劉授松先生編撰的《中國新文學史初稿》，基本上是中共黨史的歷史框架，連事實性的文學歷史知識都不敢實錄。圖書館的人文社會科學類著作只有一些文學作品，並沒有多少可得性知識的理論書籍。只是隨着改革開放的逐步深入，我國出現數次翻譯熱潮，譯介與出版了一批批各類世界性學術名著，我們從中獲益，掙脫了精神枷鎖。還是匱乏與補償的心理現象，讓我對知識一直保持敬畏心態，對知識分子的命運和精神狀態持續關注。也許，這就是本書的隱秘動機吧。

上世紀九十年代，當代文壇上出現過 60 後先鋒作家的“審父”現象，他們認為自己是精神上“無父”的一代，如余華《細雨中呼喊》和陳染《私人生活》中的父親醜陋或者虛偽。如果我們認真梳理和檢視父輩一代的悲劇命運緣由便不難發現，這些創作雖然不無道理，但難免畢竟有些刻薄。如今我們也步入老年，我想我們這代人將在後輩的創作中將會呈現怎樣的模樣，不得而知。不過，我始終記得魯迅先生在《我們怎樣做父親》中所說：覺醒的父親應該“自己背着因襲的重擔，肩起黑暗的閘門”，將子女放到寬闊光明的地方去，“此後幸福的度日，合理的做人”。儘管我做不到，但心嚮往之！